JOS VERHULST

Der Erstgeborene

Mensch und höhere Tiere in der Evolution

JOS VERHULST

Der Erstgeborene

Mensch und höhere Tiere
in der Evolution

VERLAG FREIES GEISTESLEBEN

Georg Kniebe zum Gedächtnis

Aus dem niederländischen Manuskript
übersetzt von Sabine Böhler und Frank Verhey

ISBN 3-7725-1557-6

1. Auflage 1999
Verlag Freies Geistesleben
Landhausstr. 82, 70190 Stuttgart
Internet: www.geistesleben.com

Druck: WB-Druck, Rieden

Danksagung

Meine Schüler haben mich durch ihre Aufmerksamkeit und ihre oft unerwarteten Fragen und Bemerkungen auf unersetzliche Weise inspiriert; ihnen sei hiermit gedankt. Dr. E.-M. Kranich, tätig am Seminar für Waldorfpädagogik in Stuttgart, danke ich für seine unersetzbare Unterstützung, ebenso danke ich ihm und Michael Kalisch für die sorgfältige Korrektur der deutschen Übersetzung. Mein Dank gilt weiterhin Prof. em. Dr. Dr. Rohen (Erlangen), B. Lambrechts, W. Genard und vielen anderen. Meiner Frau und unseren Kindern danke ich für ihre Geduld und für die ständig anwesende Geborgenheit.

Inhalt

Vorwort

Diese Arbeit ist das Ergebnis jahrelangen Biologieunterrichts, den ich als Nichtbiologe Waldorfschülern gegeben habe.

Vor dreißig Jahren war ich selbst, als Schüler, von der Tatsache stark beeindruckt, daß die biologische Wissenschaft den Menschen durchweg als ein zufälliges Produkt der tierischen Evolution betrachtet. Der Evolutionsvorgang selbst wird durch den Neodarwinisten aus Prozessen erklärt, die letztendlich von rein stofflich-mechanischer Art sind. Ernst Haeckel, der große Verkünder der materialistischen Evolutionstheorie auf dem europäischen Festland, schrieb schon 1866: «Es gibt einen Zufall sowenig als einen Zweck in der Natur, sowenig als einen sogenannten freien Willen. Vielmehr ist jede Wirkung notwendig durch vorausgehende freie Ursachen bedingt, und jede Ursache hat notwendig Wirkungen in ihrem Gefolge. In unserer Ansicht tritt an die Stelle des Zufalls in der Natur, ebenso wie an die Stelle des Zweckes und des freien Willens, die absolute Notwendigkeit.»[197]

Der Darwinismus kann in moralischen Impulsen nur Instinkte sehen oder konditionierte Reflexe; moralische Regeln sind für den konsequenten Materialisten reine Konventionen. Aber zugleich ist das menschliche Denken reflexiv: Es ist sich seiner eigenen Inhalte als solche bewußt. Das heißt auch: Im selben Augenblick, wo wir glauben, einen moralischen Impuls als bloßen Instinkt oder Reflex entlarven zu können, kann dieser Impuls nicht mehr als solcher seine Wirkung entfalten, er kann nicht mehr problemlos mit dem Denken verbunden werden. Deshalb wirkt das materialistische Weltbild moralisch und psychisch auslaugend und vernichtend.

Daraus folgt aber noch nicht, daß der Materialismus falsch ist. Ehrfurcht vor der Wahrheit geht über alles, auch wenn diese unangenehm und schwer zu akzeptieren ist, auch wenn sie das Moralische vernichtet. Es folgt aber wohl, daß es wichtig ist, das Mangelhafte des Materialismus – *wenn* er denn mangelhaft ist –, ganz deutlich zu erkennen und ins Bewußtsein zu heben.

Ist das materialistische Menschenbild, ist der Materialismus wirklich wahr, und reicht der Darwinismus zur Erklärung der menschlichen Evolution aus? Ich glaube es nicht. Die rationalen Gründe für diese Überzeugung habe ich in meinem Buch *Der Glanz von Kopenhagen. Geistige Perspektiven der modernen Physik* auseinandergesetzt.[463] Wenn das materialistische Welt- und Menschenbild falsch ist, sollte dieser Fehler auch in den biologischen Tatsachen wiederzufinden sein. Und für den Biologieunterricht wäre es wichtig, dem Fehler auf die Spur zu kommen.

Ich fand erste Hinweise bei zwei anthroposophischen Autoren: Friedrich A. Kipp und Hermann Poppelbaum. Das vorliegende Buch kann als eine Fortführung der Ideen betrachtet werden, die in ihren Arbeiten angelegt sind.

Von Kipp und Poppelbaum führten die Spuren einerseits zu Rudolf Steiner, andererseits auch zu dem niederländischen Arzt und Professor für vergleichende Anatomie Louis Bolk (1866 – 1930). Im deutschsprachigen Raum hat die Arbeit von Arnold Gehlen *Der Mensch. Seine Natur und seine Stellung in der Welt* den Gedanken Bolks zu einer gewissen Bekanntheit verholfen.[165] Im angelsächsischen Sprachbereich hat das Buch von Stephen Gould *Ontogeny and Phylogeny* die Diskussion wieder in Gang gesetzt.[182]

Obschon Bolk und Steiner ihre Arbeiten offenbar nie gegenseitig wahrgenommen haben und auch in ganz verschiedenen Bereichen des Geisteslebens tätig waren, entwickelten sie Anschauungen über das Verhältnis von Mensch und Tier, die eine bemerkenswerte Übereinstimmung zeigen. Der gemeinsame Punkt ist offenbar die Idee, daß der Mensch eine Art Ausgangsform des Tieres darstellt, die Tiere gewissermaßen vom Menschlichen abgeleitet sind – und abgelenkt. Als Idee ist der Mensch schon in der tierischen Evolution anwesend, und immer deutlicher wird seine zentrale Gestalt erkennbar, je weiter die Evolution fortschreitet. Wie eine aristotelische finale Ursache, wie ein richtungsgebender Faktor äußert sich der Mensch innerhalb der Evolution der Säugetiere. Das vorliegende Buch ist im Grunde genommen aus meinem Versuch entstanden, diese These – die keimhaft schon bei Goethe vorhanden ist – zu überprüfen.

Aber wie können wir die reale Anwesenheit eines auf das Erscheinen des Menschen hinzielenden Faktors wissenschaftlich aufzeigen? Der

Bolksche «innere Entwicklungsfaktor» wirkt so wie jede finale Ursache nicht den Gesetzen der toten Natur entgegen, sondern zwischen denselben. Er manifestiert sich durch das Auftreten stofflicher Erscheinungen, die den Naturgesetzen nicht widersprechen, aber zugleich auch nicht aus der bloßen Wirkung derselben ableitbar sind. Ebenso, wie man aus der rein naturwissenschaftlichen Erforschung eines Leichnams ableiten kann, daß es sich hier um den toten Rest eines ehemals lebenden Wesens handelt, kann man aus der vergleichenden Forschung der Menschen- und Tiergestalten ableiten, daß die menschliche Form der Bezugspunkt ist, von dem die tierischen Gestalten spezialisierte Umbildungen sind.

Die Naturwissenschaften sind nicht in der Lage, eine eventuelle unstoffliche Wirklichkeit direkt zu untersuchen. Aber sie können wohl die stofflichen Wirkungen eines solchen unstofflichen Faktors erforschen. Der Forscher befindet sich dabei in derselben Lage wie der Wanderer, der im Schnee die Spur eines unbekannten Tiers vorfindet. Er kann sehr wohl aus rationalen Gründen schließen, daß der Schnee nicht selbst die Spur hervorbringen kann, daß folglich ein Tier an dieser Stelle vorbeigekommen ist, und er kann sogar – aufgrund der Einzelheiten der Abdrücke – zu einigen Aussagen über die Art jenes unbekannten Wesens gelangen. Die Phänomene und Ergebnisse der vergleichenden Anatomie und Paläontologie bilden in der vorliegenden Arbeit gewissermaßen das Schneefeld, und wir wollen untersuchen, ob vielleicht eine menschenähnliche Urgestalt dort seine Spuren hinterlassen hat.

Antwerpen 1999

Jos Verhulst

1.
Grundfragen der menschlichen Evolution

Einleitung

In vielen Kulturen findet man die Auffassung, daß Mensch und Tier ein Ganzes bilden. So geben etwa B. Heuvelmans und B. Porchnev zur Illustration hierfür ein eigentümliches Fresko aus Ecuador wieder (siehe Abb. 1): Es zeigt Lebewesen, die in einer bestimmten Reihe geordnet sind; aus einem undifferenzierten Anfang heraus entwickeln sich wurm- oder schlangenartige Wesen, welche zuerst Gliedmaßen bekommen, dann fester werden, sich aufrichten, ihren Schwanz verlieren, Werkzeuge benützen.

Das Bild enthält mehrere auffällige Einzelheiten. Die menschliche Evolution verläuft in einer ersten Phase über Wesen ohne Gliedmaßen (hierauf werden wir im dritten Kapitel näher eingehen). Während die Tiergestalten ziemlich realistisch abgebildet sind, wird die menschliche Form zu einem gleichseitigen Dreieck schematisiert, als ob der Zeichner nahelegen wollte, daß der menschlichen Körperbau von einer Dreifaltigkeit beherrscht wird. Auffällig ist auch, daß der Mensch nicht als Endstadium betrachtet wird. Er wird abgelöst von einer Art Engelwesen, das zur Sonne fliegt.

In Europa waren evolutionistische Ideen über die Verwandtschaft zwischen Mensch und Tier seit dem 18. Jahrhundert sehr verbreitet. Dazu trugen mehrere Faktoren bei, auf die wir in den folgenden Abschnitten näher eingehen werden.

Am Anfang des 18. Jahrhunderts hatten die ersten Beschreibungen von Menschenaffen Europa erreicht. Von großer Bedeutung war Edward Tysons Veröffentlichung *Anatomy of a Pygmie* (1699). In diesem Buch wird sehr ausführlich die Anatomie eines jungen Schimpansen besprochen. Tyson war von dem menschenartigen Charakter des

Abb. 1: Inka-Fresko aus Ecuador (Heuvelmans, nach Vollmer 1828).[472]

«Pygmäen» sehr beeindruckt und ordnete in seiner Klassifizierung das Wesen ungefähr in die Mitte zwischen Mensch und Affe ein. Er stellte es durchweg in aufrechter Position dar.

Stephen Gould erwähnt zwei Gründe, weshalb Tyson geneigt war, das Äffchen übertrieben als menschenartiges Wesen zu beschreiben: Der erste Grund war die Tatsache, daß das von Tyson untersuchte Tier sehr jung war; junge Menschenaffen sehen dem Menschen viel ähnlicher als die erwachsenen Exemplare. Gould bemerkt dazu: «Tyson [...] wußte, daß sein Pygmäe ein junges Tier war, da die Enden der Knochen noch eine knorpelartige Gestalt hatten und noch nicht gänzlich verknöchert waren; aber er betrachtete es als nahezu erwachsen, weil er fälschlicherweise das gesamte Milchzähnegebiß für endgültige Zähne ansah. [Die Babyzähne der größeren Affen sehen in gewisser Hinsicht den endgültigen Zähnen des Menschen sehr ähnlich.] Er erkannte also nicht, was für ein junges Tier, fast noch ein Baby, er untersuchte. [...] Wir haben uns dadurch weiterentwickelt, daß wir die allgemeine Entwicklungsgeschwindigkeit der Primaten und anderen Säugetiere verlangsamt haben. Somit ist der erwachsene Mensch dem jugendlichen Schimpansen und Gorilla viel ähnlicher als den erwachsenen Primaten. Dementsprechend hat das Skelett eines neugeborenen Schimpansen noch viele menschenähnliche Merkmale bewahrt, die ein erwachsener Schimpanse verlieren wird, unter anderem einen verhältnismäßig großen Kopf [...], eine senkrechtere Stellung des Kopfes über der Wirbelsäule [...], ein runderer Hinterkopf [...], schwächere Augenbrauenkämme und kleinere Kieferknochen. Tysons Abbildung seines Pygmäenskeletts, eine bemerkenswert genaue Darstellung [...], zeigt alle jene menschenähnlichen Züge.»[186]

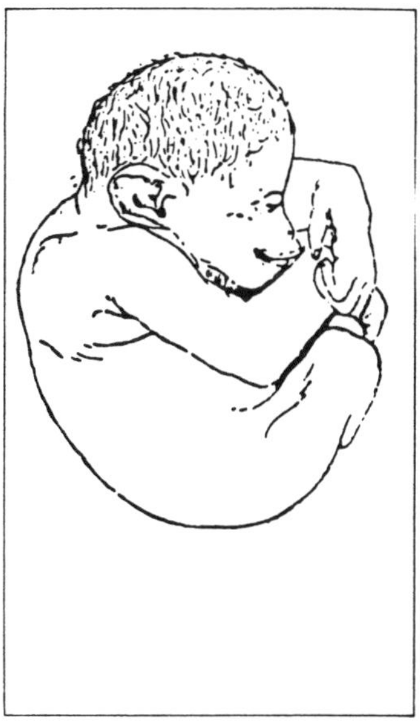

Abb. 2: Kopf eines Schimpansenbabys und eines erwachsenen Schimpansen (nach Naef[312]). Die Schimpansenfotos von Naef sind sehr bekannt und werden in zahllosen Büchern reproduziert oder nachgezeichnet. Man beachte beim jungen Affen die gewölbte Stirn (noch ohne Augenbrauenwülste), die noch wenig entfaltete Schnauze, die relativ tiefe Stellung der Schultern und den deutlich sichtbaren Nacken.

Abb. 3: Schimpansenfötus von ungefähr 7 Monaten.[54] Das Behaarungsmuster ist dem Menschen sehr ähnlich.

Gould betont zugleich, daß diese menschenähnliche Erscheinung des jungen Menschenaffen schon sehr bald erkannt wurde.[182] Etienne Geoffroy Saint-Hilaire besprach schon 1836 (in den Protokollen der Pariser Akademie der Wissenschaften) die menschlichen Züge eines jungen Orang-Utan-Schädels und verglich sie mit der Form des erwachsenen Affenschädels, die er als «fürchterlich und von einer widerlichen Bestialität» beschrieb.

Die menschenähnliche Gestalt des Menschenaffenfötus ist außerordentlich auffällig und hat bei den Forschern stets aufs neue einen großen Eindruck hinterlassen (siehe Abb. 2). Aber auch bei den Jungtieren von Affen zeigt sich oft die besondere Menschenähnlichkeit (siehe Abb. 3). Wir werden diese Erscheinung noch des öfteren besprechen.

Der zweite Grund, weshalb Tyson den Schimpansen als besonders menschenähnlich auffaßte, ist weltanschaulich bedingt. Die Natur wurde zu Tysons Zeit als ein Kontinuum, eine große Kette von Wesen betrachtet, wo jede Gestalt die Metamorphose eines niedrigeren Wesens und selbst wieder den Ausgangspunkt für die Umbildung zu einem höheren Wesen darstellte. Tyson erwartete eine höchste Tiergestalt, die sich irgendwo in der Mitte zwischen Mensch und Affe befinden müsse. Die Idee einer Einheit innerhalb der Tierwelt und zwischen Mensch und Tier beherrschte sein Denken.

Diese Auffassung war im 18. Jahrhundert stark verbreitet. Zum Beispiel hatte der französische Naturforscher Georges Buffon bei den unterschiedlichsten Säugetiergattungen gemeinsame Züge bemerkt; er hatte den Eindruck, als ob Gott nur eine einzige Idee verwenden wolle, welche er auf alle möglichen Weisen variieren ließ. Er sprach von einem allgemeinen, ursprünglichen Bauplan, den man über die ganze Breite des Tierreiches wiederfinden könne.[480] Ein anderer zeitgenössischer Forscher, der Arzt und Anatom Petrus Camper, hatte die Angewohnheit, diesen gemeinschaftlichen Bauplan zu zeigen, indem er einen Hund auf die Tafel malte, welchen er durch Metamorphose zu einem Pferd umgestaltete, das Pferd wiederum bildete er dann um zu einem Menschen.

Goethe, die goetheanistische Tradition und der Darwinismus

Bei einer Darstellung dieses evolutionistischen Denkens muß auch die Leistung Goethes berücksichtigt werden. Goethe ist zwar vor allem durch seine literarischen Werke bekannt, er selbst betrachtete aber seine wissenschaftlichen Aktivitäten als wenigstens ebenso bedeutungsvoll. Er kannte und zitierte Buffon und Camper und setzte deren Arbeit fort. Ab 1795 bildete er den Begriff des Urtieres, eine nach materieller Verwirklichung strebende geistige Gestalt, die alle Tiergattungen der Möglichkeit nach enthält. Das Urtier ist in Goethes Augen keine stoffliche Gegebenheit, auch keine feinstoffliche Kraft. Es ist ein geistiges Prinzip, das sich in der Materie verwirklichen will.

Eine Reihe menschlicher Handlungen, eine Reihe immer besser gelungener Versuche sind nur verständlich durch ein Motiv, das dem Handelnden vor Augen steht. Der Inhalt dieses Motivs ist ein im Bewußtsein auftretendes Bild, das im äußeren Sinne nicht stofflich ist (sowenig wie z.B. der Kreis oder die Zahl π materiell ist). Kein einziges Gesetz, das die Zusammenhänge der Materie beschreibt, bietet einen Anhaltspunkt, aufgrund dessen man die Erscheinung des Bewußtseins begreifen könnte. Das hat in Goethes Zeit gegolten, es gilt ebenso in diesem Jahrhundert. Es gibt keine physischen Gesetze, die ein Element enthalten, wodurch das Phänomen des Bewußtseins zum Vorschein käme. Eine noch so komplizierte Reihe von Additionen und Subtraktionen gerader Zahlen kann nie eine ungerade Zahl ergeben; ebensowenig kann eine höchst komplizierte Zusammenstellung von Teilchen, Feldern und dergleichen Gefühle, Gedanken oder Willensimpulse hervorrufen. Das ergibt sich, wie der Atomphysiker (und Nobelpreisträger) Eugène Wigner lakonisch bemerkte, aus «der offensichtlichen Tatsache, daß Gedanken, Wünsche und Gefühle nicht aus Materie bestehen».[482]

Goethe findet mit Recht keinen Grund, ein menschliches Motiv als ein bis auf rein physikalische Vorgänge reduzierbares Phänomen zu betrachten. Ebensowenig fühlt er sich veranlaßt, Erscheinungen wie Entwürfe oder Vorhaben nur auf das menschliche Bewußtsein zu beschränken. So ist in seinen Augen innerhalb der Tierwelt ein Gestaltungswille (ein «Bildungstrieb» im umfassenden Sinne) wirksam, welcher danach strebt, bestimmte Urformen im Stoff erscheinen zu lassen.

Die Frage, ob so etwas wie Goethes Gestaltungswille innerhalb der Natur real wirksam ist, kann naturwissenschaftlich beantwortet werden. Die Gesetze der toten Natur bestimmen den Verlauf stofflicher Prozesse nicht ganz; sie geben nur die Grenze dessen an, was geschehen kann.[463] Wenn die Phänomene Zusammenhänge zeigen, die zwar mit den Naturgesetzen in Übereinstimmung sind, aber nicht nur aus diesen abgeleitet werden können, dann ist ein immaterieller, gestaltgebender Faktor in Goethes Sinn wirksam. Würden wir zwischen den evolutionären Phänomenen nur solche Zusammenhänge finden, die durch materielle Mechanismen (z.B. Darwins natürliche Selektion) befriedigend erklärt werden könnten, dann gäbe es keinerlei Grund, die Wirksamkeit irgendeines «Bildungstriebes» anzunehmen. Auf ähnliche Art kann man durch genaue Erforschung einer Leiche zu dem Ergebnis gelangen, daß es sich zwar um einen toten Gegenstand handelt, der aber doch von einem Lebewesen herrührt. Die Eigenschaften der Leiche sind zwar mit den Gesetzen der nichtbiologischen Natur in Übereinstimmung, aber ihre konkrete Struktur ist nicht vereinbar mit der Auffassung, daß nur nichtbiologische Prozesse zu ihrer Bildung geführt haben.

Innerhalb des tierischen Gestaltungswillens unterscheidet Goethe zwei Aspekte:

Einerseits beinhaltet der Gestaltungswille das Bestreben, eine ganz bestimmte zentrale Gestalt zu materiellem Ausdruck zu bringen. Dieses engere Bestreben können wir den *Explikationswillen* nennen (ein Beispiel des Goetheschen «Spezifikationstriebes»). Goethe läßt keinen Zweifel darüber bestehen, daß diese zentrale Gestalt hinter der Tierwelt menschenartig ist, aber zugleich die Möglichkeit in sich trägt, eine endlose Reihe einseitiger, tierischer Spezialisierungen aus sich hervorgehen zu lassen. Er nennt diese zentrale Gestalt (mit Einschluß der möglichen Spezialisierungen) das *Urtier*. Der menschliche Körper ist nur ein unvollkommener Ausdruck dieses Urtieres, weil die Möglichkeit der tierischen Einseitigkeiten in diesem Körper nur schwach oder sporadisch in Erscheinung tritt. Auch die einzelnen Tiergestalten sind aufgrund ihrer Einseitigkeit nach Goethe kein gutes Beispiel für das Urtier.[172]

Andererseits umfaßt der tierische Gestaltungswille die *Tendenz zur Metamorphose*. Diese Metamorphosetendenz hat zur Folge, daß sich das zentrale menschenartige Bild nicht vollkommen im Stoff ausdrückt, sondern Veränderungen unterliegt. Solche einseitigen Veränderungen geschehen unter dem Einfluß äußerer, materieller Umstände: «Das Tier wird durch Umstände zu Umständen gebildet; daher seine innere Vollkommenheit und seine Zweckmäßigkeit nach außen.»[171] Goethe erwähnt als Beispiele äußerer Umstände unter anderem das Klima, die Höhenlage, das Lebenselement (im Wasser lebende Tiere nehmen andere Gestalt an als in der Luft lebende usw.).

Doch weist Goethe die schon zu seiner Zeit bestehende Neigung zurück, die Tiergestalt nur aus ihrer Funktion zu erklären. Er gibt hierfür zwei Gründe an:

Erstens sind nicht alle Tierformen möglich, sondern nur diejenigen, welche sich aus der zentralen Form ableiten lassen. Es war Goethes Überzeugung, daß jede tierische Spezialisierung, jede übertriebene Entwicklung eines Organs nur auf Kosten eines Verlustes oder einer Verringerung an anderer Stelle im Organismus möglich ist. Die Metamorphosegesetzmäßigkeiten zu finden, die Einschränkungen, die vom zentralen Grundprinzip ausgehen, betrachtete Goethe als die Hauptaufgabe des Morphologen: «Man wird nicht behaupten, einem Stier seien die Hörner gegeben, daß er stoße, sondern man wird untersuchen, wie er Hörner haben könne, um zu stoßen.»[171]

Zweitens vollzieht sich die Metamorphose nicht als eine rein passive Anpassung an Umwelteinflüsse (innerhalb der Beschränkungen, die vom zentralen Prinzip auferlegt werden). Innerhalb jeder Tiergattung ist eine innere Veranlagung vorhanden, auf bestimmte Einflüsse zu reagieren, eine Neigung, sich zu einer vorbestimmten Spezialisierung verführen zu lassen. In jedem Tier ist ein spezifischer Spezialisierungswille lebendig, der den zentralen Ausdruckswillen durchkreuzt. Diese innere Hinneigung bestimmt mit, wie eine Tiergattung auf Umwelteinflüsse reagiert. Wir können es vergleichen mit dem Verhalten Süßigkeiten gegenüber, das nicht ausschließlich aus der Anwesenheit von Süßem abgeleitet werden kann; ebenso wird nämlich die Lust auf Süßigkeiten beim Nascher wirksam.

Goethe akzeptierte die Idee einer tierischen Evolution, aber er dachte hierüber nicht in bloß materiellem Sinne. Die Erklärung der menschlichen und der tierischen Gestalt, aber auch des evolutionären Phänomens ineinander übergehender Tiergestalten, suchte er immer in geistiger Tätigkeit, welche nach diesen Gestalten strebte.

Die wissenschaftliche Hauptströmung des 19. und 20. Jahrhunderts akzeptierte diesen Goetheschen Standpunkt jedoch nicht. Während für Goethe die Formverwandtschaft zwischen Mensch und Tier Folge eines gemeinsamen geistigen Ursprungs war, erklärte der im 19. Jahrhundert formulierte Darwinismus diese Formverwandtschaft aus rein materiellen Gründen.

1859 veröffentlichte Charles Darwin sein erstes Hauptwerk, *On the Origin of Species.*[114] Hier verteidigte er nicht nur die Realität der Evolution; er gab auch eine Erklärung für die Tatsache ihrer Existenz: den Mechanismus der natürlichen Selektion («Der Stärkste oder der, der sich am besten anpassen kann, überlebt»). Innerhalb jeder biologischen Art gilt, daß zwischen den Individuen jeder Generation immer wieder, ganz spontan, kleine Unterschiede oder Variationen erscheinen. (Darwin wußte noch nichts über den Ursprung dieser Variationen, erst im 20. Jahrhundert konnte die Vererbungslehre in diesem Punkt mehr Klarheit bringen.) Die Individuen bekämpfen einander, wobei die Stärksten die größte Chance haben, ihre Variationen in die nächste Generation hinüberzutragen. Durch diese natürliche Zuchtwahl ändern sich dann schrittweise – Generation um Generation – die Eigenschaften und das

Vorkommen der Art. Spontane Variation und natürliche Zuchtwahl sind also die Schlüsselbegriffe des Darwinismus. Sie bilden den Kern einer rein materialistischen Erklärung der Evolution.

Der Darwinismus stieß anfänglich auf viel Widerstand. Dennoch war Darwins Buch ein entscheidender Anstoß für den allgemeinen Durchbruch und die Anerkennung des Evolutionsgedankens. Als Darwin 1882 starb, hatte der Evolutionsgedanke im Grunde gesiegt. Darwin wurde, auf Antrag einer Gruppe von Parlamentariern, mit großem Prunk in Westminster Abbey begraben, wie vor ihm schon Isaac Newton.

Darwin berührte in *The Origin of Species* das Problem der menschlichen Abstammung noch nicht. Das geschah erst einige Jahre später, als der schlagfertige Darwinist Thomas Huxley sein Büchlein *Man's Place in Nature* (1863) veröffentlichte – das erste Werk, in dem der Mensch ausdrücklich als rein materielles Abstammungsprodukt des Tierreiches betrachtet wird. Darwin äußert sich über diese Frage 1871 in seinem Buch *The Descent of Man.*[116]

Huxley und Darwin betrachteten den Menschen in der Tat als Abkömmling der einen oder anderen Sorte von Menschenaffen. Die Idee des «missing link» entstand: des fehlenden Gliedes, der Übergangsform zwischen Affe und Mensch. Darwin sprach die Vermutung aus, daß der Mensch von einem afrikanischen Affen abstamme. Er betonte sehr die Idee einer aufsteigenden Linie von Primaten, die beim Menschen endet. Die großen afrikanischen Menschenaffen, Schimpansen und Gorillas (siehe auch die Abbildungen 10 und 11, S. 35) erscheinen aus dieser Sicht als die nächsten tierischen Verwandten des Menschen – eine Auffassung, die heutzutage von den meisten Forschern als selbstverständlich anerkannt wird.

Später wurde die Theorie noch verfeinert. So vertrat seit 1891 Arthur Keith die auch jetzt noch anerkannte «Brachiatoren-Theorie», die eine mechanistische Erklärung für das Entstehen der aufrechten Körperhaltung gibt: Der Mensch soll mit dem Gibbon, dem Orang-Utan, dem Schimpansen und dem Gorilla denselben Vorfahren teilen; dieser entwickelte das Vermögen, sich an Ästen hängend fortzubewegen. Hierzu waren verschiedene Anpassungen nötig, unter anderem die Entwicklung eines viel beweglicheren Schultergelenks (niedere Affen haben ein viel weniger bewegliches Schultergelenk als Menschen oder Menschenaffen; sie bevorzugen, über die Äste zu laufen). Es ist übrigens bemerkenswert, daß Keith selbst die Brachiatoren-Theorie am Ende seines Lebens wieder aufgegeben hat.

Daneben entwickelte während des ganzen 19. Jahrhunderts eine oppositionelle wissenschaftliche Unterströmung Goethes Auffassungen weiter. Schon 1809 stellte sich der deutsche Naturforscher Lorenz Oken in seinem *Lehrbuch des Systems der Naturphilosophie* von 1809 das Tierreich als eine Reihe von Abschnürungen von der zentralen, menschlichen Form vor. 1863 erschien dann nicht nur Huxleys *Man's Place in Nature,* sondern auch von Karl Snell (1806 – 1886) das Buch *Die Schöpfung des Menschen,*[428] gefolgt von seinen erst postum (1887) veröffentlichten *Vorlesungen über die Abstammung des Menschen.*[429] Nur wenige bemerkten diese Publikationen, die der herrschenden materialistischen Auffassung ganz entgegengesetzt waren.

Snell stellt sich ohne Vorbehalt auf den evolutionären Standpunkt, was zu seiner Zeit noch keine Selbstverständlichkeit war. Das von ihm umrissene Bild der Evolution weist jedoch wesentliche Unterschiede gegenüber der materialistischen Anschauung Darwins oder Huxleys auf. Er stützt sich auf zwei offensichtliche Tatsachen:

- Der Mensch unterscheidet sich vom Tier durch das Vermögen, zu denken und moralisch zu handeln. (Beide Aspekte werden von Snell als Vernunft angesprochen.)
- Denken und Moralität sind Realitäten, die nicht aus den Eigenschaften toter Materie erklärbar sind (siehe dazu die Bemerkungen im Vorwort).

Wenn es einen undifferenzierten Anfang gegeben hat, müssen darin sowohl die tote Stofflichkeit als auch das Denken und die Moralität der Anlage nach vereinigt gewesen sein. Die menschliche Evolutionslinie ist dann diejenige, die den Keim der Vernunft in sich mitentwikkelt hat. Die tierischen Evolutionsrichtungen zweigen von dieser zentralen Linie ab; es sind spezialisierte Linien, in denen die Entwicklung von äußeren Umwelteinflüssen beherrscht wird. Snell weist darauf hin, daß die Denkfähigkeit und die Moralität geradezu universelle Potenzen sind, auf die die Welt in ihrer Totalität hinorientiert ist. Der Mensch, als Hüter dieser Potenzen während der ganzen Evolution, ist deshalb auch ein allgemein und undifferenziert gebliebenes Wesen, das nicht von den tierischen Spezialisierungsmechanismen geprägt wurde.

So bemerkt Snell: «Neben allen den Bildungen, welche in die

Knechtschaft der äußeren Bedingungen eines jeden sinnlich erscheinenden Daseins geraten, geht immer einher eine andere Bildung, welche auch in ihrer jedesmaligen konkreteren Gestalt sich zum Gefäß und lebendigen Organ des Unendlichen macht und trotz ihres tieferen Eingehens in die Charakterbestimmtheit des Erdenlebens dem Wesen der Vernunft als dem Vermögen des Allgemeinen und Unbedingten keinen Abbruch tut. Diese Träger der ungebrochenen Vernunftanlage sind die Voreltern des Menschen. [...] Verfolgt der Mensch seinen Stammbaum rückwärts, so schreitet er durch eine Reihe von Wesen, welche allen andern Geschöpfen entgegengesetzt und von denselben durch ihre ganze innere Natur bestimmt abgesondert sind, weil in ihnen allein die Vernunftanlage in ungetrübter Reinheit und unbeschränkter Gehaltsfülle erhalten wird. Schreitet man vorwärts in der Abfolge der Generationen, so geht aus einer Stammgattung, welche zu den Voreltern des Menschen zählt, sowohl Tierisches als Menschliches hervor, und die Schranke zwischen Tier und Mensch besteht nicht.»[428]

Um diese Evolutionsanschauung zu unterbauen, führt Snell verschiedene Beobachtungen an. Vier davon erwähnen wir:

- Der menschliche Organismus ist auffällig unspezialisiert: «So viel kann man von Gestalt und Bildung des Urmenschen sagen, daß er niemals seine Organe zum rohen Werkzeug für eine einzelne Arbeit erniedrigt hat, daß er seine Nägel und Zähne nicht zu furchtbaren Waffen ausgebildet und in seinen Säften kein tödliches Zorngift ausgekocht hat, daß er die weichen fünf Finger [...] in stetiger Folge zur universellen menschlichen Hand ausgebildet hat, die für keine bestimmte Arbeit eingerichtet ist, weil sie für alle dienlich ist und mit unzähligen Werkzeugen sich auszurüsten geeignet ist. Nur so viel kann man ferner sagen, daß dies Wesen sich niemals mit seinem ganzen Sinnen und Trachten in eine beschränkte Sphäre der Außenwelt hat hinreißen lassen und sich behaglich in derselben eingerichtet hat, daß es allen Reizungen und Verlockungen zum Genuß der nächsten Gegenwart einen universellen Trieb entgegengesetzt hat, dem zuletzt keine Außenwelt genügt als die unendliche in Gott und Natur, daß es unter aller dringenden Not der Gegenwart das ferne große Ziel unverrückt im Auge behalten hat.»[428]
- Bestimmte Organe sind beim Tier besonders wenig ausgenutzt, entfalten beim Menschen aber eine enorme Leistungsfähigkeit. Snell gibt als Beispiel den menschlichen Larynx (Kehlkopf), der im Ver-

gleich zum Larynx der Säugetiere unspezialisiert ist, aber nur beim Menschen zum Sprechen verwendet wird. Ein anderes Beispiel ist die Hand: «Man betrachte die Hand des Gorillas. Sie hat alle Knochen, Muskeln und Bänder der menschlichen Hand, und in ganz ähnlicher Lage und Anordnung dieser Teile. Diese Hand würde, ihrem Baue nach betrachtet, [...] allenfalls hinreichen zum Klavierspielen. [...] Der Gorilla hat sie geerbt von einem Stammvater, welcher jedenfalls einen der Bildung derselben mehr entsprechenden Gebrauch von ihr gemacht hat, und der Gorilla hat dieses edle und fruchtbringende Erbgut nebst so manchem anderen verwildern lassen, bis sie zur vollkommenen Wüste wurden.»[429]

- Snell weist auch auf die schon festgestellte Ähnlichkeit zwischen jungen Affen und dem Menschen hin: «Darwin schließt daraus, daß an den Füßen der neugeborenen Pferde öfters Querstreifen bemerkt werden, daß die Pferde einen Stammvater gehabt haben, welcher wie das Zebra mit Querstreifen versehen war. Das mag richtig sein. Aber warum vergißt man denn diese Regel gänzlich, wenn man bemerkt, daß das Junge des Orang-Utans dem menschlichen Kinde so sehr ähnlich sieht und außer der Ähnlichkeit in seiner körperlichen Erscheinung auch Züge von Fügsamkeit, Sanftheit und Gelehrigkeit durchblicken läßt und daß bei weiterem Wachstum das Tierische immer mehr hervortritt, bis endlich die plumpe, mürrische und zornige Bestie fertig ist? Der obigen Regel gemäß müßte man doch schließen, daß in den Vorfahren des Orang die menschliche Körperbildung und die dem Menschlichen verwandten Seelenzustände das Vorherrschende gewesen seien?»[429]
- Anknüpfend an Goethes Metamorphosebegriff führt Snell noch folgendes Argument an: Die Gestalten der verschiedenen Säugetiere können durch Metamorphose ineinander umgebildet werden, indem sie alle auf eine gleiche, gemeinsame Grundform zurückgeführt werden. In Gedanken geht man die Spezialisierungen, die Fledermäuse, Pferde, Wale oder Mäuse aufweisen, wie einen umgekehrt ablaufenden Film zurück. Die so sich ergebende gemeinsame Form ist nach Snell sehr menschenähnlich: «Licht und Ordnung [...] wird am leichtesten dadurch gebracht, daß man den Menschen in die Mitte stellt und die Säugetiere um ihn gruppiert und nun nachweist, wie die Tiergestalten als durch mannigfache Verlängerungen, Verkürzungen, Verschiebungen und Verwachsungen entstandene Modifikationen der Menschengestalt erscheinen. [...] Man denke sich einmal, man

ginge beim Nachweis der Einheit des Typus etwa vom Pferde oder vom Walfisch als Orientierungspunkt aus, wem könnte dies einfallen, und was würde dabei herauskommen? [...] Wir werden doch am naturgemäßesten dasjenige als das Stammgeschlecht annehmen, welches sich so in den Mittelpunkt der Gestalten stellt, daß von ihm eine Ableitung derselben sich am ungezwungensten ergibt.»[429]

Durch den unspezialisierten Charakter der menschlichen Gestalt, zusammen mit der Tatsache, daß die tierischen Spezialisierungen sich in stark auseinandergehende Richtungen entwickelt haben, tritt nach Snells Ansicht der Mensch als natürlicher Bezugspunkt hervor, von wo aus der Fächer der Säugetierformen mittels Metamorphose abgeleitet werden kann. Es sollte mit Hilfe moderner Datenverarbeitungstechniken möglich sein, diese Hypothese quantitativ zu erproben.

Wilhelm Heinrich Preuß (1843 – 1909)

Wilhelm Heinrich Preuß veröffentlichte 1882 seine Arbeit *Geist und Stoff*; in ihr finden wir Ideen wieder, die sich eng an die Anschauungen Snells anschließen: «Der Mensch ist der Erstgeborene aller Kreatur und die Zoogenesis ist ein Sekundärprodukt der Anthropogenesis. [...] Der Mensch ist allerdings aus unvollkommenen tierischen Zuständen durch Entwicklung emporgestiegen, aber dennoch ist er niemals ein Tier gewesen, daher wird sich in seiner Ahnenreihe auch kein Affe oder ein Quadruped nachweisen lassen.»[354]

Preuß betrachtete nicht nur die Tiere, sondern auch das Pflanzen- und Mineralreich als Absonderungen der zentralen menschlichen Entwicklungslinie: «Der Mensch ist das Ziel aller tellurischen Vorgänge, und jede andere neben ihm auftauchende Form hat aus der seinigen ihre Züge entlehnt. Der Mensch ist das erstgeborene Wesen des ganzen Kosmos, freilich nicht in der gegenwärtigen Form, sondern wie er diese sich in 273 Tagen aneignet im Mutterleibe mit der Eizelle und Samenzelle beginnend, so hat das Menschengeschlecht diese Umwandlungen von den allereinfachsten Lebenszuständen bis zur jetzigen, vollkommenen Gestalt an sich erfahren; [...] alle unorganische Materie, so entsetzlich groß auch ihre Masse sei, ist anzusehen als ein Zersetzungsprodukt der organischen Materie infolge des Lebensprozesses. [...] Die große unorganische Masse des Erdkörpers ist ein Umsatzprodukt der Organismen, welche seine Oberfläche bewohnen, und deren Vorfahren.»[354]

Im Anschluß hieran behauptet Preuß, daß sich die Gesetze der Natur im Laufe der Evolution ändern: «Gleichwie die Vernunft selber erst mit dem Umsatze der organischen Materie zu unorganischer entstehen konnte, so sind auch sämtliche Eigenschaften des metamorphosierten Stoffes, welche sie darin entdeckt, im Laufe der Zeit erschienen. Wir müssen uns daher gewöhnen, sämtliche sogenannten Naturgesetze als von der Zeit abhängig anzusehen und auf ihre Unveränderlichkeit Verzicht zu leisten.»[354]

Die Anschauungen von Snell und Preuß führen unvermeidlich zu dem Ergebnis, daß die Unveränderlichkeit der Naturgesetze nicht unbeschränkt weit in der Zeit ausgedehnt werden darf. Wenn die geistigen und stofflichen Aspekte der Wirklichkeit am Anfang der kosmologischen Entwicklung eine Einheit bilden und der geistige Aspekt nicht auf eine Funktion der Stofflichkeit zurückzuführen ist, muß der Anfangszustand wohl anders als rein stofflich gewesen sein. Die große Mehrheit der modernen Naturforscher nimmt aber gerade an, daß die Naturgesetze während der gesamten Zeit unveränderlich geblieben sind. Sie müssen deshalb Anschauungen wie die von Snell und Preuß abweisen.

Die Ansicht von Preuß und Snell führt letztlich zu der Auffassung, daß sich hinter der Existenz von Tieren, Pflanzen und Mineralien eine Art von Opfer verbirgt. Diese Naturreiche sonderten sich von der menschlichen Entwicklungslinie ab, überließen dem Menschen die allgemeinen Vermögen des Denkens und der Moralität und schufen Umstände, innerhalb derer der Mensch sich weiterentwickeln konnte. Ist diese Anschauung der Evolution richtig, ergibt sich daraus auch die Möglichkeit, der ökologischen Moral einen objektiven Grund zu geben. Wenn der Mensch ein rein zufälliges Nebenprodukt der natürlichen Entwicklung wäre, gäbe es keinen Grund einzusehen, weshalb dem Erhalt weiterer Entwicklungsmöglichkeiten des Menschen selbst oder der Natur irgendein objektiver Wert beigemessen werden sollte; man könnte dann nur noch von einem kollektiven menschlichen Egoismus her oder aus Sentimentalität Gründe anführen. Würde die Naturforschung aber zu dem Ergebnis führen, daß die materielle Evolution sich von einem zentralen, geistigen Entwicklungsvorgang her entfaltet, entsteht die Aussicht, daß sich eine objektivere Moralitätsauffassung bilden kann. Die Realität der moralischen Verantwortung, welche der Mensch den Naturreichen gegenüber hat, kann nicht aus den Gesetzen der toten Natur gefolgert werden. Eine moralische Verantwortung ist von geistiger Art und kann unmöglich eine stoffliche Form annehmen. Nie kann es sie in einer rein materiellen Welt objektiv geben. Sie hat aber ein Dasein innerhalb einer geistigen Wirklichkeit, die nach Snell und Preuß die Evolution geführt hat. Möglich, daß das ökologische Bewußtsein vieler Menschen im unbewußten Ahnen einer solchen objektiven, moralischen Verantwortung des Menschen der Natur gegenüber gegründet ist.

Es überrascht nicht, daß wir bei Preuß ein starkes Miterleben mit der Natur, vor allem mit den Tieren, antreffen. Über Vivisektion schreibt er zum Beispiel: «Ich kann nicht einsehen, daß für den Menschen der Weg zum Heil und zur Gesundheit erst über tausende erbärmlich zu Tode gemarterter Tierleichen führe. [...] Wenn man ein Hospital für kranke Tiere einrichtete und ernstlich bestrebt wäre, die Krankheiten und Verletzungen derselben zu beobachten und zu heilen, so bin ich überzeugt, würde der Gewinn für die gesamte Medizin ein größerer sein.»[354]

Verwandte Ideen, nur meist unklarer ausgedrückt, finden wir auch bei anderen Autoren. H. Klaatsch[258] sprach 1900 im Rahmen der Preußischen Akademie der Wissenschaften über den Menschen als der zentralen Säugetier- und Primatenform.[348] J. Cleland beendete einen öffentlichen Vortrag in Glasgow mit folgenden Worten: «Für mich erscheint das Tierreich nicht wie ein unbegrenztes Wachstum, nicht wie ein Baum, sondern wie ein Tempel mit vielen Minaretten, von denen kein einziger fortgeführt werden kann, während die durch die Gestalt des Menschen zentrale Kuppel vollendet wird. Die Entwicklung des Tierreichs ist eine Entwicklung der an die Materie gefesselten Intelligenz. Die Tiere, bei denen das Nervensystem seine größte Vollkommenheit erlangt hat, sind die Wirbeltiere. Beim Menschen erreicht [...] der Teil des Nervensystems, der das Organ der Intelligenz ist, die höchstmögliche Entwicklung, die einem Wirbeltier möglich ist, während die Intelligenz selbst bis zu Reflexion und Willensäußerung herangewachsen ist. [...] Ich glaube, daß der Mensch zwar nicht die höchstmögliche Form der Intelligenz darstellt, aber der menschliche Körper das Höchstmögliche der tierischen Lebensformen ist, die innerhalb der stofflichen Bedingungen auf der Erde existieren, und daß seine Gestalt den Entwurf des Tierreichs vollendet.»[100]

Diese Tradition des Evolutionsverständnisses findet am Anfang des 20. Jahrhunderts einen bedeutenden Vertreter in Louis Bolk, dessen Anschauungen wir im zweiten Kapitel besprechen werden.

Das Primitive der Primaten

Wir wollen uns in der folgenden Betrachtung der Säugetierordnung der Primaten zuwenden. Daher sei zum besseren Verständnis zuerst eine kurze Übersicht über die Einteilung der Primaten gegeben.[144]

Der Mensch wird der Säugetierordnung der Primaten (*Primates*) zugeordnet. Diese umfassen zwei Unterordnungen: die Halbaffen (*Prosimii*) und die Affen (höhere Primaten, *Anthropoidea*).

Bei den Halbaffen unterscheiden wir wiederum zwei sogenannte Teilordnungen: die *Lemuriformes* und die *Tarsiiformes*. Abbildung 4 zeigt einen typischen Lemur (*Lemur catta*) aus Madagaskar. Auf der Abbildung 5 sehen wir einen Tarsier (Celebeskoboldmaki), ein kleiner Insektenfresser aus Südostasien.

Auch bei den Affen werden wieder zwei Teilordnungen unterschieden: die Breitnasen (*Platyrrhini*, die in der Neuen Welt anzutreffen sind) und die Schmalnasen (*Catarrhini*; sie leben in der Alten Welt). Breitnasen haben immer 12 (= 4 x 3) Prämolaren (d.h. vordere zweihöckerige Backenzähne), Schmalnasen – wie auch der Mensch – nur 8 (4 x 2).

Abbildung 6 zeigt einen der größten Neuweltaffen: das Klammeräffchen (*Ateles*). Dieses Tier ist, wie auch manche anderen Breitnasen, mit einem Greifschwanz ausgestattet. Schmalnasen haben dagegen nie wirkliche Greifschwänze.

Die Schmalnasen wiederum sind eingeteilt in niedere Schmalnasen (*Cercopithecoidea*) und höhere Schmalnasen (*Hominoidea*, Menschenaffen und Menschen). Während die niederen Schmalnasen fast immer einen Schwanz haben – ein wohlbekanntes Beispiel ist der Pavian (Abb. 7) –, finden wir bei den Hominoidea nie einen Schwanz.

Wir unterscheiden kleine und große Menschenaffen. Erstere leben in Südostasien; es sind die Gibbons und der Siamang (Abb. 8). Zu den letzteren schließlich, den großen Menschenaffen, werden drei Arten gerechnet (wenn man unberücksichtigt läßt, daß die Schimpansen noch einmal in zwei oder drei Arten unterteilt werden). Der *Orang-Utan* (Abb. 9) ist in Sumatra und Borneo zu Hause, der *Gorilla* (Abb. 10) und der *Schimpanse* (Abb. 11) leben in Afrika, südlich der Sahara. Die kleinen Menschenaffen und der Orang-Utan werden zusammen auch als *asiatische Menschenaffen* bezeichnet, Gorilla und Schimpanse als *afrikanische Menschenaffen.* Diese betrachtet man allgemein als diejenigen Tiere, die dem Menschen am nächsten verwandt sind.

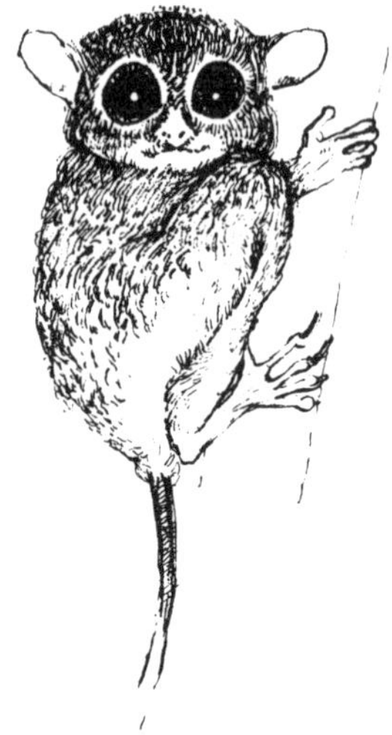

Abb. 4: Der Ringschwanzlemur (Lemur catta) lebt in Madagaskar. Dieses Tier ist überwiegend ein Bodenbewohner, im Gegensatz zu den meisten anderen Halbaffen, die hauptsächlich Kletterer sind (Gewicht: etwa 2,6 kg, Länge von Kopf und Rumpf 30-60 cm).
(Abb. 4–11: Zeichnungen von W. Genard.)

Abb. 5: Celebeskoboldmaki (Tarsius spectrum), ein kleines Nachttier (man beachte die großen Augen), das in Südostasien lebt. Es gibt drei Arten (Gewicht: etwa 130 g, Länge von Kopf und Rumpf 8,5-16 cm, Schwanzlänge ca. 13-27 cm).

Abb. 6: Der Klammeraffe (Ateles), ein Breitnasenaffe mit kräftigem Greifschwanz. Ateles hat keine Daumen (daher sein wissenschaftlicher Name). Er ist einer der größten Breitnasenaffen (Gewicht: etwa 7 – 9 kg).

Abb. 7: Der Pavian (Papio) ist der größte unter den niederen Schmalnasen. Dieses Tier ist ein Bewohner der Savannen Afrikas. Das Männchen (Gewicht: etwa 20 – 30 kg) ist fast zweimal so schwer wie das Weibchen.

Abb. 8: Die Gibbons (Hylobates; es gibt sechs Arten) sind die kleinsten Menschenaffen (Gewicht: 5 – 6 kg). Sie haben außerordentlich lange Arme und sind ausgezeichnete Kletterer. Die verschiedenen Gibbonarten leben alle in Südostasien. Dort findet man auch den größeren Siamang (Hylobates syndactylus; Gewicht: etwa 10 – 11 kg), der mit dem Gibbon nahe verwandt ist.

Abb. 9: Der Orang-Utan (Pongo pygmaeus) ist der einzige große Menschenaffe aus Asien. Er lebt in den Regenwäldern von Borneo und Sumatra. Das Männchen kann ungefähr 80 – 120 kg wiegen, das Weibchen 30 – 60 kg. Daumen und große Zehe sind ganz kurz, die Arme sehr lang. Orang-Utans sind träge Kletterer und betreten nur ungern den Boden.

Abb. 10: Der Gorilla (Gorilla gorilla) ist der größte Menschenaffe und der größte Primat überhaupt (Männchen: etwa 200 kg; Weibchen: 90 kg). Er ist ein Bodenbewohner und fast ausschließlich ein Pflanzenfresser. Der Gorilla ist ein seltenes Tier, das nur in einigen Gebieten Afrikas südlich der Sahara anzutreffen ist.

Abb. 11: Der Schimpanse (Pan troglodytes) lebt in Afrika (Männchen: etwa 50 – 60 kg; Weibchen: 33 – 47 kg). Er gilt üblicherweise als der nächste Verwandte der Menschen (siehe Abb. 12). Es gibt außerdem den Zwergschimpansen oder Bonobo (Pan paniscus), der in Kongo lebt.

Zusammengefaßt sieht die Einteilung der Primaten so aus:

- Primaten
  - Halbaffen
    - Lemuriformes
      - Lemuroidea (Lemuren, Indris …)
      - Lorisoidea (Loris, Galagos …)
    - Tarsiiformes (Koboldmaki)
  - Affen
    - Neuweltaffen (Breitnasen oder Platyrrhini)
    - Altweltaffen (Schmalnasen oder Catarrhini)
      - niedere Schmalnasen (Cercopithecoidea)
      - höhere Schmalnasen (Hominoidea)
        - kleine Menschenaffen (Gibbon, Siamang) – Asiatische Menschenaffen
        - große Menschenaffen
          - Orang-Utan – Asiatische Menschenaffen
          - Gorilla – Afrikanische Menschenaffen
          - Schimpanse, Bonobo – Afrikanische Menschenaffen
          - Mensch

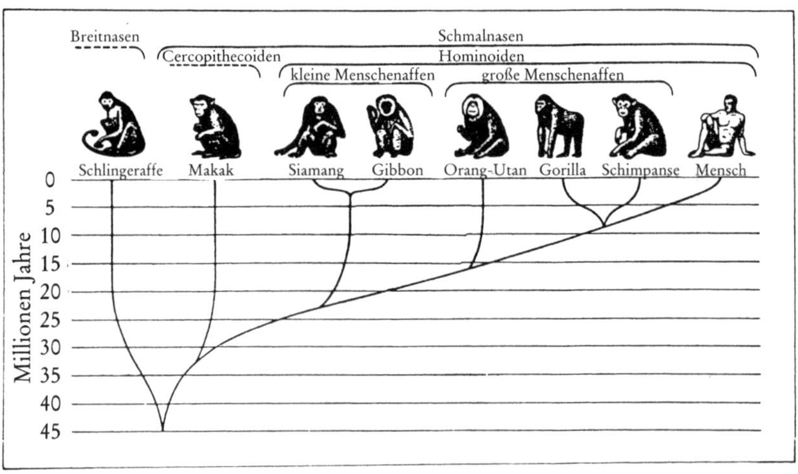

Abb. 12: Angenommener Stammbaum der höheren Primaten nach einer modernen Version.[474]

Die heutige Beschreibung und Einteilung der Primaten ist nicht auf einmal, sondern stufenweise entstanden. 1735 erschien die erste Auflage der *Systema* von Carl von Linné. In diesem ersten Versuch zur Einteilung des gesamten Pflanzen- und Tierreichs ordnete Linné, ganz dem damaligen Zeitgeist entsprechend, den Menschen in das Tierreich ein. Er unterschied innerhalb der Säugetiere eine Ordnung, welche er die Anthropomorpha nannte. In dieser Ordnung brachte er nicht nur den Menschen, sondern auch den Affen und das Faultier unter. In der 10. Auflage (1758) seines Werks änderte Linné den Namen und die Zusammensetzung der Ordnung. Er nannte die Tiergruppe, welche den Menschen mit umfaßte, jetzt «Primaten» (im Sinne eines «Erstlings, Hauptes der Schöpfung»). Das Faultier wurde aus der Ordnung herausgenommen, statt dessen aber der Maki (*Lemur*) und eine Fledermausart hinzugefügt. Die Fledermaus wurde 1779 von Johann Blumenbach dann wieder gestrichen.

Es fehlte eindeutig eine scharfumrissene Definition der besonderen Tierordnung, in die der Mensch eingeordnet werden sollte. Welche Merkmale zeigen Tiere, die den Primaten zugeordnet werden?

Es stellte sich heraus, daß diese Frage schwer zu beantworten ist, weil Primaten sich von anderen Säugetieren gerade dadurch unterscheiden, daß sie wenig Spezialisierungen aufweisen und der undifferenzierten Form viel näher bleiben als Tiere der anderen Säugetierordnungen. Bei den Primaten findet man keine Hufe, Flügel, Rüssel, Hörner usw. Immer wieder stoßen Zoologen auf diese eigenartige Allgemeinheit. Bernhard Grzimek verweist auf die relative Einfachheit des Primatenmagens und auf den ursprünglichen Charakter der Nieren (im Vergleich zu den gegliederten Nieren vieler Huf- und Raubtiere).[195] F. Wood Jones bemerkte 1929, daß es kein einziges spezifisches Merkmal gibt, das die Primaten als solche auszeichnet. W. E. Le Gros Clark erläutert diesen Punkt folgendermaßen: «Es ist besonders schwierig, eine befriedigende Definition von den Primaten zu geben, weil es kein einziges unterscheidendes Merkmal gibt, das für alle Arten innerhalb dieser Ordnung charakteristisch ist. Während viele andere Säugetierordnungen durch auffällige Spezialisierungen positiver Art definiert werden können, durch die sie sich leicht voneinander unterscheiden, haben Primaten insgesamt eine generalisierte Anatomie bewahrt und sind, wenn überhaupt, hauptsächlich durch einen negativen Zug – ihren Mangel an Spezialisierung – von anderen Ordnungen zu unterscheiden. So haben sie meistens eine allgemeine Struktur ihrer Gliedmaßen bewahrt und sich auch die primitive

Pentadaktylität (fünf Finger und fünf Zehen) erhalten. Sie haben überdies auch vollständig gewisse Elemente des Gliedmaßenskeletts (wie die Clavicula [das Schlüsselbein]) beibehalten, welche bei einigen anderen Säugetierordnungen die Tendenz zeigen zu schrumpfen oder zu verschwinden. Und auch die Backenzähne haben insgesamt eine einfache und primitive Struktur bewahrt, insbesondere wenn man sie mit den

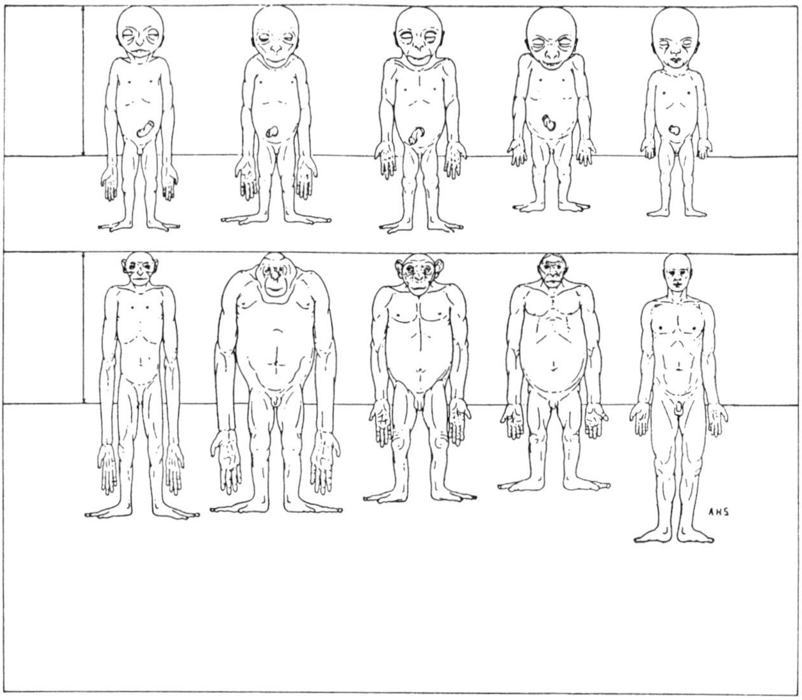

Abb. 13: Die höchsten Primaten.[381] *Fötus (in vergleichbaren Entwicklungsstadien) und Erwachsenengestalt des (von links nach rechts) Gibbons, des Orang-Utans, des Schimpansen, des Gorillas und des Menschen (zum Vergleich immer abgebildet auf gleicher Sitzhöhe und ohne Haartracht). Einige Bemerkungen dazu:*

- *Die Hände und Füße des menschlichen Fötus sind viel kleiner als die des Menschenaffen-Fötus.*
- *Beim erwachsenen Menschen sind die Beine länger als die Arme; bei den Menschenaffen ist es umgekehrt.*
- *Der Orang-Utan und der Gibbon, die typische Baumbewohner sind, haben besonders lange Arme.*
- *Der erwachsene Mensch hat einen längeren Hals als die Menschenaffen.*

komplizierten und in hohem Maße spezialisierten Zähnen vergleicht, die sich in einigen Ordnungen (wie den Elefanten, den Huftieren und den Raubtieren) entwickelt haben.»[98]

Le Gros Clark zählt eine Anzahl evolutionärer Tendenzen auf, die typisch sind für die Primaten. Zum Primatenschädel bemerkt er beispielsweise:

- eine allmähliche Vergrößerung der Schädelhöhle, die zugleich runder wird
- die Augenhöhle muß knochig sein, das heißt, daß die Augenhöhle zumindest von einer Knochenbrücke überwölbt ist (wie bei den Lemuren, aber auch beim Pferd – siehe Abb. 144, S. 307) oder eben nach hinten durch eine Knochenwand ganz abgeschlossen ist (wie bei den Affen und beim Menschen)
- eine allmähliche Entwicklung des stereoskopischen Sehens, das bei den höheren Primaten vollständig entwickelt ist; die beiden Augen schauen immer in die gleiche Richtung
- die Tendenz zur Verkleinerung des Jochbogens
- die Tendenz zur Zurückbildung der Schnauze und zur Position des Antlitzschädels unterhalb der Gehirnhöhle (anstatt vor der Gehirnhöhle)
- die Tendenz zur Verschiebung des Foramen magnum von der Hinterseite zur Unterseite des Schädels (das Foramen magnum ist die Öffnung im Schädel, durch die das Rückenmark mit dem Gehirn verbunden ist).

Hieraus geht unmittelbar hervor, daß der Mensch bei den meisten dieser Tendenzen das äußerste Stadium repräsentiert (einige Beispiele besprechen wir später im Detail). Bildet der Mensch denn wirklich eine Art Höhepunkt der «Primatenschaft», oder haben Le Gros Clark und andere die Neigung, bestimmte Tierarten derart zu ordnen, daß eine subjektive, auf den Menschen gerichtete Orientierung entsteht? Fossile Funde scheinen zu bestätigen, daß Clarks evolutionäre Tendenzen der Wirklichkeit entsprechen. Die menschliche Encephalisation (die zunehmende Gehirngröße, die selbstverständlich mit der obenerwähnten ersten «Tendenz» Clarks zusammenhängt) ist der Endpunkt einer Evolution, welche die Primaten von Anfang an gekennzeichnet hat. Die frühesten Primaten (die vor 60 Millionen Jahren lebten) hatten schon ein verhältnismäßig größeres Gehirn als die anderen Säugetiere; und diese Tendenz hat sich immer weiter fortgesetzt.[242]

Dessen ungeachtet hat Clarks Betrachtungsweise etwas Befremdendes. Wie kann man aufgrund «evolutionärer Tendenzen» einen fossilen Primaten als solchen erkennen?[412] Man würde durch Eliminierung folgern müssen: Ein Tier ist ein Primat, wenn es keinerlei Spezialisierung zeigt, die typisch für eine andere Säugetierordnung ist. J. H. Schwartz schlägt als Alternative eine Kombination von zwei «harten» Kriterien vor. Primaten sind Säugetiere mit den folgenden zwei Merkmalen:

- Der erste «Finger» des Fußes muß einen flachen Nagel oder gar keinen Nagel haben.
- Die Augenhöhle muß knöchern sein (dieses Merkmal kommt beispielsweise auch beim Pferd vor).

Gerade durch ihren marginalen, wenig spezialisierten und ziemlich «gesuchten» Charakter zeigen diese von Schwartz nach langem Suchen hervorgehobenen Merkmale, wie unspezialisiert die gesamte Primatengruppe ist.

Der primitivste Primat

Die Primaten sind die am wenigsten spezialisierten Säugetiere, der Mensch seinerseits ist der am wenigsten spezialisierte Primat. Ernst Mayr[475] und Konrad Lorenz[212] behaupten daher, daß der Mensch auf Nicht-Spezialisierung spezialisiert ist. A. Abbie betrachtet die durchgehaltene Weigerung, den «Verlockungen» der Spezialisierung nachzugeben, als das Hauptmerkmal der menschlichen Evolutionslinie;[2] der Titel seiner Arbeit lautet deshalb: «Nein! Nein! Und tausendmal nein!» M. Voit zitiert einige Beispiele des sehr primitiven Baus des Menschen (z.B. die Struktur der Fruchthäute und der Nebenniere) und stellt den unspezialisierten Charakter des Menschen in eine Linie mit dem schon zitierten unspezialisierten Charakter der Primaten im allgemeinen: «Zwei Eigenschaftskomplexe vor allem haben die Säugetiere in Anpassung an spezielle Lebensbedingungen weitgehend und mannigfach variiert und weitergebildet: die von der Art der Fortbewegung abhängige Gestaltung der Extremitäten und die von der Ernährungsweise beeinflußte Bildung des Gebisses und Magendarmkanales. Hauptsächlich die Ausgestaltung dieser beiden Körpergebiete, der Extremitäten und des Ernährungsapparates, hat zu der so reichen Gliederung der plazentalen Säugetiere in die Ordnungen der Insektenfresser, Nager, Fledermäuse, Fleischfresser, Huftiere usw. geführt. Und gerade in diesen beiden Hinsichten haben die Primaten, hat vor allem der Mensch recht primitive Verhältnisse beibehalten.»[471]

Der unspezialisierte Charakter der Primaten im Vergleich zu den anderen Säugetieren und der unspezialisierte Charakter des Menschen im Vergleich zu den übrigen Primaten spielen in den Theorien der Begründer der materialistischen Evolutionstheorie kaum eine Rolle und erfahren keine richtige Erklärung. Die Tatsache, daß das einzige Säugetier, das in der Lage ist, eine Evolutionstheorie aufzustellen, zugleich das am wenigsten spezialisierte Säugetier ist, wird als Beiläufigkeit betrachtet.

Das Gesetz von Dollo

Die Evolution ist nicht umkehrbar. Merkmale, welche die Vorfahren einer Tiergattung einmal besaßen und dann verlorengingen, kehren nie in derselben Gestalt wieder. Ein Beispiel: Man nimmt an, daß die zu Land lebenden Wirbeltiere von den Fischen abstammen. Viele Landtiere, wie Seeschildkröten oder Walfische, kehrten später erneut ins Meer zurück. Doch die Kiemen, mit denen ihre älteren Vorfahren Sauerstoff aus dem Wasser aufnehmen konnten, bildeten sich nicht wieder. Der Delphin beispielsweise ist zwar ein besserer Schwimmer als die meisten Fische, aber er blieb ein Säugetier, warmblütig, lebendgebärend und mit Lungen atmend.

Der französisch-belgische Paläontologe Louis Dollo formulierte aufgrund dessen das nach ihm benannte Prinzip der Unumkehrbarkeit der Evolution: «Ein Organismus kehrt niemals in allen Einzelheiten zu einem früheren Körperbau zurück, auch wenn die Lebensbedingungen genau dieselben sind wie die seiner Vorfahren. Seine Vergangenheit kann niemals vollständig ausgelöscht werden [...], und Spuren der Zwischenstufen seiner Evolution werden immer im Organismus zu finden sein.»[123]

Dollo bespricht viele Beispiele, etwa das der Känguruhs, die dem Bau ihres Fußes nach von Baumbewohnern abstammen, oder die vierfüßigen Saurier *Triceratops* und *Stegosaurus*, deren Beckenbau auf zweibeinige Vorfahren hinweist. Dollo behauptet mit Recht, daß das Unumkehrbarkeitsprinzip nur für komplexe Merkmale gilt;[181] die Wahrscheinlichkeit, daß das Merkmal der Vorfahren dann in gleicher Gestalt erneut erscheint, ist nahezu null.

Der Mensch ist den Menschenaffen am nächsten verwandt. Er kann also spezialisierte Merkmale mit diesen Tieren gemeinsam haben, die bei den niederen Schmalnasen fehlen. Nach dem Gesetz von Dollo ist es aber unmöglich, daß der Mensch *spezialisierte* Merkmale mit den niederen Schmalnasen teilt, die den Menschenaffen fehlen; denn im Laufe der Evolution kehrt der Mensch niemals zu einem Merkmal der niederen Schmalnasen zurück, das er in seiner Entwicklung – gemeinsam mit den Menschenaffen – bereits verlassen hat. Es wäre demnach auch unmöglich, daß der Mensch ein detailliertes Merkmal mit den Breitnasen oder mit dem Koboldmaki teilte, wenn bei den Schmalnasen jede Spur dieses Merkmals fehlte.

Bestätigt ein Vergleich zwischen dem Menschen und den übrigen Primaten das Gesetz von Dollo? Die Antwort muß differenziert ausfallen, wie wir im folgenden sehen werden. Der Mensch zeigt erstaunlich wenige spezifische Merkmale, die er zwar mit den höheren Affen teilt, aber nicht mit den niederen. Statt dessen können wir feststellen, daß der Mensch eine Reihe von Merkmalen mit jeweils einer anderen Primatenart gemeinsam hat, höheren wie niedrigeren. W.L. Straus bemerkt: «Bei einer beträchtlichen Zahl wichtiger Merkmale kann man nur davon ausgehen, daß der Mensch im wesentlichen unspezialisiert oder allgemein geblieben ist. [...] Hinsichtlich dieser Merkmale findet man das Pendant zum Menschen nicht unter den Menschenaffen, sondern unter Tieren, die aus Gründen der Paläontologie und der vergleichenden Anatomie eindeutig als primitiver zu betrachten sind, etwa den Langschwanzprimaten und den Prosimiae (z.B. Lemuren) oder gar unter Säugetieren anderer Ordnungen. Mit anderen Worten: Bei vielen Merkmalen, und zwar gerade bei solchen, die charakteristisch für Menschenaffen sind, können diese Menschenaffen – vor allem die großen Affen – nur als viel spezialisierter als der Mensch betrachtet werden.»[443]

Diese merkwürdige Tatsache, welche wir noch erläutern werden, wurde sehr bald herausgefunden, vor allem innerhalb der schon charakterisierten Strömung, die entgegen den Auffassungen Darwins oder Huxleys eine spirituellere Anschauung des Evolutionsphänomens entwickelte. Schon 1873 veröffentlichte St. George Mivart seine Schrift *Man and Apes* («Mensch und Affen»), in der er betont, daß der Mensch keine speziellen und ausschließlichen morphologischen Übereinstimmungen mit einer der Primatengruppen zeigt. (Für Einzelheiten aus der Geschichte dieser Auseinandersetzung siehe Straus[443] oder Tuttle.[454]) Der Mensch teilt z.B. eine ganze Reihe von Charakteristika nur mit den Breitnasen, und zwar besonders mit den höherentwickelten Tieren aus dieser Gruppe, wie den Klammeraffen (*Ateles*) und dem Kapuzineraffen (*Cebus*).

Die Klammeraffen (Abb. 6) weisen eine Menge ausgesprochener Spezialisierungen auf: Der Daumen ist nahezu ganz verschwunden, und von allen Primaten haben sie den verhältnismäßig längsten Schwanz. Durch diese Merkmale sind sie vom Menschen weiter entfernt. Andererseits wurden schon sehr früh eine Reihe bemerkenswerter Übereinstimmungen zwischen dem Menschen und den am höchsten entwickelten Breitnasen beobachtet. So zeigen die Klammeraffen in ihrem Gehirnaufbau einige menschliche Züge, die wir bei den dem Menschen näherstehenden niederen Schmalnasen nicht wiederfinden.[206] Auch bei den Nieren des Menschen und der Klammeraffen lassen sich gemeinsame Eigentümlichkeiten feststellen, die bei keinem anderen Primaten vorgefunden werden.[177, 444] A.J.P. van den Broek erwähnt nicht weniger als vierzig anatomische Merkmale, die den menschenähnlichen Bau der Gattung *Ateles* zeigen.[458] So hat Ateles z.B. flache Nägel (im Gegensatz zu den mehr klauenartigen Nägeln anderer Breitnasen); überdies findet man bei dieser Gattung einen zweiköpfigen Oberschenkelmuskel, wie er im übrigen nur beim Menschen und bei den Menschenaffen vorhanden ist. (*Ateles* kann auch ziemlich gut aufrecht gehen.) Dieser Muskel ist bei den Klammeraffen menschenähnlicher als beim Orang-Utan. Der Mensch hat von allen Primaten die längste Halswirbelzone (im Vergleich zur Rumpflänge); auch die Menschenaffen haben eine verhältnismäßig längere Halswirbelzone als die niederen Affen. Ausnahme ist erneut *Ateles*, dessen Halswirbelzone im Verhältnis nahezu gleich lang ist wie die menschliche.[405]

Eine andere Breitnasengattung, die Kapuzineraffen (*Cebus*), hat wiederum einen anderen Komplex von Merkmalen mit dem Menschen gemeinsam:

- Kapuziner sind nach dem Menschen die Primaten mit dem höchsten Gehirngewicht (nach Korrektur bezüglich des Körpergewichts*).[289]
- Wie der Mensch leben sie besonders lange.[143]
- Kapuzineraffen sind auffällig erfinderisch im Nahrungssuchen.

* Kleinere Tiere haben ceteris paribus ein Gehirngewicht, das im Verhältnis zum Körpergewicht größer ist (es gibt also eine negative Allometrie zwischen Gehirn- und Körpergewicht). Mit diesem Effekt sollte man rechnen, wenn man bei Tieren mit unterschiedlichem Körpergewicht das Gehirngewicht vergleicht.

– Im Gegensatz zu den meisten anderen Breitnasen haben sie einen Daumen, der sich ziemlich deutlich in Oppositionsstellung zu den anderen Fingern befindet (siehe Kap. 5).
– Neben dem Schimpansen scheinen die Kapuziner-Affen die einzigen nichtmenschlichen Primaten zu sein, die Werkzeuge verwenden (z.B. Steine zum Nüsseknacken).[19]
– Auch in ihrem Verdauungstrakt weisen Mensch und Kapuziner-Affen einige frappante Übereinstimmungen auf. Neben dem Menschen und dem Orang-Utan ist der Kapuziner der einzige Primat mit einer dicken Zahnschmelzschicht. (Bei den afrikanischen Menschenaffen ist der Zahnschmelz dagegen dünn.) Der Verdauungskanal (Speiseröhre, Magen, Darm) ist bei Menschen und Kapuzineraffen verhältnismäßig kleiner als bei den übrigen Primaten.[289]

Eine vergleichende Untersuchung der Hautstruktur der Primaten zeigt, daß bestimmte Breitnasen den Menschenaffen und sogar speziell dem Menschen unerwartet nahe «verwandt» sind. Aus einer Untersuchung, bei der 21 Merkmale der Haut untersucht werden, tritt *Ateles* als der nächste Verwandte des Menschen hervor; ein anderer Breitnase, der Wollaffe (*Lagothrix*), erweist sich als dem Schimpansen nahe «verwandt». *Ateles* und *Lagothrix* werden als die höchstentwickelten Breitnasen betrachtet. Die Autoren dieser Untersuchung schreiben: «Die Klassifizierung mit den Menschenähnlichen mag zufällig sein, aber wir finden es faszinierend, daß die höchstentwickelten Neuweltaffen mit den höchstentwickelten Altweltaffen in eine Gruppe zusammengefaßt werden sollten.»[191] Die Ähnlichkeit ist vor allem hinsichtlich Oberhaut und Schweißdrüsen sehr erstaunlich.

E. Genet-Varcin bemerkte, daß der Mensch mehr primitive Merkmale mit den Breitnasen gemeinsam hat als mit allen Arten von Schmalnasen.[166] Einige Beispiele:
– Die Schmalnasen haben auf dem Gesäß haarlose Schwielenbildungen, ein Merkmal, das man auch (allerdings in geringerem Maße) bei den Menschenaffen antrifft. Beim Menschen fehlt diese Struktur dagegen gänzlich, genau wie bei den Breitnasen und den Lemuren.[303]
– Der Daumen hat eine vergleichbare relative Länge beim Menschen und den meisten Breitnasen (Ausnahmen sind *Ateles* und *Brachyteles*, bei denen der Daumen verschwunden oder stark reduziert ist). Bei den Menschenaffen ist der Daumen hingegen verhältnismäßig verkürzt.

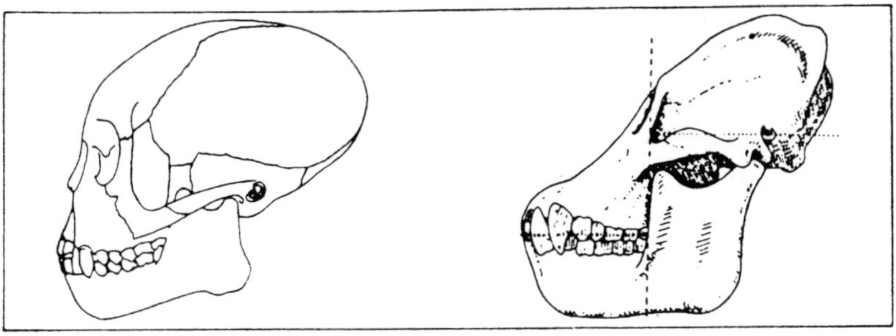

Abb. 14: Vergleich des Schädels eines Breitnasenaffen (Kapuzineraffe; links) und eines Menschenaffen (Orang-Utan; rechts).[149, 150] *Der Schädel des Breitnasenaffen ist viel allgemeiner und «menschenähnlicher» als der des Menschenaffen, obwohl letzterer als näher verwandt mit dem Menschen betrachtet wird. Beim Orang-Utan ist die Schnauze übermäßig entwickelt, so daß das Gebiß vollständig vor dem Gehirnraum liegt (Strichlinie). Auch der Schädelkamm fällt beim Orang-Utan auf.*

- Der Schädel ist bei den Breitnasen genau wie beim Menschen relativ wenig spezialisiert. Er hat eine ziemlich runde Form, die Schnauze ist verkürzt, und man findet weder einen Schädelkamm noch einen Augenbrauenwulst.[165] Ein fossiler Breitnasenaffe, der einen auffällig verallgemeinerten (und somit menschenähnlichen) Schädel besaß, wurde aus diesem Grunde *Homunculus* getauft (siehe auch Abb. 14).[242] W.L. Straus weist übrigens darauf hin, daß die Schädelnähte bei den Breitnasen, genau wie beim Menschen, erst spät verknöchern, bei den Menschenaffen geschieht diese Verknöcherung dagegen im allgemeinen viel rascher.
- C.E. Oxnard stellt fest, daß der Schulterbau bestimmter Breitnasen menschenähnlicher ist als der der Schmalnasen.[329] (Innerhalb der letzteren Gruppe zeigen verschiedene Arten niederer Schmalnasen wiederum einen menschenähnlicheren Schulterbau als die afrikanischen Menschenaffen, die doch als unsere nächsten Verwandten betrachtet werden.)

Wenn wir aus der vergleichenden Betrachtung einzelner Merkmale einen Schluß ziehen wollen, so müssen wir sagen: Die Ähnlichkeiten zwischen den Breitnasen (vor allem den höchstentwickelten) und dem Menschen können nicht das Ergebnis von Spezialisierungen sein, die schon beim gemeinsamen Vorfahren von Mensch und Breitnasen da gewesen wären. Denn dergleichen Merkmale sind bei den niederen Schmalnasen, die doch als nähere Verwandten des Menschen angesehen werden, nicht vorhanden.

Diese Ähnlichkeiten müssen also Ausdruck einer gemeinsamen primitiven Anlage sein, welche schon vorhanden war, bevor die evolutionäre Spaltung zwischen Mensch und Affen stattfand. Diese primitive Anlage blieb hinsichtlich bestimmter Merkmale beim Menschen und bei den Breitnasen erhalten, während die Schmalnasen sich durch Spezialisierung von der Ausgangsform entfernten.

Ebenso trifft man Ähnlichkeiten zwischen Mensch und niederen Schmalnasen an, die man beim Menschenaffen nicht findet. Ein merkwürdiges Beispiel ist das typisch menschliche Phänomen der fortschreitenden Kahlköpfigkeit, das im allgemeinen bei den Affen nicht auftritt, wohl aber bei einer Makakenart. Eine nähere Untersuchung zeigt, daß der Vorgang des Kahlwerdens bis in kleinste Einzelheiten bei Mensch und Makak parallel verläuft; nur ist Kahlköpfigkeit bei den Äffchen nicht auf ein Geschlecht beschränkt.[305, 456] – A. Schultz hat andererseits auf die zahlreichen Ähnlichkeiten zwischen Gibbon und Mensch hingewiesen, die bei den dem Menschen näher verwandten großen Menschenaffen nicht auftreten. Wir bringen auch hierfür zwei Beispiele:

– Der menschliche Brustkorb hat eine typische paraboloide Form, die man auch beim Gibbon vorfindet (Abb. 15). Bei den niedereren Affen ist der Brustkorb dagegen viel enger, bei den Menschenaffen spitzt er sich nach oben hin zu. Beim Menschen und beim Gibbon findet man fünf, beim Schimpansen nur drei Lendenwirbel (lumbale Wirbel) zwischen den Brustwirbeln und dem Kreuzbein. Bei den großen Menschenaffen reichen die Darmbeinflügel bis an die Rippen; beim Menschen und beim Gibbon ist der Abstand zwischen Beckenknochen und Rippen viel größer, wodurch der Rücken mehr Bewegungsmöglichkeiten hat. Die tiefe Position des menschlichen Kreuzbeines wird oft als eine typisch menschliche Anpassung an die aufrechte Körperhaltung angeführt. Doch im Verhältnis zur Rumpflänge ist das Kreuzbein beim Menschen und beim Makaken gleich weit unten situiert. Nicht die tiefe Lage des menschlichen Kreuzbeins, sondern die hohe Position des Kreuzbeins beim Schimpansen muß als eine Spezialisierung angesehen werden.

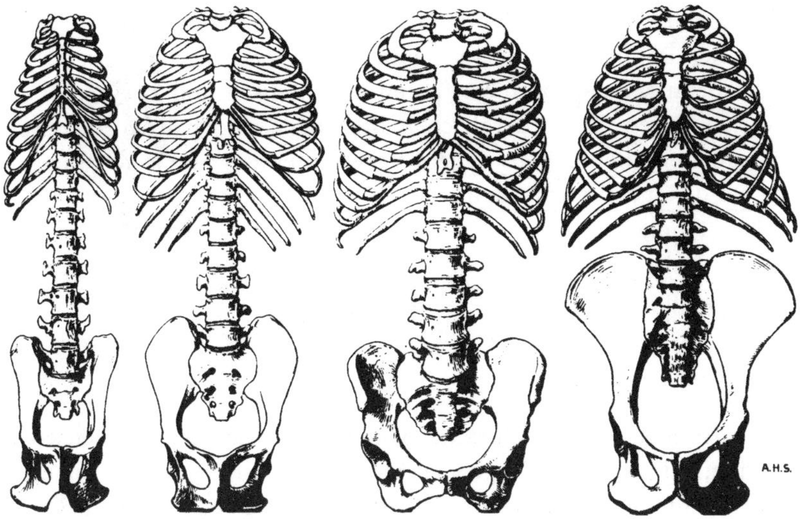

Abb. 15: Vergleich des Brustkorbs, der Wirbelsäule und des Beckens von Makak, Gibbon, Mensch und Schimpanse (von links nach rechts).[405] *Der Schimpanse wird als eine Tierart betrachtet, die mit dem Menschen am nächsten verwandt ist; der Gibbon dagegen ist ein entfernterer Verwandter. Dennoch haben Mensch und Gibbon eine Anzahl auffälliger Merkmale gemeinsam, die dem Schimpansen fehlen. Die ähnliche Gestalt des Brustkorbs, die längere Lendenwirbelzone und das niedrigere Becken fallen unmittelbar auf. Das niedrige und breite Becken des Menschen wird zwar häufig als seine spezifische Spezialisierung betrachtet; A. Schultz hat aber auf die Tatsache hingewiesen, daß die meisten Besonderheiten des menschlichen Beckens schon während der fötalen Entwicklung deutlich vorhanden sind.*[408, 466] *Der Rumpf ist beim Menschen und bei den Menschenaffen viel breiter als bei den niedereren Affen. Man beachte auch, daß die Wirbel des Menschen viel massiver sind als die der Affen. Das Kreuzbein ist beim Menschen außerordentlich breit, beim niedereren Affen schmal, während sich bei den Menschenaffen eine Zwischenlage zeigt (siehe Kap. 6).*

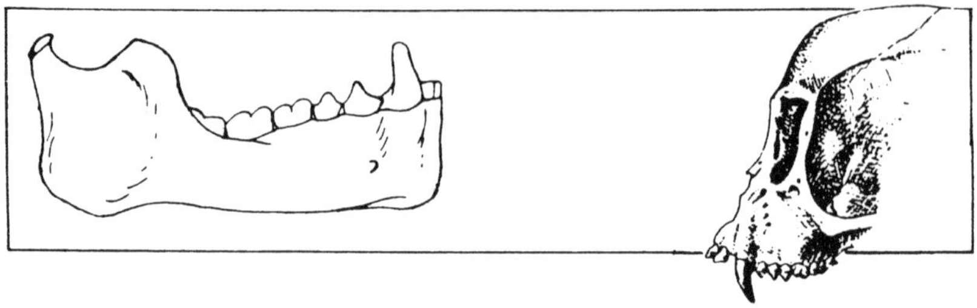

Abb. 16: Links: Eine menschenähnliche Kinnlade des Siamang.[60] *Man vergleiche sie mit dem zurückweichenden Unterkiefer anderer Affen. Rechts: Menschenähnliche Stirn und menschenähnliches Antlitz des Klammeraffen (Ateles).*[382]

– Das Kinn ist ein typisch menschliches Merkmal – alle erwachsenen Affen, auf jeden Fall die großen Menschenaffen, haben eine zurückweichende untere Kinnlade. Nur der Siamang zeigt auch ein Kinn, eine Erscheinung, auf die unter anderem Bolk[50] und Frechkop[148] die Aufmerksamkeit lenkten (siehe Abb. 16). Frechkop bemerkt in diesem Zusammenhang: «Die Schmalnasen und die Breitnasen scheinen bestimmte menschliche Merkmale oder ‹Gene› untereinander aufgeteilt zu haben. So trifft man bei Gibbons und Siamangs manchmal ein menschenähnliches Kinn an, während eine menschenähnliche Stirn bei gewissen Klammeraffen (*Ateles*) erhalten geblieben ist.»[150]

Wir können sogar noch weitergehen. Es gibt auch Merkmale, die der Mensch gemeinsam mit den Säugetieren im allgemeinen hat und die wiederum bei Menschenaffen und gewissen fossilen menschenähnlichen Formen fehlen. T.G. Bromage schreibt: «Der Schädel der meisten Säugetiere ist so strukturiert, daß eine gerade Linie gezogen werden kann, die drei Punkte miteinander verbindet: die Basis des Gehirns, eine Verdickung des oberen Jochbeins (die *Tuberositas maxillaris* genannt wird) und ein Punkt zwischen den oberen mittleren Schneidezähnen. Außerdem bilden Linien, die von der Öffnung des Ohres zur *Tuberositas maxillaris* und zum Zentrum der Augenhöhle gezogen werden, einen Winkel von ungefähr 45 Grad. Diese beiden Muster ergeben sich aus der Art und Weise, wie der Schädel sich an den wichtigsten Stellen und Grenzen des Wachstums entwickelt; sie sind bei den meisten Säugetieren und beim heutigen Menschen gleich. Affen und die frühesten Menschenaffen bilden jedoch eine Ausnahme von dieser Regel. Sie gehorchen nicht dem gängigen Muster der Säugetiere.»[77]

Wie ist es möglich, daß der Mensch bestimmte Merkmale ausschließlich mit verhältnismäßig fernen Verwandten (z.B. den Breitnasen) gemeinsam hat? Wir können dieses Problem am besten verstehen, wenn wir uns verschiedene Schädelformen anschauen. Der Vergleich der Abbildungen 3 (S. 19) und 14 zeigt, daß die Gestaltmerkmale (hohe Stirn, flacher Antlitzschädel), die Mensch und Kapuzineraffe (*Cebus*) gemeinsam haben, auch beim jungen Schimpansen vorhanden sind. Die Menschenaffen besitzen dieselben Merkmale, aber nur während ihrer Jugendzeit. Wie ist das zu verstehen?

Im Laufe des 19. Jahrhunderts fanden große Auseinandersetzungen über einen möglichen Zusammenhang zwischen der embryonalen und kindlichen Entwicklung des tierischen Individuums («Ontogenese») einerseits und der Evolutionsgeschichte der jeweiligen Tierart («Phylogenese») andererseits statt. Ernst Haeckel (1834 – 1919) vertrat eine radikale Anschauung, zusammengefaßt in dem manchmal nach ihm benannten «biogenetischen Grundgesetz»: «Die Ontogenese wiederholt in abgekürzter Form die Phylogenese.» Nach diesem Gesetz, das im Grunde schon lange vor Haeckel formuliert wurde (siehe z.B. Gould[183] oder Thomson[450]), wird die ganze Evolutionsreihe (der erwachsenen elterlichen Formen) einer Tierart verkürzt in den Formveränderungen des heranwachsenden Tieres wiederholt. Haeckel behauptet z.B., daß in der embryonalen Entwicklung der Säugetiere oder der Reptilien ein «Fischstadium» auffindbar sei, gekennzeichnet durch die Erscheinung der «Kiemenbögen». Dieses embryonale Entwicklungsstadium sei eine Widerspiegelung einer bestimmten Phase aus der Evolution der Landtiere, die sich irgendwann aus den Fischen entwickelt hätten.

Das biogenetische Grundgesetz Haeckels wurde im 20. Jahrhundert stark angegriffen; aber auch während des 19. Jahrhunderts gab es bereits häufig Kritik. Karl Ernst von Baer (1792 – 1876) hatte eine andere Gesetzmäßigkeit entdeckt (angeregt durch Aristoteles[437]), die als Alternative zum biogenetischen Grundgesetz gelten kann: Im Laufe der embryonalen Entwicklung erscheinen zuerst die allgemeinsten Merkmale, welche die umfassendste Tiergattung charakterisieren. Dann folgen die spezialisierteren Merkmale, die einer immer stärker eingegrenzten Gruppe von Tierarten angehören. Endlich erscheinen die Merkmale, die spezifisch für die jeweilige Tierart sind.

Nach dem Gesetz von Baer wird der Embryo eines höheren Tieres also nicht einem niedereren Tier ähneln, sondern eher dem *Embryo* eines niedereren Tieres. Zwar können weder das biogenetische Grundgesetz noch das Gesetz von Baer als durchgehend gültig betrachtet werden,[183, 286] aber im allgemeinen wird das Gesetz von Baer als sachgemäßer angesehen.[289] Obwohl es im Tierreich Beispiele deutlicher Haeckelscher Rekapitulationen gibt, wird der tatsächliche Werdegang in den meisten Fällen der Ontogenese ziemlich gut in folgender Formulierung zusammengefaßt, die als eine kurze Umschreibung des Baerschen Gesetzes gelten kann: «Die embryonale Entwicklung einer bestimmten Art wiederholt embryonale Phasen ihrer Vorfahren, nicht die erwachsenen Phasen.»[289]

Jetzt können wir das Beispiel des Primatenschädels wieder aufgreifen. Dem biogenetischen Grundgesetz Haeckels zufolge müßte der Schimpanse von einem menschlichen Vorfahren abstammen, zeigt sein Schädel doch ein vorübergehendes menschenähnliches Jugendstadium. Wenn das Baersche Gesetz gilt, haben wir aber festzustellen, daß die Schädelform, die beim Menschen und beim *Cebus* bleibend ist, einen *allgemeinen* Charakter hat; der Schimpanse hat diese allgemeine Schädelform verlassen. In beiden Fällen können wir behaupten, daß die menschliche Form die ursprüngliche ist; der Schädel des erwachsenen Menschenaffen zeigt eine abgeleitete, spezialisierte Gestalt. Merkmale, die der Mensch ausschließlich mit fernen Verwandten gemeinsam hat, müssen immer ursprüngliche Merkmale sein. Nähere Verwandte, so wie Menschenaffen, haben diese Art Merkmale verloren, indem sie sich weiterentwickelten, sich vom ursprünglichen Muster entfernten.

Die menschlichen Gestaltmerkmale sind, wie wir gesehen haben, auf erstaunliche Weise auf die verschiedenen Primaten (und sogar auf andere Tiere) verteilt. Das deutet darauf hin, daß die menschliche Form in hohem Maße die *ursprüngliche* Primatenanlage repräsentiert. Die verschiedenen Affenarten haben eine jeweils eigene Palette dieser originären Merkmale behalten und andere verdrängt. Beim Menschen ist das ursprüngliche Muster am besten erhalten. Er ist der primitivste Primat.

2.
Fötalisation und Retardation

Fötalisation

An dieser Stelle unserer Überlegungen zur Evolution des Menschen helfen uns die Forschungen Louis Bolks (1866 – 1930) weiter. Bolk war Anatomieprofessor an der Universität Amsterdam. Seine Berufung im jungen Alter – mit 32 Jahren – war umstritten, erwies sich aber im nachhinein, durch seine 32jährige wissenschaftliche Tätigkeit, als völlig gerechtfertigt.

Bolk hatte einen verschlossenen Charakter. Er ging völlig in seiner Arbeit auf und heiratete auch nie. 1918 mußte sein rechtes Bein amputiert werden, da er Krebs hatte. Später folgten noch zwei weitere Operationen. Sein Leiden trug er aber mit innerer Kraft und klagte nie.

Bolk erwarb sich in mehreren Bereichen der Anatomie Verdienste. Sein Einfluß in Fachkreisen war groß. Meist war sein romantischer Geist mit mehreren verschiedenen Gegenständen zugleich beschäftigt. Berühmt wurde er jedoch vor allem durch seine *Retardationstheorie.*

Um 1900 hatte Bolk den Fall eines erwachsenen Mannes erforscht, der einige physische Abnormitäten zeigte.[48] Die Symptome wiesen ein gemeinsames Merkmal auf: Es waren Reste normalerweise vorübergehender fötaler Entwicklungsstadien. Am Ende seines Lebens sagte Bolk, daß sich durch diese Beobachtungen in seinem Unterbewußtsein die Idee der «Persistenz [Fortdauer] fötaler Merkmale» verankerte.

1915 veröffentlichte er eine Arbeit über das «Foramen magnum» bei Mensch und Affe. Das Foramen magnum ist die Öffnung im Schädel, durch die die Gehirnhöhle mit dem Wirbelkanal verbunden ist (siehe Abb. 17). Bei den Föten von Mensch und Affe befindet sich diese Öffnung unten am Schädel. Der Mensch bewahrt dieses fötale Merkmal, beim Affen dagegen verschiebt sich das Foramen magnum allmäh-

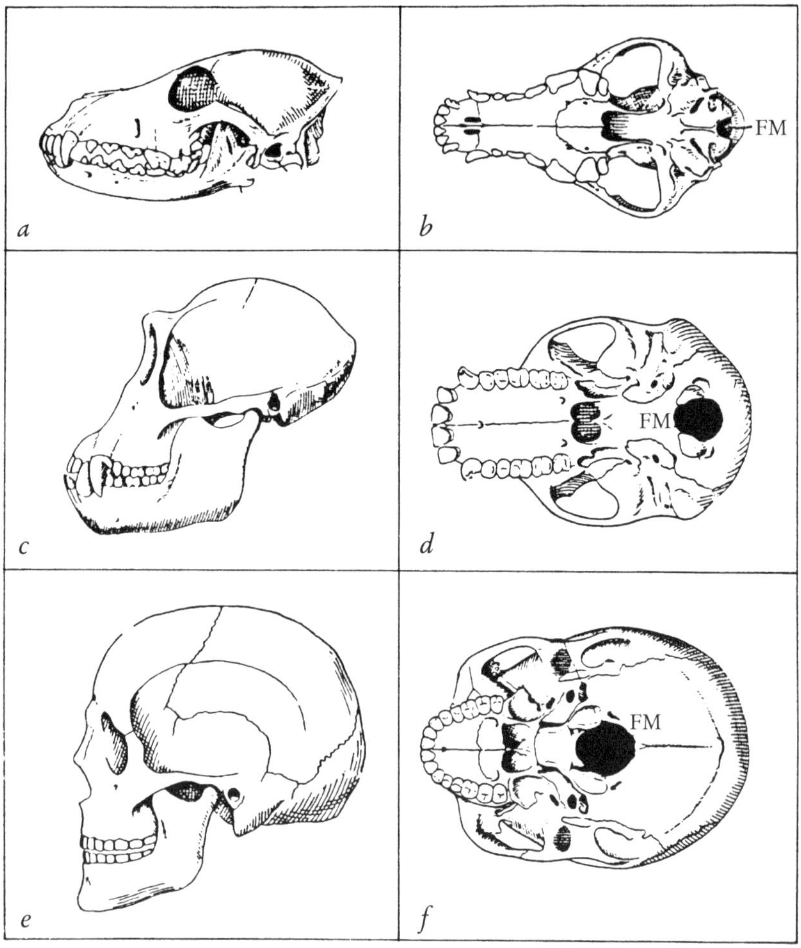

Abb. 17: Seitenansicht (links) und Untenansicht (rechts) des Schädels eines Hundes (a, b), eines Schimpansen (c, d) und eines Menschen (e, f). In dem Maße, wie die Gehirnhöhle größer wird, zieht sich die Schnauze zurück, und der Antlitzschädel wird flacher. Das Foramen magnum (FM) liegt beim Hund ganz hinten am Schädel. Beim Menschen befindet es sich zentral unten, während man beim Schimpansen eine Zwischenlage vorfindet.[97] Bolk wies darauf hin, daß in der fötalen Phase das Foramen magnum sowohl beim Menschen als auch beim Schimpansen eine zentrale Lage einnimmt. Beim Menschen wird diese Lage beibehalten, während es sich beim Affen im Laufe der Wachstumsphase nach hinten verschiebt (Näheres siehe Kapitel 6).

lich nach hinten. Bolk betrachtete die menschliche Position des Foramen magnum daher auch als ein fötales Merkmal, das bis ins Erwachsenenalter erhalten bleibt.[50]

Nicht lange danach sah Bolk einen ungefähr sieben Monate alten Schimpansenfötus. Er war betroffen von dem menschenähnlichen Aussehen des Tierchens (siehe Abb. 2, S. 19, und Abb. 18, S. 54): «Der ganze Körper ist noch nackt mit Ausnahme seiner Kopfhaut. In genau derselben Ausbreitung wie beim gerade geborenen Menschen ist die Kopfhaut des Affenfötus behaart. Die Haare stehen dicht beieinander, sind ziemlich lang, leicht gewellt, dunkel kastanienfarbig. [...] Nebenbei richte man die Aufmerksamkeit auf die gut entwickelte, steil aufwärtsgerichtete Stirn [...] und anschließend auf die unverkennbar vorhandene, frei herausstehende Nase.»[54]

Wie wir wissen, war diese Feststellung Bolks nicht neu. Das menschenähnliche Aussehen des Affenfötus und des Affenjungen war schon im 19. Jahrhundert bemerkt worden. A. Keith beschreibt zum Beispiel, wie ein sieben Monate alter Schimpansenfötus, ausgestellt in einem Museum in London, von den meisten unaufmerksamen Beobachtern als menschlich interpretiert wurde.[250] Wie kein anderer stellte Bolk aber die Frage nach der Bedeutung dieser Erscheinung.

Ungefähr ab 1918 entwickelte Bolk, inspiriert von obenerwähnten Beobachtungen, seine sogenannte Fötalisations- oder Retardationstheorie. Nach Bolk kann der Mensch als ein *«geschlechtsreif gewordener Affenfötus»* betrachtet werden. Das wesentliche anatomische Merkmal der menschlichen Gestalt sei seine allgemeine fötale Erscheinung. Es stellt sich heraus, daß die fundamentalen Merkmale, in denen sich der Mensch vom Affen unterscheidet, oft gemeinsame fötale Merkmale sind, die der Mensch bis ins Erwachsenenstadium beibehält, der Affe aber verliert, wenn er älter wird.

Ein Beispiel ist die Behaarung. Während der Haarwuchs des Affen sich allmählich ausbreitet, bleibt der Mensch in einem fötalen Stadium stehen, in dem hauptsächlich nur Kopfhaar vorhanden ist. Bolk nennt die Entwicklung des Menschen zurückhaltend oder konservativ, die des Affen fortschreitend oder propulsiv. Der Mensch repräsentiert, seiner Auffassung nach, eine Grundform, mit der der Affe in aufeinanderfolgenden Entwicklungsphasen immer weniger Ähnlichkeiten zeigt.

Bolk nannte solche menschlichen Merkmale *primäre Eigenschaften*. Wir werden sie Merkmale des *Typus I* nennen. Diese Merkmale treten bei Mensch und Tier während der ersten Entwicklungsstadien (im fö-

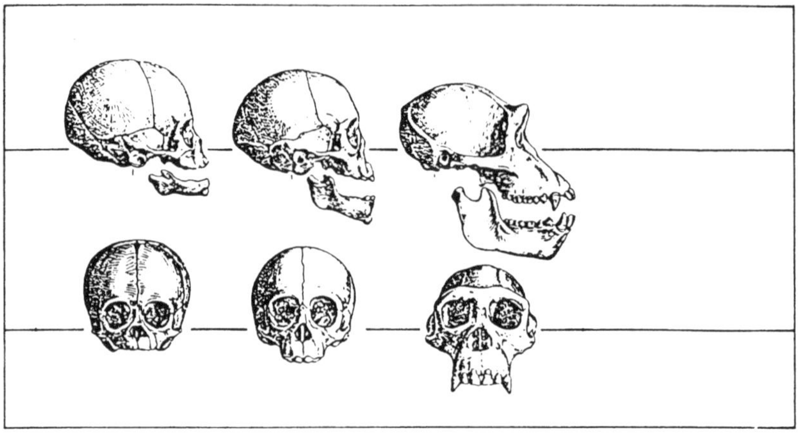

Abb. 18: Schädel weiblicher Schimpansen; links: Fötus (214 mm), Mitte: Kinderschädel (74 Tage), rechts: erwachsenes Exemplar.[393] *Die Schädelproportionen der jüngeren Tiere sind viel menschenähnlicher als die des erwachsenen Schimpansen. Bei diesem ist die Stirn verschwunden, sind Augenbrauenwülste und Schädelkämme entstanden; die Schnauze ist ausgewachsen.*

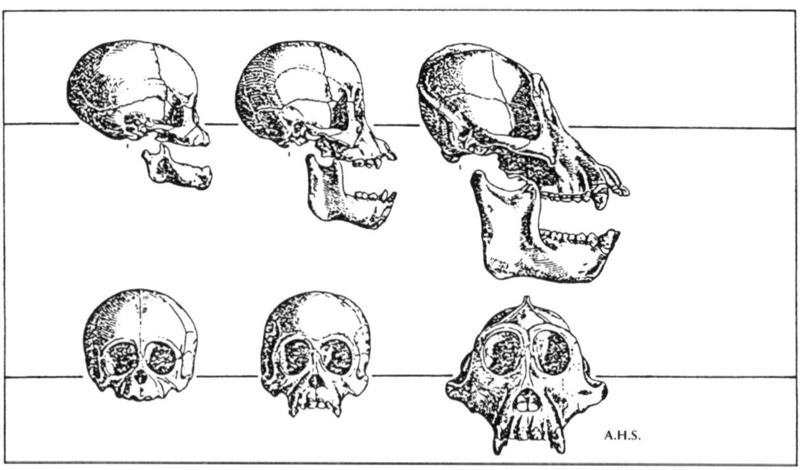

Abb. 19: Schädel des männlichen Orang-Utans: links: Neugeborenes, Mitte: Junges, rechts: erwachsenes Exemplar.

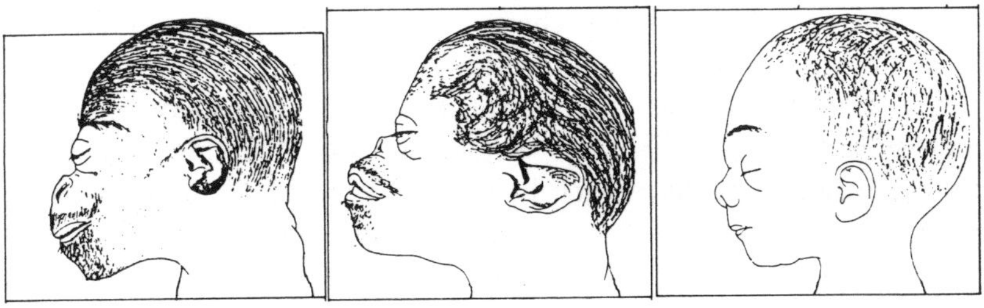

Abb. 20: Seitenansicht des Kopfes von ungefähr gleich großen Föten des Gorillas, des Schimpansen und des Menschen (von links nach rechts).[62]

talen Stadium oder in der frühen Kindheit) gemeinsam auf; dann verschwinden sie beim Tier (oder bei den meisten Tieren) und bleiben beim Menschen erhalten. Die hohe Stirn und der flache Antlitzschädel (im Gegensatz zur hervortretenden Schnauze des erwachsenen Menschenaffen) sind Beispiele für Merkmale des Typus I (s. Abb. 18 u. 19).

Die menschliche Art des Haarwuchses ist ebenfalls ein solches Merkmal des Typus I. Bolk veröffentlichte 1926 eine ausführliche vergleichende Studie, in der er ein Schimpansenfötus einem Gorillafötus gegenüberstellte (von jeweils 24 und 23 cm Größe; siehe Abb. 20). Dabei achtete er vor allem auf den Haarwuchs beider Wesen. Beim Schimpansenfötus hat der Haarwuchs dieselbe Ausbreitung wie beim Menschen; beim Gorillafötus ist dagegen auch schon die Stirn behaart. Außerdem zeigen beide Föten Haare an der Stelle, wo bei einigen Menschenrassen dem Mann ein Bart oder ein Schnurrbart wächst. Zum Schluß erwähnt Bolk, daß Föten afrikanischer Menschenaffen vorübergehend ein Haarkleid aufweisen, das mit dem endgültigen Haarwuchs des Menschen übereinstimmt.

Die Tendenz zur Beibehaltung fötaler Merkmale ist nach Bolk kein ausschließlich menschliches Phänomen; diese Tendenz gibt es in zwar schwächerem, jedoch eindeutigem Maße schon bei den Menschenaffen. Auch in dieser Hinsicht kann man die Behaarung als Beispiel nehmen. A. Schultz erforschte die fötale Entwicklung des Schimpansen und stellte fest, daß während des größten Teils der fötalen Phase das Haupthaar am längsten bleibt.[393] Bei der Geburt ist die Behaarung des Schimpansen an der Innenseite der Gliedmaßen, an Brust und Bauch noch gering. Beim Makaken bemerkte Schultz, daß das Haarwachstum ebenfalls am Kopf anfängt.[390] Beim hundert Tage alten Fötus ist der Kopf behaart, während der Rumpf und die Gliedmaßen noch völlig kahl sind. Sowohl beim Menschen als auch beim Makaken sind es die Brauenhaare, die als erste durch die Haut hindurch in Erscheinung treten. Das Behaarungsmuster zeigt also bei diesem niederen Affen dieselben Anfangsstadien, die wir auch beim Menschen und beim Schimpansen vorfinden. Doch beim Makaken nimmt die Behaarung viel rascher zu; nach 145 Tage hat sich das Fell des Makakenfötus schon über den ganzen Körper hin entwickelt. Die Tendenz zur verzögerten Entwicklung der Behaarung ist, im Vergleich mit dem Makaken, nicht nur beim Menschen, sondern auch (in schwächerem Maße) beim Schimpansen eindeutig vorhanden.

Ein zweites, ebenfalls von Schultz stammendes Beispiel wird in Abbildung 21 dargestellt.[409] Beim neugeborenen Menschen ist das Skelett generell noch sehr knorpelhaltig. In der Handwurzel des Neugeborenen trifft man im allgemeinen noch keine Knochenkerne an. Bei den Menschenaffen gibt es zu dem Zeitpunkt durchweg schon einige Knochenkerne, und bei neugeborenen niederen Affen ist der Verknöcherungsvorgang bereits noch viel weiter vorangeschritten. Bolk stellte ein ähnliches Verknöcherungsmuster der Schädelnähte fest. Beim Menschen kommt es vor, daß die flachen Schädelknochen bis ins fortgeschrittene Alter nicht zusammengewachsen sind; die Schädelnähte zwischen den einzelnen Schädelknochen bleiben deutlich erkennbar. Bei den Menschenaffen verschwinden sie im allgemeinen viel schneller.

Das Fötalisationsparadoxon

Bolk brachte die Fötalisation des Menschen mit einem anderen auffallenden Merkmal in Zusammenhang: der Retardation im menschlichen Lebenslauf. Die Phasen des Menschenlebens folgen besonders langsam aufeinander. «Es gibt kein Säugetier, das so langsam wächst wie der Mensch; kein Säugetier wird erst so spät nach seiner Geburt erwachsen. Wer kann mir ein zweites Säugetier nennen, das eine derart lange Blütezeit genießen kann wie der Mensch? Und nach solch einem trägen Aufblühen, nach solch einer langen Reifezeit folgt ein Vorgang des Älterwerdens, der langsamer verläuft als bei jedem anderen Säugetier. Gibt es ein Tier, das nach seiner Fortpflanzungsphase noch ein ähnlich langes Leben genießen kann?»[54]

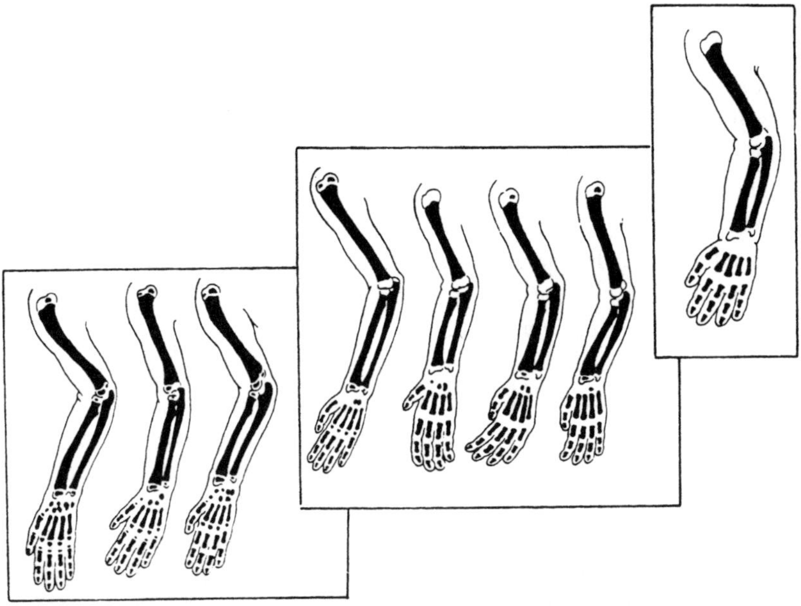

Abb. 21: Zeichnungen nach Röntgenaufnahmen eines der oberen Gliedmaßen von Neugeborenen: Makak, Dschelada, Pavian, Gibbon, Orang-Utan, Schimpanse, Gorilla, Mensch (von links nach rechts). Beim Menschen findet man in der Handwurzel noch keine Knochenkerne vor. Auch in den knorpelartigen Enden der längeren Knochen sind bei den Neugeborenen noch keine Knochenkerne vorhanden. Bei den Menschenaffen (mittlerer Kasten) trifft man an den gleichen Stellen wenige, bei den Schmalnasen (linker Kasten) mehr Knochenkerne an. Der Mensch behält im allgemeinen länger als der Affe das fötale, knorpelartige Skelett bei.[409]

Der Mensch zeigt, verglichen mit Säugetieren der gleichen Größe, tatsächlich eine besonders lange Lebensdauer (siehe Abb. 22). Es scheint, als würde die Entwicklung beim Menschen verzögert, aufgeschoben werden. Bolk sprach diesbezüglich vom Phänomen der *Retardation.* A. Portmann gibt einige Beispiele des viel schnelleren Wachstums bei größeren Säugetieren:[352] Ein Hirsch ist nach drei Jahren, ein Löwe nach sechs bis sieben Jahren erwachsen. Der Elefant ist nach vierzehn bis fünfzehn Jahren erwachsen, der männliche Gorilla nach zehn Jahren. Im Vergleich zu diesen Tieren ist das menschliche Wachstum auffällig träge. A. F. Richard stellt fest, daß Tiere mit einem größeren Gehirn

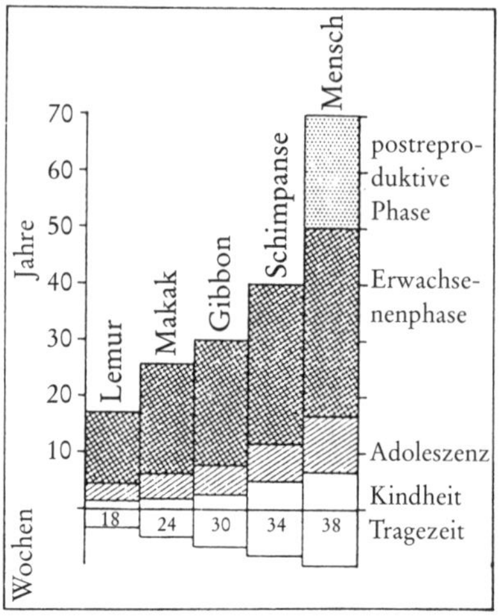

Abb. 22: Dauer der verschiedenen Lebensphasen beim Menschen und bei einigen Primaten. Nur der Mensch zeichnet sich durch eine nennenswerte postreproduktive Lebensphase aus.[409]

(bei gleichem Körpergewicht – die Lebensdauer nimmt mit der Körpergröße zu) länger leben.[360] Raubtiere beispielsweise haben durchweg ein größeres Gehirn als Paarhufer; es zeigt sich, daß sie auch länger leben. Der Löwe (120 kg) erreicht eine Lebensdauer von 24 Jahren, der Puma (70 kg) noch eine Lebensdauer von 20 Jahren; das Gnu (165 kg) wird ungefähr 17 Jahre alt, die Giraffe (750 kg) um die 28. Primaten haben insgesamt größere Gehirne als andere Säugetiere; sie leben auch länger. Menschenaffen werden durchweg fast 30 bis 40 Jahre alt. Der Mensch schließlich, der ein mit den Menschenaffen vergleichbares Körpergewicht hat, lebt noch beträchtlich länger. Die postreproduktive Lebensphase ist sogar ein typisch menschliches Phänomen; eine wirkliche Menopause gibt es nicht bei Tieren.[336]

Wir können die Lebensdauer eines Tieres auch durch die Anzahl der Atemzüge oder der Herzschläge zwischen Geburt und Tod bestimmen. Eines der bemerkenswertesten Säugetiermerkmale ist das konstante Verhältnis zwischen der mittleren Dauer eines Atem- und eines Herzschlagzyklus. W. R. Stahl stellt für dieses Verhältnis einen Wert von 3,9 fest;[432, 433] beim Säugetier dauert ein Atemzug also ungefähr gleich lange wie vier Herzschläge. Auch beim Menschen finden wir dieses Verhältnis wieder. Stahl entdeckt weiterhin einen allgemein geltenden Zusammenhang zwischen der Gesamtzahl aller Atemzüge und der gesamten Lebensdauer. Ein Säugetier atmet zwischen Geburt und Tod durchschnittlich ungefähr 190 Millionen Mal. Diese Zahl ist unabhängig vom Körpergewicht. Kleinere Säugetiere atmen schneller, leben aber auch kürzer.

Es gibt eine große Ausnahme von dieser Regel. Stahl stellt fest, daß Primaten zwei- bis dreimal so lange leben, wie man aufgrund ihres Körpergewichts erwarten dürfte. Ihr Leben umfaßt also mehr Atemzüge und Herzschläge. Der Mensch vollbringt, bei fast 18 Atemzügen pro Minute und einer Lebensdauer von rund 70 Jahren, annähernd 660 Millionen Atemzüge zwischen Geburt und Tod; er übertrifft damit alle Tiere. Aber auch Menschenaffen leben länger als «normal». Im übrigen stellt auch Stahl eine Parallele zwischen der Länge der Lebensdauer und der relativen Gehirngröße fest.

Bolk meinte, daß dieses Retardationsphänomen eng mit der Fötalisationserscheinung zusammenhänge. Die zu Ende geführte Retardation eines Merkmals nähert sich der Eliminierung desselben an. Ein Beispiel: Im Vergleich zum Makaken ist der Haarwuchs des Schimpansen retardiert. Während der Makak mit voll ausgewachsenem Fell geboren wird, ist das neugeborene Schimpansenjunge noch teilweise nackt; das Fell entwickelt sich beim Menschenaffen erst vollständig im Laufe der Kindheit. Doch beim Menschen ist diese Verzögerung noch weiter fortgesetzt: Der Haarwuchs breitet sich während der Wachstumsphase wohl aus, aber ein vollständiges Fell entwickelt sich nie. Was bei Menschenaffen nur aufgeschoben ist, wird beim Menschen aufgehoben. Ständig fortschreitende Retardation führt zur Eliminierung von immer mehr Merkmalen des erwachsenen Organismus, somit zur Fötalisation. Nach dieser Betrachtungsweise sollte unbeschränkt fortgeführte Retardation letztlich die Eliminierung *jedes* Merkmals zur Folge haben, bis hin zum Untergang des retardierenden Wesens. Bolk hat diesen paradoxen Aspekt klar erkannt und knüpfte einigermaßen apokalyptische Überlegungen daran an: «Auch die Menschheit von heute ist nicht für die Ewigkeit da, auch sie ist dem alles beherrschenden Naturgesetz unterworfen, nach dem dem Individuum, der Art und der Gruppe nur eine beschränkte Daseinsdauer vergönnt ist. Nur das Leben ist ewig und unveränderlich, die Formen, die es schafft, sind vergänglich. Und es ist ein mich immer faszinierender Gedanke, ob nicht die Menschheit in Zukunft der nämlichen Ursache erliegen wird, der sie ihre Entstehung in der Vergangenheit verdankt. Bedenken wir doch, daß die Progression dieser Hemmung seiner Lebensprozesse eine bestimmte Grenze nicht überschreiten kann, ohne seine Vitalität, seine Widerstandskraft gegen schädliche Einflüsse von außen, kurz sein Selbsterhaltungsvermögen, herabzusetzen. Je weiter die Menschheit auf dem Wege der Vermenschlichung fortschreitet, desto mehr nähert sie sich dem fatalen Punkte, wo Weiterschreiten Vernichtung bedeutet.»[61]

Menschliche Explikation

Bolk blieb jedoch nicht bei diesem ziemlich bedrückenden Schluß stehen. Er kam allmählich zur Einsicht, daß nicht alle menschlichen Züge durch Fötalisation erfaßbar sind. Der aufrechte Gang des Menschen zum Beispiel hat eine Anzahl morphologischer Unterschiede zwischen Mensch und Affe zur Folge. Einige dieser Unterschiede sind erklärbar durch Fötalisation, andere aber können nicht in derselben Weise verstanden werden.

Die menschliche Position der Wirbelsäule im Verhältnis zum Brustkorb ist ein solcher Unterschied (siehe Abb. 23). Schultz hat diesen Sachverhalt bis in alle Einzelheiten erforscht. Er machte Abgüsse von der Innenseite des Brustkorbs beim Menschen und beim Affen. Zum Zeitpunkt der Geburt ist die Wirbelsäule sowohl beim Menschen wie beim Affen verhältnismäßig wenig in den Brustraum eingedrungen. Beim erwachsenen Menschen dagegen liegt sie viel zentraler im Brustkorb. Diese zentrale Position der Wirbelsäule ist, funktionell betrachtet, direkt ableitbar aus der aufrechten Körperhaltung des Menschen: Sie sorgt für eine bessere Gewichtsverteilung rund um die tragende, vertikal orientierte Wirbelsäule. Der Affe bleibt in dieser Hinsicht also dichter an der mit dem Menschen gemeinsamen Ausgangsposition, und man kann jetzt sicherlich nicht von einem Merkmal des Typus I, von einer primären Eigenschaft, sprechen. Zugleich ist aber zu beobachten, daß erwachsene Menschenaffen dieselbe Verschiebung der Wirbelsäulenposition zeigen. Schultz bemerkt dazu: «Bei erwachsenen Menschenaffen, wie den Schimpansen [...], nähert sich die relative Position der Wirbelsäule stark derjenigen des erwachsenen Menschen an und zeigt in dieser Hinsicht eine überraschend große ‹Bereitschaft› zur aufrechten Haltung. In frühen Stadien der Entwicklung ist diese Position der Wirbelsäule, im Verhältnis zum Brustkorb, bei den Primaten noch so wie im Erwachsenenalter niederer Affen; und bis zu seiner Geburt ist der Mensch in dieser Hinsicht sogar mehr dem Affen ähnlich als typisch menschlich. Die Sonderstellung des erwachsenen Men-

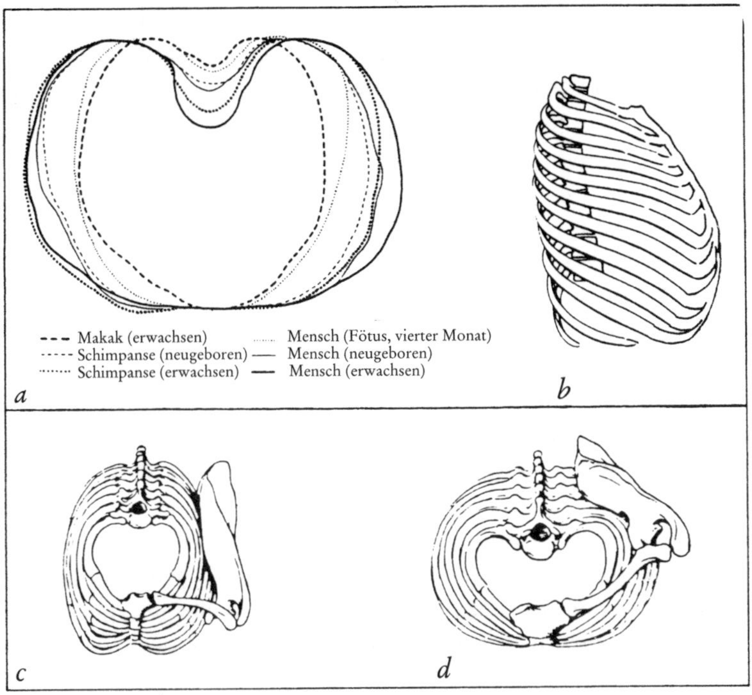

Abb. 23: a: Umrisse der Innenseite des Brustkorbs beim sechsten Rippenpaar. Die Abmessungen sind auf denselben Maßstab gebracht. Zur Orientierung: Wirbelsäule – oben; Brustbein – unten.
Wir können feststellen, daß der Brustkorb des Rhesusaffen ziemlich rund ist und die Wirbelsäule nur wenig in den Brustkorbraum eindringt. Sowohl beim Menschen wie beim Schimpansen verlagert sich die Wirbelsäule mehr zum Innern hin, je weiter das Wachstum voranschreitet; zugleich wird der Brustkorb verhältnismäßig breiter. Dieses Phänomen hängt mit der aufrechten Haltung des menschlichen Körpers zusammen: Das Gesamtgewicht wird gleichmäßig rund um die Wirbelsäule angeordnet. Beim erwachsenen Schimpansen (und bei den anderen Menschenaffen) ist diese Eigenschaft schon erstaunlich weit fortgeschritten. Die zentrale Position der Wirbelsäule beim erwachsenen Menschen ist ein Merkmal des Typus II (siehe dazu S. 65, Abb. 43, S. 110 und Abb. 66, S. 152).
b: Ausgewachsenes menschliches Brustkorbskelett von der Seite, in ausgeatmetem Zustand. Man achte dabei auf die Position der Wirbelsäule.
c – d: Aufsicht des Brustkorbs, mit Schlüsselbein und Schulterblatt, des Makaken und des Menschen. Beim Menschen hat der Brustkorb eine abgeflachtere Form, die Wirbelsäule liegt tiefer, und das Schulterblatt ist nach hinten verschoben.[398]

schen bedeutet nur das Extrem einer ontogenetischen Innovation, die an und für sich deutlich bei allen höheren Primaten wiederzufinden ist.»[398] Die zentrale Position der Wirbelsäule hat für einen Vierfüßler keinen statischen Sinn; sie gewinnt ihre Bedeutung erst in der spezifisch menschlichen, aufrechten Haltung. Auch beim gehenden Menschenaffen hängt der Brustkorb noch unterhalb der Wirbelsäule (siehe Abb. 74, S. 168). Doch kündigt der Skelettbau dieser höheren Tiere schon auffällig klar die menschliche Körperhaltung an.

Wenn die aufrechte menschliche Körperhaltung nicht durch Fötalisation entsteht, wodurch kommt sie dann zustande? Bolks Antwort ist so tiefsinnig wie lapidar: «Nicht weil der Körper sich aufrichtete, wurde die Menschwerdung vorbereitet, sondern weil die Form sich vermenschlichte, richtete der Körper sich auf.»[61]

Diese Aussage charakterisiert die Denkweise Bolks. Er ist kein Darwinist. Er betrachtet die organische Evolution nicht als willenloses Spiel rein materieller Einflüsse, sondern als ein aktives Prinzip: «Für mich ist Evolution nicht ein Resultat, sondern ein Prinzip. Sie ist für die organisierte Natur, als Ganzes und als Einheit gedacht, dasselbe, was Wachstum für das Individuum ist und gleich wie letzteres dem Einfluß und der Einwirkung äußerer Faktoren unterworfen. Diese aber können niemals schaffend wirken, sondern nur modellierend. Das Wesen der Evolution selber entzieht sich, wie ich meine, bisher noch jeder Analysierung; denn die Evolution ist eine Funktion nicht des individuellen, sondern des Gesamtlebens. Alles Organische zusammen bildet einen Organismus, mit eigenen Wachstums- und Differenzierungsgesetzen. Was wir als Evolution erkennen, ist die Manifestierung der Differenzierung im makrokosmischen Gesamtorganismus.»[61]

Genau wie Goethe ist Bolk der Meinung, daß die Evolution der Organismen einen inneren Antrieb zeigt, der zwar von Phänomenen der Selektion beeinflußt wird, aber durch diese nicht erklärt werden kann. Genauso beeinflußt eine Umleitung die Fortbewegung eines Autos, ohne daß sie aus dieser Umleitung erklärbar ist. Im Zusammenhang mit dem Erscheinen des Menschen hat Bolk diese allgemeine Sichtweise sehr scharf verteidigt. Auf das Beispiel des fötalen Charakters des menschlichen Haarwuchses bezogen, schreibt er: «Aber wie nun? Eine körperliche Eigenschaft, vom Menschen während seines Menschwerdens erworben, kann ihren Einfluß doch nicht auf die individuelle Entwicklung des Schimpansen geltend machen [...]. Das fötale Merkmal, auf das wir hier unsere Aufmerksamkeit richten, kann nicht das Ergebnis der Anpassung an äußere Umstände sein, da es nie Schimpansen oder verwandte Stammesformen gab, die einen nackten Körper mit ausschließlich behaarter Kopfhaut hatten. Das Phänomen muß die Äußerung eines tieferliegenden Entwicklungsprinzips sein. So müssen wir zu dem schwerwiegenden Schluß kommen, daß die Ursachen, die zum Verlust der Behaarung beim Menschen und zum Erhalt der Haare auf seiner Kopfhaut geführt haben, schon bei der Entwicklung des Menschenaffenfötus wirksam gewesen sind. Es können also weder Ursachen äußerer Art sein noch solche, die erst bei der Menschwerdung ihren Einfluß geltend gemacht haben. Es muß also ein innerer Entwicklungsfaktor gewesen sein, der grundsätzlich schon beim Menschenaffen wirksam ist, sich aber erst beim Menschen vollständig entfaltet. [...] In äußerster Konsequenz verfolgt, muß dieser Standpunkt zur Überzeugung führen, daß schon im niedersten Organismus, oder man lasse mich es Urorganismus nennen, die Notwendigkeit zur Menschwerdung gelegen hat, die mit ebenso großer Sicherheit daraus im Laufe der Zeit hervorgehen mußte, wie aus einer befruchteten tierischen Eizelle ein erwachsenes Tier als Endstadium entsteht. [...] Ich bin mir sehr wohl dessen bewußt, daß ich mich mit oben gezogenem Schluß auf sehr glattes und gefährliches Terrain begeben habe. Denn ich gebe mich dem Einwand preis, daß ich durch die Einführung eines inneren, im Organismus selber sich befindenden Entwicklungsfaktors, welcher das Auftreten und die Formverwandlungen der Tierarten im Laufe der Zeit mitbestimmt haben soll, den Evolutionsvorgang als ein im voraus Determiniertes, als etwas von innen heraus Gegebenes betrachten müsse. [...] Der Einwand ist berechtigt, doch weiche ich dieser Konsequenz nicht aus.»[54]

Die menschliche Form ist für Bolk kein Zufallsprodukt, sondern ein Gegebenes, das von Anfang an in der organischen Evolution als richtunggebendes Prinzip anwesend ist. Eine selbständige Tendenz zur Vermenschlichung ist in der tierischen Evolution wiederzufinden; wir sehen, durch das widerspenstige organische Material hindurch, immer klarer die menschliche Form hervortreten. Das menschliche Haarwuchsmuster wird vom Makaken schon bald verlassen, bleibt aber beim Schimpansen länger erhalten. Beim Menschen schließlich tritt das Muster, das der Affe schon nach den ersten Lebensphasen hinter sich gelassen hat, bleibend und vollständig hervor. Wir können behaupten, daß sich die menschliche Form, je weiter die Evolution voranschreitet, immer deutlicher *expliziert*. Bei den Tieren wird der menschliche Ansatz von tierischen Spezialisierungen überwuchert; der Mensch bleibt dem Grundmuster treu.

Goethe betrachtet das Urtier als eine geistige Wirklichkeit, die darum ringt, im Stoff zu immer reinerem Ausdruck zu gelangen. Ebensowenig denkt Bolk über seinen «inneren Entwicklungsfaktor» in materialistischen Begriffen. Wie soll die menschliche Form schon im frühesten Anfangsstadium der organischen Evolution materiell vorhanden sein? Die Erscheinung des Menschen war für Bolk der Aristotelische Endzweck (causa finalis) der Evolution.[463] Retardation ist an und für sich ein negativer Vorgang. Retardierte Wesen vernachlässigen die tierische Spezialisierung. Doch gerade dadurch entsteht immer wieder Platz für einen komplementären, aufbauenden Prozeß, für den vorwärtsschreitenden Ausdruck des «inneren Entwicklungsfaktors», der die Evolution vorantreibt. Erst beim Menschen entfaltet dieser Faktor «seine volle Kraft», drückt er sich vollständig im Stoff aus.

Mangel an Spezialisierung muß das verbindende Band durch die menschliche Evolutionslinie hindurch gewesen sein. Spezialisierung ist ein zweischneidiges Schwert. Ein Tier, das sich an eine gegebene Situation anpaßt, zieht aus dieser Spezialisierung Vorteil, während das Tier, das sich nicht anpaßt, in derselben Lebenssituation weniger Vorteile haben wird. Doch vorangetriebene Spezialisierung ist nicht umkehrbar (wie das Gesetz von Dollo besagt). Der Erwerb bestimmter Vermögen geht auf Kosten anderer. Vögel opfern zum Beispiel ihre «Hände», um das Flugvermögen zu erlangen. Tierische Spezialisierungen bedeuten nicht nur Gewinn – die Beweglichkeit, die Fähigkeit, neue, andersartige Situationen bewältigen zu können, gehen dadurch verloren. Das Charakteristische der menschlichen Evolution ist die durchgehaltene Weigerung, dem Druck der natürlichen Selektion nachzugeben und in einer sicheren Anpassung an eine bestimmte Umgebung Zuflucht zu suchen. Ohne Zweifel liegen derartige Abwägungen Bolks Überzeugung zugrunde, daß die Hauptdynamik der organischen Evolution nicht durch natürliche Selektion erklärt werden könne.

Wenn die menschliche Form schon seit Beginn der Evolution als richtunggebendes Prinzip anwesend ist und sich immer klarer in den Organismen ausdrückt, werden in den aufeinanderfolgenden Stadien immer neue, zusätzliche menschliche Merkmale expliziert. Jedes menschliche Merkmal kann erst ab einem gewissen Punkt in der Evolution zum ersten Mal erscheinen. Das menschliche Haarwuchsmuster kann zum Beispiel unmöglich in früheren Stadien der Evolution, als es noch keine Säugetiere gab, zum Ausdruck kommen. (Haare gibt es nun einmal nur bei Säugetieren.)

Merkmale des Typus I gibt es bei Affen (oder niedereren Lebensformen) nur in den ersten Lebensphasen; beim Menschen bleiben sie erhalten. Diese primären Eigenschaften sind schon in früheren Stadien der menschlichen Evolutionslinie vollständig zum Ausdruck gekommen; bei den Tieren verschwinden sie in vielen Fällen aber wieder, weil sie von tierischer Spezialisierung überwuchert werden. Der Unterschied zwischen Mensch und Tier entsteht somit dadurch, daß tierische Spezialisierung das ursprünglich menschliche Merkmal *verdrängt.*

Es gibt aber auch Merkmale, die erst spät in der menschlichen Evolutionslinie auftreten. Sie kommen bei den Tieren nicht voll zum Ausdruck und erscheinen im menschlichen Evolutionsweg erst während der späteren Stadien, wenn auch die höchsten Tiere sich von der evolutionären Linie, die zum Menschen führt, getrennt haben. Diese menschlichen Charakteristika nennen wir Merkmale des *Typus II.* (Bolk hat, in mehr oder weniger vergleichbarem Sinne, von *konsekutiven* Merkmalen gesprochen.) Sie unterscheiden sich in zweierlei Hinsicht von den Merkmalen des Typus I (und von den darwinistischen Spezialisierungen):

- Merkmale des Typus II erscheinen in schwächerer Form bereits bei den höchsten Tieren. Man findet sie jedoch meistens nicht in den früheren tierischen oder menschlichen Entwicklungsstadien. Merkmale des Typus II trifft man beim erwachsenen Menschen und (in abgeschwächter Form) bei den höheren Tieren bleibend an. Der Unterschied zwischen Mensch und Tier entsteht hier dadurch, daß das Merkmal beim Menschen vollständiger als beim Tier zum Durchbruch gelangt.
- Obwohl Merkmale des Typus II bei bestimmten höheren Tieren in schwächerer Form vorhanden sind, erhalten sie ihren Sinn und ihre funktionelle Bedeutung erst durch die spezifischsten menschlichen Merkmale: die Sprache, den Gebrauch von Werkzeugen, die aufrechte Körperhaltung.

Die menschliche Position der Wirbelsäule im Verhältnis zum Brustkorb ist ein Beispiel für ein solches Merkmal des Typus II: Beim Menschen (und bei den Menschenaffen) erscheint dieses Charakteristikum erst spät im Laufe des Lebens; es ist beim Menschen am meisten entwickelt; und es erhält seinen Sinn erst von der aufrechten menschlichen Körperhaltung.

Das Erscheinen der Merkmale von Typus II löst das Fötalisationsparadoxon Bolks. Zunehmende Vermenschlichung ist nicht identisch mit zunehmender Fötalisation. Fötalisation ist an sich ein negativer Vorgang; sie bedeutet, daß von der tierischen Neigung zur Spezialisierung abgesehen wird. Aber diese Enthaltung bietet Möglichkeiten für den weiteren Ausdruck oder die Explikation neuer menschlicher Merkmale. Beim Durchlaufen der menschlichen Evolutionslinie gelangten immer neue menschliche Merkmale zur Explikation. Eigenschaften, die sich ziemlich früh auf dem menschlichen Evolutionsweg manifestiert haben, sind Merkmale des Typus I. Sie werden auch bei Tieren wiedergefunden, die die menschliche Evolutionslinie bis über das betreffende Stadium hinaus verfolgt haben. Es ist möglich, daß später, wenn das Tier sich von dieser Linie getrennt hat, das menschliche Merkmal dann von tierischer Spezialisierung überwuchert wird. In diesem Falle treffen wir ein solches Charakteristikum nur in der fötalen oder kindlichen Form des Tieres an.

Ein Tier, das ziemlich früh die menschliche Evolutionslinie verlassen hat, kann dennoch hartnäckig ein bestimmtes, menschenähnliches Merkmal festhalten, während ein anderes Tier, das später von dieser Linie abgewichen ist, dasselbe Merkmal hinterher aufgibt. So hat beispielsweise das erwachsene Kapuzineräffchen (das doch zu den Neuweltaffen gehört) die menschliche Schädelform besser erhalten als der dem Menschen viel näher stehende erwachsene Schimpanse, der die gemeinsame jugendliche Schädelform in stärkerem Maße aufgegeben hat.

Merkmale des Typus II kommen dagegen erst spät in der menschlichen Evolution zur Explikation, in einer Phase, in der nur die höchsten Tiere und die prähistorischen, menschenartigen Formen sich noch nicht völlig von der menschlichen Evolutionslinie getrennt haben. Diese Charakteristika entfalten sich nur beim Menschen vollständig, und nur bei den höchstentwickelten Tieren treffen wir auf einige ihrer Spuren. Merkmale des Typus II enthüllen ihre funktionelle Bedeutung erst gänzlich beim Menschen.

Tiere, die sich schon frühzeitig von der menschlichen Evolutionslinie abgesondert haben, werden weniger menschenähnliche Merkmale zeigen. Dagegen haben sie eine längere Phase der tierischen Spezialisierung hinter sich. Das eine und das andere kann zusammengefaßt werden in dem Grundsatz: *Je weniger tierische Spezialisierung, desto mehr menschliche Explikation.*

Das Retardationsparadoxon

Mit der Theorie Bolks ist noch ein anderes Paradoxon verbunden, das von verschiedenen modernen Kritikern mit großem Scharfsinn bemerkt worden ist.[129, 420] Wenn alle menschlichen Lebensphasen, von der Konzeption bis zum Tode, gleichermaßen retardiert sind, gibt es noch keinen Grund, Fötalisation zu erwarten. Wenn etwas aufgeschoben würde, müßte dies noch nicht die Tatsache nach sich ziehen, daß es aufgehoben wäre; die gesamte Lebensdauer des Menschen würde länger werden, und alle Merkmale würden im Laufe dieses Lebens später erscheinen. An und für sich folgt aus einer Retardation noch keine Fötalisation, keine *endgültige* Auslassung bestimmter Entwicklungsschritte. Um zu verstehen, weshalb Bolk doch einen Zusammenhang zwischen Retardation und Fötalisation sah, müssen wir ausdrücklich den anthropozentrischen Aspekt seiner Theorie, den er zum Beispiel in *Hersenen en Cultuur* («Gehirn und Kultur») deutlich darstellte,[54] in die Formulierung der Theorie mit einbeziehen.

Nach Bolk ist der Mensch ein verallgemeinertes und größtenteils unspezialisiertes Säugetier. Bolk betrachtet die Erscheinung des Menschen als das innere Ziel, die Zweckursache der Evolution. Die natürliche Selektion Darwins sieht er als unerheblich für die Entstehung des Menschen an, genau deshalb, weil der Mensch ein unspezialisiertes Wesen ist. Die tierischen Evolutionslinien versteht Bolk als Seitenäste, die sich vom zentralen, menschlichen Hauptstamm abgesondert haben; hierbei hat die natürliche Selektion wohl eine Rolle gespielt: «Die Bedeutung von Selektion und Anpassung für das Zustandekommen unzähliger organischer Formen werde ich auf gar keinen Fall verneinen, aber sie erscheint mir unzureichend, um die Entwicklung in progressiver Richtung, angefangen beim einfachsten Organismus und endend beim Menschen, zu erklären. Selektion und Anpassung dürften zur Formenvielfalt, zur Formnuancierung der Gestalten beigetragen haben, bei letzterer sogar eine Hauptrolle gespielt haben, aber die Entwicklung von unten nach oben betrachte ich als ein a priori Gegebenes, als eine Grundeigenschaft des Lebens selbst. [...] Fortwährend werden den äußeren Umständen höher organisierte Formen zur Nuancierung übergeben, währenddessen der Entwicklungsgang ununterbrochen weitergegangen ist, die Evolution als Lebenseigenschaft ihrer Funktion treu geblieben ist. Endlich erreicht dieser Gang das Stadium der

Menschwerdung, in dessen Verlauf die Menschenaffen als Formnuancen entstanden sind.»[54]

Und an anderer Stelle: «Wenn jener harte Kampf ums Dasein, dem von mehreren Seiten für die Entwicklung der Menschheit eine so große Bedeutung beigemessen wird, eine Rolle gespielt hätte [...], wäre der Mensch Tier geblieben. Denn nie und nimmer hätte der Kampf in der Form, in der er tatsächlich in der Natur ausgefochten wird, die Menschheit zur moralischen Einsicht, zum sittlichen Bewußtsein führen können. Das Wesen vom Kampf ums Dasein, wie es in der Natur waltet, ist ein Kampf zwischen Macht und Übermacht; in jenem Streit ist Übermacht Recht und Schwäche ein Verbrechen. [...] Als Grund der Menschwerdung, als treibende Kraft für die Höherentwicklung der Menschheit hat denn auch dieser Kampf ums Dasein meiner Meinung nach nicht die geringste Bedeutung.»[54]

Es ist deswegen auch besser, die Theorie Bolks direkt auf eine anthropozentrische Weise zu formulieren. Die Retardationstheorie kann dann in zwei Grundsätzen zusammengefaßt werden:

1. Die tierische Entwicklung ist im Verhältnis zur menschlichen verkürzt oder *komprimiert*. Umgekehrt kann also die menschliche Entwicklung als ausgedehnt oder *retardiert*, verglichen mit der tierischen, betrachtet werden.
2. Bei den Tieren werden die Entwicklungsstadien, welche mit den *späteren* Phasen der menschlichen Entwicklung übereinstimmen, *in zunehmendem Maße* verkürzt und gänzlich oder teilweise eliminiert; die für die jeweilige Tierart charakteristischen Spezialisierungen werden statt dessen in die Entwicklung eingegliedert.

Die Verkürzung der tierischen Entwicklung ist tatsächlich im allgemeinen während der späteren Entwicklungsstadien stärker ausgeprägt. «Ein Mäusetag stimmt während der früheren Embryogenese ungefähr mit vier Menschentagen überein, kann aber später, wenn die menschliche Entwicklungsgeschwindigkeit nachläßt, etwa bis zu vierzehn Menschentagen entsprechen», schreibt Gould.[183] Die postreproduktive Phase des Menschen kann mehrere Jahrzehnte dauern und ist bei den Tieren kaum wiederzufinden. Abänderungen in späteren Entwicklungsphasen sind weniger destruktiv für das ganze Entwicklungsmuster und also leichter einzugliedern. Wir können hier den Vergleich mit der embryonalen Entwicklung ziehen, wo Eingriffe in den frühen Entwicklungsphasen drastischere und lebensbedrohliche Folgen haben.

Für diese anthropozentrische Anschauungsweise ist die Verkürzung der tierischen Ontogenie eine Folge der Tatsache, daß Tiere viele Schritte aus dem menschenähnlichen Entwicklungsmuster zu eliminieren haben, um an ihre Stelle eine kleinere Anzahl spezialisierter, tierischer Schritte einfügen zu können. Betrachten wir zum Vergleich einen Haufen Holzklötze unterschiedlicher Form, die zusammen genau in eine Kiste passen. Wenn wir nur einen dieser Klötze durch ein fremdes Stück gleichen Volumens, aber in veränderter Form ersetzen, wird das Ganze nicht mehr in die Kiste passen. Wir werden zusätzlich einen oder mehrere Klötze der ursprünglichen Menge weglassen müssen, bevor das neue Stück mit in die Kiste paßt. Außerdem wird die sich ergebende Füllung der Kiste unvollkommen sein, und der Zusammenhang und die Konsistenz des ursprünglichen Ganzen werden fehlen. Das Füllen der Kiste mit den neuen Klötzen wird weniger Zeit beanspruchen (es tritt Verkürzung oder Kompression ein, weil weniger Klötze in die Kiste gesteckt werden müssen), aber die Füllung wird weniger ausgeglichen und konsistent sein. Die späteren Entwicklungsphasen entsprechen den oberen Schichten von Klötzen aus der Kiste. Das Ersetzen eines urspünglichen Klotzes durch einen fremden in den oberen Schichten wird weniger weitreichende Folgen für das ganze Füllmuster haben, da die tieferen Schichten jedenfalls nicht beeinträchtigt werden und ihre innere Konsistenz erhalten bleiben kann. Aber das Ersetzen eines Klotzes in der untersten Schicht droht das gesamte Füllmuster zu chaotisieren. Durch das Einfügen eines fremden (oder «spezialisierten») Klotzes in den oberen Schichten der Kiste wird die gesamte Konsistenz also weniger stark verringert.

Auf diese Weise formuliert, wird der Zusammenhang zwischen Retardation und Fötalisation deutlicher. Die menschliche Entwicklung verläuft träger und ist aus dem gleichen Grund (zum Teil) fötalisiert: es fehlen «fremde Klötze», das heißt tierische, spezialisierte Entwicklungsschritte im menschlichen Entwicklungsmuster. Die Theorie weist so direkt auf die Existenz der zwei Typen menschlicher Merkmale hin, wie wir sie umrissen haben:

- Merkmale des Typus I sind ein Zeichen für das Fehlen tierischer Züge in der menschlichen Entwicklung. Bolk nennt diese Merkmale Beispiele von Fötalisation; sie werden in der Literatur oft auch als «neotenische Merkmale» beschrieben. In unserer Klotzmetapher stimmen die Merkmale mit dem Mangel an fremden Klötzen in der Kiste überein.

– Merkmale des Typus II kennzeichnen das Vorhandensein originärer menschlicher Eigenschaften, die bei den meisten Tieren durch Kompression verschwunden sind. Sie stimmen mit den ursprünglichen Klötzen aus den oberen Schichten der Kiste überein, welche also am leichtesten durch das Einfügen fremder Klötzen verdrängt werden können.

Bolk betonte sehr die Merkmale von Typus I und erkannte nicht klar genug die wahre Natur der Merkmale von Typus II. Letztere werden denn auch oft als Beispiele menschlicher Spezialisierung verstanden. Aber wir legten schon dar (S. 65), daß Merkmale von Typus II sich dennoch von darwinistischen Spezialisierungen unterscheiden, weil sie schon vorher bei den am meisten retardierten (oder am wenigsten entwicklungskomprimierten) Tieren angekündigt werden, ihre Funktion aber erst im Rahmen der menschlichen Gesamtheit zeigen.

Der entscheidende Beitrag Bolks zum Verständnis der menschlichen Evolution liegt darin, daß er den Zusammenhang zwischen der menschlichen Fötalisation einerseits und der verlängerten menschlichen Lebensdauer (Retardation) andererseits ahnte. Abbildung 24 (S. 72 f.) faßt die Verhältnisse noch einmal zusammen; sie beleuchtet und bestätigt die Bolkschen Thesen.

Ein erwachsener Organismus zeigt sehr viele anatomische und physiologische Merkmale, die alle einzeln auf einem Entwicklungsweg, angefangen bei der Zygote (dem Eikeim), verfolgt werden können. Jede Ontogenie kann also als ein Bündel sehr vieler Entwicklungswege erfaßt werden (in Abb. 24 a als Linien dargestellt, die das Zygotenstadium mit dem Stadium des erwachsenen Organismus verbinden). Jeder Entwicklungsweg kann wiederum als eine Reihe elementarer Entwicklungs- oder Wachstumsvorgänge aufgefaßt werden, die in phänomenologischer Hinsicht nicht weiter teilbar sind (wir könnten also auch von abstrakten «Entwicklungs»- oder «Wachstumsquanten» sprechen).

Abbildung 24 a zeigt das allgemeine, idealisierte Entwicklungsmuster. Alle Entwicklungswege sind vollständig verwirklicht. Wir haben den ganzen Entwicklungsverlauf (um ihn mit dem tierischen Entwicklungsmuster vergleichen zu können) in sechs gleiche Strecken A, B, C, D, E und F geteilt; jede Strecke enthält dabei die gleiche Menge elementarer «Entwicklungsquanten».

Abbildung 24 b zeigt dagegen eine komprimierte, tierische Ontogenie. Was ist im Vergleich zum Muster der Abbildung 24 a geschehen?

Einerseits hat das Spiel der natürlichen Zuchtwahl die Wachstumswege auf willkürliche Weise unterbrochen. Es gibt zwar – selten – einige Entwicklungswege, die sich dennoch vollständig haben durchsetzen können, andere aber sind schon während der frühen Entwicklung des tierischen Organismus unterdrückt. Diese Situation gleicht jener des atomaren Zerfalls in einer radioaktiven Substanz, bei der in jedem Augenblick der gleiche Prozentsatz von Atomen zerfällt. Dieser Prozeß führt dazu, daß in der komprimierten Ontogenie die früheren Entwicklungsvorgänge eine größere Überlebenschance haben und daß in späteren Entwicklungsphasen immer weniger Entwicklungsvorgänge aus dem ursprünglichen Muster aufbewahrt bleiben. Diese zeitliche Abnahme wird dabei annähernd exponentiell sein, wie dies auch für den radioaktiven Zerfall gilt. Daß spätere Entwicklungsphasen leichter eliminiert werden, ist zugleich auch in biologischer Hinsicht sinngemäß. Änderungen während späterer Bau- oder Entwicklungsphasen haben keine so tiefgreifenden Folgen wie frühere Umbildungen und sind deshalb nicht in gleichem Maße lebensbedrohend, was sich zum Beispiel in der Teratologie zeigt.

Andererseits aber eliminiert das Tier nicht nur Originalentwicklungsvorgänge, es schiebt in seiner Ontogenie auch artspezifische, spezialisierte «Entwicklungsquanten» ein; sie sind in Abbildung 24 b als weiße Punkte angedeutet. Wie gesagt, sind diese Entwicklungsvorgänge, die als Ersatz eingefügt werden, weniger zahlreich als die ersetzten, genau wie (im Beispiel der Kiste mit den Klötzen) die Ersatzklötze weniger zahlreich als die ersetzten sind. Die tierische Ontogenie ist also im Vergleich zur Ausgangslage (Abb. 24 a) verkürzt oder komprimiert, und zwar derart, daß innerhalb der aufeinanderfolgenden Phasen A, B, C, D, E und F (die in der generalisierten Ontogenie eine gleiche Anzahl von Entwicklungsvorgängen umfassen) der zeitlichen Abfolge nach immer weniger Entwicklungsvorgänge der tierischen Evolution enthalten sind. Die Kompression ist also nicht gleichmäßiger Natur, sondern sie ist in den späteren Entwicklungsphasen des Organismus konzentriert. Dieses ungleiche Verkürzungsmuster nennen wir das Urphänomen der tierischen Kompression. Es ist in Abbildung 25 (S. 74) erläutert.

Abbildung 24 c faßt die menschliche Entwicklungssituation zusammen. Im Vergleich zur tierischen Entwicklung behält der Mensch mehr ursprüngliche Entwicklungsvorgänge bei und nimmt kaum artspezifische «Quanten» auf. Dadurch unterscheidet sich die menschliche Ontogenie von der tierischen in dreierlei Hinsicht:

Abb. 24 a – c: Schematische Darstellung eines generalisierten (a), eines tierischen (b) und eines menschenähnlichen (c) Entwicklungsmusters. – Jede Ontogenie ist dargestellt als ein Bündel elementarer Entwicklungswege zwischen Eikeim und erwachsenem Organismus. Jeder elementare Entwicklungsweg ist wiederum unterteilt in eine Reihe aufeinanderfolgender elementarer Entwicklungsvorgänge oder «Entwicklungsquanten».

Alle Entwicklungswege und -quanten sind im generalisierten Muster (das wir mit Goethes Urtier vergleichen können) anwesend. – In einer tierischen Ontogenie (b) sind die Entwicklungswege teilweise abgebrochen. Man kann sich diesen Vorgang zum Teil so vorstellen, daß vom allgemeinen Muster aus gesehen diese durch natürliche Selektion zustandegekommenen Abbrüche statistisch willkürlich gestreut erscheinen. Das heißt, daß den elementaren Entwicklungswegen dann annähernd eine Halbwertszeit zugeschrieben werden kann, etwa wie in der Atomphysik. Die Entwicklungswege zerfallen also, und in den aufeinanderfolgenden Entwicklungsstrecken A, B, C, D, E und F des generalisierten Musters werden in der tierischen Entwicklung immer weniger Entwicklungsvorgänge übrigbleiben; die Abnahme ist dabei exponentiell. – Das Tier wird in seine Ontogenie auch spezialisierte Entwicklungsvorgänge aufnehmen (weiße Punkte), die aber weniger zahlreich sind als die dafür eliminierten ursprünglichen «Entwicklungsquanten». – Die menschliche Ontogenie (c) eliminiert weniger ursprüngliche Entwicklungsvorgänge und nimmt kaum spezialisierte Entwicklungsquanten auf. Insgesamt umfaßt die menschliche Ontogenie mehr Entwicklungsvorgänge als die tierische, da man immer eine größere Anzahl an ursprünglichen Entwicklungsvorgängen eliminieren muß als sich an spezialisierten Vorgängen eingliedern lassen.

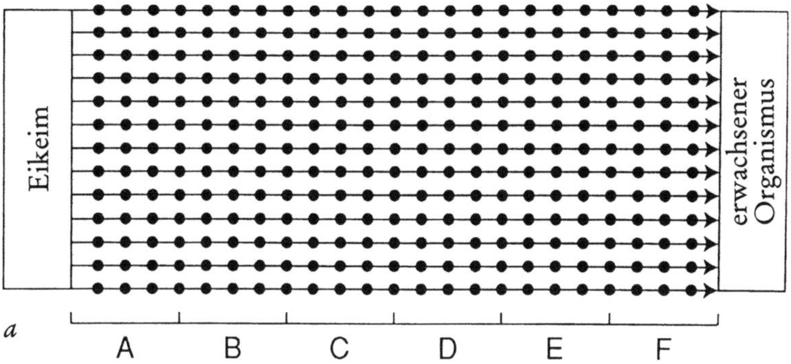
Eikeim
erwachsener Organismus
A
B
C
D
E
F

a

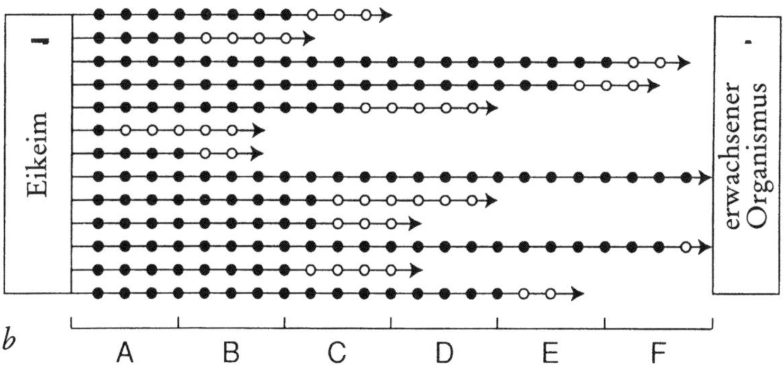
Eikeim
erwachsener Organismus
A
B
C
D
E
F

b

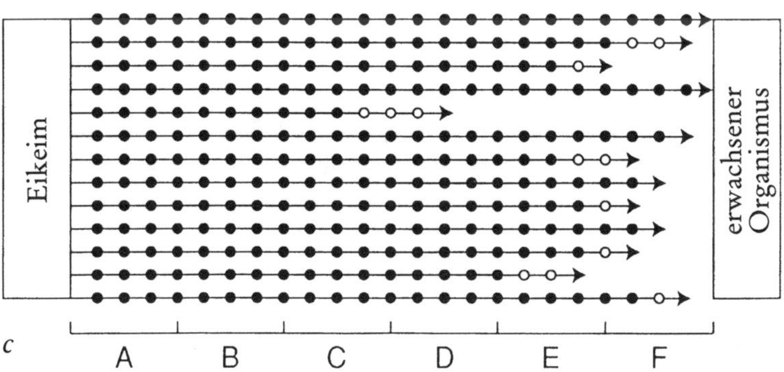
Eikeim
erwachsener Organismus
A
B
C
D
E
F

c

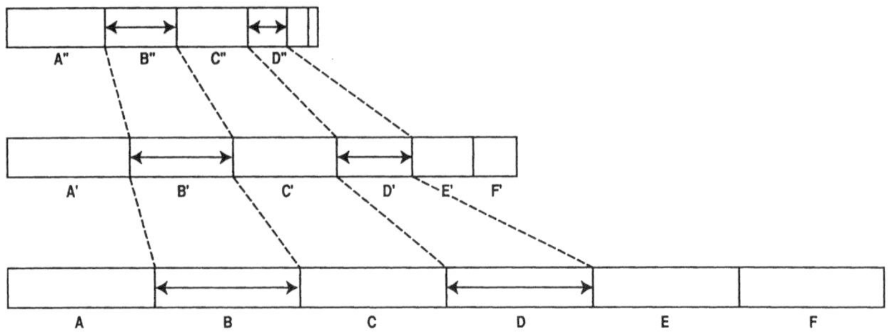

Abb. 25: Die Auswirkung von Kompression auf die Ontogenie.
Unten: Ein generalisierter Lebenslauf, dargestellt als ein Zeitband, das in sechs gleiche Zeitstrecken A, B, C, D, E und F geteilt ist (siehe Abb. 24 a).
Mitte: Eine mäßig komprimierte Ontogenie. Die Strecken B und D, die in der generalisierten Ontogenie gleich lang sind, sind nun in die Strecken B' und D' übertragen. Dabei ist die spätere Entwicklungsstrecke D' stärker verkürzt als die frühere Strecke B', da aus der späteren Zeitstrecke mehr elementare Entwicklungsvorgänge eliminiert werden (Urphänomen der tierischen Kompression).
Oben: Eine stark komprimierte Ontogenie. Die Entwicklung in Zeitstrekke D'' ist im Verhältnis zur Entwicklung der Strecke B'' noch stärker unterdrückt.
Allgemein gilt: (B/D < B'/D' < B''/D'')

- Es werden weniger spezialisierte Entwicklungsvorgänge aufgegriffen: *Neotenie* (oder Fötalisation) ist die Folge (Merkmale des Typus I).
- Das ursprüngliche Entwicklungsmuster setzt sich weiter durch: *Hypermorphose* (siehe S. 84ff.) tritt auf (Merkmale des Typus II).
- Die menschliche Entwicklung enthält insgesamt eine größere Menge an Entwicklungsvorgängen (daher die längere Lebensdauer).

3.
Wachstum und Retardation

Einleitung

Bolk ist bei der Formulierung seiner Theorie in mehrerlei Hinsicht ziemlich unbestimmt geblieben. Das verhinderte den Durchbruch seiner Einsichten. Oft führt Bolk die menschliche Eigenheit auf eine reine Fötalisationserscheinung zurück und übersieht die Merkmale des Typus II. In *Hersenen en Cultuur* schreibt er z.B.: «Die Körperform des Menschen weicht während seines Wachstums weniger von der fötalen Form ab als die der Menschenaffen; sein Körper erhält mehr fötale Formeigenschaften. [...] Ab einem gewissen Punkt [bleibt] die weitere Umbildung des Menschen aus; [...] nur das Wachstum mit der daraus hervorgehenden Vergrößerung setzt sich fort. Bei den Menschenaffen aber setzt sich zuerst die Umbildung noch eine Weile fort, und es entwickeln sich andere Verhältnisse; erst in einem späteren Zeitpunkt der Entwicklung wird die dann bestehende Gestalt fixiert.»[54]

Doch stand Bolk dabei mehr vor Augen als nur die Formerhaltung. Der bekannte Neurologe C.U. Ariëns-Kappers schrieb in seiner Einleitung für die dritte Ausgabe von *Hersenen en Cultuur*, die kurz nach dem Tode Bolks erschien: «Einige haben dieses *Fortschreiten* fötaler Tendenzen und Adaptionsmöglichkeiten identifiziert mit einem *Stehenbleiben* innerhalb einer bestimmten Epoche der Entwicklung, einem *Anhalten* also, während Bolk, wenn er von Retardation spricht, nicht ein Anhalten im Sinne eines Aufhaltens ab einem gewissen Augenblick einer bestimmten Epoche meint, sondern ein [Erhalten] fötaler Tendenzen.»[20]

Auch vor kurzem wurde dies in ähnlicher Weise angemerkt: «Die Kritiker hielten immer an der Idee von der Erhaltung fötaler Merkmale fest, während [Bolk] darunter die Erhaltung fötaler Eigenschaften verstand. Das ist etwas anderes, denn die Beibehaltung einer fötalen Dynamik kann dennoch zur Abänderung eines Formmerkmals führen.»[110]

Bolk betrachtete tatsächlich nicht nur Formmerkmale zur Unterstützung seiner Theorie. Er versuchte zum Beispiel bestimmte Aspekte des menschlichen Wachstums durch die Retadationstheorie zu erklären. Dabei entsteht eine merkwürdige Schwierigkeit, scheint die Retardation das Wachstum doch auf zwei Arten zu beeinflussen:

- Beim retardierten Organismus verläuft das Wachstum oft langsamer. Dadurch hat der Organismus die Tendenz, *kleiner* zu bleiben. Bolk hat nachdrücklich auf diesen Effekt hingewiesen: «Das Pferd wiegt am Ende seiner fötalen Lebensepoche, wenn es also 12 Monate alt ist, 45 kg, das Rind, das dann 11 Monate alt ist, 40 kg, aber der Mensch hat am Ende der ersten neun Monate seines Lebens nur ein Gewicht von 3,5 kg. Und während das Pferd sein Geburtsgewicht in 60 Tagen verdoppelt, das Rind in 45 Tagen, braucht der Mensch nicht weniger als 160 bis 170 Tage, um das Geburtsgewicht von 3,5 kg zu verdoppeln.»[65]
- Doch die Retardation hat auch zur Folge, daß das Wachstum als solches länger anhält. Dadurch bekommt der Organismus die Tendenz, *größer* zu werden. Auch dieser Effekt wird von Bolk beobachtet: «Wenn als Folge der Retardation das Erreichen [der Endphase des Wachstums] verschoben wird [...], die Wachstumsdauer also vergrößert wird, dann ist die notwendige Folge eine allmähliche Zunahme der Körpergröße. Hier wirft das Retardationsprinzip also Licht auf die wohl von allen Sachverständigen als richtig angenommene Tatsache, daß der Mensch in seinem historischen Werden aus einer kleineren Form entstanden ist.»[63]

Eine größere Gestalt wird in den meisten Fällen die Folge einer tierischen Spezialisierung sein. C. U. Ariëns-Kappers gibt das Beispiel des Pferdes, dessen Gestalt im Laufe der Evolution immer spezialisierter und auch immer größer wurde.[21] Die Urform des Pferdes hatte ungefähr die Größe einer Katze. Gliedmaßen und Gebiß dieses Tieres waren noch wenig spezialisiert. Während der Evolution wurden die Vorfahren und Verwandten des Pferdes immer größer; gleichzeitig spezialisierte sich ihr Gebiß, und sie verloren vier der fünf ursprünglichen Finger. In solch einem Falle wird die größere Gestalt eher durch ein beschleunigtes als durch ein verlängertes Wachstum erreicht. D'Arcy Wentworth Thompson gibt das Beispiel des Löwenjungen, dessen Gewicht sich während des ersten Lebensmonats verdoppelt und während des zweiten Monats abermals verdoppelt.[449] Der Kontrast zum Menschen, der fünf Monate für die erste und zwei Jahre für die zweite Verdoppelung braucht, ist frappant. Und Thompson bemerkt: «Es ist im ganzen richtig [...], daß das Kaninchen größer ist als das Meerschweinchen, da es schneller wächst; der Mensch jedoch ist größer als das Kaninchen, weil er länger im Wachsen begriffen ist.»[449]

Das Wachstum des Menschen zeichnet sich durch Verlängerung, nicht durch Beschleunigung aus. Das Endergebnis ist eine Vergrößerung. Im Vergleich zu den niederen Affen fallen Mensch und Menschenaffen tatsächlich auf – nicht nur durch eine verlängerte Wachstumsdauer, sondern auch durch ihre große Gestalt. (Bei den Primaten ist, außer dem ausgestorbenen *Gigantopithecus*, nur der Gorilla – der viel *schneller* wächst – größer als der Mensch.) Die Affen sind ihrerseits durchschnittlich zehnmal schwerer als die niederen Primaten.[289] Innerhalb der wenig spezialisierten Ordnung der Primaten scheint also die vermehrte Retardation tatsächlich mit einer Zunahme der Körpergröße zusammenzuhängen.

Retardation: das Urphänomen

Körperwachstum ist ein äußerst kompliziertes Phänomen. Einige Organe wachsen schneller, andere langsamer. Das Wachstum der unterschiedlichen Körperteile fängt zu verschiedenen Zeitpunkten an und hört zu verschiedenen auf; fortwährend gibt es Tempoänderungen. Wachstum kann sich auf verschiedene Weise ereignen. Manche Organe wachsen über ihren ganzen Umfang gleichzeitig, andere nur an bestimmten Stellen, so wie die längeren Knochen der Säugetiere, die nur an den beiden Enden (den Epiphysenfugen) wachsen. Ein Gewebe kann wachsen, indem die Zellen sich vermehren, aber auch indem letztere selbst größer werden. Die Wachstumsmuster der verschiedenen Körperteile sind voneinander abhängig. Auch äußere Umstände spielen eine Rolle: Der Mensch wächst z.B. im Sommer schneller als während der kalten Jahreszeit.

Was geschieht, wenn dieses komplizierte Gewebe von Vorgängen und Prozessen retardiert wird? Gibt es eine gemeinsame Gesetzmäßigkeit, die sowohl für das Aufschieben der aufeinanderfolgenden Entwicklungsstadien wie für die genannten Wachstumsphänomene verantwortlich ist?

Wir können das gesamte Wachstum als aus einer großen Anzahl einzelner, elementarer Wachstumsvorgänge aufgebaut betrachten. Jeder dieser Vorgänge setzt ab einem gewissen Augenblick nach der Konzeption ein und hört zu einem späteren auf. Diese beiden Zeitpunkte, den Anfangspunkt und den Endpunkt, kann man als zwei unterschiedliche Ereignisse, die retardiert werden, ansehen. Genauso wie morphologische oder physiologische Entwicklungsphasen, etwa das Erscheinen des Milchgebisses oder das Eintreten der Geschlechtsreife, werden auch Beginn und Ende der elementaren Wachstumsvorgänge durch Retardation aufgeschoben. Die Eigenart der aufgeschobenen Ereignisse wird durch die Retardation nicht verändert; die Ereignisse werden nur zeitlich verschoben. Für den elementaren Wachstumsvorgang beinhaltet das, daß die Wachstumsschnelligkeit selbst nicht verändert wird. Nur Anfangs- und Endpunkt desselben werden aufgeschoben.

Im vorhergehenden Kapitel haben wir gesehen, daß die tierische Kompression vor allem die späteren Phasen des menschenartigen Entwicklungsmusters berührt. Dieses Prinzip gilt auch für die Wachstumsphänomene. Beginn und Ende später erfolgender Wachstumsvorgänge weisen beim Menschen eine stärkere Retardation auf (oder eine stärkere Kompression beim Tier). Wir können dieses Urphänomen in eine qualitativ mathematische Form kleiden, indem wir behaupten: *Retardation erfolgt derart, daß die Zeitintervalle, von der Konzeption an gerechnet, in grober Annäherung exponentiell ausgedehnt werden.*

Wesentlich ist dabei nicht der exakte exponentielle Verlauf. Das entscheidende Urphänomen ist die Tatsache, daß die ontogenetische Ausdehnung oder Retardation für spätere Entwicklungsphasen immer stärker betont ist; die exponentielle Funktion wird nur als Beispiel verwendet (und dies um so berechtigter, als diese Funktion in bestimmten Fällen tatsächlich in der Lage ist, eine ziemlich genaue Annäherung der Erscheinungen zu geben). Abbildung 26 illustriert dieses Prinzip: Man betrachte zwei Ereignisse A und B, die von zwei bzw. vier Zeiteinheiten vom Augenblick der Konzeption (C) getrennt sind. Die Retardation wird beide Ereignisse verschieben. Die zwei Zeitabschnitte CA und CB werden gleicherweise – mit einem Faktor, den wir den Retardationsfaktor nennen können – potenziert werden. In der Abbildung 26 wird als Retardationsfaktor 1,3 genommen. Das retardierte Ereignis A tritt erst nach 2,46 und das Ereignis B nach 6,06 Zeiteinhei-

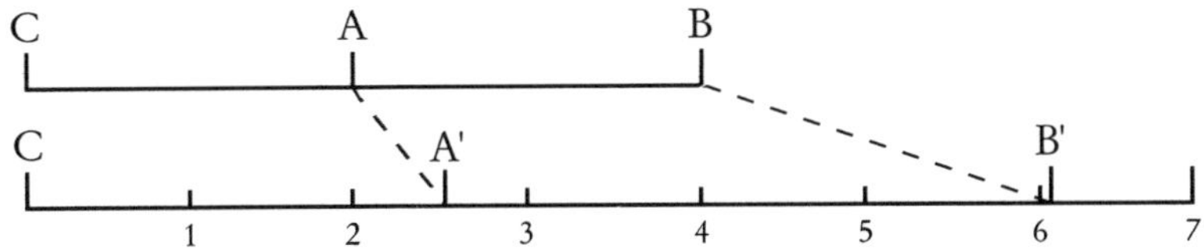

Abb. 26: Zwei Ereignisse A und B, die zwei bzw. vier Zeiteinheiten nach der Konzeption C auftreten (obere Linie), werden mit einem Faktor 1,3 (untere Linie) retardiert. Die retardierten Ereignisse A' und B' finden nun nach 2,46 und 6,06 Zeitabschnitten statt. Das zeitliche Intervall zwischen A und B hat sich durch Retardation von 2 auf 3,6 Zeiteinheiten erhöht.

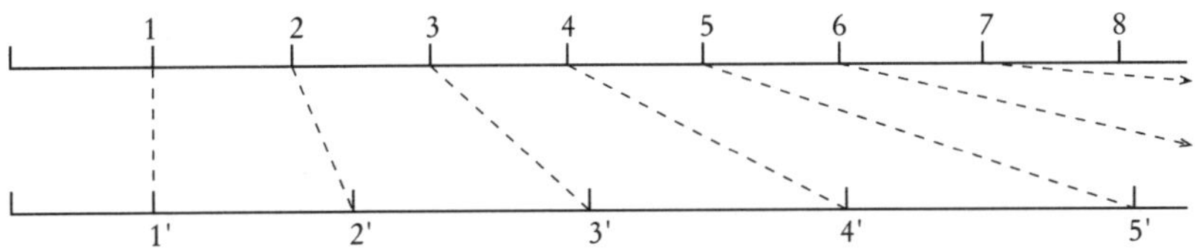

Abb. 27: Ausdehnung eines Zeitschemas durch Retardation mit einem Faktor 1,3. Der erste Zeitabschnitt ist bei beiden Skalen gleich. Der fünfte retardierte Zeitabschnitt entspricht in der Länge schon zwei Abschnitten der nichtretardierten Skala. Das Wachstum der Organe, die später in Entwicklung begriffen sind, wird also durch die Retardation länger dauern als das Wachstum der früher sich entwickelnden Organe.

ten auf. Wir sehen, daß durch Retardation die späteren Ereignisse mehr Aufschub erfahren als die früheren. Wir können die Ereignisse A und B von Abbildung 26 als Anfangs- und Endpunkt eines elementaren Wachstumsvorgangs betrachten. Wir sehen dann, daß dieser hinausgezögert wird, aber zugleich länger dauert.

Abbildung 27 zeigt, daß später auftretende elementare Wachstumsvorgänge durch eine annähernd exponentiell verlaufende Ausdehnung oder Retardation länger dauern werden (und somit verhältnismäßig mehr Wachstum ergeben) als frühere Vorgänge. Umgekehrt bedeutet dies, daß Kompression spätere Wachstumsvorgänge stärker beeinträchtigen wird als solche, die sich früher in der Entwicklung ereignen. *In einem Organismus mit retardiertem Wachstum werden somit Organe*

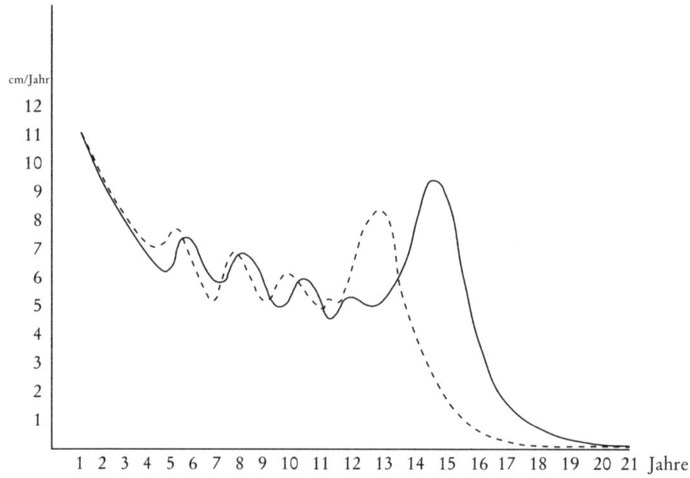

Abb. 28: Evolution der Wachstumsgeschwindigkeit bei Jungen (durchgezogene Linie) und bei Mädchen (Strichlinie). Die Wachstumsspitzen sind, was Zeitpunkt und Amplitude anbelangt, Mittelwerte der jeweiligen Spitzen einzelner Individuen. Die Kurven sind also nicht dadurch entstanden, daß die gesamten Wachstumskurven einer großen Anzahl Individuen zusammengenommen werden, denn sonst würden die kleineren Spitzen, die nicht bei allen Individuen im gleichen Alter auftreten, sich gegenseitig aufheben.[83]

oder Körperglieder, die sich relativ spät entfalten, im Verhältnis zu den früher wachsenden Teilen größer werden. Auf dieses wichtige Prinzip werden wir noch zurückkommen.

Was die gesamte Körpergröße anbelangt, können wir die Situation wie folgt zusammenfassen: Durch Ausdehnung oder Retardation währt das gesamte Wachstum länger und führt zu größeren Endergebnissen. Bolk hat also recht, wenn er die längere Wachstumsdauer und die größere Endgestalt des Menschen als Retardationsergebnisse betrachtet. Bei bestimmten Tieren tritt durch Spezialisierung eine Wachstumsbeschleunigung ein. Diese Tiere werden dann zwar groß, aber nicht aufgrund einer längeren Wachstumsdauer, sondern aufgrund eines beschleunigten Wachstums. Bei ihnen kann man auch nicht das Phänomen beobachten, daß relativ spät erscheinende Organe verhältnismäßig größer werden.

Der Vergleich des Wachstumsvorgangs beim Mann und bei der Frau zeigt, wie Retardation eines komplexen Wachstumsmusters letztlich zur Vergrößerung führt.

Beim gesamten Körperwachstum des Menschen können drei Phasen unterschieden werden: Während der ersten Lebensmonate und -jahre wächst der Mensch sehr schnell. Im Kindesalter tritt ein rhythmisches Wachstumsmuster auf. In der Pubertät beschleunigt sich das Wachstum stark – ein Phänomen, das nur bei den höheren Primaten vorgefunden wird und beim Menschen in sehr ausgeprägter Weise auftritt (siehe Abb. 28). Die Frau durchläuft die aufeinanderfolgenden Phasen schneller als der Mann:[83, 243]

Wachstumsphasen: mittleres Alter (in Jahren), in dem die Wachstumsspitzen auftreten

Mädchen	*Jungen*	
4,6	4,8	(präscolar)
6,7	7,8	(scolar)
8,6	9,0	(mittleres Kindesalter)
10,0	10,8	(Präpubertät)
12,0	14,0	(Pubertät)
19,2	21,0	(Wachstumsstop)

(Diese Zahlen sind Mittelwerte. Während die Wachstumsbeschleunigung der Pubertät und die scolare Phase allgemein auftreten, können die kleineren Wachstumsschübe in individuellen Fällen unbeobachtbar sein.)

Die stärkere Retardation des männlichen Wachstumsmusters führt letztlich zu einer größeren Gestalt. Das Beispiel darf jedoch nicht zu dem Schluß verleiten, daß die weibliche Entwicklung in jeder Hinsicht im Vergleich zur männlichen Ontogenie verkürzt ist. Zum Beispiel hat die Frau eine längere Lebenszeit, und sie bleibt im Vergleich zum Mann (z.B. in der Entwicklung des Haarkleides) in mancher Hinsicht neotenisch oder fötalisiert.

Cephalokaudales Wachstum. Hypermorphose

In der Frühphase der embryonalen Entwicklung gibt es nur eine sogenannte Keimscheibe, die in groben Zügen mit der Rumpf- und vor allem der Brustgegend des erwachsenen Körpers übereinstimmt. Zuerst entwickelt sich diese Anlage nach der Kopf- und der Steißseite hin. Wenn der Kopf gestaltet ist, manifestiert sich schon bald eine Wachstumstendenz von der Kopfseite her: Der Kopf fängt an, sich rasch zu bilden, während die entgegengesetzte Steißseite anfänglich zurückbleibt.

In der embryonalen und frühen fötalen Phase (Abb. 29) ist der Kopf sehr groß im Vergleich zum Rumpf. Der Rumpf selbst wird dominiert von der Herzanschwellung; die Kreuzbeinregion bleibt relativ klein.

Dafür haben sowohl Kopf wie Rumpf schon einen Großteil der Entwicklung hinter sich, wenn die Gliedmaßen als kurze, noch ungeformte Stümpfe erscheinen. Während der vorgeburtlichen Phase und in den Kindesjahren bleiben die Gliedmaßen verhältnismäßig kurz im Vergleich zu Kopf und Rumpf; allmählich holen sie ihren Rückstand auf (siehe Abb. 29 und 30). Aber auch die oberen und die unteren Glied-

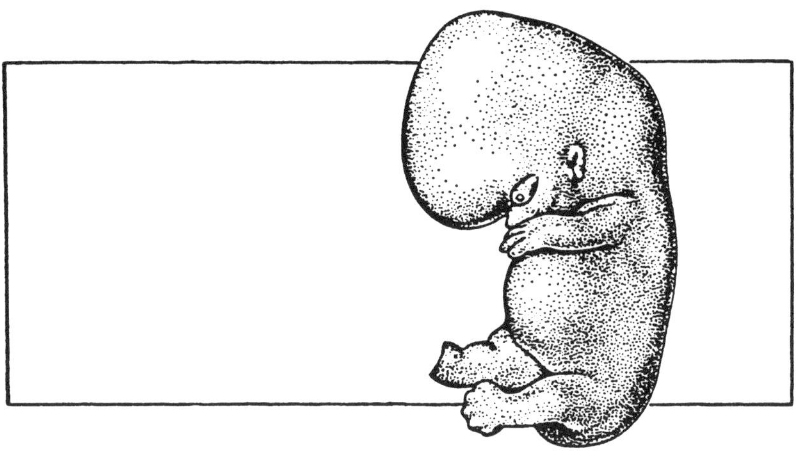

Abb. 29: Menschlicher Embryo von sieben Wochen (18 mm vom Scheitel bis zum Steiß). Die Gliedmaßen sind noch sehr kurz im Vergleich zum Körper. Die Arme haben einen Entwicklungsvorsprung gegenüber den Beinen: Die Finger sind schon getrennt, die Zehen nicht.[274]

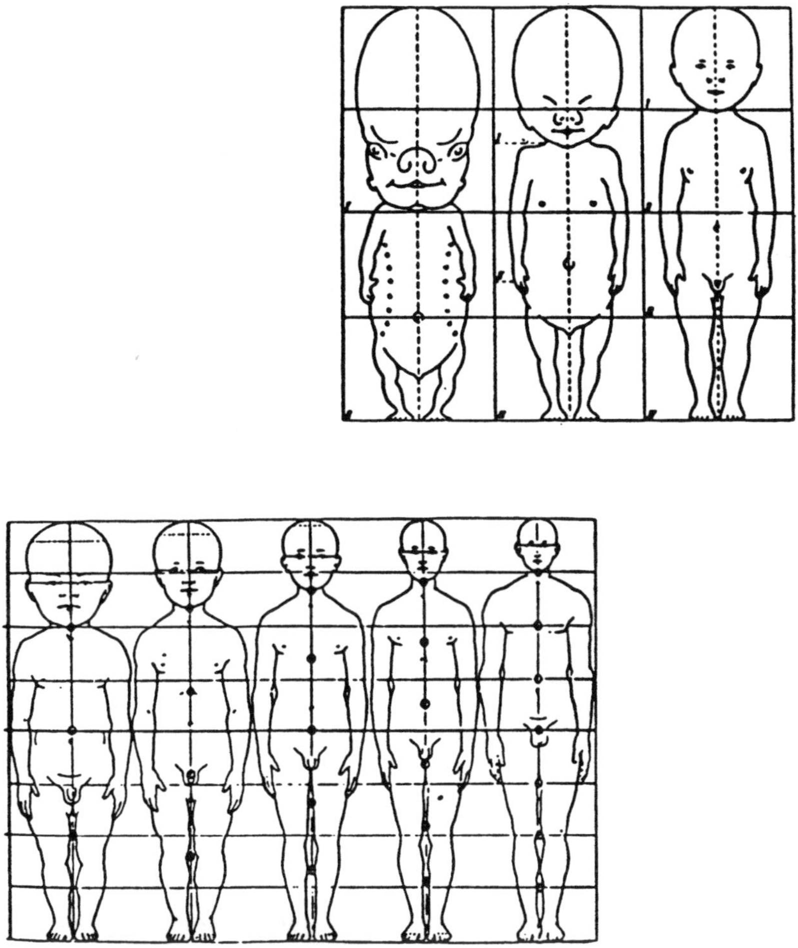

Abb. 30: Klassische Vorstellung der Änderungen, die die menschlichen Körperverhältnisse im Laufe des Wachstums aufzeigen.[440]
Oben: vorgeburtliche Entwicklung. Von links nach rechts: Fötus im Alter von 2 Monaten, von 5 Monaten und Neugeborenes.
Unten: Entwicklung nach der Geburt. Von links nach rechts: Neugeborenes, Mensch im Alter von 2, 6, 12 und 25 Jahren.
Besonders auffällig ist die Nachholbewegung, die Rumpf und Gliedmaßen bezüglich des Kopfes durchführen, und die der Gliedmaßen (vor allem der Beine) im Vergleich zum Rumpf. Beim Kopf holt der Antlitzschädel in bezug auf den Gehirnschädel auf.

maßen entwickeln sich nicht im gleichen Tempo. Die embryonale Anlage der Arme erscheint etwas früher als die der Beine. Die Trennung der Finger ereignet sich vor der der Zehen (siehe Abb. 29). Die Nägel der Finger erscheinen zuerst, dann die der Zehen; sie erreichen bei den Fingern in der 32. Woche, bei den Zehen erst in der 36. die Fingerkuppe.[138] Der Haarwuchs fängt beim Kopf sich zu entwickeln an und breitet sich dann nach unten hin aus.[341] Während der vorgeburtlichen Entwicklung bleiben die Arme länger als die Beine (siehe Abb. 30). Nach der Geburt wird die Länge der Beine fortwährend größer im Verhältnis zur Armlänge.

Sowohl beim Menschen wie bei allen Säugetieren tritt im Laufe des Wachstums eine wohlbestimmte Reihe von Einholbewegungen auf. Der Rumpf holt in seinem Wachstum den Kopf ein, die unteren Gliedmaßen die oberen. Das Ganze dieser Einholbewegungen fassen wir unter dem *Gesetz der cephalokaudalen Entwicklung* zusammen.[252] Nach diesem Gesetz haben die Körpergegenden, die näher am Scheitel liegen, einen anfänglichen Entwicklungsvorsprung vor den Körperteilen, die vom Scheitel weiter entfernt sind. Die Stirn zum Beispiel ist anfänglich sehr groß im Vergleich zum Antlitzschädel. Innerhalb des Rumpfes ist der Brustkorb zunächst stärker entwickelt als der spitz zulaufende Teil der Hüfte: Um die neunte Woche herum beträgt die Hüftbreite des Fötus nur 58 Prozent der Schulterbreite.[381] Das Gesetz der cephalokaudalen Entwicklung beherrscht beim Menschen die Evolution der Körperverhältnisse während der Kindheit. Wir können behaupten, daß sich durch den ganzen Körper ein *cephalokaudaler* (= vom Kopf zum Kreuz gerichteter) *Wachstumsstrom* manifestiert. Während der ersten Lebensjahre verschiebt sich der Schwerpunkt der aufeinanderfolgenden Änderungen in der Wachstumsgeschwindigkeit immer mehr vom Kopf bis zum Steiß.

Hypermorphose

Die Existenz des cephalokaudalen Wachstumsstroms hat zur Folge, daß manche Körperteile insgesamt später wachsen als andere; dann aber vollziehen sie eine Einholbewegung bezüglich der früher wachsenden Teile. Wir haben schon festgestellt, daß Organe oder Körperteile, die später wachsen als andere, in einem retardierten Organismus verhältnismäßig länger weiterwachsen können. Dieses Prinzip kann uns weiterhelfen, um bestimmte Unterschiede in den Körperverhältnissen bei Mensch und Tier zu verstehen.

Nehmen wir als erstes Beispiel die Verhältnisse zwischen Gliedmaßen und Rumpf. Primaten sind im Vergleich zu anderen Säugetieren retardiert, und das Wachstum der Gliedmaßen ist gegenüber dem des Rumpfes verspätet. Wir erwarten also bei den Primaten eine Tendenz zur Verlängerung der Gliedmaßen, was auch tatsächlich zu beobachten ist: Die Gliedmaßen der Primaten sind insgesamt gesehen verhältnismäßig größer – 1,1 bis 1,6 mal – als die anderer Säugetiere.[12] Weiterhin sind Mensch und Menschenaffen insgesamt retardiert im Verhältnis zu den niederen Primaten. Wir müßten also erwarten, daß ihre Gliedmaßen verhältnismäßig größer sind. Das ist auch tatsächlich der Fall. A. Schultz gibt folgende mittlere Zahlen für die relative Arm- und Beinlänge (Länge des Armes/Vorderbeines bzw. des Beines/Hinterbeines ausgedrückt in Prozent der Rumpflänge):[387]

	relative Armlänge	*relative Beinlänge*
niedere Schmalnasen	118,0	106,5
Gibbon	237,8	146,5
Siamang	233,4	146,5
Orang-Utan	181,9	119,2
Schimpanse	175,0	128,0
Gorilla	171,7	123,8
Mensch	150,1	171,0

Wir sehen, daß die retardierten Menschenaffen verhältnismäßig längere untere Gliedmaßen haben als die niederen Schmalnasen. Der noch stärker retardierte Mensch hat seinerseits längere Beine als die Menschenaffen. Die äußerst langen Beine des Menschen sind eine Folge stark ausgeprägter Retardation. Die unteren Gliedmaßen bekommen im stark retardierten Wachstumsmuster die Gelegenheit, sich voll zu entfalten.

Es ist möglich, die zunehmende Vergrößerung der Gliedmaßen bezüglich des Rumpfes und die der hinteren Gliedmaßen bezüglich der vorderen bis zu den Fischen zu verfolgen. Bei diesen Tieren sind die paarweisen Flossen, die den Gliedmaßen der Landvertebraten (Landwirbeltiere) entsprechen, gewöhnlich ziemlich unansehnlich im Vergleich zum Rumpf, während die Brustflossen durchweg stärker als die Bauchflossen entwickelt sind.

Die starke Entwicklung der unteren Gliedmaßen schließt natürlich harmonisch an die aufrechte menschliche Haltung an. Wir werden sehen, daß diese Haltung noch von einer ganzen Reihe anderer Retardationsphänomene gefördert wird.

Die Arme führen ebenfalls eine Nachholbewegung bezüglich des Rumpfes durch. Retardation vergrößert die Wirkung dieser Nachholbewegung, so daß der Mensch verhältnismäßig längere Arme hat als die niederen Affen. Nun haben aber die Menschenaffen – vor allem der Gibbon und der Orang-Utan – noch viel längere Arme als der Mensch (siehe Abb. 31). Wie ist das zu verstehen? Die extrem verlängerten oberen Gliedmaßen dieser Tiere sind nicht die Folge eines zusätzlich retardierten Wachstumsmusters, sondern einer tierischen Spezialisierung, die mit dem Klettern zusammenhängt. Daß die längeren Arme der Menschenaffen eindeutig eine tierische Spezialisierung sind und kein Retardationsphänomen, ergibt sich aus folgendem:

- Die Verlängerung des Arms ist bei den Neugeborenen der Menschenaffen schon sehr stark entwickelt. Es kann keine Rede von einer mehr oder weniger über die ganze Wachstumszeit verteilten Nachholbewegung sein. Dagegen ist das menschliche Bein bei der Geburt noch ziemlich kurz und holt in seinem Wachstum *allmählich* den übrigen Körper ein (siehe Abb. 30 und 31; vgl. auch Abb. 26 und 27). Bei den niederen Schmalnasen kann man feststellen, daß die hinteren Gliedmaßen nach der Geburt schneller wachsen als die vorderen;[381] bei diesen Tieren gibt es also dieselbe allgemeine Nachholbewegung, die wir schon beim Menschen beobachteten. Bei den Menschenaffen ist diese Tendenz nicht bzw. kaum zu bemerken, und beim Orang-Utan und beim Gibbon (die am meisten spezialisierten Kletterer) wachsen die Arme direkt nach der Geburt sogar etwas schneller als die Beine.
- Die unteren Gliedmaßen führen bei allen Primaten eine Nachholbewegung gegenüber den oberen durch, im Einklang mit dem Gesetz der cephalokaudalen Entwicklung. Wird das Wachstum retardiert, haben die unteren Gliedmaßen einen stärkeren Längenzuwachs als die oberen vorzuweisen. Beim Menschen ist das tatsächlich der Fall (im Vergleich zu den niederen Affen). Bei den Menschenaffen aber tritt eine zusätzliche Verlängerung der vorderen Gliedmaßen im Verhältnis zu den hinteren auf. Die menschlichen Verhältnisse sind, im

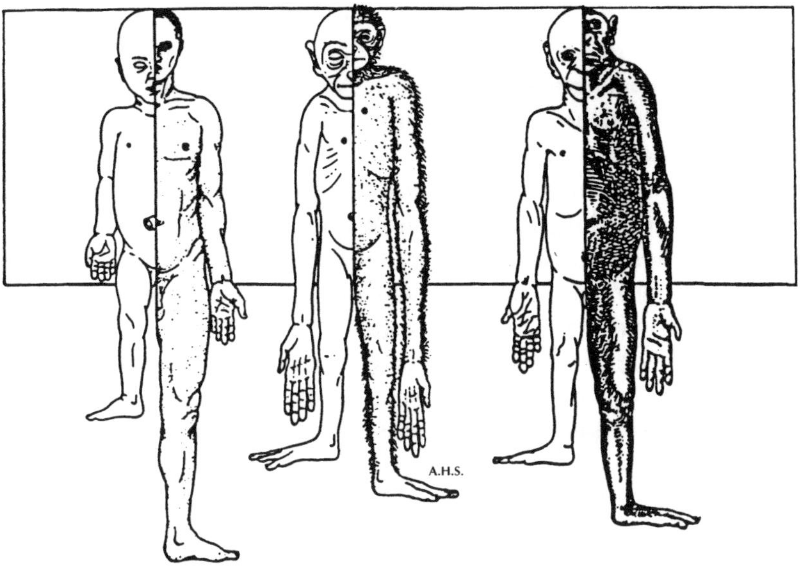

Abb. 31: Neugeborener und erwachsener Mensch, Gibbon und Schimpanse (von links nach rechts). Alle Gestalten sind auf derselben Sitzhöhe dargestellt. Zwischen Geburt und Erwachsenenstadium werden die Gliedmaßen im Verhältnis zur Sitzhöhe länger. Beim Menschen ist das Wachstum der unteren Gliedmaßen stark ausgeprägt. Die Affen haben schon bei der Geburt sehr lange Arme; beim Menschen sind die Gliedmaßen zu diesem Zeitpunkt noch sehr kurz.[380, 386]

Gegensatz zu denjenigen der Menschenaffen, durch einfache Retardation des allgemeinen Wachstumsmusters qualitativ verständlich.

S. J. Gould verwendet – im Anschluß an A. Abbie[2] – den Ausdruck *Hypermorphose*, um von Retardation verursachte Differenzen der Körperproportion anzudeuten.[183] Er umschreibt Hypermorphose als eine «Ausweitung oder Extrapolation der unterschiedlichen Wachstumsgeschwindigkeiten der Vorfahren. Durch eine Verzögerung des Wachstums kann die Ausgestaltung das voreIterliche Niveau übersteigen.» Kompression der Entwicklung führt also zum selektiven Unterdrücken der Wachstumsbewegungen, welche erst in den späteren Phasen der Entwicklung auftreten. Aber weshalb ist diese Unterdrückung selektiv? Gould bemerkt: «Hypermorphose setzt sowohl das Auseinanderfallen des Wachstums als auch die körperliche Differenzierung voraus: Das vorelterliche Maß der Differenzierung wird beibehalten, während Verzögerung der Reifung ihre Extrapolierung über die vorelterlichen Bedingungen ermöglicht. [...] Wenn beide [Reifung und Differenzierung] gleichermaßen verzögert wären, würden wir im Verhältnis einen Riesen bekommen.»[183] Von der üblichen Sichtweise her scheint es aber keinen einzigen Grund zu geben, die von Gould erwähnte Entkoppelung zu erwarten. Weshalb sollen die späteren Entwicklungsphasen durch Kompression der Ontogenie vorzugsweise unterdrückt werden? Wozu soll, anders gesagt, das Retardationsphänomen (wie wir es auf S. 78 ff. dargestellt haben) sich ereignen? Wir können dieses Phänomen erst verstehen, wenn wir akzeptieren, daß die menschliche Entwicklung eine ursprüngliche Tatsache ist, von der die tierischen Entwicklungsmuster anschließend durch Kompression abgeleitet worden sind; diese Kompression beeinträchtigt selektiv die späteren Phasen des menschenähnlichen Entwicklungsschemas.

Distoproximales Wachstum

In der frühfötalen Phase tritt *innerhalb* der Gliedmaßen des Menschen und des Säugetieres ein Wachstumsmuster auf, das der cephalokaudalen Entwicklung entgegengesetzt ist: Die Gliedmaßenproportionen entwickeln sich vom äußeren Ende zum Rumpf hin. Wir nennen diese Wachstumsrichtung, bei der die am weitesten vom Kopf entfernten Körperteile zuerst eine Wachstumsbeschleunigung zeigen, das *distoproximale Wachstumsmuster*. Während in der fötalen Entwicklung das cephalokaudale Wachstumsmuster die gesamten Verhältnisse zwischen Kopf, Rumpf und Gliedmaßen bestimmt, werden die Verhältnisse innerhalb der Gliedmaßen vorherrschend vom umgekehrten distoproximalen Muster gekennzeichnet.

Abbildung 32 zeigt diese Erscheinung bezüglich des Armes. In dem Augenblick, wo bei der Armanlage vier Einkerbungen sichtbar werden – das erste Anzeichen für die Trennung der Finger –, ist die Handfläche im Vergleich zum übrigen Arm riesig. Auch dann, wenn sich die Finger tatsächlich voneinander trennen, ist die Hand noch länger als der Unterarm, während der Oberarm noch ganz im Rumpf versunken ist.

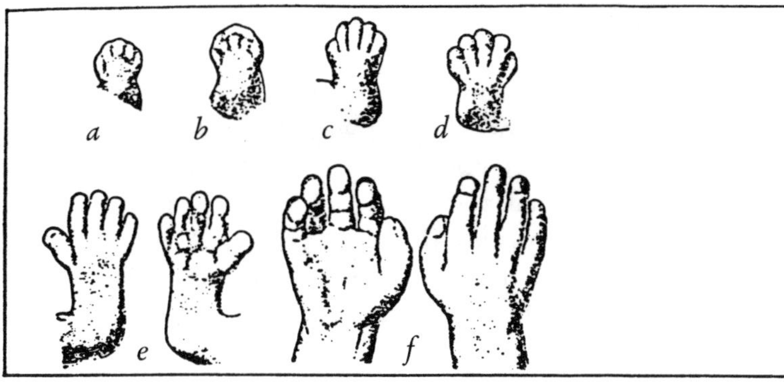

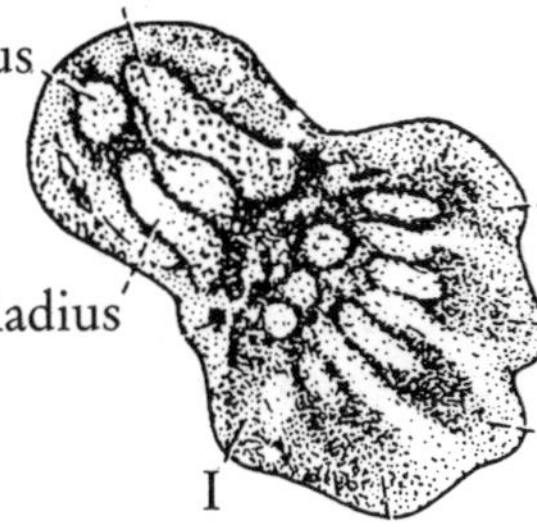

Abb. 32: Oben: Stadien der embryonalen Entwicklung von Hand und Arm des Menschen. a: Armknospe, die Einkerbungen in der Fingerzone sind schon sichtbar (Sitzhöhe des Embryos 12 mm); b: Armknospe (Embryo 15 mm); c: Armknospe (Embryo 17 mm), die Hand ist riesig im Vergleich zum Arm, der Oberarm ist kaum entwickelt; d: Armknospe (Embryo 20 mm), Handfläche klein im Vergleich zu den Fingern; e: Vor- und Rückseite des Armes, die Finger sind getrennt, der Daumen ist noch nicht rotierend, der Arm (vor allem Oberarm) ist noch immer sehr kurz; f: Vor- und Rückseite der Hand (Fötus 52 mm), Daumen rotiert. (Nach Retzius, aus Patten 1968.)
Unten: Skelettanlage des Armes eines 15,5 mm langen Embryos. Der Oberarmknochen (Humerus; die Figur zeigt nur das distale Ende dieses Knochens) ist kurz und liegt noch innerhalb des Rumpfes. Speiche (Radius) und Elle (Ulna) sind noch kurz, verglichen mit der dominierenden Handscheibe. (Jarvik 1980, nach Schmidt-Ehrenberg.)

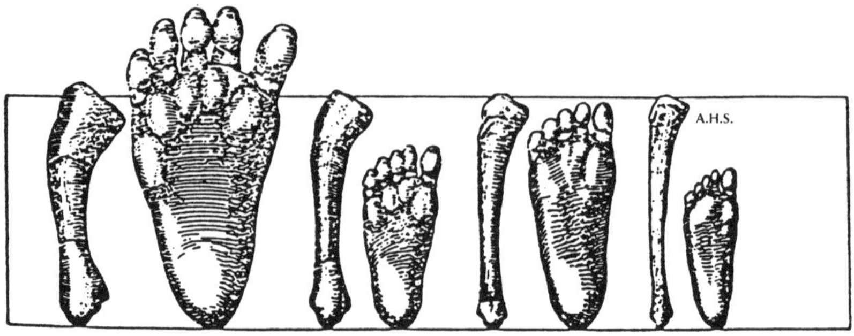

Abb. 33: Größe des Fußes verglichen mit der des Schienbeines im Laufe der menschlichen Entwicklung; von links nach rechts: Fötus (9. Woche), Fötus (15. Woche), Säugling, Erwachsener. In den früheren Phasen ist das Ende der unteren Gliedmaßen überentwickelt: Der Fuß ist im Vergleich zum Bein sehr groß, und innerhalb des Fußes sind die Zehen stärker entwickelt als die Ferse. Das Größenverhältnis zwischen Fuß und Bein ändert sich allmählich zugunsten des Beines, aber diese Evolution zeigt einen gewissen Rhythmus; um die Geburt z.B. ist der Fuß verhältnismäßig größer als in der 15. Woche.[381]

Abbildung 33 illustriert dieselbe Gesetzmäßigkeit für die unteren Gliedmaßen. Obwohl diese bezüglich des übrigen Körpers insgesamt einen Wachstumsrückstand nachzuholen haben, entwickelt der Fuß sich ziemlich schnell (um das sechste Lebensjahr z.B. haben die Füße schon 70 bis 74 Prozent ihrer Gesamtlänge erreicht, während die gesamte Körperlänge dann bei 66 bis 67 Prozent ihres Endwertes ist). Der neugebildete Fuß ist auch viel größer als das Schienbein. Innerhalb des Fußes selbst ist die Ferse zunächst weniger weit entwickelt als die Zehen. Im Laufe des Wachstums ändert sich auf rhythmische Weise das Größenverhältnis zwischen Fuß und Bein zugunsten des Beines. Diese Rhythmik hängt wahrscheinlich mit dem Gegensatz zwischen der cephalokaudalen Wachstumsrichtung, die die globalen Verhältnisse bestimmt, und dem entgegengesetzten distoproximalen Wachstumsmuster, das örtlich in den Gliedmaßen vorherrscht, zusammen.

Es stellt sich heraus, daß im sich entwickelnden Menschenkörper (und in dem der Säugetiere im allgemeinen) zwei entgegengesetzte Wachstumsströme aktiv sind. Durch den ganzen Körper ist, vom Kopf ausgehend, der cephalokaudale Wachstumsstrom wirksam – die vom Kopf weiter entfernten Teile entwickeln sich später. Diese Tendenz ist

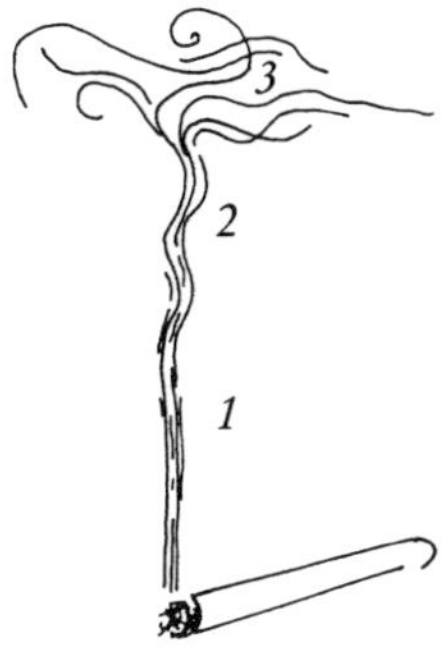

Abb. 34: Drei Zonen in einer Säule aufsteigenden Zigarettenrauchs. 1: Zone des senkrechten Aufsteigens (der Auftrieb herrscht stark vor); 2: rhythmische Zone (der Auftrieb herrscht kaum vor); 3: Chaos (Auftrieb und Schwerkraft heben sich gegenseitig auf).

auch in den Gliedmaßen aktiv. Von den Enden der Gliedmaßen wirkt jedoch der entgegengesetzte distoproximale Strom. Diese zwei Wachstumsströme arbeiten in den Gliedmaßen polar zueinander, wodurch sich ein rhythmischer Wachstumsverlauf ergeben kann; es herrscht allerdings in den Gliedmaßen die distoproximale Tendenz vor.

Das Erscheinen von Rhythmik in einer Zone, in der sich zwei entgegengesetzte und annähernd gleiche Kräfte begegnen, ist ein häufig auftretendes Phänomen. Eine aufsteigende Wolke Zigarettenrauch ist hierfür ein einfaches Beispiel (Abb. 34). Auf den aufsteigenden, warmen Rauch wirken zwei Kräfte ein: eine aufwärtsgerichtete Kraft aufgrund der umgebenden, kälteren und somit schwereren Luft und daneben die abwärtsgerichtete Schwerkraft. Solange die aufwärtsgerichtete Kraft eindeutig vorherrscht, steigt die Luft senkrecht auf. Weiter oben kühlt der Rauch ab, und der Auftrieb läßt nach. Die Rauchsäule verfolgt einen rhythmisch schlingernden Weg, wenn der Unterschied zwischen beiden im Rauch wirkenden Kräften gering wird. Weiter oben werden beide Kräfte gleich stark; der Auftrieb verliert die Möglichkeit, sich durchzusetzen, und seine Wirksamkeit ist nicht mehr in reiner Form erkennbar – die Bewegung wird chaotisch.

Hypermorphose und das distoproximale Wachstumsmuster

Weil das distoproximale Wachstum die Entwicklung der Gliedmaßen dominiert, muß der Oberarm das Wachstum des Unterarms einholen und dasselbe der gesamte Arm bezüglich der Hand; ein analoger Vorgang ereignet sich in den unteren Gliedmaßen. Wir erwarten, daß

Retardation bei dieser Art von Wachstum zur Hypermorphose führen wird: In einem retardierten Wesen wie dem Menschen müßten Teile der Gliedmaßen, welche sich näher am Rumpf befinden, verhältnismäßig größer werden. Genau dies wird auch festgestellt. Wir geben zwei fundamentale Beispiele:

– Der Mensch hat, verglichen mit anderen Primaten, sehr kleine Hände und Füße im Verhältnis zur Gliedmaßenlänge (siehe z.B. Abb. 31). Das Verhältnis von Fußlänge zu Beinlänge ist beim Menschen kleiner als bei jedem Primaten. Das Gewicht des Hand- und des Fußskeletts im Vergleich zum Arm- bzw. Beinskelett illustriert die besonderen Verhältnisse beim Menschen (errechnet nach Ergebnissen aus Schultz[406]):

	Gewicht des Fußskeletts/ Gewicht des Beinskeletts	*Gewicht des Handskeletts/ Gewicht des Armskeletts*
Mensch	13,2	14,5
Gorilla	16,1	16,0
Schimpanse	15,4	17,5
Orang-Utan	22,6	18,6
Gibbon	18,2	18,1
Makak	19,7	15,0
Pavian	17,0	13,2
Nasenaffe	18,2	19,3
Klammeraffe	19,5	17,7
Kapuzineraffe	24,3	17,9
Spitzhörnchen	25,5	15,3

Das Verhältnis zwischen Fuß- und Beinskelett nimmt bei den weniger retardierten Primaten deutlich zu. Das ist bei den oberen Gliedmaßen weniger eindeutig. Menschenaffen haben ziemlich schwere Knochen in den Händen, und der Pavian hat schwere Armknochen; diese Abweichung von der allgemeinen Tendenz hängt wahrscheinlich mit der Art der Fortbewegung dieser Tiere zusammen: Die Menschenaffen sind Brachiatoren, spezialisiert auf hängende Fortbewegung an Ästen; dafür sind ihre Hände schwer gebaut; Paviane sind echte Vierfüßler, mit einer tragenden Funktion des Armes, aber nicht der Hand. Auf jeden Fall hat der Mensch, verglichen mit dem Gewicht des gesamten Skeletts, ein leichteres Handskelett als alle Affen.[406]

– Der brachiale Index (die Länge der Speiche, in Prozent der Länge des Oberarmknochens) und der crurale Index (die Länge des Schienbeins, in Prozent der Schenkelknochenlänge) erreichen beim Menschen extrem niedrige Werte. Einige repräsentative Werte:[404]

	brachialer Index	*cruraler Index*
Mensch	76	83
Gorilla	80	85
Schimpanse	91	83
Orang-Utan	99	88
Gibbon	108	85
Makak	97	91
Husarenaffe	106	98
Guereza	100	91
Nachtaffe	94	97
Kapuzineraffe	96	94
Klammeraffe	101	95

Man kann bemerken, daß sich das Verhältnis zwischen den Logarithmen der Schenkelknochen- und Schienbeinlänge der unterschiedlichen Primaten einer Konstanten ziemlich annähert und größer als eins ist;[9, 10] das Urphänomen der Retardation hat in einem solchen Falle also tatsächlich eine exponentielle Form.

Der Siebenjahresrhythmus im menschlichen Wachstum

Die Idee, daß die menschliche Ontogenese von einem Siebenjahresrhythmus gekennzeichnet wird, ist schon sehr alt. Im antiken Griechenland war die Vorstellung eines Siebenjahresrhythmus im menschlichen Lebenslauf allgemein anerkannt; Aristoteles meinte, daß diese Auffassung grundlegend richtig sei und wichtig für die Erziehungs-

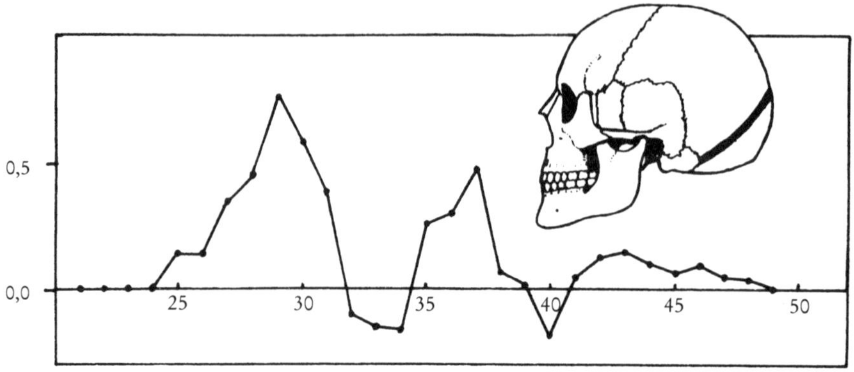

a

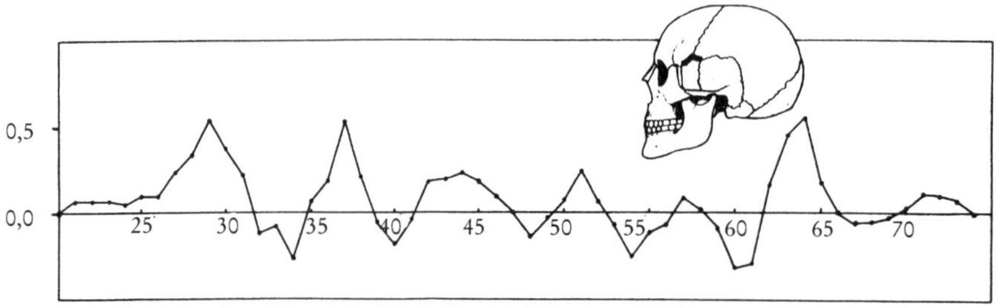

b

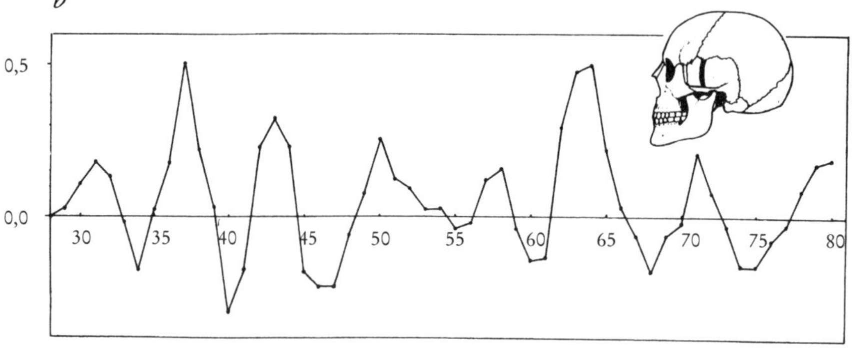

c

Abb. 35: Darstellung der Geschwindigkeit, mit der sich drei menschliche Schädelnähte schließen. a: Sutura lambdoidea; b: Sutura sphenofrontalis und Sutura sphenoparietalis; c: Sutura sphenoquamosa. Auf der horizontalen Achse ist das Alter in Jahren dargestellt, die vertikale Achse gibt die Geschwindigkeit des Schließvorganges an (für die Geschwindigkeit, mit der sich während eines Jahres 25 Prozent der Nähte schließen, wurde der Wert 1 gewählt).

kunst (siehe für Einzelheiten:[368]). Der Siebenjahresrhythmus spielt möglicherweise eine Rolle in gewissen sozialen Verhältnissen[4466b, 466c, 467] und beeinflußt den Schließungsprozeß der menschlichen Schädelnähte[468] (siehe Abb. 35). In der weiblichen Sexualität beim Menschen zeigt sich, wie der Siebenjahresrhythmus auch in späteren Jahren eine Rolle spielt (siehe Kap. 9).

Das Wachstum des Menschen vollzieht sich hauptsächlich während der ersten drei Lebensjahrsiebte. Jedes dieser drei Jahrsiebte hat seine eigenen charakteristischen Merkmale, wie in Abbildung 36 gezeigt wird.

Das erste Jahrsiebt ist durch ein sehr starkes Wachstum des Nervensystems gekennzeichnet. Um das siebte Lebensjahr ist das Nervensystem zu 90 Prozent ausgereift; nach Meinung einiger Wissenschaftler[243] hat das Gehirn in dem Alter sogar schon seine Endgröße erreicht. Die Sinne (z.B. die Augen – mit Ausnahme der Linse – und das Mittelohr) folgen im großen und ganzen dem Wachstumsmuster des Nervensystems.

Für das zweite Jahrsiebt ist eine extreme Entwicklung des lymphatischen Systems, dessen Organe um das zehnte Lebensjahr außergewöhnliche Ausmaße erreichen (sie sind verhältnismäßig viel größer als beim erwachsenen Menschen), bezeichnend; die Thymusdrüse (das Bröschen) zum Beispiel ist während des zweiten Jahrsiebts sehr aktiv und groß; und der außerordentliche Umfang der Mandeln bei Schulkindern ist wohlbekannt.

Für das dritte Jahrsiebt ist die explosive Entwicklung der Fortpflanzungsorgane charakteristisch. Rätselhaft ist das beschleunigte Wachstum des Larynx (des Kehlkopfes) während der Pubertät, vor allem bei den Jungen, bei denen innerhalb eines Jahres die Stimmbänder ihre Länge verdoppeln können (was den sogenannten Stimmbruch bewirkt). Auch der Nasenrücken zeigt ein ausgeprägtes Wachstum während der Pubertät. D. M. Stoddart schreibt: «Seit frühester Zeit wird bei Völkern vieler Kulturen ein Zusammenhang (oder ein vermeintlicher Zusammenhang) zwischen Nase und Sexualität angenommen. Celsus, der vor 2000 Jahren die Lehre des Hippokrates fortsetzte, ermahnt die Männer, sich ‹der Wärme und der Weiber zu enthalten›, wenn sich die ersten Anzeichen einer Verkühlung oder Grippe zeigten, da man dachte, daß Geschlechtsverkehr die Nase reize. Ältere Physiognomen sahen eine Parallele zwischen der Größe der Nase und der des männlichen Gliedes. [...] Die Vermutung, daß Männlichkeit mit einer

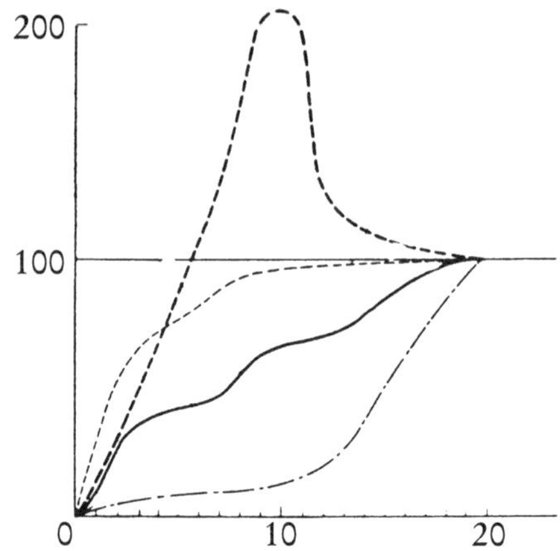

Abb. 36: Schematische Darstellung des Wachstumsverlaufs der verschiedenen Organsysteme beim Menschen; horizontal: Alter in Jahren; vertikal: erreichter Umfang in Prozent des Endergebnisses beim jungen Erwachsenen; dünne Strichlinie: Nervensystem; dickere Strichlinie: lymphatisches System; Punkt-Strichlinie: Fortpflanzungssystem und sekundäre Geschlechtsmerkmale; durchgehende Linie: Muskeln und Knochen. Das Nervensystem wächst vor allem während des ersten, das Fortpflanzungssystem und die sexuellen Merkmale vor allem während des dritten Jahrsiebts. Während des zweiten Jahrsiebts erreicht das lymphatische System vorübergehend einen gewaltigen Umfang, der das Endergebnis beim Erwachsenen beträchtlich übersteigt. Muskeln und Knochen zeigen eine Wachstumsbeschleunigung bei den Übergängen vom einen zum anderen Jahrsiebt.[446]

großen Nase zusammenhänge, führte ohne Zweifel zu der Praxis, die Vergil in seiner *Aeneis* so klar beschrieb: Ehebruch durch Amputation der Nase zu bestrafen.»[439]

In der Zeit zwischen 1900 und 1912 erschienen nach Stoddart mehr als 220 Publikationen über diesen naso-genitalen Zusammenhang. Wilhelm Fließ, ein Phantast, der vom jungen Freud sehr bewundert wurde und der unter anderem die Lehre des Biorhythmus «erfand», bekämpfte Geschlechtskrankheiten, indem er Kokain an bestimmten Stellen in der Nase eingab; er behandelte auch die Nase Freuds.[158] Trotz Exzessen dieser Art kann doch ein mysteriöser Zusammenhang zwischen den oberen Atmungsorganen und der Sexualität vermutet werden, der auch

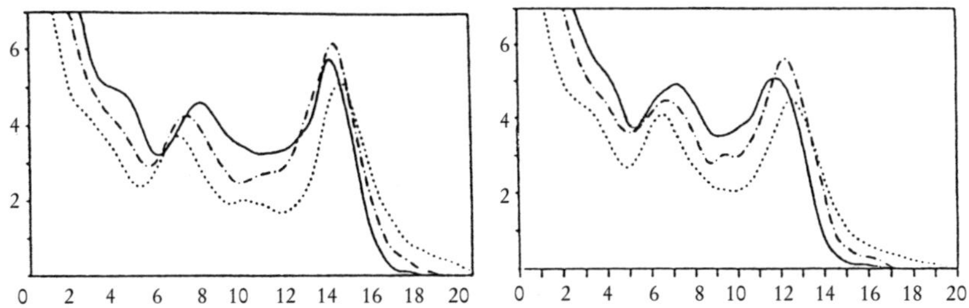

Abb. 37: Der Jahrsiebtrhythmus im menschlichen Wachstum. Relative Wachstumsgeschwindigkeit (jährliches Wachstum in Prozent des Endergebnisses beim Erwachsenen) der Beinlänge (durchgehende Linie), der Armlänge (Punkt-Strichlinie) und der Gesäßhöhe (punktierte Linie). Links: Jungen, rechts: Mädchen.
Die Kurve zeigt zwei Wachstumsbeschleunigungen, die eine um das siebte Lebensjahr (die scoläre Wachstumsbeschleunigung) und die andere zu Beginn der Pubertät (um das 14. Jahr für Jungen, um das 12. Jahr für Mädchen).
Die scoläre Wachstumsbeschleunigung tritt zuerst im Rumpf, dann in den Armen und zuletzt in den Beinen auf. Die Wachstumsbeschleunigung der Pubertät zeigt das umgekehrte Muster: Sie ereignet sich zuerst in den Beinen, dann in den Armen und zum Schluß im Rumpf. Das Wachstum des Rumpfes erstreckt sich ungefähr bis zum zwanzigsten Lebensjahr.[160]

in der gemeinsamen Wachstumsbeschleunigung während der Pubertät zum Ausdruck kommt.

Es ist ein klarer Gegensatz zwischen dem Nervensystem und dem Fortpflanzungssystem erkennbar. Während das Wachstum des Nervensystems zu annähernd 90 Prozent im Laufe des ersten Lebensjahrsiebts stattfindet, ereignet sich das Wachstum des Fortpflanzungssystems zu 90 Prozent während des dritten Jahrsiebts.
T. Gasser und andere erforschten den Wachstumsvorgang von Rumpf und Gliedmaßen gründlich (siehe Abb. 37).[160] Dieser Wachstumsverlauf gibt einen interessanten Aufschluß über die Siebenjahresrhythmik des menschlichen Wachstums. Das Wachstum hört um das 20. Lebensjahr auf, und zwei Wachstumsbeschleunigungen teilen diesen Zeitabschnitt in drei Jahrsiebte ein. Der Rhythmus ist bei den Jungen sehr regelmäßig, bei den Mädchen etwas beschleunigt (siehe auch Abb. 39, S. 101).

Die Wachstumsbeschleunigungen fangen nicht in allen Körperteilen gleichzeitig an. Die scoläre Wachstumsbeschleunigung (um das Alter von 7 Jahren) verläuft cephalokaudal, die der Pubertät (mit ca. 12 Jahren bei den Mädchen und mit ca. 14 Jahren bei den Jungen) zeigt eine Umkehrung: Die Wachstumsbeschleunigung verläuft in kaudocephaler (distoproximaler) Folge. Das jeweilige Alter (in Jahren) für die maximale Wachstumsgeschwindigkeiten ist:

Wachstumsbeschleunigung:		*scolär*	*pubertär*
Mädchen:	Rumpf	6,5	12,5
	Arme	6,7	12,2
	Beine	7,5	11,7
Jungen:	Rumpf	6,7	14,2
	Arme	7,1	13,8
	Beine	7,8	13,8

T. Gasser und andere fanden ein vergleichbares Muster für die Breite der Schultern und des Beckens:[161] Auch hierbei wird eine cephalokaudale Folge während der scolären Wachstumsbeschleunigung und eine kaudocephale während derjenigen der Pubertät beobachtet. Das jeweilige Alter (in Jahren), in dem sich maximale Wachstumsgeschwindigkeiten zeigten, ist:

Wachstumsbeschleunigung:		*scolär*	*pubertär*
Mädchen:	Schulterbreite	6,9	12,5
	Beckenbreite	7,2	12,4
Jungen:	Schulterbreite	6,8	14,2
	Beckenbreite	7,2	14,1

Die gesamten Körperproportionen entwickeln sich anscheinend bis zur scolären Wachstumsbeschleunigung in einer cephalokaudalen Folge: Die Wachstumsschübe beginnen beim Kopf und bewegen sich dann in kaudaler Richtung. Ab dem dritten Lebensjahrsiebt ist diese Tendenz aber umgekehrt: Der Anfangspunkt der gesamten Wachstumsbewegungen liegt in den Gliedmaßen, und das Wachstum bewegt sich kopfwärts. Das zweite Lebensjahrsiebt, zwischen beiden Wachstumsbeschleunigungen, scheint eine Epoche von rhythmischem Gleichgewicht zu sein, bei der zwei Wachstumstendenzen um das Übergewicht streiten. Die distoproximale oder kaudocephale Wachstumsrichtung, die anfänglich auf die Gliedmaßen eingeschränkt bleibt, beginnt von der Pubertät an die gesamten Körperverhältnisse zu beherrschen.

Merkwürdigerweise gibt es eine ganze Anzahl von Hinweisen, daß ab der Pubertät *innerhalb* der Gliedmaßen ein proximodistales oder cephalokaudales Wachstumsmuster vorzuherrschen anfängt.[118] S. Nath und M. Chacko erforschten zum Beispiel den Wachstumsverlauf in den Gliedmaßen von 8- bis 18jährigen Mädchen in Udaipur (Rajastan, Indien). Sie berichten: «Die Länge des Unterarms zeigt im Vergleich zu der des Oberarms ein vorangeschrittenes Wachstum in der Zeit zwischen 8 und 13 Jahren, was auf eine kaudocephale Wachstumsrichtung hinweist. Dieser Unterschied hat sich nach dem Alter von 13 Jahren in die gegenteilige cephalokaudale Richtung verkehrt.»[316] Beim Bein ist der Wachstumsverlauf etwas komplizierter, aber auch hier erreicht der Oberschenkel seine Endgröße vor dem Unterschenkel. Im Zusammenhang damit können verschiedene andere Arbeiten erwähnt werden: E.F. Harris und andere erforschten zum Beispiel die Längenveränderungen der Finger- und der Mittelhandknochen bei Erwachsenen zwischen 21 und 55 Jahren.[202] Es stellte sich heraus, daß während der betrachteten Phase die beiden distalen (also peripheren) Fingerknochen noch etwas länger werden, während die Mittelhandknochen sogar etwas schrumpfen.

Die cephalokaudalen (proximodistalen) und kaudocephalen (distoproximalen) Wachstumsmuster scheinen also dem zwischen ersten und dem dritten Jahrsiebt ihre Rolle zu wechseln (siehe Abb. 38), wobei das zweite Jahrsiebt einen oszillierenden Übergangscharakter aufweist. Im Zusammenhang damit erwähnen Nath und Chacko beispielsweise: «Im Alter von 8, 11 und 15 Jahren zeigen die beiden Extremitäten eine cephalokaudale Wachstumstendenz, während sie im sonstigen Alter kaudocephal ist, was sich in einem beschleunigteren Wachstum des gesamten Beines gegenüber dem Arm zeigt.»[316] Ab dem dritten Jahrsiebt verläuft das gesamte Wachstum des Körpers also nach einem kaudocephalen Muster, was auch deutlich aus Abbildung 37 hervorgeht. Das Wachstum der Beine hört zuerst auf, dann das der Arme; der Rumpf wächst am langsamsten, wie viele Forscher bestätigen.[232]

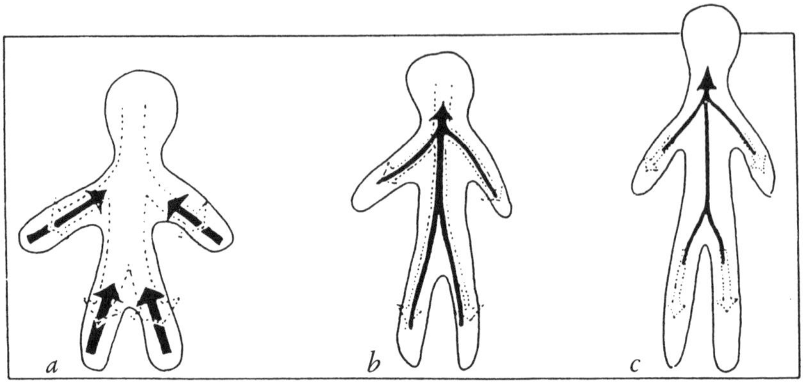

Abb. 38: Schematisierte Darstellung der Wachstumsrichtungen im Menschen. a: Während des ersten Jahrsiebts entwickeln sich die gesamten Körperproportionen in cephalokaudaler Folge; aber innerhalb der Gliedmaßen ist vorwiegend eine umgekehrt orientierte, kaudocephale Entwicklungsrichtung zu beobachten; b: Während des zweiten Jahrsiebts findet über den ganzen Körper hin ein Wettstreit zwischen beiden Wachstumsrichtungen statt; c: Im dritten Jahrsiebt verlaufen die gesamten Wachstumsbewegungen nach einem kaudocephalen Muster, doch gewinnt die cephalokaudale Wachstumsart in den Gliedmaßen an Bedeutung.
Weil das Wachstum während der früheren Lebensphasen am stärksten ist, hat man, um sich die Folgen des Retardationsphänomens klarzumachen, von der Situation a auszugehen.

Es stellt sich heraus, daß das menschliche Wachstumsmuster nicht nur von einem bemerkenswerten Jahrsiebtrhythmus gekennzeichnet ist, sondern auch von einer auffälligen umgekehrten Symmetrie. Übrigens wird das Jahrsiebtmuster nicht nur beim menschlichen Größenwachstum vorgefunden. Der Kalziumphosphatgehalt des menschlichen Blutplasmas ist diesbezüglich ein interessantes Beispiel (siehe Abb. 39; Kalziumphosphat spielt eine Hauptrolle beim Aufbau des Knochengewebes). Während des ersten Jahrsiebts zeigt das Blutplasma eine Übersättigung, danach sinkt die Konzentration während der scolären Wachstumsbeschleunigung bis zum ungefähren Sättigungspunkt. Während des zweiten Jahrsiebts pendelt die Konzentration beim Menschen um diesen Punkt und sinkt während des dritten Jahrsiebts bis zum endgültigen Niveau ab. (Diese Senkung des OKP-Gehalts setzt genau wie die pubertäre Beschleunigung bei den Mädchen früher ein.) Die Entwicklung des Kalziumphosphatgehalts zeigt beim

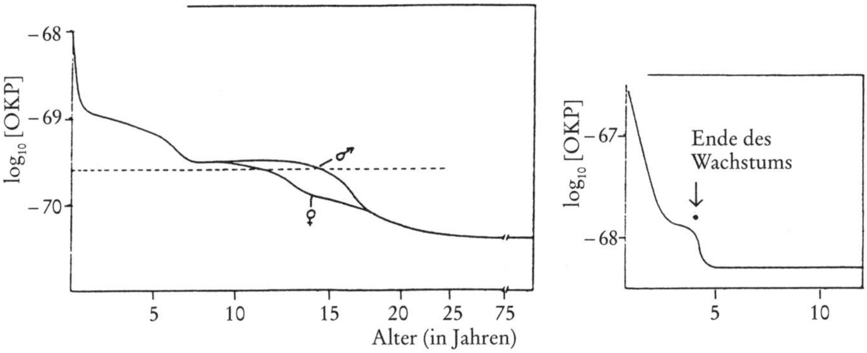

Abb. 39: Links: Logarithmus des Ionenaktivitätsprodukts von Kalziumphosphat im menschlichen Blutplasma. Dieses Aktivitätsprodukt wird allmählich weniger und folgt dabei einem Jahrsiebtrhythmus. Während des zweiten Jahrsiebts liegt das Aktivitätsprodukt nahe beim Sättigungsgrad, der durch eine Strichlinie angezeigt wird. Genau wie beim Wachstumsverlauf zeigt sich bei Mädchen hier eine Verkürzung im zweiten Lebensjahrsiebt.
Rechts: Analoge Kurve für das Rind. Bei diesem Tier ist die Entwicklung im Vergleich zum Menschen sehr komprimiert. Die späteren Entwicklungsphasen, während derer der Kalziumphosphatgehalt sinkt, werden in der Zeit zusammengedrängt und größtenteils eliminiert. Die Kalziumphosphat-Konzentration bleibt dann beim Rind (und bei anderen Säugetieren) während des ganzen Lebens oberhalb der Sättigungskonzentration.[125]

Menschen also eine auffällige Symmetrie um die kennzeichnende Sättigungskonzentration. Die verzögerte Mineralisierung der Knochen beim Menschen und das Fehlen bestimmter Knochenteile, wie des Phallusknochens oder der Herzknochen – die beide sogar beim Schimpansen vorgefunden werden und als Merkmale des Typus I betrachtet werden können –, hängen vermutlich mit diesem niedrigen Kalziumphosphatgehalt beim Menschen zusammen.

Die menschlichen Körperverhältnisse werden im wesentlichen schon während der frühen Kindheit bestimmt, wenn das Wachstum am schnellsten ist. Während dieser Jahre verfolgt die Evolution der gesamten Körperverhältnisse ein cephalokaudales Muster, während die Proportionen innerhalb der Gliedmaßen das entgegengesetzte kaudocephale Muster zeigen. Die allgemeine kaudocephale Wachstumstendenz tritt also im Vergleich zur cephalokaudalen Richtung spät auf; sie manifestiert sich tatsächlich von den Gliedmaßen her, die aber erst nach Kopf und Rumpf veranlagt werden, und das noch innerhalb des Rahmens eines cephalokaudalen Wachstumsverlaufs. Die kaudocephale Wachstumstendenz schließt (ab dem Augenblick, wo innerhalb der Entwicklung die Gliedmaßen erscheinen) an eine gesamte Körperentwicklung an, die nach dem cephalokaudalen Wachstumsmuster abläuft. Wesentlich ist nun, daß die bei Tieren auftretende ontogenetische Kompression des menschenähnlichen Wachstumsmusters vor allem die Wirksamkeit der späteren, kaudocephalen Wachstumsbewegung beeinträchtigen wird; durch Kompression wird diese verhältnismäßig weniger Folgen haben. Die relativ kurzen Gliedmaßen (vor allem die hinteren), die größeren Gliedmaßenenden und kürzeren Oberarm- und Oberschenkelknochen bei den Tieren sind im Grunde Äußerungen desselben Retardationsphänomens, nach dem spätere Wachstumsbewegungen durch Kompression selektiv beeinträchtigt werden.

Auf der anderen Seite scheint die Existenz des auffällig regelmäßigen Jahrsiebtrhythmus in der menschlichen Entwicklung aus dem Darwinschen Selektionsmechanismus schwer erklärbar zu sein. Es wäre wohl sehr zufällig, wenn die Wirkung dieser Selektionsmechanismen – von denen erwartet wird, daß sie auf willkürlich wechselnde Umweltumstände reagieren – zu einer Situation führen würde, durch die das einzige Wesen, das sich bezüglich Wachstumskurven Fragen stellen kann, feststellen muß, daß seine eigene Wachstumskurve eine außergewöhnliche Regelmäßigkeit zeigt. Man sollte auch bedenken, daß es in der Natur keinen hervorstechenden Jahrsiebtrhythmus gibt, an den sich das menschliche Wachstumsmuster als eine Adaption (im darwinistischen Sinne) anschließen könnte. Der Jahrsiebtrhythmus in der menschlichen Entwicklung wird am besten als ein fundamentales und nicht zurückführbares biologisch Gegebenes betrachtet, als eine konkrete Äußerung des Bolkschen «inneren Entwicklungsfaktors». Die tierischen Entwicklungsmuster ergeben sich durch Kompression oder Verkürzung bezüglich dieses Jahrsiebtmusters, wobei hauptsächlich die Entwicklung der später wachsenden Organe (der hinteren Gliedmaßen und der proximalen, d.h. näher an der Körpermitte gelegenen Teile der Gliedmaßen) verzögert wird. Säugetiere werden also im allgemeinen kürzere Gliedmaßen haben und innerhalb derselben verhältnismäßig längere distale (d.h. von der Körpermitte weiter entfernte) Teile als der Mensch.

Retardation und Besonderheiten des menschlichen Körperbaus

Der menschliche Körper zeigt mehrere Besonderheiten, die mit den hier entwickelten Begriffen besser verstanden werden können. Wir werden in diesem Abschnitt drei wohlbekannte menschliche Charakteristika besprechen. Die Überlegungen beruhen vorerst noch mehr auf Ahnungen und Spekulation; es ist aber meine Überzeugung, daß hier ein interessanter Forschungsbereich einer weiteren Untersuchung bedarf. Der Ausgangspunkt ist immer die Auffassung, daß die menschliche Gestalt der gemeinschaftlichen Urform von Mensch und Tier am nächsten kommt; so können wir prüfen, ob die Unterschiede zwischen Mensch und Tier durch Kompression der tierischen Entwicklung erfaßbar sind.

Das Fettgewebe

Der menschliche Körper enthält außerordentlich viel Fettgewebe. Beim Körper eines erwachsenen Mannes sind es durchschnittlich ungefähr 15 Prozent, bei der Frau 27 Prozent Fett; bei älteren Männern und Frauen erhöhen sich diese Zahlen auf bis zu 28 bzw. 40 Prozent. Im Vergleich mit Säugetieren im allgemeinen und Primaten im besonderen sind diese Werte sehr hoch. Bei vielen in der Natur lebenden Säugetieren trifft man nicht mehr als 2 Prozent Fett an. Nur bestimmte Säugetiere, wie der Igel (vor seinem Winterschlaf) oder Meeressäugetiere, haben so viel Fett, wie es annähernd der menschlichen Situation entspricht.[346]

1969 wurde entdeckt, daß die Fettzellen (Adipocyten) bei Versuchsratten im Alter von rund drei Monaten völlig ausgebildet waren. Überernährung der Ratten führte im späteren Alter zu einer Vergrößerung der Fettzellen; aber die Anzahl der Fettzellen blieb gleich. Anfänglich vermutete man, daß sich dasselbe Phänomen auch bei den Primaten (einschließlich des Menschen) zeigen würde. Es stellte sich aber heraus, daß das nicht der Fall ist. Schwerfällige Affen haben mehr Fettzellen als magere Tiere, während die Größe der einzelnen Zellen dieselbe bleibt. Anscheinend behalten Primaten, und vor allem der Mensch, länger das Vermögen zur Bildung neuer Fettzellen bei. Der Mensch hat eher kleine Fettzellen, aber er besitzt davon zehnmal mehr als ein mittleres Säugetier gleicher Größe. Die Erhaltung dieses Vermögens kann als ein Merkmal des Typus I betrachtet werden. Andererseits könnte man die große Menge des menschlichen Fettgewebes auch als ein Merkmal des Typus II ansehen, wenn man nämlich bedenkt, daß das Fettgewebe erst spät in der fötalen Entwicklung eine bedeutende Rolle zu spielen beginnt. (Das zeigt sich daran, daß zu früh Geborene sehr mager sind.)

C. M. Pond gibt noch einen anderen Grund für die verhältnismäßig große Menge Fett im menschlichen Körper an.[347] Sie weist auf eine in diesem Kapitel schon erwähnte Eigenart des menschlichen Körpers: «Verglichen mit Nagetieren, Fleischfressern und Huftieren sind Oberarm und Oberschenkel des Menschen verhältnismäßig lang und die Hand- und Fußwurzel- sowie die Finger- und Zehenknochen verhältnismäßig kurz.» Es stellt sich heraus, daß sich beim Menschen und bei den Säugetieren die wichtigsten Fettablagerungen an analogen Orten entwickeln: sie sind um die proximalen Teile der Gliedmaßen konzentriert. Beim Menschen sind diese, also Oberschenkel und Oberarm, verhältnismäßig viel länger, so daß die dazugehörigen Fettablagerungen größer werden; die relativ fettarmen Gliedmaßenenden sind beim Menschen kürzer. Das Gesamtergebnis ist, daß die Fettablagerung sich beim Menschen unter einem verhältnismäßig größeren Teil der Haut erstreckt. Wenn die relativ starke Entwicklung der proximalen Teile der Gliedmaßen eine Retardationserscheinung (Hypermorphose) ist, muß auch die Ausdehnung der entsprechenden Fettablagerungen als solche betrachtet werden.

Mit der Verteilung des Fettgewebes beim Menschen sind aber noch andere Aspekte verbunden. So schreibt Pond weiter: «Einige Merkmale des fettreichen Gewebes bei der Frau, vor allem die stark vergrößerten und gerundeten Brüste und Pobacken, können nicht einfach damit erklärt werden, daß Fettgewebe reichlicher vorhanden ist. Diese Merkmale treten bis zur Pubertät nicht hervor, und es gibt bei anderen Primaten keinen entsprechenden Geschlechtsunterschied. Bei gewissen Säugetieren wird der Großteil des Fettgewebes (bei kleinen, schnell wachsenden Nagetieren möglicherweise das ganze) während der Säugephase gebildet und immer dann vergrößert, wenn es die Ernährungsumstände erfordern. Trächtigkeit kann zu einer Fettgewebeausbildung führen, aber es gibt kaum erkennbare Veränderungen bei der sexuellen Reifung. Beim Menschen aber gehen mit der Pubertät Veränderungen im relativen Wachstum des Fettgewebes beider Geschlechter einher, die bei den Mädchen besonders umfangreich und auffällig sind. Somit weicht, sowohl im Zeitpunkt seiner Ausbildung wie in seinem Umfang, das Fettgewebe der Frau mehr als das des Mannes von anderen Primaten ab.»[347]

Zur Erklärung der Fettablagerungen, die sich während der Pubertät bei der Frau entwickeln, werden durchweg darwinistische Auswahlmechanismen (z.B. sexuelle Selektion) herausgestellt.[88, 347] Möglicherweise sollte eine Erklärung aber in einer anderen Richtung gesucht werden. Das Fettgewebe entwickelt sich beim menschlichen Fötus insgesamt nach einem cephalokaudalen Wachstumsmuster: «Der Vorgang der Fettbildung fängt im Kopf und Nacken an, setzt sich dann schnell bis in den Steiß und anschließend in die Gliedmaßen fort.»[344] Fett erscheint auf Kinnladen und Backen um die 17. Woche, im Nacken um die 18., auf dem Brustkörper um die 20., auf Bauch und Armen zwischen der 20. und 21. und am Bein zwischen der 22. und 23. Woche der fötalen Entwicklung. Und zusätzlich stellt sich heraus, daß innerhalb der Gliedmaßen ein umgekehrter, distoproximaler Entwicklungsstrom aktiv ist. An Händen und Füßen ist schon zwischen der 19. und 20. Woche Fett vorhanden. Bei Neugeborenen scheinen Hände und Füße noch mehr Fett zu haben als die übrigen Teile der entsprechenden Gliedmaßen. Das Fettgewebe bei der Frau in Brust und Hüften gehört zu jenem distoproximalen oder kaudocephalen Entwicklungsstrom der Gliedmaßen und entfaltet sich um die Pubertät, zu dem Zeitpunkt, wo der distoproximale Wachstumsstrom der Gliedmaßen bis zum Rumpf vorgedrungen ist (siehe Abb. 38). In diesem Zusammenhang sei darauf hingewiesen, daß die Brüste sich aus den Milchleisten entwikkeln, die beim Embryo direkt mit den Armen verbunden sind. Es ist interessant, daß es keine Vergrößerung der Brüste bei den niederen Schmalnasen, wohl aber bei den größeren Menschenaffen gibt. Bei letzteren ist diese Erscheinung aber an die Milchbildung gebunden und nicht an den Anfang der Pubertät.[195] Die Unterschiede, die es zwischen den Geschlechtern und Arten gibt, hängen vermutlich mit den unterschiedlichen Wachstumsrhythmen um die Pubertät zusammen, die zum Beispiel bei Mädchen früher einsetzt. Hier liegt ein offenes Feld für weitere Forschung.

Der Verdauungskanal entsteht im Laufe des ersten embryonalen Monats durch einen Krümmungs- und Einstülpungsvorgang (siehe Abb. 40 und 41); dadurch werden die Enden früher veranlagt als der Mittelteil. Die Mundgegend und der Dickdarm, an den beiden Enden gelegen, haben also einen Entwicklungsvorsprung vor anderen Teilen des Kanals. Bei stärker retardierten Wesen werden wir also eine verhältnismäßig kleine Mundzone erwarten und einen Dickdarm, der im Verhältnis zum zentraler liegenden und später veranlagten Dünndarm klein bleibt.

Der Mensch hat tatsächlich eine kleine Mundhöhle, was von großer Bedeutung für das Zustandekommen der Sprache ist. Auch ist beim erwachsenen Menschen der Dickdarm klein im Verhältnis zum Dünndarm. Einige Zahlen zum Vergleich:[430]

% des gesamten Darmvolumens

	Dünndarm	*Blinddarm*	*Dickdarm*
Maus:	58,3	21,5	20,5
Ratte:	49,6	38,7	11,7
Meerschweinchen:	24,0	62,5	13,5
Kaninchen:	12,3	79,9	7,8
Hund:	70.7	6,5	22,7
Schaf:	58,9	11,1	30,0
Ziege:	71,1	8,4	20,4
Schwein:	50,2	6,4	43,4
Kuh:	72,9	4,3	22,9
Pferd:	25,1	30,0	44,9
Mensch:	95,8	1,2	3,0

(Snipes und Kriete 1991)

(Die Zahlen scheinen beim Menschen sehr extrem zu sein, weil die angegebenen Volumina einen Verdauungskanal mit abgeflachter Wand darstellen; die Wand des erwachsenen Dünndarms ist beim Menschen jedoch stark gefaltet und hat somit eine sehr große Oberfläche.)

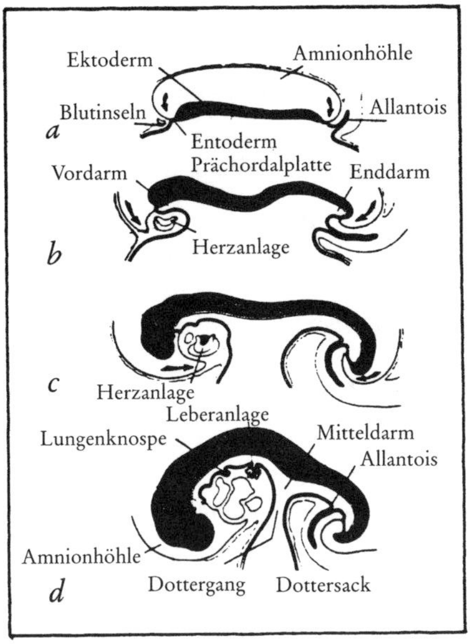

Abb. 40: Längsschnitt des frühen menschlichen Embryos in vier aufeinanderfolgenden Stadien. In Stadium a hat der eigentliche Embryo (dunkel) noch die Form einer langgestreckten Platte. Beide Enden dieser Platte krümmen sich in den folgenden Stadien allmählich nach innen, so daß dadurch zuerst Vordarm (Mundgebiet) und Enddarm, dann erst der mittlere Darm (in Stadium d, am Ende des ersten Monats) gebildet werden. Mund und Enddarm werden also früh veranlagt, der eigentliche Darmtrakt erst später. Seine erste Anlage, der «Ductus vitellinus», ist noch mit dem Dottersack verbunden. Die Veranlagung des Herzens befindet sich anfänglich vor dem Kopfende der embryonalen Platte und wird durch den Krümmungsvorgang hereingenommen.[274]

Unterschiedliche Verhältnisse beim Verdauungskanal können bei den verschiedenen Säugetieren durch Spezialisierung erklärt werden. (Der große Blinddarm bei bestimmten Pflanzenfressern z.B. dient als Behausung für Bakterien, die Zellulose aufspalten können.) Die extremen Verhältnisse beim Menschen sind dagegen kaum als Folge der einen oder anderen Spezialisierung – der Mensch ist ein unspezialisierter Allesfresser – zu erklären, sondern scheinen sich aus Hypermorphose eines bei allen Säugetieren vorhandenen Wachstumsmusters zu ergeben, bei dem der Dickdarm früher veranlagt wird als der Dünndarm. Für diese Auslegung spricht die Tatsache, daß auch die großen Menschenaffen schon einen verhältnismäßig langen Dünndarm besitzen.[195]

Osman Hill stellte fest, daß der Dickdarm bei Kindern noch ziemlich lang ist, aber später im Vergleich zum Dünndarm in seiner Länge zurückbleibt. Diese Wahrnehmung trifft besonders auf den letzten Teil des Dickdarms (den sog. «Colon descendens») zu. Das ist genau das, was wir aus theoretischen Gründen erwarten: Die früh entstandenen

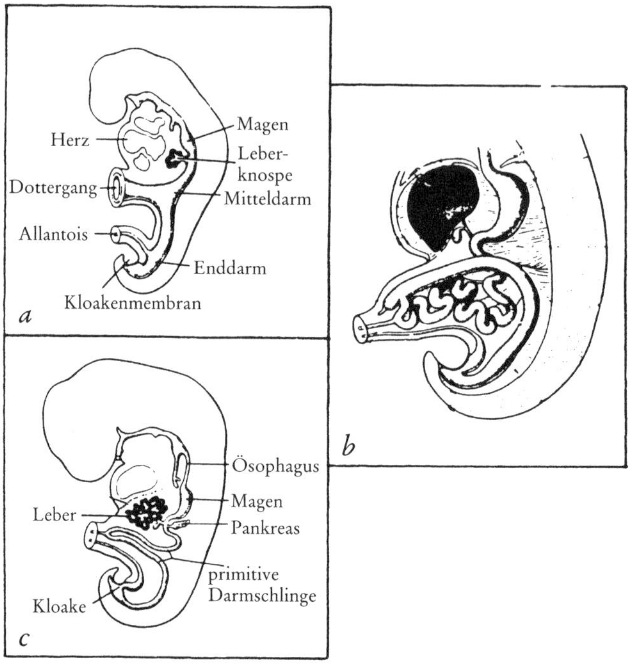

Abb. 41 a – c: Entwicklung des Verdauungskanals. a: Embryo von 25 Tagen (3 mm). Der Enddarm ist, im Verhältnis gesehen, sehr stark entwikkelt. Der Magen ist noch ungestaltet und befindet sich ziemlich weit oben, hinter dem Herzen.
b: Embryo von 32 Tagen (5 mm). Der Enddarm ist noch immer länger als der übrige Darm. Der Magen ist heruntergewandert. Zwischen Ösophagus (Speiseröhre) und Herz entsteht die Veranlagung der Lunge. Zwischen Herz und Leber bildet sich das Zwerchfell.
c: Embryo von 8 Wochen (30 mm). Die Gedärme haben einen Entwicklungsvorsprung vor dem übrigen Beckengebiet und stülpen sich beim Nabel nach außen. Diese Herausstülpung verschwindet um das Ende des dritten Monats.[274]

Darmteile bleiben während der späteren Entwicklungsphasen im Verhältnis zu den jüngeren Teilen zurück. Bei den großen Menschenaffen fand Osman Hill den entgegengesetzten Vorgang: Das Kolon descendens verlängert sich und nimmt auch eine andere Form an. Der Mensch dagegen behält die jugendliche Gestalt des Dickdarms, die er mit den Menschenaffen gemeinsam hat, bei; die Menschenaffen weichen auch hier von der gemeinsamen Ausgangslage ab: «In der Gestalt des Dickdarms zeigt sich, wie bei vielen anderen anatomischen Merkmalen, daß die Menschenaffen im Vergleich zum Menschen einen gerontomorphen [d.h. einen von der Form her alten] Zustand erreicht haben.»[325]

Das Brustbein (Sternum)

Das menschliche Brustbein besteht aus drei Teilen: Oben befindet sich das Manubrium (der Griff), darunter das Corpus und unten der Processus xiphoideus (der Schwertfortsatz). Das Manubrium hat gelenkige Verbindungen mit den Schlüsselbeinen und den ersten Rippen. Das zweite Rippenpaar setzt am Übergang vom Manubrium zum Corpus an; das dritte bis siebte Paar ist mit dem Corpus (Abb. 42) verbunden.

Das Sternum des Menschen und der Menschenaffen weicht vom Brustbein der niederen Primaten stark ab. Zum einen ist das Sternum der höheren Primaten sehr breit. Diese außerordentliche Breite hängt zweifellos mit der abgeflachten und verbreiterten Form des Brustkorbes zusammen und damit also mit der aufrechten Körperhaltung. Das zeigt auch das Beispiel der bipedalen Ziege von Slijper[426] (siehe Abb. 43) mit ihrem eindeutig verbreiterten Sternum. Vermutlich ist die Möglichkeit zur Bildung eines verbreiterten Sternums ein allgemeines Merkmal der Säugetiere; bei den höheren Primaten ist diese Möglichkeit erweitert und tritt auch in Erscheinung. A. Keith führt zwar das Breiterwerden des Sternums auf den größeren seitlichen Zug zurück, der bei Brachiatoren auf die Vorderseite des Brustkorbes ausgeübt wird,[249] und dieser Faktor spielt bei der zusätzlichen Verbreiterung, welche das Brustbein bei Gorilla und Orang-Utan zeigt, auch ziemlich sicher eine Rolle, die primäre Ursache muß aber die aufrechte Haltung sein, denn die bipedale Ziege von Slijper hatte kaum vordere Gliedmaßen, und der seitwärtige Muskelzug am Brustkorb dieses Tieres war zweifellos minimal.

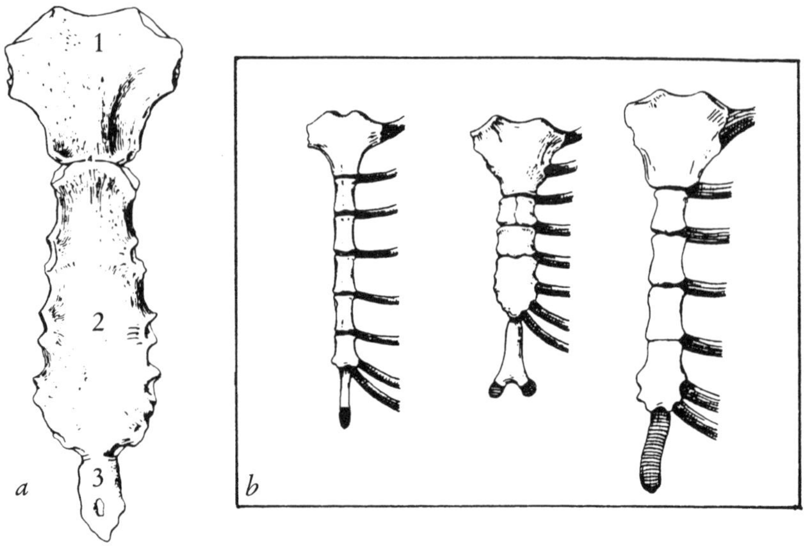

Abb. 42: a: Brustbein des Menschen. 1: Manubrium; 2: Corpus; 3: Processus xiphoideus. b: Sterna des Makaken, des Gibbons und des Schimpansen (von links nach rechts). Bei den beiden letzten ist das Brustbein viel breiter als beim niederen Affen. Man beachte auch das teilweise Zusammenwachsen der Sternebrae (Knochenkerne) bei den Menschenaffen, das in kaudocephaler Richtung verläuft.[405]

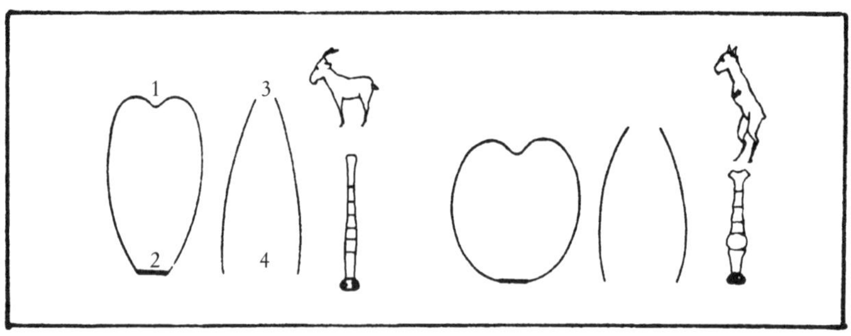

Abb. 43: Vertikales (links) und horizontales (Mitte) Profil des Brustkorbes und Sternum (rechts) einer normalen Ziege und einer Ziege, die ohne Vorderbeine geboren wurde und eine bipedale Bewegungsweise entwikkelte. Beim bipedalen Tier sind Brustkorb und Sternum ziemlich breit geworden. 1: Rückseite (dorsal); 2: Bauchseite (ventral); 3: Kopfseite (kranial); 4: Steißseite (kaudal).[426]

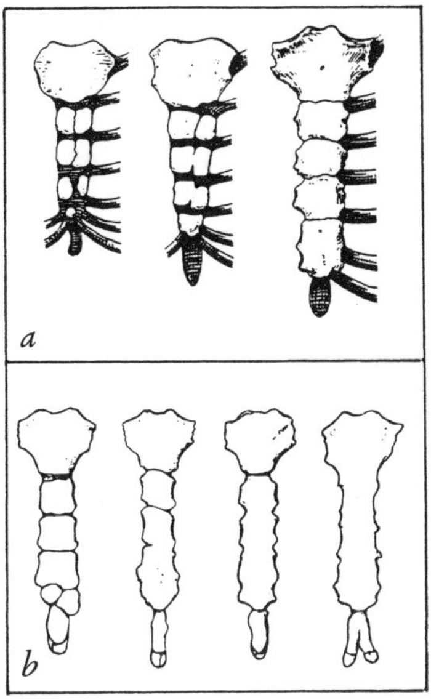

Abb. 44: a: Brustbein eines neugeborenen, eines jungen und eines erwachsenen Gorillas (von links nach rechts). Das Wachstums- und Verknöcherungsmuster der einzelnen Sternebrae (die aus zwei Knochenkernen entstehen) verläuft in cephalokaudaler Richtung.
b: Brustbein des Menschen im Alter von 11, 16, 22 und 68 Jahren (von links nach rechts). Das Zusammenwachsen der Sternebrae verläuft in kaudocephaler Richtung.[405]

Das Corpus besteht anfänglich aus einer Anzahl einzelner Sternebrae, die in cephalokaudaler Richtung aus Knochenkernen veranlagt werden (Abb. 44, siehe auch Kranich[266], S. 208 f.). Das Manubrium ist, in der fötalen Phase, im Vergleich zum Corpus auch größer. Das Brustbein wird also dem cephalokaudalen Wachstumsmuster entsprechend veranlagt.[405]

Bei den meisten Menschen erweitert sich der Corpus nach unten hin und endet stumpf. Bei den Menschenaffen fehlt dieses Merkmal: Der Corpus ist über die gesamte Länge ungefähr gleich breit oder verschmälert sich nach unten hin.[26] Die größere Breite des unteren Teiles beim menschlichen Sternum kann als ein Beispiel von Hypermorphose betrachtet werden: Die untere Zone wird als letzte veranlagt und wird also in einem retardierten Wachstumsschema verhältnismäßig groß werden. (Es ist übrigens interessant, daß diese – typisch menschliche – Erweiterung nach unten hin und das stumpfe Ende des Corpus in einem scheinbar funktionslosen, aber doch sehr erfolgreichen männlichen Kleidungsstück nachgebildet wird: der Krawatte. Das Brustbein ist beim Mann durchweg länger und schmaler als bei der Frau;[247, 405] beide männliche Merkmale werden in der Krawatte überbetont wiedergegeben. Man kann sie daher als Abbild eines typisch menschlichen und übermännlichen Brustbeines betrachten.)

Eine weitere Merkwürdigkeit ist die Tendenz zur Verknöcherung des Sternums bei den höchsten Primaten. Nachdem die Knochenkerne im Corpus in cephalokaudaler Folge zu vollständigen Sternebrae ausgewachsen sind, tritt bei den höheren Primaten die umgekehrt orientierte, kaudocephal verlaufende Verknöcherungswelle zwischen den Sternebrae ein (siehe Abb. 44). Dieser zweite Verknöcherungsvorgang setzt also zuerst unten am Corpus ein und verschiebt sich dann nach oben; erst zum Schluß findet eine Verknöcherung zwischen Corpus und Manubrium statt. Dieser Verknöcherungsvorgang in kaudocephaler Richtung fängt beim Menschen um die Pubertät an, also in dem Augenblick, wo der kaudocephale Wachstumsstrom bis zum Rumpf vordringt. Bei den Menschenaffen ereignet sich dieser Vorgang ebenfalls, aber viel stärker verzögert und mühsamer und durchweg unvollständig. Bei den niederen Affen tritt dieses Phänomen überhaupt nicht auf, und alle Sternebrae bleiben das ganze Leben hindurch getrennt.

Die schnelle und vollständigere Verknöcherung des menschlichen Sternums kann also als ein Merkmal des Typus II betrachtet werden. Es setzt sich bei den Tieren viel weniger durch, weil die spätere Entwicklungsphase (bei der der kaudocephale Wachstumsstrom den Rumpf erreicht) durch Kompression der Ontogenie selektiv unterdrückt wird. Vermutlich hängt diese Verknöcherung beim Menschen funktionell mit seiner aufrechten Haltung zusammen. Nach H. von Hayek üben beim Menschen die oberen, mit dem Sternum verbundenen Rippen einen aufwärtsgerichteten Zug von 1,8 kg aus, der von einem gleichgroßen abwärtsgerichteten Zug durch die unteren Rippen kompensiert wird.[211]

Die Synthese Goethes und Steiners

Zur Verdeutlichung des bisher Dargestellten wollen wir uns die begrifflichen Zusammenhänge der menschlichen und tierischen Evolution, wie sie sich uns aus der Beobachtung verschiedener Phänomene ergeben haben, noch einmal klar vor Augen führen. Wir haben gesehen, daß sich der Mensch im Vergleich zu den Tieren sowohl durch Fötalisation als auch durch Weiterentwicklung oder Hypermorphose auszeichnet. Fötalisationsmerkmale nennen wir auch Merkmale des Typus I (z.B. die begrenzte Behaarung des Menschen, die gewölbte

Stirn oder die zentrale Lage des Foramen magnum unterhalb des Schädels), die Charakteristika der Hypermorphose Merkmale des Typus II (z.B. die langen Beine des Menschen, die langen Oberarme und Oberschenkel oder den breiten Brustkorb).

Es ist bemerkenswert, daß Goethe die Existenz und die Bedeutung dieser Merkmale schon deutlich erkannte und in einer Art Synthese zusammenfaßte. 1795 schrieb er: «Im Menschen ist das Tierische zu höhern Zwecken gesteigert und für das Auge, wie für den Geist, in Schatten gestellt.»[171] Das Element der «Steigerung» trifft gerade auf das Hervortreten der menschlichen Form zu. Und dieses Hervortreten hat das Erscheinen der Merkmale von Typus II zur Folge, die spezifisch menschlichen Züge, die die typisch menschlichen Fähigkeiten (wie die Sprache, den Umgang mit Werkzeug usw.) ermöglichen. Das andere von Goethe angesprochene Element, dasjenige des «In-Schatten-Stellens», betrifft das Zurückhalten einseitiger, tierischer Spezialisierungen beim Menschen. Dieses Ausbleiben tierischer Spezialisierungen (was Bolk Fötalisation nennt), drückt sich in den Merkmalen von Typus I aus.

Wir gelangen also zu einer Anschauung der Evolution, in der zwei Faktoren eine Rolle spielen. Einerseits gibt es die Tendenz zur Menschwerdung. Sie ist als Anlage in jedem Tier anwesend, wird aber andererseits von einer zweiten Tendenz überwuchert: dem Drang zur einseitigen, tierischen Spezialisierung. Es ist diese einseitige Tendenz, die die Tiere in den Bereich des Darwinschen Mechanismus der natürlichen Zuchtwahl führt. Je weiter die Evolution voranschreitet, um so intensiver bricht die Tendenz zur Menschwerdung hervor und um so weniger dramatisch wird die Spezialisierung. Bei den höheren Tieren kommt die menschliche Form, besonders während der fötalen Entwicklung, schon weitgehend zum Ausdruck. Beim Menschen tritt die Tendenz zur Menschwerdung schließlich am kräftigsten hervor.

Abbildung 45 faßt die verschiedenen Begriffe übersichtlich zusammen. Die Pfeile stellen die Lebensläufe oder Ontogenien verschiedener Arten dar. Alle Arten haben in etwa einen gemeinsamen Anfang; sie beginnen sich in eine gemeinsame, allgemeine Richtung zu entwickeln (vertikale Linie im Diagramm). Später kann eine Ontogenie sich dann auf zweierlei Weisen weiterentwickeln:

Entweder ist sie stärker spezialisiert. In unserer Abbildung ist diese Komponente horizontal gerichtet; je weiter der Pfeil nach rechts abbiegt, um so stärker schiebt sich die tierische, artgerichtete Spezialisierung in die Ontogenie hinein. Diese Spezialisierung wird vorzugsweise

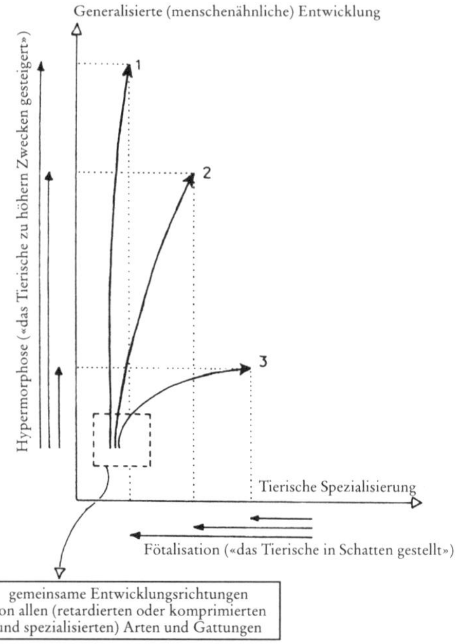

Abb. 45: Schematische Darstellung der Evolutionstendenzen von Hypermorphose und Fötalisation.

in die späteren Entwicklungsphasen der Ontogenie aufgenommen; die Pfeile biegen daher immer stärker nach rechts ab, je weiter sie sich vom gemeinsamen Ursprung entfernen. Beim Menschen ist die tierische Spezialisierung «in Schatten gestellt», das heißt, der Pfeil für die menschliche Ontogenie biegt nur wenig nach rechts ab.

Oder, wenn die Ontogenie weniger spezialisiert ist, kann sie sich im ursprünglichen Sinne weiterentwickeln. Das heißt: Die ursprünglichen Entwicklungstendenzen und Wachstumsdifferenzen setzen sich weiter durch, und der resultierende erwachsene Organismus (dessen Position im Diagramm durch die Pfeilspitze markiert wird) ist durch Hypermorphoseerscheinungen gekennzeichnet. Im Menschen setzen sich die ursprünglichen Tendenzen, die allen Tieren gemeinsam sind, am weitesten durch, und die latenten Potenzen des allgemeinen Vertebratenbauplans (aufrechte Haltung, Sprache usw.) werden verwirklicht – «das Tierische ist zu höhern Zwecken gesteigert».

Je unspezialisierter eine Ontogenie ist, um so stärker ist der erwachsene Organismus fötalisiert und um so länger dauert sein Leben. Dieser

Bolksche Zusammenhang zwischen Fötalisation und Lebensdauer wird im Diagramm dadurch angedeutet, daß für stärker fötalisierte Ontogenien die Pfeillänge auch größer ist.

Proterogenese (die Schindewolfsche Theorie)

O. H. Schindewolf hat bemerkt, daß typisch menschliche Merkmale (wie z.B. die hohe Stirn oder der flache Antlitzschädel) am deutlichsten beim jungen Menschen erscheinen und später weniger ausgeprägt sind.[376, 377] Auch bei den Affen sind menschenartige Merkmale zuerst deutlich veranlagt, später werden sie jedoch von tierischen Entwicklungen überwuchert. Schindewolf bemerkte, ebenso wie Bolk, daß diese Tatsache im genau umgekehrten Verhältnis zu jenen Fakten steht, die man kraft des «biogenetischen Grundgesetzes» erwarten kann. Dieses biogenetische (Haeckelsche) Prinzip sagt die Eingliederung neuer Merkmale in die *letzten* ontogenetischen Entwicklungsstufen vorher. In Wirklichkeit erscheinen aber die menschenartigen Merkmale beim Affen (und bei menschenartigen Formen wie dem Australopithecus usw.) während der *frühen* ontogenetischen Phasen und ziehen sich dann später zurück. Dieser Vorgang wird von Schindewolf als «Proterogenese» bezeichnet und folgendermaßen umschrieben: «Ein in der Stammesentwicklung neu auftretendes Merkmal bzw. ein ganzer Merkmalkomplex wird zuerst und unvermittelt von Jugendstadien erworben, während die Altersstadien der betreffenden Ontogenesen noch von dem von den Vorfahren ererbten Bau zeugen. ... Die frühontogenetisch erworbenen neuen Merkmale dehnen sich bei den phylogenetisch anschließenden Typen sukzessive auf die Altersstufen aus und verdrängen mehr und mehr den in der Dauer seines Auftretens immer stärker eingeschränkten Ahnenrest.»[376]

Man kann diese Gedanken auch folgendermaßen zusammenfassen: Eine ursprüngliche, menschenähnliche Entwicklungstendenz setzt sich bei den höheren Primaten immer stärker durch, und zugleich zieht sich die darauf aufgeprägte tierische Tendenz immer weiter zurück. Das sind genau die Verhältnisse, wie sie in den Abbildungen 24 (S. 73) und 45 zusammengefaßt sind. Schindewolf gehört also zu denjenigen, die ganz selbständig den Goetheschen Kerngedanken auf die Spur gekommen sind.

Beim Tier werden, wie wir gesehen haben, elementare Wachstums- oder Entwicklungsvorgänge aus dem generalisierten, menschenartigen Entwicklungsmuster eliminiert und durch wenigere, spezialisierte, artspezifische ersetzt, während beim Menschen diese Vorgänge in sehr viel geringerem Maße stattfinden und seine Lebensdauer gleichzeitig länger ist. Wir können den Vorgang mit einem Turm vergleichen, dessen ursprünglicher Bauplan für eine Maximalhöhe entworfen wurde (wie z.B. beim Eiffelturm). Wenn man später, nach Baubeginn, den ursprünglichen Bauplan ändert, dann wird dies auf Kosten der Höhe gehen, weil man die anfängliche Kohärenz des Plans, der auf Maximalhöhe ausgerichtet war, durchbrochen hat. Die Höhe des veränderten Turms wird geringer sein – ebenso wird die Lebensdauer einer veränderten Ontogenie kürzer sein.

Wir haben bereits die Tatsache betrachtet, daß die menschlichen Gliedmaßen im Vergleich zu Kopf und Rumpf genau solche ontogenetischen Spätlinge sind; der Kopf dagegen ist, verglichen mit den Gliedmaßen, ein ontogenetischer Vorläufer. Daher werden sich Merkmale des Typus I (Fötalisation) vorzugsweise am Kopf zeigen, während sich Merkmale des Typus II (Hypermorphose, Weiterentwicklung in generalisierter Richtung) überwiegend im Gliedmaßensystem manifestieren. W. Schad hat dieses Prinzip in einigen einleuchtenden Arbeiten weiterentwickelt.[373, 374]

Diese Differenzierung der Goetheschen Synthese formulierte R. Steiner zum ersten Mal 1918 – in dem Jahr also, in dem auch Bolk seine Fötalisationstheorie publizierte. «[...] die menschliche Entwickelung [nimmt] in sich selbst eine rückläufige Entwickelung auf, und am stärksten ist an rückläufiger Entwickelung in dieser menschlichen Organisation alles, was mit den Sinneswerkzeugen, mit dem Haupt zusammenhängt. – Es wäre sehr verlockend, wenn ich statt eines Vortrages deren vierzig zur Verfügung hätte, auf alles hinzuweisen, was aus der heutigen Wissenschaft streng beweisend dafür angeführt werden könnte, daß die menschliche Organisation eine aufsteigende Entwickelung zeigt, daß aber diese aufsteigende Entwickelung selbst sich zurückhält und daß im Haupt eine rückläufige Entwickelung vorhanden ist. [...] Was den menschlichen Extremitäten zugrunde liegt, erleidet nicht eine rückgehende Entwickelung, nicht eine Devolution; sondern das zeigt das Eigentümliche, daß es über das Maß der sonstigen Evolution, die der Organismus hat – mit Ausnahme des Hauptes –, hinausgeht. Die Extremitäten erleiden eine Überentwickelung, sie fahren hinaus über den Punkt, bis zu dem das Haupt und der übrige Organismus geht, wie der übrige Organismus abbaut, so entwickeln die Extremitäten eine Art Beharrungsvermögen, schießen hinüber über das gewöhnliche Maß.»[438] (S. 338 und S. 347.)

Steiner differenziert also die Goethesche Synthese weiter, indem er genauer zeigt, an welcher Stelle im menschlichen Organismus das Tierische «in Schatten gestellt» wird (Fötalisation oder Zurückhaltung) und wo das Tierische «gesteigert» wird (Hypermorphose, Überentwicklung). Zusammen mit dem Bolkschen Beitrag (dem Zusammenhang zwischen Retardation und Verlängerung der Lebensdauer) entsteht ein kohärentes Bild, das wir nun im folgenden weiterentwickeln und dokumentieren können.

4.
Das Tierische im Menschen

1902 veröffentlichte Bolk den Bericht über eine Untersuchung, die er an der Leiche eines verstorbenen Feldarbeiters durchgeführt hatte.[48] Der Körper wies eine Reihe von Besonderheiten auf, die Bolk auf eine gemeinsame Ursache zurückführte: die übertriebene Erhaltung fötaler Merkmale. Die von Bolk untersuchte Leiche zeigte zum Beispiel keine Behaarung an Rumpf und Gliedmaßen. Gehirn, Gedärme, Rippen usw. wiesen viele Merkmale auf, die beim Menschen normalerweise nur vorübergehend in bestimmten fötalen Phasen auftreten. In vielerlei Hinsicht glich Bolks Forschungsgegenstand einem vergrößerten Fötus.

Aber Bolk stellte noch eine andere Merkwürdigkeit fest. Der Magen des Mannes hatte eine Form, die sehr mit dem zusammengesetzten Magen bestimmter Affenarten, wie dem des Gibbons oder des Schlankaffen (siehe Abb. 46), übereinstimmte. Bolk kam zwanzig Jahre später auf diese Angelegenheit zurück.[55] Weshalb hat dieser Mann, der zahlreiche Merkmale übertriebener Fötalisation zeigt, einen Magen, der gerade komplexer scheint als der gewöhnliche Menschenmagen?

Der fötale Magen einiger Affenarten ist eindeutig zusammengesetzt; dieselbe Einteilung ist beim menschlichen fötalen Magen ab und zu als unbestimmte Andeutung aufzufinden. Man findet beim Menschen des öfteren, in einer gering konturierten, vorübergehenden oder seltenen Form, eine Struktur – wie in diesem Fall den dreigliedrigen Magen –, die es bei manchen Tierarten dauernd und ausgeprägt gibt. Meist schließt man aus solchen Beobachtungen, daß die Vorfahren des Menschen dieses Merkmal irgendwann in voller Ausgeprägtheit besessen haben und dessen vorübergehende, fötale Andeutung eine Haeckelsche Erinnerung an unsere Vorfahren ist. Im gleichen Sinne werden bestimmte, bei allen Menschen vorhandene Organe wie etwa die kleinen Muskeln hinter der Ohrmuschel[417] oder der wurmförmige Fortsatz des Blinddarms[133] – zu Unrecht – als funktionslose Rudimente angeschaut.

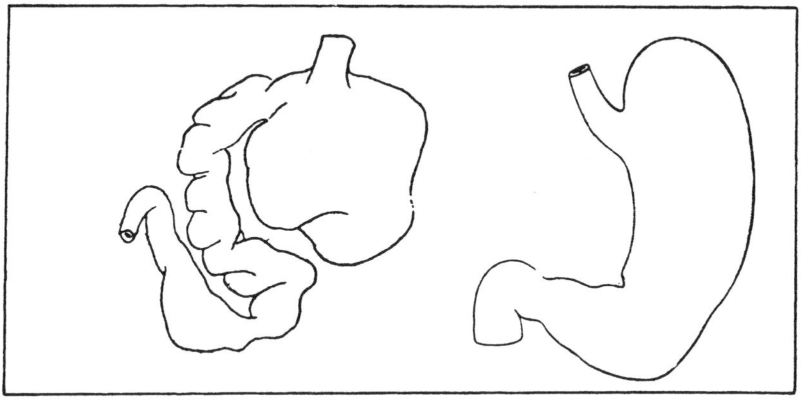

Abb. 46: Links: Zusammengesetzter Magen bei einem ausgewachsenen Schlankaffenfötus. Die Speiseröhre mündet in einen ersten Magensack ein. Dieser ist durch ein darmförmiges Glied mit einem zweiten Magensack verbunden.
Rechts: Einfacher menschlichen Magen.[55]

Bei bestimmten Tiergattungen trifft man solche Haeckelschen Wiederholungen eindeutig an. Wale zum Beispiel haben keine hinteren Gliedmaßen. Im embryonalen Stadium aber ist die Veranlagung sehr wohl sichtbar. Ab und zu wird ein Wal mit rudimentären Hinterbeinen gefunden: äußerlich sichtbare, überflüssige Anhängsel an einer Stelle, wo die Vorfahren des Tieres irgendwann einmal Gliedmaßen besaßen.[201] Ein anderes, klassisches Beispiel jener Erscheinung findet man beim Pferd. Dieses Tier hat normalerweise an Vorder- und Hinterbeinen nur einen, sehr kräftig entwickelten «Finger» oder «Zeh» (siehe Kap. 5). Pferde stammen aber von Vorfahren mit mehreren Zehen ab, und manchmal trifft man auf Pferde mit zwei zusätzlichen Zehen, die jeweils mit einem eigenen Huf ausgestattet sein können (siehe Abb. 47).

Diese Art unvollkommenen, außerordentlichen Wiedererscheinens voreltericher Merkmale nennt man *Atavismen* (von lat. atavus: Vorfahr, Urahn).

Bei dem von Bolk 1902 untersuchten Mann hatte sich die leise, unbestimmte Dreigliederung, welche der menschliche Magen im fötalen Stadium manchmal zeigt, bis ins Erwachsenenalter erhalten (so wie es manchmal mit einem embryonalen Hinterbein des Wals geschieht). Hatte Bolk nun einen Atavismus beobachtet? Anders gesagt: Haben die Vorfahren des Menschen jemals einen dreigliedrigen Magen, der

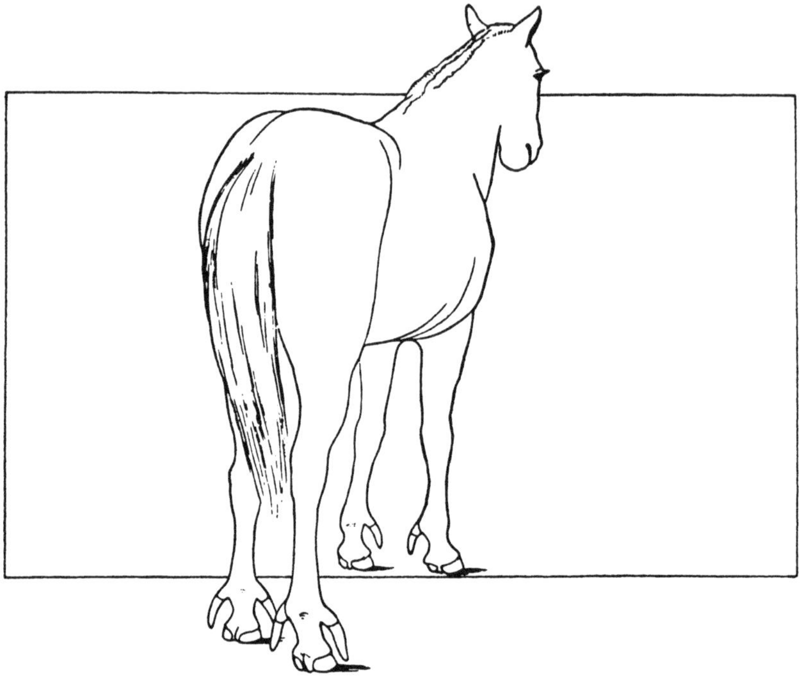

Abb. 47: Pferd mit atavistischen, zusätzlichen Zehen an Vorder- und Hinterbeinen.[288]

einem Gibbon- oder Schlankaffenmagen glich, besessen? Bolk war geneigt, diese Frage zu verneinen: «Daraus darf man meines Erachtens nicht folgern, daß irgendeine menschliche Stammesform in erwachsenem Zustand je einen zusammengesetzten Magen mit dem Entwicklungsgrad eines Schlankaffen gehabt hätte. [...] Mehr zieht mich folgender Gesichtspunkt an. Man stelle sich vor, daß bei der Entwicklung der Primaten als gesamter Tiergruppe die Tendenz zur Bildung eines zusammengesetzten Magens entstand. [...] Vielleicht ist es richtiger zu sagen, daß die Entwicklungsmöglichkeit sich verwirklichte. Diese Tendenz oder diese Entwicklungsmöglichkeit verwirklichte sich beim Schlankaffen in hohem Maße. [...] Beim Menschen hingegen [...] ist der Einfluß dieser Entwicklungstendenz, was den Magen anbelangt, in individuell sehr unterschiedlichem Maße, vor allem am fötalen Organ beobachtbar. Die bestehende Andeutung der Dreigliederung des menschlichen Magens ist somit nicht als eine Reduktion eines einstmals ausgeprägten Gestaltmerkmals anzusehen, sondern als eine nur spurenweise vorhandene Andeutung eines Entwicklungsfaktors, der sich bei anderen Primatenarten sehr stark geltend macht. [...] Ich bin mir darüber sehr wohl im klaren, daß bei diesem Standpunkt [...] die meisten sogenannten atavistischen Erscheinungen ihre Bedeutung als Merkpunkte für das Erstellen eines evolutionären Stammbaumes verlieren. Auf der anderen Seite kommt [durch diese Betrachtungsweise] für die allgemeine Entwicklung ein Tatbestand zu seinem Recht, der in der individuellen Entwicklung nach unserer Vorstellungsweise eine bedeutende Rolle spielt: Die Ausgestaltung einer Form ist nicht nur das Ergebnis der Tätigkeit einer Gruppe gestaltender Faktoren, sondern auch das Ergebnis des ‹Talent-Bleibens› einer zweiten Gruppe. Und es ist schwer zu sagen, welcher von beiden für die Entwicklung größere Bedeutung zukommt.»[55]

Die tierischen Formen sind nach Bolk beim Menschen veranlagt, aber sie bleiben – mit Bolks Worten – «Talent». (Dieser Gedanke entspricht der Auffassung Goethes, daß beim Menschen das Tierische «in Schatten» gestellt ist.) Die inneren Entwicklungsfaktoren, die die tierische Form zustande bringen, bleiben beim Menschen latent; beim Tier leben sie sich aus, beim Menschen manifestieren sie sich nicht oder nur oberflächlich. Bolk unterscheidet klar zwei Gruppen von Entwicklungsfaktoren: solche, die sich beim Menschen konsequent verwirklichen, und solche, die beim Menschen nicht oder kaum zum Ausdruck gelangen und sich bei bestimmten Tieren entfalten. Die sporadische Wirkung letzterer Faktoren beim Menschen führt zum Phänomen der menschlichen «Atavismen» (siehe auch Verhulst[467]).

Bolk schließt aus, daß die Vorfahren des Menschen je einen zusammengesetzten Magen besessen haben und daß der Mensch in späteren Evolutionsstadien zu einer einfacheren Form zurückgekehrt ist. Der von ihm 1902 beobachtete «Atavismus» zeigt nur, daß die Entwicklungstendenzen, die beim Tier zur vollen Entfaltung kommen, auch beim Menschen marginal vorhanden sind.

Die Gestaltveränderung des Schädels während des gesamten Wachstums illustriert diesen Tatbestand (Abb. 48). Im fötalen Stadium sind sich die Schädel des Schimpansen und des Menschen sehr ähnlich. Der erwachsene menschliche Schädel bleibt der fötalen Form ähnlicher als der des Affen. Doch gibt es auch beim Menschen Abweichungen von der fötalen Form, die insgesamt gesehen der tierischen Tendenz folgen: Auch beim Menschen wird die Stirn zunehmend weniger ausgeprägt,

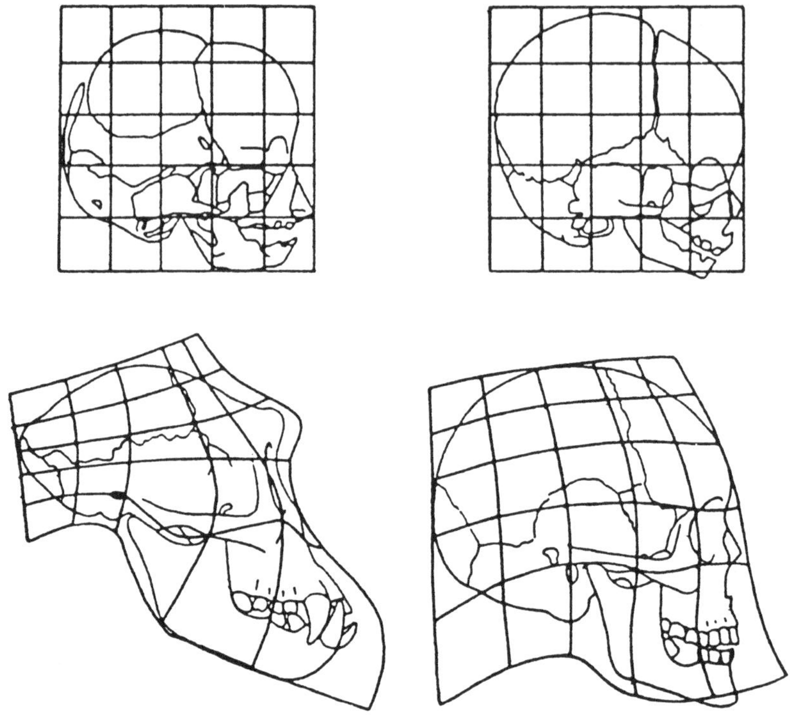

Abb. 48: Fötale (oben) und erwachsene (unten) Form der Schädel des Schimpansen (links) und des Menschen (rechts). Beim Übergang von der jugendlichen zur erwachsenen Form zeigen Schimpanse und Mensch ähnliche Tendenzen, aber ersterer weicht in höherem Maße von der Ausgangform ab als letzterer.[436]

und es vergröbert sich die Kiefergegend. Bestimmte andere tierische Tendenzen (Hervortreten des Gebisses, Zusammendrücken des hinteren Schädels) bleiben aber beim Menschen nahezu vollständig unentwickelt.

Wir kennen schon Bolks Beobachtung am Foramen magnum, der großen Öffnung unten am Schädel (siehe Abb. 17, S. 52). Beim Fötus des Menschen und des Affen liegt sie zentral unterhalb des Schädels; der Mensch behält die Lage bei, während sie beim Affen im Laufe des Wachstums nach hinten wandert. Bolk machte im Laufe seiner sehr detaillierten Forschungen über diesen Gegenstand eine kuriose Entdeckung: Zwischen dem siebten und zwölften Lebensjahr verschiebt sich das Foramen magnum beim Menschen ein klein wenig nach hinten.[50] Beim Menschen tritt also dasselbe Phänomen wie beim Tier auf, nur in sehr abgeschwächter Weise. Es ist klar, daß wir es jetzt nicht mit einem atavistischen Effekt zu tun haben. Die gemeinsame Ausgangsform des Menschen und des Menschenaffen hatte kein sich hinten am Schädel befindendes Foramen magnum; die zentrale Position desselben beim jungen Affen wäre sonst unverständlich. Die gemeinsame Form, aus der der Mensch und der Menschenaffe abgeleitet sind, muß einen menschenähnlichen Charakter gehabt haben; die tierische Entwicklungstendenz hat beim Menschenaffen die Ausgangsform weitgehend überwuchert, während sie beim Menschen kaum zur Entfaltung kommt.

Bolk warnte auch vor einer Haeckelianischen Interpretation einiger Organe (wie der Chorda oder der Urniere), die während der menschlichen embryonalen Entwicklung vorübergehend in Erscheinung treten und bei bestimmten niederen Tieren bleibend vorhanden sind. Diese Organe sind seiner Meinung nach keine atavistischen Strukturen; sie sind ein integraler und funktioneller Bestandteil des embryonalen Organismus, welcher einen anderen Charakter hat als der erwachsene. Wir dürfen nicht den Fehler machen, frühere, zum Beispiel embryonale Erscheinungsformen in der menschlichen Entwicklung als unvollständige Versionen der erwachsenen Form zu betrachten: «Der Neonatus ist ein nicht weniger vollständiger Organismus als der Erwachsene, und diese Vollständigkeit fängt nicht mit einem bestimmten Moment der Entwicklung an; sie ist vom Anfang unseres Lebens, das heißt vom Moment der Befruchtung ab, da.»[61]

Der Übergang von einer befruchteten Eizelle bis zum erwachsenen Organismus ist ein ungeheuer komplexes Geschehen. Einige vorübergehend erscheinende Organe als atavistische Strukturen zu interpretieren beinhaltet die Voraussetzung, daß die vorübergehende Anwesenheit solcher Organe eigentlich überflüssig sei, daß es einen «kürzeren» oder «direkteren» Entwicklungsweg von der Eizelle bis zum erwachsenen Organismus geben müßte. Aber diese Voraussetzung beruht auf keiner Beobachtung; sie ist rein hypothetisch und nicht wissenschaftlich fundiert. Die Tatsache, daß einige vorübergehende Organe bei niederen Tieren dauerhaft vorhanden sind, bedeutet aus Bolkscher Sichtweise nur, daß jene Tiere das allgemeine menschenartige Entwicklungsmuster schon frühzeitig verlassen haben und, ausgehend von der Struktur, die in der embryonalen Phase vorhanden ist, einen entschieden anderen Entwicklungsweg einschlagen, wobei die embryonalen Organe ein anderes Schicksal erfahren.

Wir werden zur Verdeutlichung des Besprochenen einige sogenannte menschliche Atavismen näher anschauen.

Darwins Ohrhöcker

Ein berühmtes Beispiel eines solchen Atavismus stammt von Darwin selber.[116] Einige Menschen haben an der Innenseite ihrer Ohrmuschel eine kleine Verdickung: das «Tuberculum auriculae» oder «Darwins Ohrhöcker». Darwin betrachtete es als ein Überbleibsel des eckigen Säugetierohrs unserer Vorfahren (siehe Abb. 49). Diese Auffassung fand großen Beifall, wurde aber von Schultz bestritten. Er bemerkte, daß ein solches Ohr unter den Schmalnasen nur bei den Makaken und Pavianen vorhanden ist; beim Menschenaffen gibt es kein solches Ohr, nicht einmal in den frühfötalen Entwicklungsstadien. Darwin meinte anhand eines Orang-Utan-Ohrs beweisen zu können, daß es Ohrhökker auch bei den Menschenaffen gibt. Das betreffende Ohr war aber ein Gibbonohr, und der «Höcker» war durch eine schlechte Konservierungstechnik entstanden.

Das bedeutet nicht, daß Darwin unrecht hatte, als er einen Zusammenhang zwischen dem eckigen Ohr vieler Säugetiere und dem sporadischen Ohrhöcker beim Menschen vermutete. Dieser Zusammenhang hat aber keinen atavistischen Charakter. Es handelt sich, aus Bolkscher Sicht, um eine Tendenz, die sich beim Menschen nur sehr schwach manifestiert und bei bestimmten Tieren stark durchgesetzt hat.

Zygodaktylismus

Bei einigen Menschen (ungefähr 1 von 2000) sind die zweite und dritte Zehe teilweise zusammengewachsen (siehe Abb. 50). Die Veranlagung dieses sogenannten Zygodaktylismus ist im menschlichen Embryo allgemein gegeben. In dem Augenblick, wo die Zehen sich trennen, trifft man zwischen den Zehenansätzen feine Häutchen an, die schnell verschwinden. Dieses Häutchen ist zwischen zweiter und dritter Zehe etwas kräftiger und bleibt etwas länger erhalten.[378]

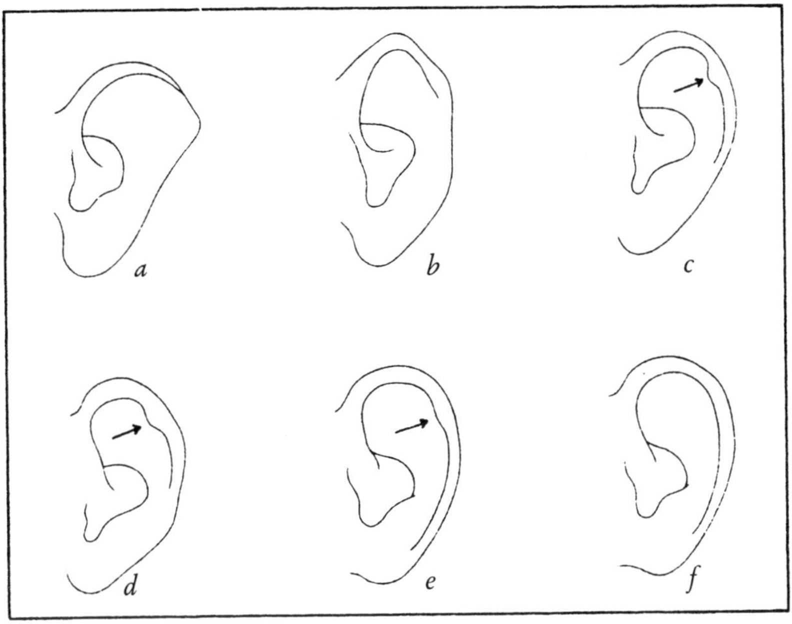

Abb. 49: Hypothetische Evolution, die zum Darwinschen Ohrhöcker hinführt. a: Angenommenes vorelterliches Stadium ohne eingerollten Ohrrand und mit Ohrecke; b: angenommenes Stadium mit teilweise eingerolltem Rand; c, d, e: menschliche Ohrränder mit stark, mäßig bzw. schwach entwickeltem Ohrhöcker; f: menschlicher Ohrrand ohne Ohrhöcker.

Die Tendenz zum Zygodaktylismus ist ein allgemeines Säugetiermerkmal. Zusammengewachsene zweite und dritte Zehen trifft man sporadisch bei vielen Affenarten an.

Der Siamang aber (ein naher Verwandter des Gibbon) weist immer Zygodaktylismus auf, ein Merkmal, dem diese Affenart übrigens ihren lateinischen Namen (*Symphalangus syndactylus*) verdankt.

Hat der Siamang ein Vorfahrenmerkmal erhalten, das bei den anderen Schmalnasen (und beim Menschen) wieder verlorengegangen ist? Das scheint unwahrscheinlich zu sein. Schließlich ist der Siamang in der Primatenevolution ein Spätling und ein spezialisierter Kletterer. Die dem Siamang nah verwandten Gibbonarten spalteten sich vermutlich erst in neuerer Zeit von der evolutionären Linie ab, die zum Siamang führt. Die Stammformen dieser Gibbonarten müßten also bis zur

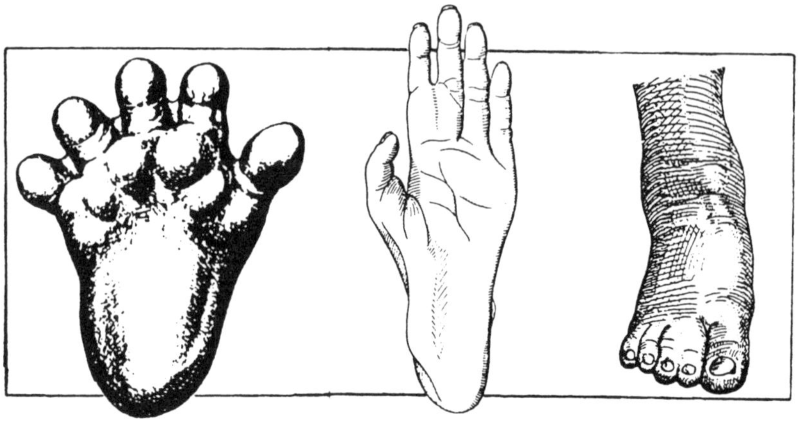

Abb. 50: Zygodaktylismus. a: Fuß eines menschlichen Fötus, in dem Stadium, wo die Zehen fast getrennt sind. Die zweite und die dritte Zehe stehen näher zusammen. b: Fuß eines Siamang (bei dieser Tiergattung gibt es immer Zygodaktylismus). c: Ein Fall ausgeprägten Zygodaktylismus' beim Menschen.[378, 380, 408]

jüngeren Vergangenheit das Merkmal des Zygodaktylismus erhalten haben, um es anschließend doch zu verlieren. Eine Bolksche Interpretation scheint vernünftiger: Die Tendenz zum Zygodaktylismus ist ein allgemeines Säugetier- und Primatentalent, das sich unter den Schmalnasen nur beim Siamang völlig entfaltet. Menschlicher Zygodaktylismus ist in dieser Betrachtungsweise kein Atavismus, sondern die gelegentliche Äußerung eines «Talents», das beim Siamang viel kräftiger hervortritt (siehe auch S. 223).

Hypermastie

Der Mensch und die Primaten im allgemeinen haben zwei Milchdrüsen am Brustkorb. Bei vielen niederen Säugetierarten findet man mehrere Paare Milchdrüsen. Gelegentlich ergibt sich dieses Phänomen auch beim Menschen (sog. Hypermastie; siehe Abb. 51). Bei ihm tritt dann eine Anlage hervor, die bei niederen Säugetierarten allgemein ist, so daß der Eindruck eines Atavismus entsteht. Vermutlich ist der Tatbestand

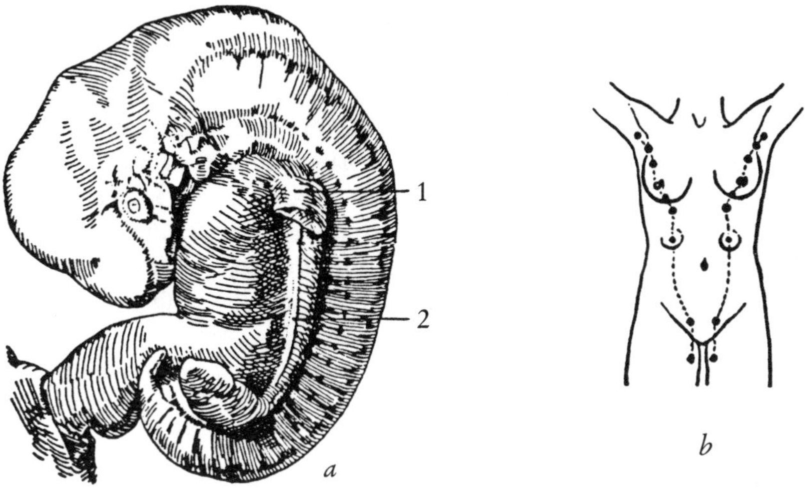

Abb. 51: Hypermastie: a: Embryo von 13 mm Länge mit einer außerordentlich stark entwickelten Milchleiste (1). Die vordere Gliedmaßenanlage wurde durchtrennt. Die Milchleiste (2) verläuft in diesem Beispiel vom Armansatz bis zum Beinansatz. Im normalen Fall ist beim menschlichen Embryo nur das obere Drittel der Milchleiste entwickelt. b: Die Stellen, wo sich üblicherweise die Veranlagungen der zusätzlichen Milchdrüsen oder Brustwarzen befinden, folgen dem Verlauf der Milchleiste.[22]

jedoch ein anderer: Die niederen Säugetiere durchlaufen in ihrer embryonalen Entwicklung eine menschliche Veranlagung, aber evoluieren dann an dieser Veranlagung vorbei, so daß mehrere Brustwarzenpaare entstehen, die sich auch am unteren Rumpf befinden können.

Die Brustdrüsen entwickeln sich aus der sogenannten embryonalen Milchleiste, die vom Armansatz in Richtung des Beinansatzes verläuft. L.B. Arey bemerkt, daß Säugetiere mit einer über die ganze Körperlänge verlaufenden Warzenreihe (wie z.B. das Schwein) in der embryonalen Entwicklung auch eine Milchleiste aufweisen, die von den vorderen bis zu den hinteren Gliedmaßen ganz durchläuft.[22] Beim Menschen ist sie normalerweise nur im Brustgebiet anzutreffen, so daß sich auch nur dort Milchdrüsen entwickeln können.

Obwohl dieser Punkt nicht eindeutig festgelegt zu sein scheint, bildet sich die Milchleiste wahrscheinlich in cephalokaudaler Richtung (die Milchleiste verbindet obere und untere Gliedmaßen, und die oberen werden früher veranlagt). Der Tatbestand, daß beim Menschen nur der erste Teil der Milchleiste – in der Höhe des Brustkorbes – ausgebildet wird, kann also als ein Merkmal des Typus I betrachtet werden, ähnlich dem Aufhören der Bildung des Haarwuchses. Es ist ein sehr früh in der Ontogenese auftretendes Phänomen und ist folglich auch ein Charakteristikum, das der Mensch mit den Primaten gemeinsam hat. Bei anderen Säugetieren verläuft diese Entwicklung in diesem Punkt nach Bolkscher Terminologie auf «propulsive» Weise, und es wird die Milchleiste weiter fortgebildet (so daß später über die ganze Länge des Rumpfes Milchdrüsen entstehen). Ein Merkmal, das es bei niederen Säugetieren allgemein gibt, bleibt bei den Primaten also «Talent».

Der Schwanz

Um die sechste Woche, bei einer Länge von 14 bis 16 mm, zeigt sich beim menschlichen Embryo eine Art Schwanz. Während der siebten und achten Woche wird diese Bildung wieder überwachsen vom hinteren Teil des Rumpfes (Abb. 52 a).

Der Steiß bildet sich beim Menschen, wie beim Säugetier, in einem frühen Stadium der embryonalen Entwicklung, zusammen mit dem Rest des Rückenmarkkanals. Wir wissen auf der anderen Seite, daß sich der Rumpf cephalokaudal entwickelt (siehe S. 84). In einem früheren Stadium ist der Rumpf noch gänzlich unausgewachsen und der Steiß äußerlich unsichtbar. Das ist deutlich bemerkbar an den anfangs noch sehr winzigen unteren Gliedmaßen und am sehr niederen Ansatz der Nabelschnur; von einer Rumpfbildung unterhalb des Nabels ist kaum die Rede. Je mehr dieser Teil des Rumpfes weiterwächst, desto mehr nimmt der Steiß seine innere Lage ein (Abb. 52 c).

Ab und zu werden menschliche Babys mit einem schwanzähnlichen Anhängsel in Höhe der Lende oder des Steißes geboren (Abb. 52 d). Diese Anhängsel wurden im 19. Jahrhundert oft als Atavismen gedeutet. Darwin führt dieses Phänomen als einen Beweis für die tierische Abstammung des Menschen an: «Aus der Betrachtung der embryonalen Bildung des Menschen – der Homologien, die er zu niederen Tieren zeigt, der Rudimente, die er hat, und der Rückbildungen, zu welchen er in der Lage ist – können wir die vergangenen Zustände unserer frühe-

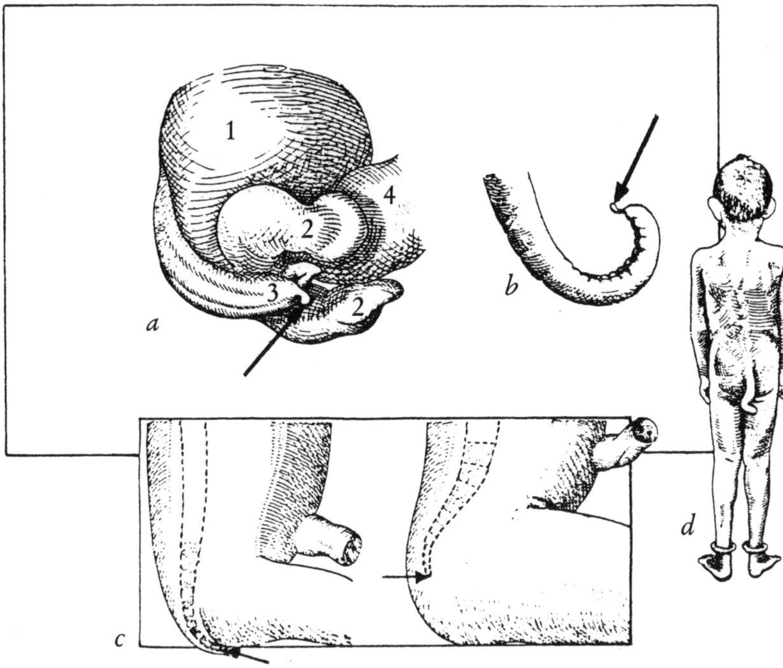

Abb. 52: Menschlicher Steiß und Schwanz. a: Unterseite eines menschlichen Embryos von ungefähr 14 mm Länge. 1: Rumpf; 2: Fußanlage; 3: Steiß; 4: Nabelschnur. Der Pfeil weist auf das «kaudale Anhängsel» hin.
b: Schwanz eines Fötus (107 mm) des Kapuziners. Der Pfeil zeigt das «kaudale Anhängsel».
c: Unterer Rumpf eines menschlichen Fötus von 10 Wochen (links) und eines Neugeborenen (rechts). Der Steiß (Pfeil) wandert aufwärts, da die Unterseite des Rumpfes sich stark entwickelt: Die Beine werden massiver, der Nabel verschiebt sich nach oben.
d: Zwölfjähriger Junge mit 23 cm langem Schwanz.[379, 390]

ren Stammesvorfahren teilweise rekonstruieren und letztere annähernd an ihrer richtigen Stelle innerhalb der Tierreihe einordnen. Wir begreifen so, daß der Mensch von einem behaarten, mit einem Schwanz ausgestatteten Vierfüßer abstammt.»[116]

Die schwanzartigen Strukturen, die man beim Menschen vorfindet, weichen aber grundsätzlich von echten Tierschwänzen ab. Der wesentlichste Unterschied ist, daß diese Schwänze nie Knochen (Schwanzwirbel) oder auch nur Knorpel enthalten.[113, 277] Die untere Wirbelsäule ist –

außer bei extrem pathologischen Fällen – normal entwickelt, mit der üblichen Anzahl von Wirbeln. Der gelegentlich auftretende menschliche Schwanz befindet sich manchmal ziemlich hoch und nicht immer in der Mitte. Säugetierschwänze haben dagegen durchweg Schwanzwirbel. Eine Ausnahme ist eine bestimmte Mutation bei der Maus, wo der Schwanz ohne Wirbel ist. In diesem Falle fehlen aber auch die Steiß-, Becken- und Lendenwirbel, welche bei der normalen Maus vorhanden sind. Beim «Homo caudatus», dem Menschen mit einem schwanzähnlichen Anhängsel, sind Anzahl und Form der Wirbel normal.

Schultz[379, 380] folgt Harrison, der die Fälle menschlicher Schwanzentwicklung als die Folge eines abnormen Wachstums des sogenannten «kaudalen Anhängsels» betrachtet, das sich am Ende des embryonalen Steißes befindet (Abb. 52 a). Dieses kaudale Anhängsel wurde früher als eine Reminiszenz betrachtet, ein Überbleibsel des eigentlichen Schwanzes, das die Vorfahren des Menschen einst gehabt haben sollen. Diese Ansicht ist nach Schultz unhaltbar, weil es das kaudale Anhängsel auch bei Affenföten am Ende des echten Schwanzes gibt (Abb. 52d). Die bekannten Affen von Gibraltar (Berberaffe oder Macaca sylvana) haben einen sehr kurzen Schwanz. Schultz entdeckte, daß der Schwanz dieser Tiere weder Wirbel noch Knorpel, noch gestreiftes Muskelgewebe enthält.[405] Er schloß daraus, daß diese Tiere wahrscheinlich keinen echten Schwanz besitzen, sondern einen Pseudoschwanz, der sich aus dem kaudalen Anhängsel entwickelt. Beim Berberaffen wäre also eine Besonderheit allgemein vorhanden, die beim Menschen nur in Ausnahmefällen beobachtet wird. Schultz stellte übrigens fest, daß es bei Schimpansen ziemlich häufig Pseudoschwänze gibt.

Die gelegentliche Erscheinung eines schwanzartigen Gebildes beim Menschen kann also nicht als ein Atavismus betrachtet werden. Es ist ein Merkmal, das nicht nur beim Menschen, sondern auch bei den schwanzlosen Affen dann und wann vorgefunden wird und beim Berberaffen wohl zu einer dauerhaften Bildung ausgewachsen ist (so wie Zygodaktylismus beim Siamang ein dauerhaftes Merkmal geworden ist). Schwänze mit Skelettbildung, wie es sie bei den meisten niederen Affen gibt, kommen beim Menschen nie vor. Man kann die Veranlagung zur Bildung eines Pseudoschwanzes als ein allgemeines «Primatentalent» betrachten, das sich beim Menschen und bei den meisten Affen nur selten äußert, aber bei einer Affenart, dem Berberaffen, zum festen Merkmal gesteigert ist. Aus diesen Phänomenen lassen sich keine Schlüsse über die phylogenetischen Verhältnisse ziehen – die Tatsache, daß beim Menschen gelegentlich ein Pseudoschwanz anwesend ist, bedeutet nicht, daß es einen gemeinsamen Vorfahren mit einem Pseudoschwanz gegeben hat, von dem sowohl der Mensch als auch der Berberaffe abstammt. Das hindert aber viele Forscher nicht daran, im Anschluß an Darwin das Auftreten eines schwanzartigen Gebildes beim Menschen als einen Atavismus zu bezeichnen, was die Abstammung des Menschen von tierischen Frühformen nahelegen soll.[335]

Die Zukunft des Menschen

H. Klaatsch zitiert eine Reaktion Goethes auf einen Bericht über einen menschlichen «Schwanz».[258] Goethe war von diesem Phänomen gar nicht überrascht, sondern fand es sogar sehr natürlich, ist für ihn der Mensch doch «dergestalt gebaut [...], daß er so viele Eigenschaften und Naturen in sich vereinige und dadurch schon physisch als eine kleine Welt, als ein Repräsentant der übrigen Tiergattung [existiert]».[172]

Die sogenannten Atavismen sind, nach der Anschauung Goethes oder Bolks, also keine Beweise für oder gegen die tierische Abstammung des Menschen. Sie deuten aber darauf hin, daß die inneren Entwicklungsfaktoren, die die Tiere je nach Art zu den jeweiligen einseitigen Spezialisierungen führen, beim Menschen nur in schwacher Form vorhanden sind. Das zentrale Thema der Menschwerdung finden wir beim Menschen am reinsten vor; beim Tier tritt diese Form nur mangelhaft in Erscheinung; danach wird sie durch die eine oder andere Spezialisierungstendenz überwuchert. Beim Menschen und beim Tier kämpft also die zentrale menschenartige Form gegen die einseitigen tierischen Spezialisierungstendenzen um die Vorherrschaft; beim Tier gewinnt die eine oder andere Spezialisierungstendenz, beim Menschen herrscht die zentrale Form entschieden vor.

Ein Blick auf Abbildung 48 (S. 122) weckt die Vermutung, daß diese Tendenzen zur Steigerung und Befreiung vom Tierischen im heutigen Menschen noch nicht ihren Endpunkt erreicht haben. Auch beim Menschen scheint das Kind eine höherentwickelte Form anzukündigen, die noch in der Zukunft verborgen liegt (siehe auch Abb. 53). Der Philosoph Arthur Schopenhauer (1788 – 1860) glaubte beispielsweise die menschliche Genialität dadurch erklären zu können, daß sich im Genius der schon mehr vom Tier befreite, reines Kind gebliebene Mensch

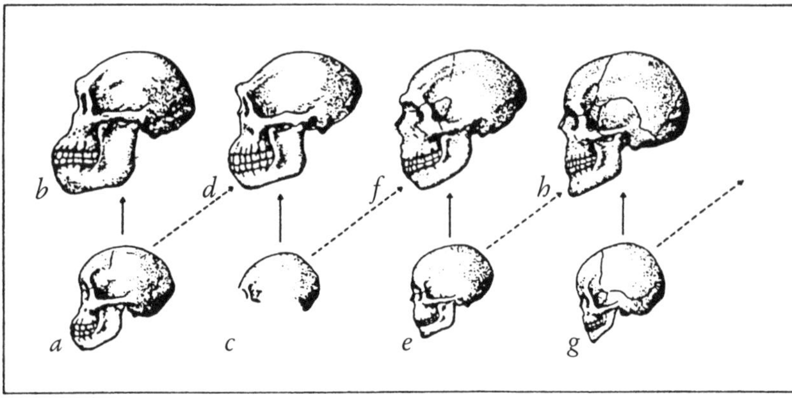

Abb. 53: Erwachsener Schädel (oben) und Kinderschädel (unten) vom Australopithecus (a, b), Homo erectus (c, d = Modjokerto-Schädel), Neandertaler (e, f) und heutigen Menschen (g, h). Jedesmal scheint die jugendliche Form eines prähistorisch menschenähnlichen Typus die erwachsene Gestalt später erscheinender, weniger tierischer Typen vorwegzunehmen. Nichts weist darauf hin, daß dieser Vorgang jetzt aufhören wird. Die Jugendform des modernen Menschen unterscheidet sich immer noch in der gleichen Weise von der erwachsenen.[256] *M. Ashley-Montagu gab zu diesem Phänomen folgenden Kommentar: «Ein fötaler Pithecanthropus [≙ Homo erectus], verglichen mit dem jugendlichen Modjokerto-Schädel, oder ein fötaler Australopithecide, verglichen mit dem jugendlichen Australopithecus africanus, würde dem heutigen Menschen mehr ähneln, als diese jugendlichen fossilen Formen den erwachsenen Exemplaren ihrer Gattung ähneln würden. […] In nahezu allen Merkmalen, in denen sich die jugendlichen Exemplare dieser fossilen Formen von den lebenden Affen oder von ihren eigenen erwachsenen Formen unterscheiden, gleichen sie dem heutigen Menschen sehr stark, z.B. in der verhältnismäßig runden Form ihrer Schädel, der Dicke ihrer Schädelknochen, dem Fehlen von Brauenrändern und Kämmen, in der Gestalt ihrer Zähne und in der relativen Größe und Form ihrer Gehirne.»*[26]

zeige.[157] Abbildung 1 (S. 18) bringt vielleicht auf naive oder geniale Weise dieselbe Idee zum Ausdruck: Der Mensch soll in Zukunft noch von einer völlig befreiten, engelartigen Form abgelöst werden. Wir nähern uns hier dem zentralen Mysterium des Menschlichen.

5.
Die oberen Gliedmaßen

Die Hand

Obwohl die frühesten Landwirbeltiere (Tetrapoden) eine größere Anzahl von Fingern haben konnten[163] (s. auch S. 213), erschien die fünfstrahlige Hand schon bald als Grundmuster. Abbildung 54 vergleicht das Skelett der menschlichen Hand mit der eines säugetierähnlichen Reptils, das während der Blütezeit der Dinosaurier lebte. Es ist sehr bemerkenswert, daß bei der primitiven Reptilienpfote der Daumen sich schon dadurch von den übrigen Fingern unterscheidet, daß er ein Fingerglied weniger hat. Dieser strukturelle Unterschied – bei dem der Daumen weniger Fingerglieder hat als die übrigen Finger – ist uralt und stammt aus Zeiten, in denen die «Hand» noch keinerlei Greiffunktion zu haben schien und nur ein Bewegungsorgan war, bei dem alle Finger ungefähr eine gleichwertige Rolle spielten. H. Klaatsch gibt sogar Abbildungen viel älterer Handabdrücke wieder, die fast wie plumpe Menschenhände, mit einem deutlich abstehenden Daumen, aussehen.[258] Die besondere Bedeutung, die der Daumen bei den Primaten und vor allem beim Menschen hat, wird durch diesen Unterschied sozusagen vorangekündigt. Das Grundmuster bei den Säugetieren sieht so aus, daß sich an jedem Finger drei Fingerglieder befinden, am Daumen nur zwei.

Manche Tiere haben die primitive fünfstrahlige Hand während der Evolution ziemlich gut erhalten (z.B. der Salamander). Bei anderen hat sie extreme Spezialisierungen erfahren. Ein bekanntes Beispiel ist das Pferd (Abb. 55), bei dem die Hand sich im Dienste der Lauf- und Springfunktion vollständig umgebildet hat. Nur der mittlere Finger jeder Hand wurde beibehalten und hat sich gewaltig ausgedehnt. Kleiner Finger und Daumen sind vollständig verschwunden; von den zwei übrigen Fingern sind nur noch die sogenannten Griffelbeine (d.h. die

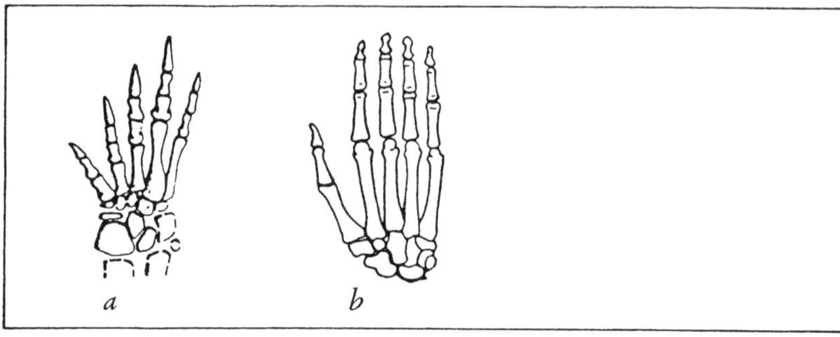

Abb. 54: Die fünfstrahlige Hand eines Reptils aus dem späten Erdaltertum (a) und des Menschen (b). Der Daumen hat in beiden Fällen ein Fingerglied weniger als die übrigen Fingerstrahlen.[367]

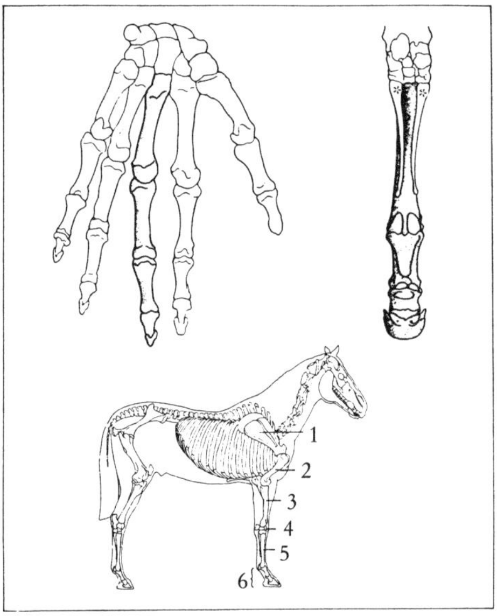

Abb. 55: Skelett des Pferdes. Oben: Menschliche Hand und «Pferdehand». Beim Pferd ist der mittlere Finger gewaltig entwikkelt. Von zwei anderen Fingern bleiben normalerweise nur die sog. Griffelbeine (*) übrig. In Ausnahmefällen sind der zweite und der dritte Finger stärker entwickelt (Atavismus; siehe Abb. 47).
Unten: Die «Pferdehand» bildet einen beträchtlichen Bestandteil des Beins. Im Vorderbein unterscheiden wir 1: Schulterblatt, 2: Oberarmknochen, 3: Speiche, 4: Handwurzelknochen, 5: Mittelhand, 6: Fingerglieder. Das Pferd hat kein Schlüsselbein und keine Elle; auch in dieser Hinsicht ist es spezialisiert.[257]

reduzierten Mittelhandknochen) da. Bei der Giraffe ist die Verlängerung der «Hand» noch ausgeprägter (Abb. 56).

Andere Beispiele fortgesetzter Spezialisierung finden wir bei den fliegenden Wirbeltieren, beispielsweise den Fledermäusen, Vögeln oder Pterodactylen (Abb. 57). Hier sind manche Finger gewaltig entwickelt, andere reduziert oder verschwunden.

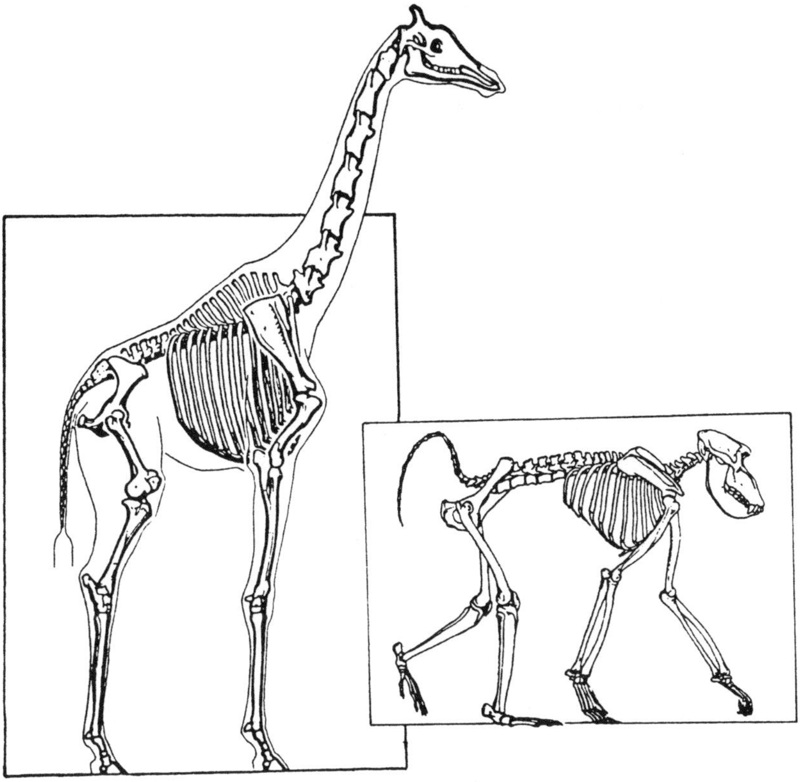

Abb. 56: Skelett der Giraffe (nach Tank, aus Kranich[265]) und des Pavians[143]. Beide Tiere sind richtige Bodenbewohner und Vierfüßer. Die Giraffe hat eine außerordentlich spezialisierte «Hand»: Das Bein ist durch das extreme Wachstum der Mittelhand- und Mittelfußknochen stark verlängert (vgl. Abb. 55). Die Hand des Affen ist dagegen verhältnismäßig unspezialisiert geblieben. Die Länge des eigentlichen Beins (Speiche und Oberarmknochen bzw. Schienbein und Oberschenkel) ist bei der Giraffe erstaunlich kurz. Beim Affen sind die Gliedmaßen im Verhältnis zum Rumpf beträchtlich länger und die Hände und Füße hinsichtlich der gesamten Länge der Gliedmaßen bedeutend kürzer, was dem stärker retardierten Charakter dieses Tieres zugeschrieben werden muß (Hypermorphose).

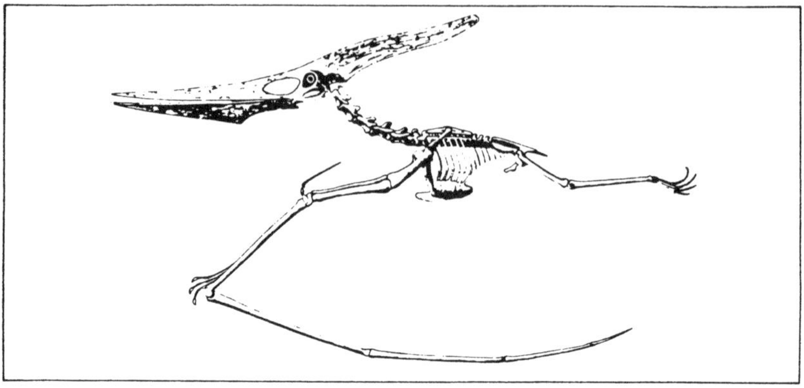

Abb. 57: Der Pteranodon, ein fliegendes Reptil aus der Kreidezeit mit vier Meter Flügelspannweite. Beispiel einer extremen Spezialisierung der Hand.[138a]

Die Grundbewegungen der Hand

Der menschliche Daumen ist der Gipfel einer Evolution, die wir bis weit ins Tierreich, bis zum Anfang der Primaten, zurückverfolgen können (siehe Abb. 58). Beim Spitzhörnchen (*Tupaia*) ist die Hand noch sehr primitiv; der Daumen ist nicht in der Lage, besondere Bewegungen auszuführen. Beim Koboldmaki kann der Daumen sich schon um das Gelenk drehen, mit dem er auf dem Mittelhandknochen ruht. Beim Kapuziner, einer Breitnase, ist eine zusätzliche Fähigkeit entstanden: Der Mittelhandknochen des Daumens kann sich selbst hin und her bewegen. Beim Gorilla – und den Menschenaffen im allgemeinen – kann dieser Knochen rotieren. Wir sehen, daß durch die Reihe der aufsteigenden Primaten der Daumen immer beweglicher wird. Beim Menschen und den Menschenaffen erreicht der Daumen seine maximale Beweglichkeit; bei den großen Menschenaffen erfährt der Daumen aber, wie wir sehen werden, noch eine weitere Spezialisierung, bei der die durch die skizzierte Evolution entstandenen Möglichkeiten wieder verlorengehen. Die menschliche Hand verkörpert dagegen die universelle Struktur schlechthin. Landsmeer schreibt: «Der entscheidende Punkt ist, daß es für die menschliche Hand nicht mehr möglich ist, eine bestimmte Funktion hervorzuheben, die bei der gegebenen Struktur

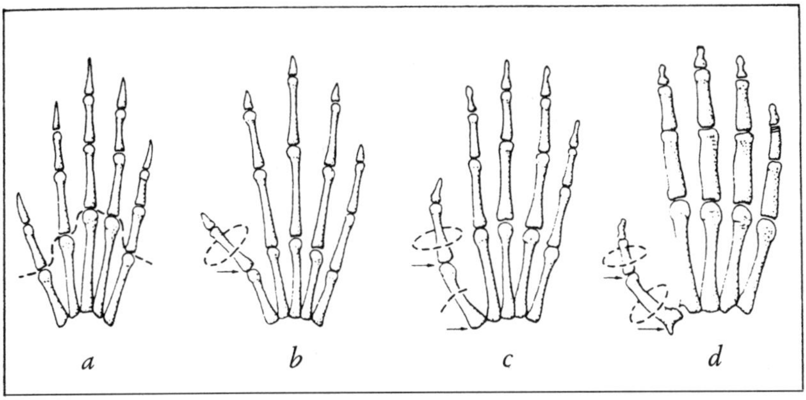

Abb. 58: Bewegungsmöglichkeiten des Daumens bei (a) dem Spitzhörnchen (Tupaia), (b) dem Koboldmaki, (c) dem Kapuziner, (d) dem Gorilla.[313]

vorherrschend wäre. [...] Der vollentwickelte Daumen verhilft der Hand zu einer funktionalen Struktur, die in keinerlei Weise eingeschränkt ist. Das Ergebnis ist, daß die menschliche Hand mit einem funktionalen Kontinuum ausgestattet ist, einem universalen Bereich, und jede besondere Funktion der Hand ist grundsätzlich angelegt oder entworfen.»[272]

J. Napier unterscheidet vier Grundbewegungen der Hand (siehe Abb. 59 und 60):[313]

- Divergenz oder Stützstand: In dieser primitiven Stellung sind die Finger gespreizt. Sie ist ein allgemeines Säugetiermerkmal und hängt mit der Trage- und Bewegungsfunktion der Hand zusammen. Der Mensch wendet diese Stellung an, um zum Beispiel einen schwereren Gegenstand (etwa ein defektes Auto) vorwärtszuschieben.
- Konvergenz oder Hakengriff: Hier werden die Finger insgesamt gebogen. Zwei konvergierende Vorderpfoten bilden zusammen ein Greiforgan. Viele Säugetiere halten auf diese Art ihre Nahrung fest (etwa die Eichhörnchen). Wenn die Finger weiter durchgebogen werden, bildet die Hand eine Art Haken. Der Mensch wendet diesen Hakengriff beim Tragen einer Tasche oder beim Öffnen einer Schublade an.[268] Bei Affen kann der Hakengriff eine große Rolle beim Klettern spielen.

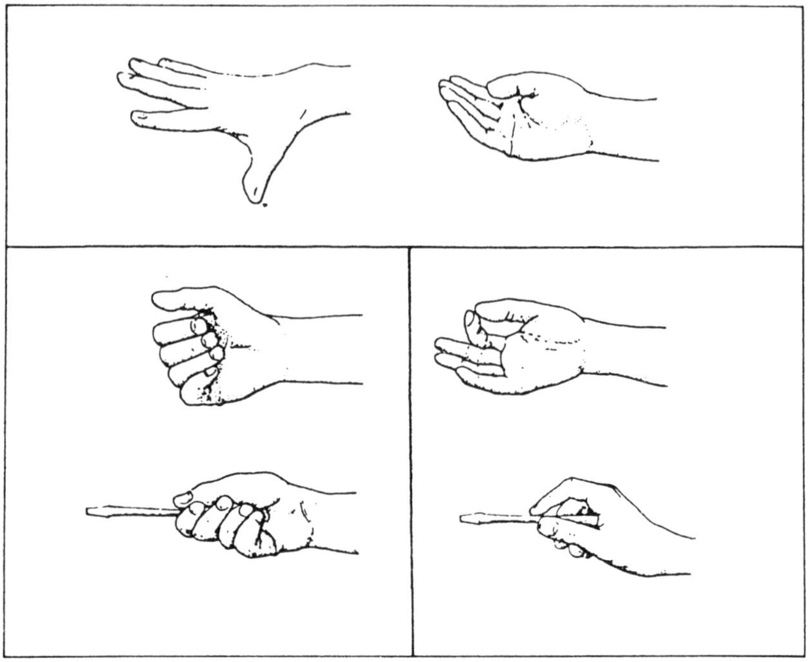

Abb. 59: Grundpositionen der Hand. Oben: die zwei primitiven Positionen: Divergenz (links) und Konvergenz (rechts). Links unten: Greifvermögen / Kraftgriff. Rechts unten: Gegenstellung / Präzisionsgriff.[313]

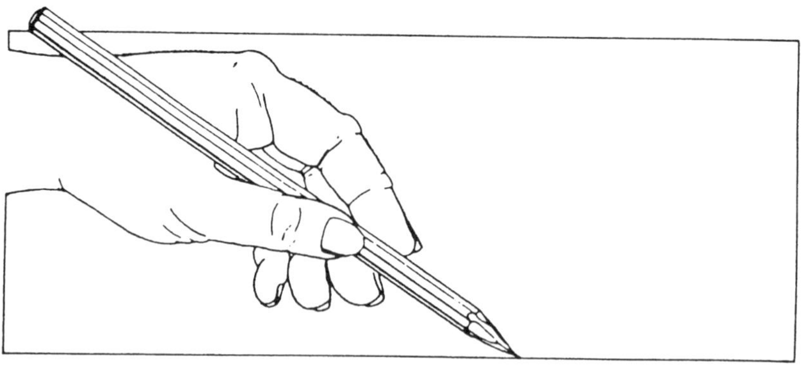

Abb. 60: Präzisionsgriff bei einer typisch menschlichen Handlung.

- Greifvermögen oder Kraftgriff: Die vier Finger werden um einen Gegenstand gelegt, der an die Handfläche herangedrückt wird; der Daumen verstärkt den von den Fingern ausgeübten Druck. Der Mensch wendet den Kraftgriff beim Hantieren mit einem Hammer oder beim Abschrauben eines Deckels an. Der Kraftgriff ist ein allgemeines Vermögen der höheren Primaten. Der abstehende und opponierbare Daumen spielt hierbei eine Rolle.
- Gegenstellung oder Präzisionsgriff: Der Gegenstand wird zwischen den fleischigen Innenseiten der oberen Fingerglieder des Daumens und einem oder mehreren der übrigen Finger gehalten. Der Präzisionsgriff ist typisch menschlich; er kann von den Affen nicht oder nur sehr unvollkommen ausgeführt werden. Man wendet ihn beispielsweise an, wenn man schreibt oder einen Faden durchs Nadelöhr fädelt. Er ist ein äußerst genauer und doch kräftiger Griff.

Die Spezialisierung der Hand des Menschenaffen

Der Daumen des Menschenaffen ist im Prinzip genauso beweglich wie der des Menschen. Doch sind diese Tiere nicht in der Lage, den Präzisionsgriff auszuführen.

Abbildung 61 zeigt, daß der Daumen des Menschenaffen verhältnismäßig kürzer ist als der des Menschen. Vor allem beim Orang-Utan fällt diese Verkürzung auf; der Daumen hat bei diesem Menschenaffen vielfach nur ein Fingerglied. Die Verkürzung des Daumens ist die Folge einer Spezialisierung der Hand zur Ausführung des Hakengriffs (beim Klettern). Die Handfläche wird lang; der Daumen wird kurz und schwach und wandert nach unten zum Handgelenk. Die lange Handfläche bildet mit den kräftigen Fingern einen Haken; der Daumen wird dabei nicht betätigt. Bei den schweren Menschenaffen (nicht beim Gibbon) werden die Beugemuskeln der Finger kürzer, so daß die Finger bei gestreckter Hand die Tendenz haben, sich zu biegen. Dadurch kostet es weniger Mühe, den Hakengriff auszuführen, wenn das Tier mit den Armen an einem Ast hängt. Diese Kletterspezialisierung ist beim Orang-Utan – dem einseitigsten Kletterer der drei großen Menschenaffen – am stärksten ausgeprägt.

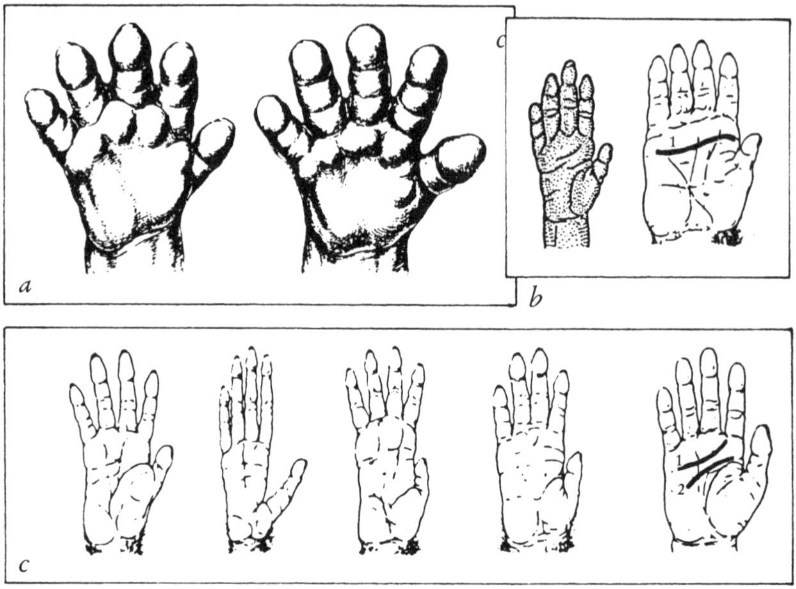

Abb. 61: Die Primatenhand. a: Fötale Hand eines Makaken (links) und eines Menschen (rechts); die Finger sind noch nicht gänzlich getrennt (Sitzhöhe der beiden Föten ist 24 mm). In diesem Stadium haben alle Primatenhände noch dieselbe, ziemlich breite Gestalt, mit einem verhältnismäßig weit oben ansetzenden Daumen, der bis über den Zeigefingeransatz reicht.[408]
b: Gorillahand in einem weiter entwickelten fötalen Stadium (vierter Monat, links) neben einer erwachsenen Form (rechts). Letztere zeigt erneut die ursprüngliche, breite Handgestalt. Diese Zurückbildung ist typisch für den Gorilla.[386, 408] *1: Die miteinander verschmolzene Herz- und Hauptlinie ist kennzeichnend für die Affenhand.*
c: Hände des erwachsenen Makaken, Gibbons, Orang-Utans, Schimpansen und Menschen (von links nach rechts). Bei keiner der erwachsenen Schmalnasen reicht der Daumen bis zum Zeigefingeransatz; obwohl der Daumen rotieren kann, ist durch seine zu geringe Größe der Präzisionsgriff unmöglich. Beim Gibbon gibt es eine bemerkenswerte Spezialisierung: Die Trennung zwischen Daumen und übrigen Fingern verläuft bis in die Mittelhand. Beim Orang-Utan ist der Daumen extrem reduziert.[408] *Beim Menschen gibt es eine Herzlinie (1) und eine Hauptlinie (2).*

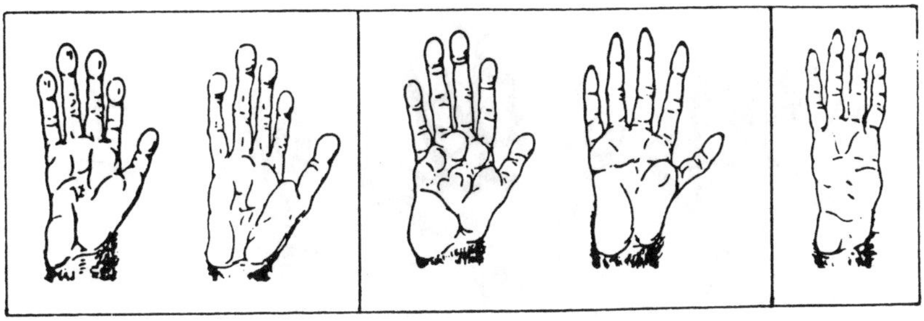

Abbildung 62: Der Daumen bei den niederen Primaten. Von links nach rechts: Hand des Lemuren und des Galagos (zwei Halbaffen), des Nachtaffen, des Kapuziners und des Klammeraffen (drei Breitnasen). Die dem Menschen am wenigsten verwandten Primaten (Halbaffen und Breitnasen) haben mit dem Menschen ein Merkmal gemeinsam, das bei den näher verwandten Schmalnasen nie vorgefunden wird: einen langen, bis über den Zeigefingeransatz reichenden Daumen. Doch sind diese Tiere nicht in der Lage, den Präzisionsgriff auszuführen, da ihr Daumen nicht oder kaum rotieren kann. Die höchstentwickelte Breitnase, Ateles (Klammeraffe), unterscheidet sich von den übrigen Breitnasen durch das vollständige Fehlen des Daumens.[408]

Die Verkürzung des Daumens macht den Präzisionsgriff unmöglich. Menschenaffen können unmöglich die Innenseite der obersten Daumen- und Fingerglieder zueinanderbringen, sondern nur die Spitzen dieser Finger, was keinen festen und präzisen Griff zuläßt.[268] Die Menschenaffen wenden meistens eine Art Scheinpräzisionsgriff an, bei dem der Gegenstand zwischen dem Daumen und der Seite des Zeigefingers gehalten wird (den «Kartengriff», von den Kartenspielern verwendet). Alle Menschenaffen nehmen Gegenstände entweder zwischen Daumen und Fingerspitze, zwischen Fingerspitze und Handfläche oder zwischen Daumen und Fingerrücken. Den «Zigarettengriff», bei dem der Gegenstand zwischen Zeige- und Mittelfinger festgehalten wird, kann man nur bei den afrikanischen Menschenaffen beobachten. Keiner dieser Griffe erreicht die Genauigkeit und Festigkeit des menschlichen Präzisionsgriffes. G. S. Krantz bemerkt, daß vor allem der Schimpanse und der Orang-Utan beim Manipulieren der Gegenstände abwechselnd beide Hände und den Mund verwenden, als ob sie drei gleichwertige Hände hätten. Die Hand ist für die Menschenaffen kein reines Organ zum Manipulieren, sondern dient auch der Fortbewegung; und der Mund ist bei ihnen noch Greiforgan.

Abb. 63: Orang-Utan (links) und Gorilla (rechts). Der Gorilla ist (wie der Schimpanse) ein Knöchelgänger. Das Gewicht des Oberkörpers wird von den zwei Fingergliedern getragen. Beim Orang-Utan ruht das Gewicht des Oberkörpers gewöhnlich auf der Seite der Hand.[412]

Schimpansen und Gorillas sind weniger lebhafte Kletterer als der Orang-Utan. Der Daumen ist bei diesen Affen weniger verkürzt und gesenkt. Vor allem die Gorillahand ist der des Menschen erstaunlich ähnlich, doch hat auch dieses Tier die Fähigkeit des Präzisionsgriffes verloren. Der Gorilla erreicht die ziemlich breite und mehr oder weniger menschenähnliche Handgestalt auf einem merkwürdigen Umweg. Im frühfötalen Stadium ist die Gorillahand breit, was bei allen Primaten der Fall ist. In einem späteren Stadium wird sie länglich, wie bei den übrigen Menschenaffen. Noch später verbreitert sie sich erneut (siehe Abb. 61b). In der Entwicklung des Gorillas finden wir eine Menge derartiger Umwege, zum Beispiel beim Fuß oder beim Penis – als wenn das Tier «versuchte», einige tierische Spezialisierungen «zurückzunehmen».

Afrikanische Menschenaffen zeigen aber eine zusätzliche Spezialisierung der Hände im Dienst der Fortbewegung. Das Gewicht des Oberkörpers ruht mittels der Arme auf den Mittelgliedern der Finger beider Hände (siehe Abb. 63). Die Hände befinden sich dabei durchweg in der Hakengrifflage, die auch zum Klettern so wichtig ist; diese Tiere sind sogenannte «Knöchelgänger».

Die Muskeln und Knochen von Armen und Händen des Schimpansen und des Gorillas weisen im Zusammenhang mit dieser Gangart eine Reihe von Anpassungen auf. Beide Affen haben an den mittleren Fingergliedern spezielle Laufverdickungen. Bestimmte Muskeln und Sehnen sind verkürzt, und gewisse Einzelheiten des Handgelenks haben sich geändert, so daß die afrikanischen Menschenaffen einige Bewegungsmöglichkeiten verloren haben. Sie können zum Beispiel nicht die Finger und die Handfläche gleichzeitig gestreckt halten; wenn die Handfläche in der Verlängerung des Unterarms gehalten wird, beugen sich die Finger von selbst. Sogar mit gebogenen Fingern kann die Hand des Schimpansen und des Gorillas nur um einen kleinen Winkel über die gestreckte Lage hinaus gebogen werden. Diese Anpassungen erweisen sich als Vorteil beim Knöchelgang, aber auch beim Klettern (der Hakengriff wird stabilisiert). Im Grunde genommen kann der Knöchelgang als die Bewegungsart eines Affen, der schon ein spezialisierter Kletterer des Brachiatortypus ist, auf dem Boden verstanden werden. Das feine Manipulationsvermögen der Hand wird bei diesen Tieren in gewisser Hinsicht zugunsten der Fortbewegungsfunktionen aufgegeben.

Weder beim Menschen noch bei den prähistorischen menschenähnlichen Formen trifft man eine Spur dieser typischen Spezialisierungen der afrikanischen Menschenaffenhand an. Dagegen findet man bei dem jungen Menschenaffen noch eine ähnliche Beweglichkeit der Hände und Handgelenke wie beim Menschen. W. L. Straus entdeckte, daß bei einem neugeborenen Schimpansen zwei Finger noch vollständig gestreckt werden können, wenn die Hand in der Verlängerung des Unterarms gehalten wird.[441] Diese Beweglichkeit wird während des ersten Lebensmonats beibehalten, verschwindet dann aber rasch. Bei den sehr jungen Schimpansen kann die Hand über einen viel größeren Winkel nach hinten gebogen werden. R. H. Tuttle schließt, daß die Hände des Menschen und der afrikanischen Menschenaffen von einer Urform abgeleitet werden müßten, die mehr menschen- als affenähnlich war.[453] Derselbe Schluß wurde früher schon von anderen Forschern (von Morton und von Keith) gezogen. Die größere Beweglichkeit der menschlichen Hand im Vergleich zu der des Menschenaffen ist ein Merkmal des Typus I.

J. Napier bemerkt ganz richtig, daß «zumindest was die Hand betrifft die Evolution fortschrittlich gewesen ist. Obwohl der Präzisionsgriff die äußerste Verfeinerung des Greifens darstellt, beinhaltet dies nicht, daß primitivere Fähigkeiten verlorengegangen sind. Der menschlichen Hand sind weiterhin die Stellungen und Bewegungen der Primaten-Fuß-Hand möglich, sogar die Beinstellungen und -bewegungen derjenigen Säugetiere, die uneingeschränkt Vierfüßer geblieben sind; und sie behält viele der entsprechenden anatomischen Strukturen. Von einem Stadium der Evolution zum nächsten wird die spätere Fähigkeit dem vorhergehenden hinzugefügt.»[313]

Im Falle der menschlichen Hand kann also von Spezialisierung keine Rede sein. Die Hand verliert im Laufe der Evolution keine Fähigkeiten, sie gewinnt nur immer neue dazu. Die menschliche Evolution verläuft in dieser Hinsicht also wesentlich anders als die Evolution des Pferdes oder der Fledermaus, wo ein ganzes Potential aufgegeben wird, um eine hochspezialisierte Fähigkeit zu erwerben. Die menschliche Hand ist «spezialisiert» auf Nichtspezialisierung. Sie ist ein ausgezeichnetes Beispiel gesteigerter Primitivität im Goetheschen Sinne (siehe Abb. 45, S. 114). «Die menschliche Hand zeigt ein außergewöhnliches Maß an Primitivität – ein erstaunlicher Schluß, wenn man ihre speziellen Bewegungsfähigkeiten, ihre außerordentliche Empfindlichkeit, ihre Genauigkeit, Subtilität und Ausdrucksfähigkeit in Betracht zieht.»[315] Sie ist das universelle Organ zum Manipulieren schlechthin. Die Gestalt der menschlichen Hand deutet auf das Werkzeug hin, sie ruft danach; sie kann nicht ohne dieses verstanden werden. Jede technische Ausbildung sollte daher im Grunde mit einem Studium der Hand anfangen.

Die globale, fünfstrahlige Form der Menschenhand ist ein Merkmal des Typus I. Wir sehen, wie dieses uralte Organ im Laufe der Evolution bei zahllosen Tieren die meist extremen und verschiedenen Spezialisierungen erfährt – zu Pfote, Flosse, Flügel, Huf usw. Kein einziges Tier löst das Rätsel des Daumens, der sich von Anfang an von den anderen Fingern unterscheidet. Nur entlang der menschlichen Evolutionslinie herrscht eine Treue zur ursprünglichen Form. Bei den höheren Primaten erfährt das Rätsel des Daumens eine anfängliche Lösung. Der - Daumen wird beweglicher, die Manipulationsmöglichkeiten der Hand verfeinern sich usw. Im Vergleich zu den niederen Primaten ist der bewegliche und opponierbare menschliche Daumen ein Merkmal des

Typus II. Das Merkmal erscheint in immer stärkerem Maße bei den höheren Primaten, enthüllt aber seinen Sinn erst im letzten Stadium, wenn der Präzisionsgriff erscheint. Es ist eine explosionsartige Enthüllung. Mit dem Erscheinen der Technik, der eigentlichen Werkzeugverwendung, bekommt die ganze vorhergehende Entwicklung mit ihrer Treue zur originalen Gestalt ihre volle Bedeutung.

Verglichen mit dem Daumen der Menschenaffen ist der bewegliche menschliche Daumen aber ein Merkmal des Typus I. Diese Affen haben zwar einen beweglichen Daumen, genau wie der Mensch, doch die Beweglichkeit ist in gewisser Hinsicht sinnlos geworden, weil die Menschenaffenhand tierische Spezialisierung (im Dienst der Fortbewegung) erfuhr. Es ist eine merkwürdige Tatsache, daß sowohl bei den höchstentwickelten Breitnasen wie bei den Schmalnasen (inklusive der Menschenaffen) der Daumen eine klare Tendenz zur Degeneration zeigt (siehe Abb. 61 und 62), bei den niederen Primaten und beim Menschen diese Tendenz jedoch fehlt.

Der Handindex

Der Handindex gibt die Breite der Hand in Prozent zur gesamten Handlänge wieder. Beim Fötus ist die Hand verhältnismäßig kurz; der Wert des Handindex ist also hoch (siehe Abb. 61). Nach Schultz zeigt der Handindex bei Mensch und Affe in der ersten embryonalen Entwicklungsphase ungefähr denselben, hohen Wert. Beim Menschen bleibt die Hand verhältnismäßig kurz, bei den Affen nimmt der Handindex dagegen durchweg sehr rasch ab; erwachsene Affen haben im allgemeinen lange, schmale Hände. Einige Beispiele für den Handindexwert im erwachsenen Alter:[381]

Mensch:	ca. 45 %
Gibbon:	21 bis 25 %
Orang-Utan:	22 bis 28 %
Kapuziner:	31 bis 34 %

Im dritten Kapitel haben wir gesehen, daß die kurze und leichte menschliche Hand sich gut in das gesamte Bild des retardierten kaudocephalen Wachstumsmusters der Gliedmaßen einfügt. Die Verlängerung der Affenhand kann nicht auf die gleiche allgemeine Art verstanden werden; sie ist eine Spezialisierung, die mit der Bewegungsart dieser Tiere zusammenhängt. Die kurzbleibende menschliche Hand ist im Vergleich dazu ein Merkmal des Typus I.

Der Daumenindex

Der Mensch hat, im Gegensatz zu den Schmalnasen, die als seine nächsten Verwandten gelten, einen stark entwickelten Daumen. Die Affen zeigen im Verlauf ihres späteren Wachstums eine systematische Tendenz zur Verkürzung des Daumens relativ zur Hand. Beim Schimpansen ist die Abnahme des Daumenindex (Länge des Daumens in Prozent zur Handlänge) während der individuellen Entwicklung deutlich bemerkbar. Schultz gibt folgende Werte der Daumenindices des Schimpansen an:[393]

Fötus:	55 bis 62 %
Neugeborenes:	49 bis 56 %
Kind:	46 bis 56 %
Erwachsenes Tier:	44 bis 52 %

Für den Orang-Utan ist während der individuellen Entwicklung ebenfalls eine Abnahme des Daumenindex feststellbar:[314]

Fötus:	45 bis 49 %
Neugeborenes:	44 bis 53 %
Kind:	40 bis 48 %
Erwachsenes Tier:	35 bis 47 % (Männchen)
	40 bis 46 % (Weibchen)

Beim Makaken stellte Schultz eine schnelle Abnahme des Daumenindex in der frühesten fötalen Phase fest, gefolgt von einer Stabilisierung.[390] Er bemerkt, daß die Abnahme des Daumenindex ein allgemeines Primatenmerkmal sei, daß aber diese Tendenz beim Menschen nicht vorhanden sei.[381, 390] Wie wir in Kapitel 6 ausführlich erläutern werden, entstehen die Finger (und die Zehen) nicht zu gleicher Zeit, sondern in einer bestimmten Reihenfolge: Ringfinger – Mittelfinger (und kleiner Finger) – Zeigefinger – Daumen. Der Daumen ist also, aus ontogenetischer Sicht, ein «Spätling» bezüglich der anderen Finger. Retardation würde also (durch Hypermorphose) einen verhältnismäßig großen Daumen zur Folge haben, und das ist genau das, was wir beim Menschen auch beobachten können. Der menschliche Daumen ist, verglichen mit den übrigen Fingern, wirklich in einer aufholenden Wachstumsbewegung begriffen. So stellt M. Ashley-Montagu fest, daß die Länge der Daumenglieder beim menschlichen Fötus von fünf bis sieben Monaten fast 48 Prozent der Länge der Mittelfingerglieder beträgt; beim erwachsenen Menschen steigert sich diese Zahl auf nahezu 57 Prozent.[23]

Die Abnahme des Daumenindex bei den Affen ist dagegen die Folge davon, daß sich die anderen Strahlen (einschließlich der Mittelhandknochen) verlängern. Dieser Vorgang kann nicht durch Retardation und Hypermorphose erklärt werden und ist also als eine Spezialisierung zu betrachten.

Auch der Zeigefinger ist ein «Spätling» bezüglich des Ringfingers und des Mittelfingers. Beim erwachsenen Menschen ist der zweite Strahl (Zeigefinger mit Mittelhandknochen) tatsächlich länger als der vierte Strahl (Ringfinger mit Mittelhandknochen). Bei Affen gelten entgegengesetzte Verhältnisse,[246] und bei Halbaffen und anderen Landwirbeltieren ist der vierte Strahl meistens sehr lang (siehe z.B. Abb. 62, S. 141, und Abb. 54 a, S. 134).

Diese gesteigerte Entwicklung des Daumens und des Zeigefingers führt unmittelbar zur typisch menschlichen Fähigkeit der Präzisionsgriffs. Innerhalb der Handfläche hat die Emanzipation des Zeigefingers noch eine merkwürdige Folge: Beim Menschen zeigen sich fast immer zwei Linien (siehe Abb. 61, S. 140), die «Hauptlinie» und die «Herzlinie», die bei den nichtmenschlichen Primaten miteinander verschmolzen sind. «Dieser Hauptunterschied [...] hängt damit zusammen, daß sich der menschliche Zeigefinger in hohem Maße unabhängig bewegen kann, während bei den nichtmenschlichen Primaten der Zeigefinger sich nur im Verband mit den anderen Fingern bewegen kann.»[315]

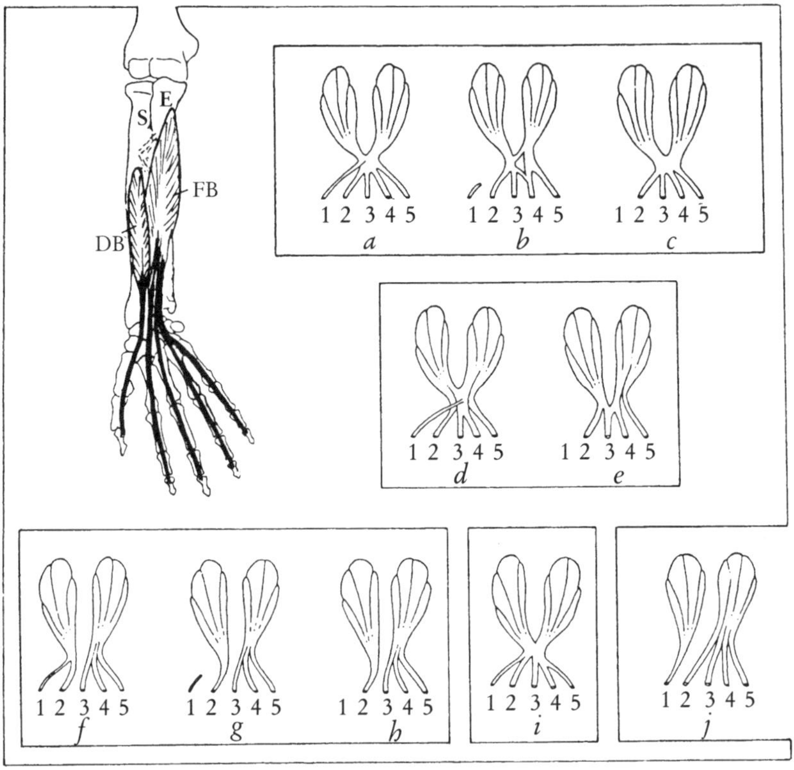

Abbildung 64: Die tiefen Fingerbeuger. Links oben: Umriß der Lage des langen Daumenbeugers (DB) und des tiefen Fingerbeugers (FB) im menschlichen Unterarm. E: Elle; S: Speiche. Von den Muskelbäuchen erstrecken sich lange Sehnen (schwarz) bis an die Basis der letzten Fingerglieder. Das Handskelett ist von der Handflächenseite her dargestellt.
Die Abbildung zeigt ferner die schematische Darstellung der entsprechenden Muskelbäuche einer Anzahl von Primaten. Die Finger sind vom Daumen (1) ab bis zum kleinen Finger (5) numeriert. a: Kapuziner; b, c: Varianten des Klammeraffen (degenerierte oder fehlende Sehne des Daumens); d: Makak; e: Stummelaffe (diese Schmalnase hat keinen Daumen und ebenso keine Daumensehne); f, g, h: drei Varianten, die es alle drei beim Gorilla, beim Schimpansen und beim Orang-Utan gibt (Daumensehne entweder schwach, degeneriert oder abwesend); i: Gibbon; j: Mensch.[442] *Nur beim Menschen spiegelt sich der Sonderstatus des Daumens in der Bildung der tiefen Fingerbeuger wider.*

Die Fingerbeugemuskeln

Der Unterschied zwischen der menschlichen Hand und der Menschenaffenhand wird klar ersichtlich durch die Gestalt der «tiefen Fingerbeuger» – Muskeln, die an der Unterseite des Unterarms spürbar sind, wenn man die Finger ballt. Beim Menschen findet man zwei dieser Muskeln (siehe Abb. 64):

- den Musculus flexor pollicis longus (langen Daumenbeuger), der an der Speiche anfängt und dessen Sehne bis an die Basis des letzten Daumenglieds geht
- den Musculus flexor digitorum profundus (tiefen Fingerbeuger), der an der Elle anfängt; der Muskelbauch dieses Muskels endet in vier Sehnen, die an die Endglieder der vier Finger angewachsen sind; der Muskel beugt die Handwurzel-, Mittelhand- und Fingergelenke.

Diese Muskelverteilung, bei der ein Muskel den Daumen bewegt und ein anderer die übrigen Finger, spiegelt ein uraltes Muster wider, in dem der Daumen eine besondere Funktion und Gestalt gegenüber den anderen vier Fingern erhält (siehe Abb. 54, S. 134). Beim Menschenaffen sind die Fingerbeuger anders gebildet: Man findet beim Schimpansen, beim Gorilla und beim Orang-Utan einen gemeinsamen Beuger für Daumen und Zeigefinger; die Sehne des Daumens ist hierbei schwach entwickelt, degeneriert oder gar völlig verschwunden. Bei der Mehrheit der Menschenaffen gibt es keine Möglichkeit, den Daumen unabhängig zu beugen. Selbst wenn die Sehne vorhanden ist, so ist sie doch fast immer sehr schwach. W. L. Straus bemerkt, daß die anderen Muskeln, die den Daumen bewegen, bei den großen Menschenaffen eine sehr deutliche Tendenz zu einer globalen Abschwächung zeigen. Bei den Gibbons ist der Daumen nicht in demselben Maße degeneriert; aber er weist eine Anzahl bemerkenswerter Spezialisierungen auf, die an die Kletterweise dieser Tiere angepaßt sind. Dagegen besitzt der menschliche Daumen nach Straus «eine generalisierte Struktur; es sind bei ihm nicht nur die mangelhaften Qualitäten der Beugemuskeln der Menschenaffen und der meisten übrigen Brachiatoren nicht vorhanden, sondern auch die besonderen Spezialisierungen im Verhältnis zum Daumen der Gibbonartigen.»[442]

Bei den Vierfüßern befinden sich die Schulterblätter neben dem Rumpf; die vorderen Gliedmaßen stehen dadurch unterhalb des Rumpfes dicht nebeneinander, was das Laufen erleichtert. Beim Menschen (und bei den Menschenaffen) befinden sich die Schulterblätter dagegen am Rücken; die vorderen Gliedmaßen setzen an beiden Seiten des Rumpfes an. Beim Menschen verläuft die Verbindungslinie der Schultergelenke ungefähr durch die Wirbelsäule; bei den meisten Säugetieren befindet sich diese Linie eine Stück vor (bzw. unter) der Wirbelsäule (siehe Abb. 23, S. 61, und Abb. 56, S. 135).

Die seitwärtige Stellung der Arme hat eine bemerkenswerte, sich selbst stützende Folge. Zum einen fördert diese Position die aufrechte Körperhaltung. Die Arme befinden sich ungefähr in derselben Ebene wie die Wirbelsäule, so daß kein Kraftmoment auf die Wirbelsäule ausgeübt wird (siehe Kap. 6). Beim Säugetier und bei dessen unterhalb des Rumpfes angeordneten Beinen (man denke z.B. an die Position der Vorderbeine eines sich aufbäumenden Pferdes) ist das Auftreten eines solchen Kraftmoments nahezu unvermeidlich. Die Arme fördern also durch ihre seitwärtige Lage ihr eigenes Freiwerden von der Fortbewegungsfunktion. Zum anderen erweitert diese Position die Möglichkeiten des befreiten Arms, indem sich der Bewegungsbereich der Arme stark vergrößert. Der Mensch kann ohne Mühe beide Arme in entgegengesetzte Richtung ausstrecken oder einen sich neben ihm befindenden Gegenstand berühren; Tiere mit neben dem Rumpf angeordneten Schulterblättern können ihre Vorderbeine nur im Bereich vor (bzw. unter) dem Rumpf bewegen. Die große Beweglichkeit des menschlichen Arms ist die konsequente Fortführung der stark verfeinerten Motorik der menschlichen Hand. Die Möglichkeiten der Hand wären sehr eingeschränkt, wenn sie sich an einem wenig beweglichen Arm befände. Der universelle Charakter unserer Hand, die seitwärtige Lage unseres Arms und die aufrechte Haltung sind drei eng miteinander verbundene Merkmale.

Die Gestalt des Brustkorbs spielt in diesem komplexen Zusammenhang eine zentrale Rolle. Vierfüßer haben einen tiefen Brustkorb (Thorax), der sich stark von dem abgeflachten des Menschen unterscheidet. Ein breiter Thorax ist von Vorteil für den Erwerb der aufrechten Körperhaltung, weil das Gewicht des Brustkorbs so näher an der tragenden Wirbelsäule bleibt und ein geringeres Kraftmoment ausübt. Ein schmaler, tiefer Brustkorb ist dagegen von Vorteil für die Fortbewegung mit vier Beinen; dadurch, daß der Brustkorb schmal ist, befinden sich die Schulterblätter an den Flanken, und die Schultergelenke sind nach unten gerichtet, in der Verlängerung der Vorderbeine.

Die Raubtiere illustrieren gut die Rolle, die die Gestalt des Brustkorbs für den aufrechten Gang spielt. Der Bär hat einen breiten Brustkorb mit dem Menschenkind ähnlichen Proportionen (was möglicherweise in Zusammenhang steht mit der Popularität des Bären als Kuscheltier); außerdem kann dieses Tier ziemlich gut aufrecht gehen. So schreibt zum Beispiel E.-M. Kranich: «Der Bär ist ein Tier mit Wesenszügen, die wie in unfertiger, gleichsam roher Form etwas von dem enthalten, was beim Menschen in vollkommener Gestalt erscheint.»[266] Der Bär ist aber ein geschickterer Vierfüßer als Katzen, die einen tiefen, weniger menschenähnlichen Brustkorb besitzen. Die Katzen wiederum können schlechter aufrecht gehen.

Die Breite des Brustkorbs wird wiedergegeben durch den thorakalen Index: das Verhältnis zwischen Breite und Tiefe des Thorax, an bestimmten Punkten gemessen.[117] Je höher der Indexwert, desto breiter der Brustkorb. Nach C. B. Davenport haben primitive Säugetiere oft einen ziemlich flachen Brustkorb, große, spezialisierte vierfüßige Läufer (paar- und unpaarhufige Tiere, Elefanten usw.) einen sehr schmalen Brustkorb. Die niederen Primaten nehmen eine Zwischenstellung ein, während die Menschenaffen einen sehr flachen Brustkorb besitzen, der sich den menschlichen Proportionen annähert. Es gibt auch einige Spezialisierungen (z.B. Gräber, wie der Maulwurf), die einen sehr flachen Brustkorb entwickeln.

Die flache Gestalt des Brustkorbs wurde manchmal als eine menschliche *Spezialisierung* betrachtet, da dadurch die aufrechte Haltung (und die Befreiung des Arms sowie der Hand) gefördert wird und die Arme in eine seitlichere (und also beweglichere) Lage gebracht werden. Diese Auffassung ist nicht richtig. Der hohe Wert des thorakalen Index beim Menschen kommt durch eine fortgesetzte und konsequente Fortführung einer allgemeinen Säugetiertendenz zustande. Alle Säugetierembryonen haben am Anfang ihrer Entwicklung einen sehr tiefen Brustkorb (Abb. 65), der dann allmählich flacher wird, allerdings nur bis zu einer bestimmten Entwicklungsphase. Beim Menschen wird diese Tendenz der fortwährenden Steigerung des thorakalen Index während des gesamten Wachstums normal fortgesetzt. Bei einem Tier, wie zum Beispiel einem Hund, tritt ab einem gewissen Augenblick eine Wende

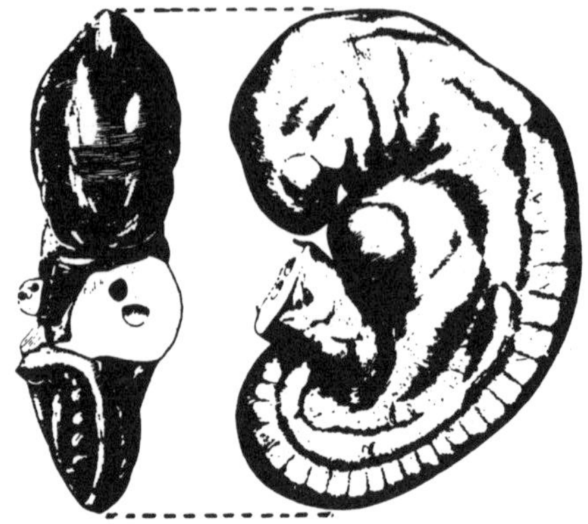

Abb. 65: Menschlicher Embryo von 4,2 mm, frontal und seitlich dargestellt. Man beachte die seitlich abgeflachte Form des thorakalen Bereichs. Man vergleiche für die späteren Entwicklungsphasen Abbildung 23, S. 61.[41a]

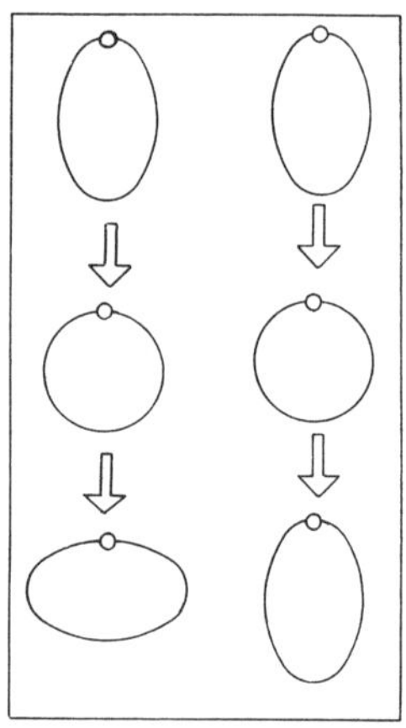

Abb. 66: Die sich verändernden Brustproportionen beim Menschen (links) und beim Tier (rechts), schematisch dargestellt (vgl. Abb. 23, oben links; der kleine Kreis deutet die Lage der Wirbelsäule an). Beim Menschen (und bei den Menschenaffen) entwickeln sich die Proportionen immer weiter in dieselbe Richtung (zunehmende Verbreiterung). Bei den niederen Affen und den meisten anderen Säugern tritt eine Wende auf, die ursprüngliche Tendenz zur Verbreiterung kehrt sich um, und der Brustkorb wird beim heranwachsenden Tier wieder schmäler.

ein: Der thorakale Index erreicht ein Maximum und sinkt dann wieder. Sogar bei ziemlich vielen vierfüßigen Primaten, wie den Pavianen, Makaken, Kapuzinern usw., wird diese Wende beobachtet.[381]

Schultz kritisiert deshalb die Forscher, die den schmalen Brustkorb des menschlichen Embryos als eine Haeckelianische Rekapitulation eines vorelterlichen (vierfüßigen) Zustandes betrachten. So hat beispielsweise ein Hundefötus einen thorakalen Index, der zuerst bis auf einen Wert von 100 steigt; danach wird der Brustkorb wieder schmäler. Schultz bemerkt dazu: «Um konsequent zu sein, müßte man die absurde Annahme machen, daß die Vorfahren des Hundes eine aufrechte Haltung hatten. [...] Die Brustgestalt in früheren embryonalen Phasen kann nicht als eine ontogenetische Wiedererscheinung eines phylogenetischen Zustandes betrachtet werden, sondern wird direkt beeinflußt durch Ursachen rein topographischer Art, speziell durch das Wachstum des Herzens, der Lungen und der Leber.»[381] Der hohe Wert des thorakalen Index beim erwachsenen Menschen ist ein klares Beispiel für ein Merkmal des Typus II. Es ist ein Zug, der ziemlich spät in der menschlichen Entwicklung erscheint, seine strukturelle Bedeutung der typisch menschlichen Situation entlehnt (dem aufrechten Gang) und schon bei den am meisten retardierten Primaten (den Menschenaffen) eindeutig vorhanden ist. Der breite und flache Brustkorb des Menschen entsteht durch die fortgeführte und konsequente Fortsetzung oder Hypermorphose einer frühen Entwicklungstendenz, die bei allen Säugetierembryonen vorhanden ist. Säugetiere mit einem tiefen Brustkorb weichen von diesem allgemeinen Muster ab und zeigen ab einem gewissen Stadium erneut eine Verschmälerung des Thorax. Diese Abweichung vom allgemeinen Muster führt zu einem Körperbau, der im Dienst einer vierfüßigen Fortbewegungsweise spezialisiert ist. Der Mensch bleibt dem ursprünglichen Entwicklungsmuster dagegen treu und entwickelt genau dadurch eine Körpergestalt, die für den Erwerb einer aufrechten Haltung und für die Befreiung der Hand vorteilhaft ist.

Die Schulter. Einige Beispiele menschlicher Explikation

Die menschliche Schulter hat eine allgemeine und optimale Beweglichkeit, die in funktioneller Hinsicht direkt mit dem universellen Charakter der menschlichen Hand zusammenhängt. C. E. Oxnard stellt fest: «Die

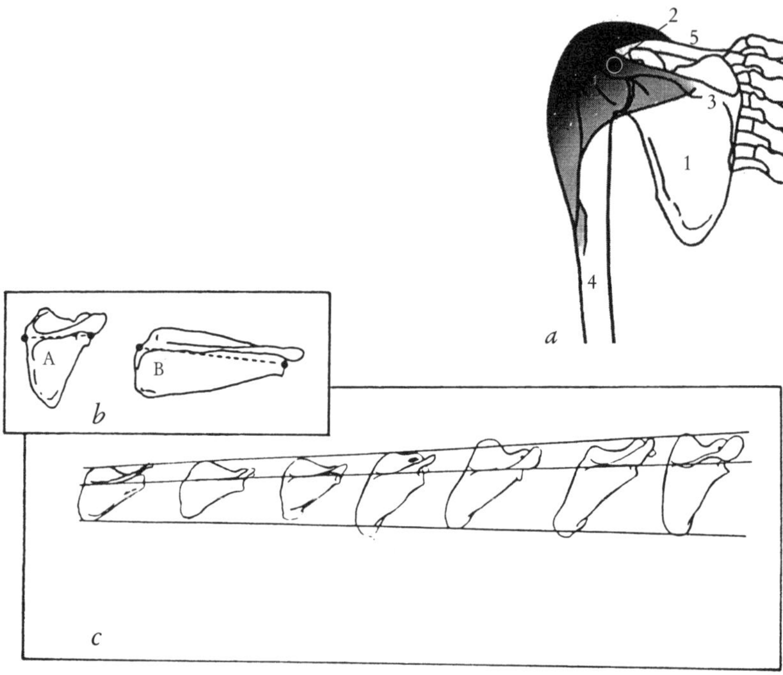

Abbildung 67: Schulter und Schulterblatt. a: menschliche Schulter, von der Rückseite. Die Lage des Deltamuskels ist grau dargestellt. 1: Schulterblatt; 2: Schulterhöhe (Acromion); 3: Schultergräte; 4: Oberarmknochen (Humerus); 5: Schlüsselbein.[87] *b: menschliches Schulterblatt (A), verglichen mit dem eines mittleren Säugetiers (B).*[419] *Die Strichlinie gibt die Längsrichtung wieder. Das menschliche Schulterblatt ist sehr kurz. c: Schulterblätter von einem Halbaffen (Indri), zwei Schmalnasen (Makak und Pavian), einer Breitnase (Ateles), vom Gorilla, vom Schimpansen und vom Menschen. Durch diese Primatenreihe nimmt der scapuläre Index (die Länge des Schulterblatts geteilt durch seine Höhe) fortwährend ab. Das menschliche Schulterblatt ist extrem kurz, was mit der optimalen Beweglichkeit der menschlichen Schulter zusammenhängt.*[233]

Schulter wird zunehmend beweglicher, wenn man von den Halbaffen über die Affen zu den Menschenaffen voranschreitet; [...] die menschliche Schulter ist von allen am beweglichsten, wie es einem Vorderglied zukommt, das nicht zur Fortbewegung verwendet wird, sondern wichtige Funktionen für das Tasten, Greifen, Manipulieren, Kommunizieren und Verteidigen besitzt.»[329]

Die Gestalt des Schulterblattes

In verschiedener Hinsicht ist der Bau der menschlichen Schulter der Endpunkt einer Entwicklung, die bis weit ins Tierreich zurückverfolgt werden kann. Die Beweglichkeit der vorderen Gliedmaßen hängt eng mit der Gestalt des Schulterblattes zusammen: «Im allgemeinen lassen verhältnismäßig schmale Schulterblätter weniger Bewegungsmöglichkeiten der oberen Gliedmaße zu als relativ breite.»[385] Primaten haben im allgemeinen kurze Schulterblätter im Vergleich zu anderen Säugetieren (siehe Abb. 56, S. 135, und Abb. 67). Aus Abbildung 67 wird ersichtlich, daß die Breite der Schulter systematisch abnimmt, wenn wir die Reihe von den Halbaffen über die niederen Affen und die Menschenaffen bis zum Menschen verfolgen. Es ist interessant, daß die hochentwickelte Breitnase Ateles ein dem Menschen viel ähnlicheres Schulterblatt hat als die doch dem Menschen näher verwandten niederen Schmalnasen.

Die Drehung des Oberarmknochens (Humerus)

Sowohl beim Menschen als auch bei spezialisierten Vierfüßern, etwa bei Pferden, dreht sich das Ellenbogengelenk um eine Achse, die ungefähr senkrecht zur Bewegungsrichtung des Körpers steht. Beim Menschen befinden sich Schulterblatt und Schultergelenk jedoch am Rükken; außerdem ist der Kopf des Humerus (des Oberarmknochens) beim Pferd nach hinten orientiert, beim Menschen liegt er dagegen seitlich. Die Folge ist, daß das Scharniergelenk des Ellenbogens in Relation zum Humeruskopf bei Mensch und Vierfüßer anders angeordnet ist (siehe Abb. 68). Die gegenüber dem Vierfüßer veränderte Lage von Humeruskopf und Ellenbogengelenk hat eine Drehung (Torsion) des menschlichen Oberarmknochens zur Folge.

Diese Torsion des Oberarmknochens fängt in einer frühfötalen Phase an[290] und läuft parallel mit der Zunahme des thorakalen Index; dadurch verlagern sich die Schulterblätter allmählich mehr zum Rücken hin. Wenn man die Primaten miteinander vergleicht, ist die Torsion am stärksten beim Menschen, gefolgt von den afrikanischen Menschenaffen, dem Gibbon und dem Orang-Utan, den höheren Breitnasen und zum Schluß den Schmalnasen (siehe Abb. 68, Evans/Krahl[139] und Knussmann[260]). Die Torsion hängt direkt mit der Manipulationsfähigkeit der menschlichen Hand zusammen; durch die spezielle Lage, die

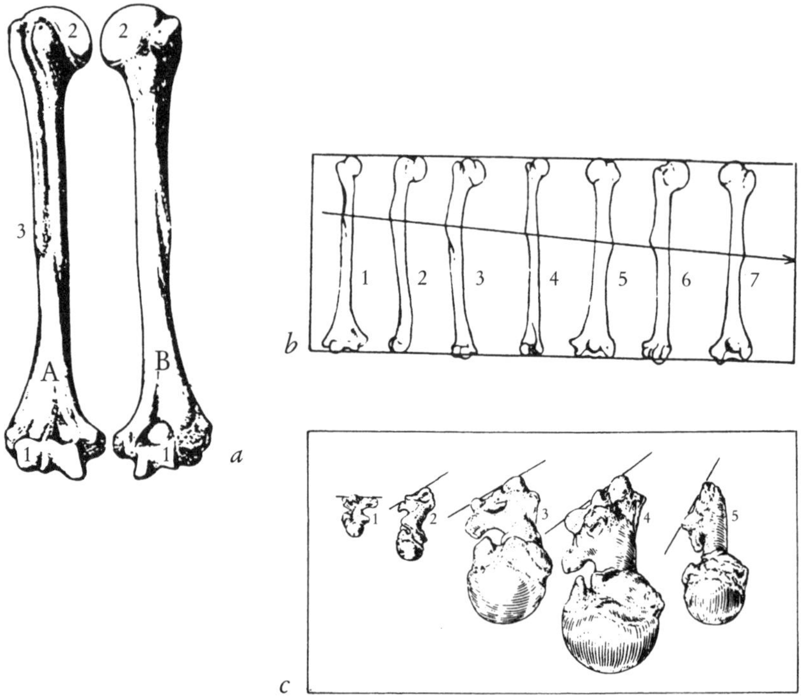

Abb. 68: Der Oberarmknochen (Humerus). a: rechter Oberarmknochen des Menschen, von vorne (A) und von hinten (B). 1: Trochlea humeri (schließt am Ellenbogengelenk an; 2: Caput humeri (schließt am Schultergelenk an); 3: Tuberositas deltoidea (Ansatzpunkt des Deltamuskels). b: Lage der Tuberositas deltoidea beim (1) Indri (Halbaffen), (2) Makaken, (3) Pavian, (4) Klammeraffen, (5) Gorilla, (6) Schimpansen, (7) Menschen. c: Drehung (Torsion) des Humerus beim (1) Indri, (2) Pavian, (3) Schimpansen, (4) Gorilla, (5) Menschen. Der Oberarmknochen ist vom Blickwinkel schräg oberhalb des Schultergelenks aus dargestellt. Die Richtung des Ellenbogengelenks wird durch die gerade Linie wiedergegeben. Man beachte, daß der Humeruskopf beim Menschen und bei den Menschenaffen im Verhältnis zum Schaft stark vergrößert ist.[247]

die beiden Schultergelenke des menschlichen Humerus zueinander einnehmen, können die beiden Hände leicht vor dem Körper zusammengeführt werden. Die Torsion des Oberarmknochens kann also als ein Merkmal des Typus II aufgefaßt werden.

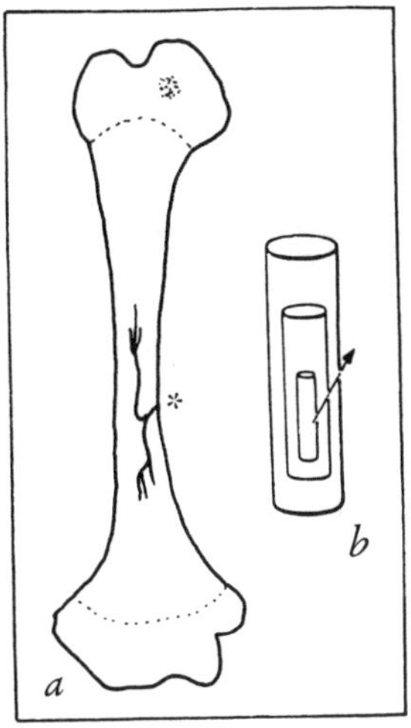

Abb. 69: a: Humerus eines neugeborenen Kindes mit einem Teil der Knochenarterien. Die Arterien laufen durch den Canalis nutricius, der schräg nach oben gerichtet ist (*). b: Das Schema zeigt drei verschiedene Größen des wachsenden Knochens, ineinander gezeichnet. Die relative Stellung ist dadurch bedingt, daß der proximale Teil stärker wächst als der distale. Der Pfeil gibt die Richtung des sich entwickelnden Kanals an.[75]

Der Deltamuskel und seine Ansatzpunkte

Der Mensch ist besser in der Lage, seine vorderen Gliedmaßen seitlich auszustrecken, als das Tier. Der Deltamuskel (Musculus deltoideus), der bei dieser Bewegung eine Hauptrolle spielt, ist beim Menschen denn auch sehr gut entwickelt. Dieser Muskel liegt wie eine Kappe über den seitlichen Knochenelementen des Schultergürtels und einem Teil des Oberarmknochens (Abb. 67) und bildet beim Menschen nahezu 40 Prozent der gesamten Muskelmasse der Schulter und des Oberarms. Bei den Menschenaffen liegt dieser Wert bei 37 bis 39 Prozent, bei einem Säugetier (einschließlich der niederen Affen) bei nahezu 20 Prozent.[233] Bei spezialisierten Vierfüßern, wie dem Pferd, ist der Deltamuskel gänzlich verschwunden. Die zunehmende Bedeutung des Deltamuskels geht mit der Erscheinung einer kräftigeren Schulterhöhe oder Acromions (Abb. 67) einher (die als oberster Ansatzpunkt des Deltamuskels fungiert[233]).

Die Wirkung des Deltamuskels wird nicht nur durch Massenzunahme gefördert, sondern auch durch eine effizientere Hebelstruktur. Der Deltamuskel ist von unten an einem besonderen Punkt des Oberarmknochens befestigt (der Tuberositas deltoidea; siehe Abb. 68). Dieser Ansatzpunkt liegt immer tiefer, je weiter wir von den Halbaffen über die niederen Affen und Menschenaffen zum Menschen voranschreiten. Die Hebelwirkung wird beim Menschen nicht nur durch die tiefe Lage des

Ansatzpunktes verbessert, sondern auch durch die größere Länge des Oberarmknochens bezüglich des gesamten Arms (siehe oben, S. 93).

Die starke Entwicklung des Deltamuskels und der Schulterhöhe und die tiefe Lage der Tuberositas deltoidea (die als Folge einer Verlängerung des proximalen, also des rumpfnahen Teiles des Oberarmknochens betrachtet werden kann) bei stärker retardierten Primaten können als Beispiele von Hypermorphose aufgefaßt werden: Retardation des Gliedmaßenwachstums führt zu einer verhältnismäßig starken Entwicklung der dem Rumpf näher gelegenen Gliedmaßenteile. Dasselbe kann vom Kopf des Oberarmknochens gesagt werden, der beim Menschen und bei den Menschenaffen im Vergleich zum Schaft des Oberarmknochens stark ausgedehnt ist (Abb. 68). Der proximale Teil des Oberarmknochens entwickelt sich relativ spät im Verhältnis zum distalen (d.h. vom Rumpf weiter entfernt liegenden) Teil (s. Abb. 69); daher wird in einem retardierten Organismus der Oberarmkopf stärker entwickelt sein. Die Ausdehnung des Humeruskopfes, des Acromions und des Deltamuskels macht zugleich das Schultergelenk zur Seite und nach oben hin beweglicher;[104] und diese universelle Beweglichkeit der Schulter bei den meisten Primaten schließt ihrerseits folgerichtig an die universellen Möglichkeiten der unspezialisierten und retardierten Menschenhand an. Obwohl weiterführende Forschung absolut erforderlich ist, läßt sich also feststellen, daß die meisten auffälligen Besonderheiten des menschlichen Oberarms und der Schulter Merkmale des Typus II zu sein scheinen. Sie hängen direkt mit der Tatsache zusammen, daß sich die menschliche Hand gänzlich von der Fortbewegungsfunktion befreit und zu einem beweglichen, universellen Manipulationsorgan entfaltet hat; und sie sind bei stärker retardierten Primaten schon deutlich vorhanden. Die meisten Merkmale scheinen außerdem direkt als Hypermorphosefolgen verständlich, entstanden durch Retardation des distoproximalen Gliedmaßenwachstums.

Nägel und Klauen

Der menschliche Nagel besteht aus einer Hornplatte, die das ganze Leben hindurch wächst und sich dabei von hinten nach vorn über das darunterliegende Nagelbett schiebt. Der proximale Teil dieses Nagel-

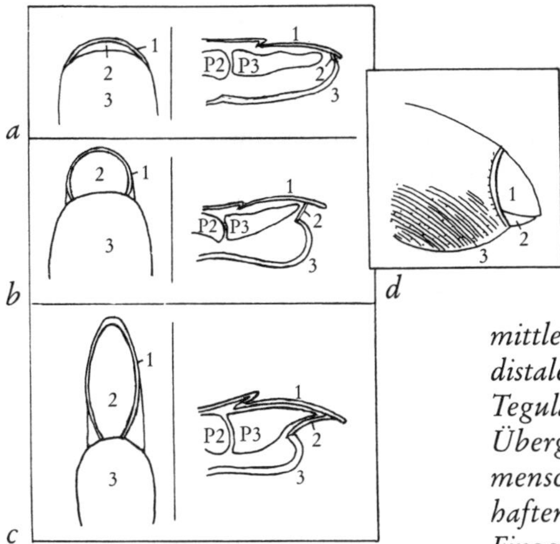

Abb. 70: Fingerspitze beim Menschen (a), bei Affen (b) und bei krallentragenden Säugetieren (c) (schematisch; links von unten betrachtet, rechts Längsschnitt). 1: Nagelhorn; 2: Sohlenhorn; 3: fleischige Fingerspitze; P2: mittleres Fingerknöchelchen; P3: distales Fingerknöchelchen. Die Tegula bei den Affen bildet eine Übergangsform zwischen dem menschlichen Nagel und der tierhaften Kralle, die um das distale Fingerknöchelchen herumgewachsen ist und dem Knöchelchen dabei eine klauenartige Form eingeprägt hat. d: Fingerspitze des Schimpansen. Das Sohlenhorn ist viel stärker ausgebildet als beim Menschen.

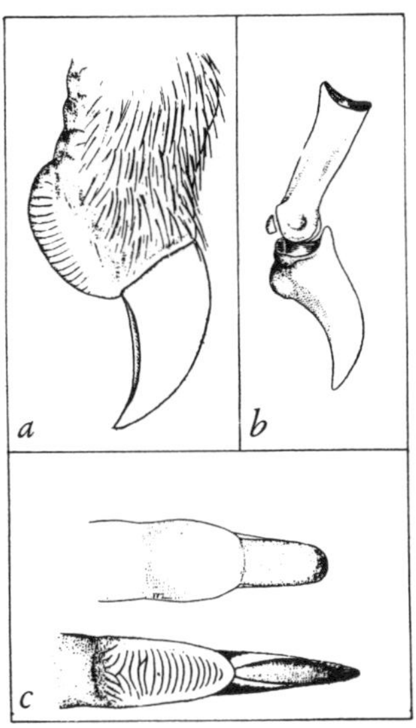

Abb. 71: Die zweite Zehe eines Spitzhörnchens (Tupaia). a: Seitenansicht; b: Skelett in Seitenansicht; c: Ansicht von unten (oben: fötales Stadium, unten: Erwachsenenstadium). Das distale Knöchelchen der erwachsenen Zehe hat eine ausgeprägte Krallenform angenommen. Man sieht auch, daß beim Fötus die Nagelplatte noch nicht um die Fingerspitze herumgewachsen ist; die Kralle ist also noch im jugendlichen Nagelstadium.[331]

bettes ist fertil; dort wird fortwährend neue Hornsubstanz gebildet. Diesen fertilen Teil bezeichnet man als Matrix; er ist teilweise unter der Hornplatte sichtbar (sog. Halbmond oder Lunula). Die distalen Teile des Nagelbettes sind steril; dort wird keine neue Hornsubstanz gebildet, obschon die Verbindung zwischen Hornplatte und darunterliegendem Nagelbett sehr fest ist.

Unter dem Nagelrand bilden Nagelplatte und Fingerhaut einen spitzen Winkel. Die Fingerhaut ist an dieser Stelle von einer besonderen Art der Verhornung bedeckt: dem Sohlenhorn. Beim Menschen ist das Sohlenhorn sehr schwach ausgebildet, bei vielen Tieren, zum Beispiel bei Pferden, ist dieses Gebilde mächtig ausgedehnt (siehe Abb. 70).

Viele Säugetiere (z.B. Igel, Ratten, Katzen) haben keine Nägel, sondern Krallen oder Klauen. Diese unterscheiden sich in mehrfacher Hinsicht von den Nägeln:

- Die Nagelplatte ist nach links und nach rechts stark umgebogen, so daß die Seitenränder sich einander nähern und das distale Fingerknöchelchen fast vollständig umgeben (siehe Abb. 70 und 71). In der Richtung von vorn nach hinten «ist dagegen die Krallenplatte in sehr verschiedenen Graden gewölbt, zuweilen nicht stärker als beim Menschen oder bei den Affen, öfters aber weit stärker».[42]
- Das distale Fingerknöchelchen nimmt auch eine klauenförmige Gestalt an, während es unter einem Nagel generalisiert bleibt und sich nicht der Nagelform angepaßt hat (siehe Abb. 70 und 71).
- Der fertile Teil des Nagelbettes (die Matrix) ist bei den Klauenträgern weiter ausgebildet: «Die Basalmatrix [...] schiebt sich fast immer in der Mitte am weitesten distalwärts, während sie seitlich allmählich niedriger wird. Beim Menschen zum Beispiel ist der Distalrand der Basalmatrix eine sanft gebogene Linie; bei anderen springt sie aber in der Mitte viel mehr vor oder entsendet gar einen langen, spitzen, medianen Fortsatz (Raubtiere), welcher sogar die Terminalmatrix – zum Beispiel beim Hund – erreichen kann, so daß der sterile Teil des Nagelbettes in zwei getrennte Hälften geteilt wird. [...] Wenn ein solcher medianer Fortsatz der Basalmatrix vorhanden ist, wird die Folge, daß die Krallenplatte in der Mitte weit dikker ist als seitlich, und dieses hat wieder für die Erhaltung einer Krallenspitze eine große Bedeutung, indem die seitlichen, dünneren Teile der Krallenplatte schneller abgenutzt und abgestoßen werden als der Medianteil.»[42]

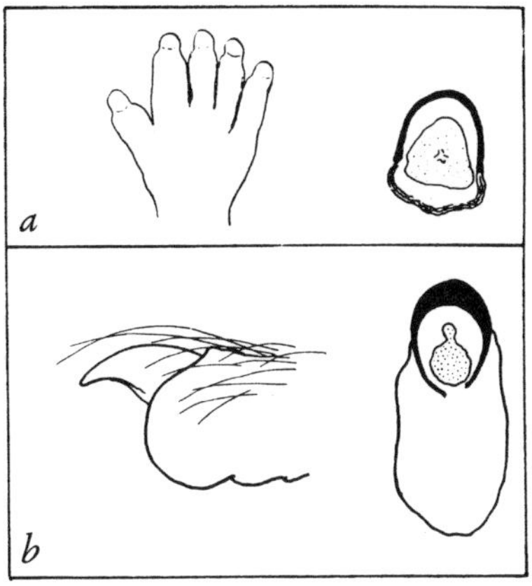

Abb. 72 a: Hand eines Mäusefötus, rechts ein Querschnitt durch eine Fingerspitze. Man sieht, daß die Nagelplatte (1) noch nicht um das Knöchelchen (2) herumgewachsen ist. b: Seitenansicht einer erwachsenen Mäusefingerspitze, rechts ebenfalls ein Querschnitt. Hier hat sich eine richtige Kralle gebildet: Die Nagelplatte hat sich ganz um das Knöchelchen ausgedehnt.[96]

Die Ontogenie der Kralle geht durch ein nagelartiges Stadium hindurch (siehe Abb. 71 und Abb. 72).[96, 331] Die Hornplatte ist während der früheren Entwicklungsstufen auf die Dorsalseite (Rückenseite) des Fingers beschränkt; später wächst dann die Hornplatte nach links und nach rechts und umschließt das Fingerknöchelchen, wobei die Klauengestalt entsteht. Der Nagel ist eine retardierte, jugendlich gebliebene Kralle. Somit ist der menschliche Nagel als ein Merkmal des Typus I, ein Fötalisationsmerkmal, zu betrachten. Diese Verjüngungstendenz der Klauen kann man schon bei den Reptilien bemerken, und sie gipfelt beim Menschen.

Eine erste, wichtige Tendenz besteht darin, daß die Basalmatrix – der fertile Teil des Nagelbettes – sich bei höheren Wirbeltieren immer weniger distalwärts, nach außen hin, ausbreitet. Während bei den meisten Reptilien (Krokodilen, Schildkröten usw.) und den Vögeln das gesamte Nagelbett fertil ist, findet man bei anderen Reptilien, zum Beispiel bei Waranen, schon Krallen, die «die größte Ähnlichkeit zeigen mit denjenigen der Säugetiere, speziell der Carnivoren [der Raubtiere]»:[42] Auch bei ihnen findet man eine distale sterile Fläche und eine proximale, fertile Matrixfläche mit einem langen medianen Fortsatz, wie man es zum Beispiel auch bei Hunden sehen kann. J.E.V. Boas schreibt: «Ich muß gestehen, daß mich die große Ähnlichkeit der Saurierkralle mit derjenigen der Säugetiere sehr überrascht hat; ich ging zur Untersuchung mit der Überzeugung, daß ich das mir bekannte Bild der Krokodil- oder Schildkrötenkralle wiederfinden würde. Das Verhalten ist um so überraschender, als die Saurier sonst gar keine näheren Anknüpfun-

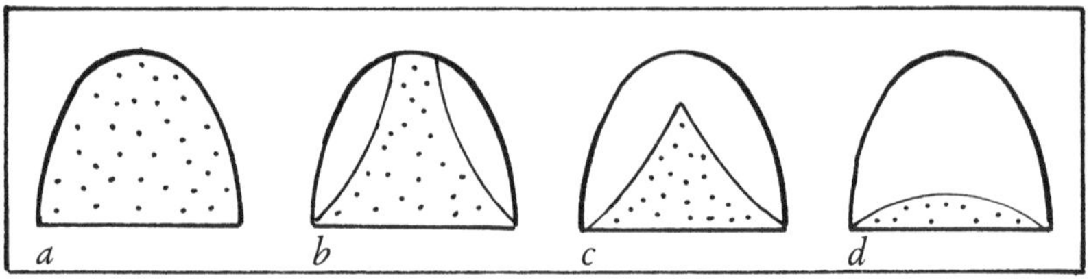

Abb. 73: Stark schematisierte Verteilungsmuster zwischen fertilem Nagelbett (Matrix – punktiert) und sterilem Nagelbett (weiß). a: Vogel, Krokodil; b: Hund, Waran; c: Tupaia, Lemur; d: Mensch (siehe auch Le Gros Clark,[96] S. 17). Die fertile Matrix, aus der sich das Nagelbett bildet, zieht sich bei stärker retardierten Tiergattungen allmählich zur Nagelbasis zurück.

gen an die Säugetiere bekunden. Niemand würde daran denken, daß die Saurier unter den jetzt lebenden Reptilien die nächsten Verwandten der Säugetiere seien.»[42] (Siehe dazu Abb. 73.)

Wir haben schon gesehen (siehe oben, S. 43f., sowie Abb. 14 und 16), daß bestimmte Breitnasen dem Menschen in morphologischer Hinsicht unerwartet nahestehen (sogar näher als die Menschenaffen), obwohl sie in phylogenetischer Hinsicht vom Menschen ziemlich weit entfernt sind (siehe Abb. 12, S. 36). Die Erklärung liegt darin, daß der Mensch eine allgemeine, unspezialisierte Gestalt darstellt. Wenn in einer bestimmten Tierart ein gewisses Merkmal erhalten bleibt, wird diese Tierart in dieser Hinsicht etwas menschenähnlicher, unabhängig vom Verwandtschaftsgrad. Dasselbe trifft auch hier zu, aber in größerem Maßstab: Der Mensch gehört zu den Säugern; wo also die Klauen eines Reptils sich weniger spezialisieren, also fötalisiert bleiben, werden sie zuerst den Klauen der Säuger ähnlich, unabhängig vom Verwandtschaftsgrad. Die Fötalisierung besteht in diesem Falle darin, daß die Anlage der fertilen Matrix, die sich während der fötalen Zeit in proximodistale Richtung (also vom Rumpf weg) entfaltet, früher aufhört.

Innerhalb der Primatenreihe erkennen wir am Nagel eine zunehmende Fötalisierungstendenz. Bei den Affen haben die meisten Finger und Zehen noch Krallen (wenn auch an der großen Zehe immer ein Nagel ist), aber sie sind schon deutlich zurückgebildet im Vergleich zu den typischen Säugerklauen.[96] Die Nagelform ist bei den Breitnasen noch schmäler, stärker seitlich komprimiert als die der Altweltaffen. Diese Zwischenform zwischen Kralle und Nagel wird als Tegula bezeichnet.[84] Die Altweltaffen und besonders die Menschenaffen haben Nägel, die am flachsten geblieben sind, wenn auch beim Schimpansen der Unterschied zum menschlichen Nagel sehr bedeutend ist.[469] Je stärker die Klauenbildung zurückbleibt, um so weniger wird auch das Sohlenhorn ausgebildet und um so mehr liegt auch die fleischige Fingerspitze frei, die zum Beispiel für den Präzisionsgriff so wichtig ist.

Die Metamorphose von den Krallen bis zu den Nägeln ist also ein schönes Beispiel für den von Goethe bemerkten Zusammenhang zwischen Fötalisation («das Tierische» – hier die Klauen – «in Schatten gestellt») und Enthüllung der menschenähnlichen Anlagen, die im unspezialisierten Entwicklungsmuster der Wirbeltiere schlummern («das Tierische zu höhern Zwecken» – hier den Präzisionsgriff – «gesteigert»).

6.
Die aufrechte Haltung

Einleitung

Im Gegensatz zum Affen geht der Mensch aufrecht (siehe Abb. 74). Der aufgerichtete Gang kündigt sich schon in einem sehr frühen Stadium der Evolution an. Schultz hat auf die ausgesprochene Tendenz zur Bipedie der Primaten hingewiesen.[398] Schon bei manchen Halbaffen stößt man auf die Fähigkeit, auf den Hinterbeinen laufen zu können; weder Hände noch Schwanz berühren dabei den Boden. Während die meisten niederen Schmalnasen aufrecht *stehen* können, haben Menschenaffen die Fähigkeit, aufrecht zu *gehen.* Es handelt sich dabei um kurze, ziemlich ungeschickt durchgeführte Versuche; die Knie sind gebeugt, und die Hände sind dauernd bereit, zusätzlich Stütze zu bieten. Doch gibt es manche Exemplare unter den Menschenaffen, die zu eindrucksvollen Gehleistungen fähig sind.

Ruht bei den meisten Säugetieren das Körpergewicht in der Hauptsache auf den Vorderbeinen, lastet das größte Gewicht bei den Primaten auf den hinteren Gliedmaßen. Einige Beispiele:[289]

Prozent des Körpergewichts getragen von:

	Vorderbeinen	*Hinterbeinen*
Hund	63	37
Pferd	55	45
Rind	56	44
Kamel	66	34
Elefant	55	45
Klammeraffe	29	71
Pavian	44	56
Makak	46	54

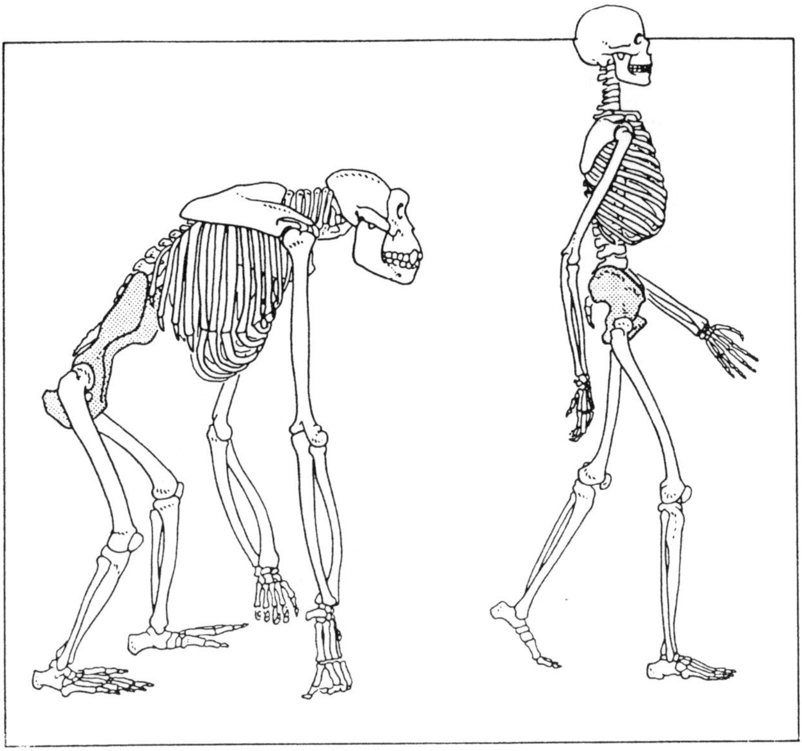

Abb. 74: Skelett des Gorillas (links) und des Menschen (rechts) in typischer Gehhaltung. Der Gorilla geht auf allen Vieren. Seine Hände berühren den Boden mit zwei Fingergliedern («Knöchelgang»), die dazu speziell ausgerüstet sind. Wir bemerken beim Menschenaffen eine Reihe von Unterschieden zum Menschen: die Arme sind länger, die Beine kürzer (der intermembrale Index, d.h. das Längenverhältnis von Vorder- zu Hintergliedmaßen, ist beim Menschenaffen viel größer als beim Menschen); die großen Fortsätze der Halswirbel (für den Ansatz der mächtigen Nackenmuskeln); der Schädel ruht nicht ausbalanciert auf der Wirbelsäule, sondern wird vor dem Körper getragen; der Brustkorb hängt unterhalb der Wirbelsäule; das Schulterblatt ist horizontal orientiert; die Beckenknochen reichen fast bis an die Rippen; das Kreuzbein ist weniger rückwärts orientiert; das Knie ist gebogen; der große Zeh ist kurz.

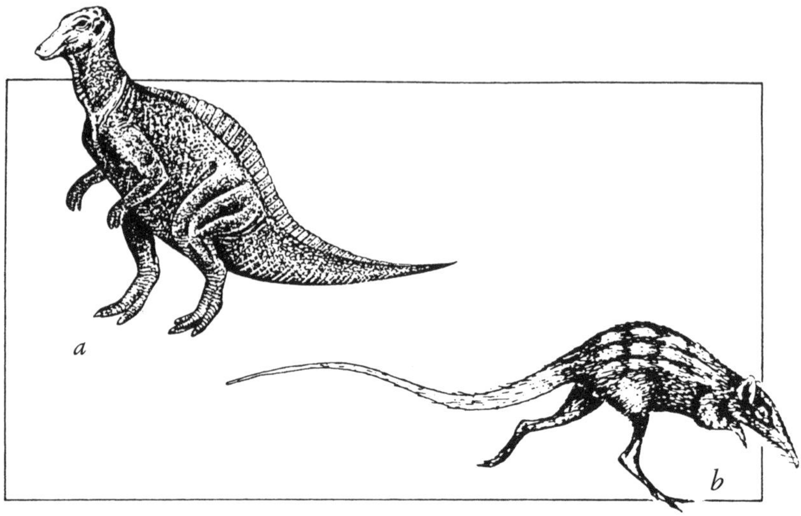

Abb. 75: Hypothetische Rekonstruktion vorhistorischer Beispiele von Bipedie. a: Ouranosaurus, einer der vielen Dinosaurier, die auf zwei Beinen gingen. Fossile Reste dieses Tieres wurden in Afrika gefunden. Ungefähr 7 Meter lang.[93] *b: Leptictidium nasutum, ein insektenfressendes Säugetier, das im frühen Tertiär in Europa lebte. Ungefähr 75 cm lang.*[36a] *Dieses Tier wurde 1986 in der Presse als ein Säugetier vorgestellt, das schon vor fünfzig Millionen Jahren «die menschliche Haltung angenommen hatte» (New Scientist 24.7.1986). Im Grunde hat das Tier aber nur die Bipedie mit dem Menschen gemeinsam.*

Diese rückwärtige Verschiebung des Schwerpunktes bei den Primaten bereitet die Befreiung der vorderen Gliedmaßen vor, die beim Menschen verwirklicht wird. Beim Klammeraffen (*Ateles*), der in mehrerer Hinsicht menschenähnliche Züge aufweist (siehe Kap. 1), ist diese Rückwärtsverschiebung des Schwerpunktes besonders weit vorangeschritten.

Die Verschiebung des Schwerpunktes auf die hinteren Gliedmaßen sollte als Retardationsphänomen gedeutet werden. Man betrachte zum Beispiel eine neugeborene Ratte, die zunächst kaum zur Bewegung imstande ist. Zuerst lernt das Tierchen, den Kopf zu bewegen; später bewegt es schon Kopf und Rumpf bezüglich des Beckengürtels und der noch unbeweglichen hinteren Gliedmaßen. Schließlich lernt die junge Ratte, den ganzen Körper zu bewegen, während eine Hinterpfote noch unbeweglich ist (das sogenannte «Pirotieren»).[173]

Die Bewegungsfähigkeiten des jungen Säugetieres zeigen also ein cephalokaudales Entwicklungsmuster: Der Punkt, bis zu dem die Bewegung stattfindet (Schulter, Beckengürtel, Hinterpfote), verschiebt sich allmählich armabwärts; die näher am Kopf gelegenen Körperteile werden zuerst bewegungsfähig. Dieses cephalokaudale Entwicklungsmuster ist sehr verbreitet und läßt sich schon bei den Amphibien beobachten.

Bei jungen Säugetieren, zum Beispiel bei spielenden Hunden, ist die deutliche Neigung vorhanden, daß das Körpergewicht auf den hinteren Gliedmaßen lastet (I. Golani gibt verschiedene erstaunliche Beispiele[174]). Aber ältere Tiere zeigen wieder die entgegengesetzte Tendenz: Das Gewicht wird vornehmlich auf die Vorderbeine übertragen. Hier wird also das ursprüngliche cephalokaudale Entwicklungsmuster wieder umgekehrt.

Der Mensch führt diese Umkehrung nicht durch. R. Thom kommentiert: «Man hat manchmal behauptet, daß die Menschwerdung durch Neotenie zustande kam, das heißt durch Stehenbleiben auf einer früheren Entwicklungsstufe. Die Beobachtung Golanis ist mit dieser Auffassung völlig im Einklang. Die aufrechte Haltung ist offenbar dadurch entstanden, daß die hinteren Gliedmaßen auf ihre Grundlage, die Funktion des Tragens, beschränkt wurden.»[448]

Der Mensch führt also nicht die ontogenetische Umkehrung durch, die wir bei den Vierfüßern beobachten können. In dieser Hinsicht ist die aufrechte Haltung ein Merkmal des Typus I. Aber der Mensch macht auch noch etwas anderes: Er setzt die ursprüngliche Tendenz (Verschiebung des Anhaltspunktes für die Körperbewegung in Richtung der Gliedmaßen), die bei den Primaten schon weitgehend, bei den Säugern weniger verwirklicht ist, völlig konsequent durch. In dieser Hinsicht ist die aufrechte Haltung eine Steigerung der allgemeinen Säugetierontogenie und ein Merkmal des Typus II.

Außer bei den Primaten trifft man noch bei verschiedenen anderen Tieren Formen der Bipedie an: bei den Känguruhs, bei manchen Nagetieren, mehreren ausgestorbenen Tierarten (siehe Abb. 75), bei den Vögeln. Die Menschenaffen haben sogar wenn sie auf allen Vieren gehen noch einen einigermaßen aufrechten Gang, ermöglicht durch ihre verhältnismäßig langen Arme (Abb. 74).

Der aufrechte menschliche Gang beinhaltet aber mehr als nur die Zweibeinigkeit. Wie wir sehen werden, ist unsere Körperhaltung gekennzeichnet von einem besonderen biomechanischen Gleichgewicht,

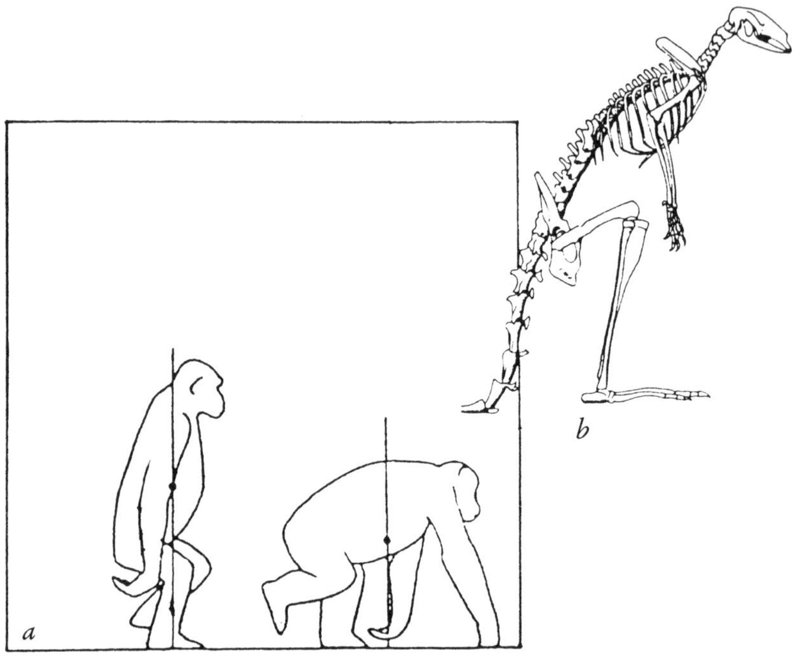

Abb. 76: Tierische Bipedie. a: Der aufrecht gehende Schimpanse erfährt ziemlich starke Drehmomente im Nacken, über die Hüftachse und im Knie; die Schwerelinie verläuft ziemlich weit entfernt von diesen wichtigsten Gelenken. Auch bei der vierfüßigen Haltung verursacht der Kopf noch ein erhebliches Drehmoment um das Atlasgelenk herum.[364] *b: Skelett eines Kängurus. Ein Gleichgewichtssystem ähnlich dem des Menschen fehlt vollständig (vgl. Abb. 77).*

das von keiner einzigen Tierart auch nur annähernd erreicht wird. Der Mensch braucht sich, um aufgerichtet zu gehen, nur gegen kleine Kräfte zu behaupten; er muß wenig oder gar keine Leistung aufbringen, um aufrecht bleiben zu können. Der Mensch verbraucht im Stehen nur 7 Prozent mehr Sauerstoff als im Liegen. Bei einem Vierfüßer, wie einem Hund, ist der Unterschied beim Sauerstoffverbrauch im Übergang von der liegenden zur stehenden Haltung viel größer; diese Tiere müssen ständig Muskelarbeit leisten, um Hals, Kopf und gebeugte Gliedmaßen – das Gliedmaßenskelett ist bei den meisten stehenden Säugetieren nicht gerade – gestreckt zu halten.[6] Wenn man in Begriffen von natürlicher

Selektion und Anpassung denkt, müßte man folgern, daß es sich hier um eine «stärkere Anpassung der erwachsenen Menschen an die aufrechte Haltung als der Hunde an die vierfüßige Haltung» handelt.[6] Diese Folgerung aber ist kaum in Übereinstimmung zu bringen mit der Idee, daß der aufrechte Gang eine neuere Variante eines uralten, vierbeinigen Bauplans ist. Der extreme energetische Vorteil der vollständig aufrechten menschlichen Haltung stützt vielmehr die Anschauung, daß der gesamte Vertebraten-Bauplan in seiner ursprünglichsten Form beim Menschen erscheint. Bei jeder Tierart fand im Dienste des einen oder anderen spezialisierten Zieles eine Umformung dieses Grundplanes statt, was einen drastischen Effizienzverlust zur Folge hatte. Die Befreiung vom Zwang der Schwerkraft bildet den fundamentalen Unterschied zwischen der aufrechten menschlichen Haltung und der Körperhaltung höherer Tiere (siehe Abb. 76).

Die menschliche Haltung unterscheidet sich von der tierischen auch durch die Art, wie sie erworben wird. Beim Tier ist das Gehvermögen angeboren und oft von Geburt an gut entwickelt; beim Menschen ist dies nicht so: «Der Erwerb der aufrechten bipedalen Fortbewegungsart ist eine verhältnismäßig langwierige Angelegenheit und stellt sich als ein erlernter Vorgang heraus, nicht als Ergebnis angeborener Reflexe. Das von Geburt an blinde Kind versucht nie spontan aufzustehen oder zu gehen, sondern muß sorgsam unterrichtet werden. Niemand kann den Bemühungen eines Kindes während seiner ersten Stehversuche, wenn es sich an der Ecke eines Stuhls festhält oder sich an den unterstützenden Fingern seiner Eltern festklammert, zuschauen, ohne das Gefühl zu haben, daß das alles eher reines Experimentieren als die Ausreifung eines eingeborenen Reflexes ist.»[234]

Inman et al. zitieren auch Forschungsergebnisse, aus denen hervorgeht, daß «die typischen Gehmuster, die man am Erwachsenen beobachtet, bis zum Alter von sieben bis neun Jahren nicht erworben sind. Offenbar ist das Kind vor diesem Alter dabei, mit seinem neuromuskulären System zu experimentieren, die Verschiebungen, die in den verschiedenen Gliedern durch Änderungen der Körperproportionen auftreten, zu modifizieren und verbesserte neurale Beherrschung zu entwickeln.»[234]

Der Mensch erwirbt, mit anderen Worten, die aufrechte Körperhaltung während des ersten Lebensjahrsiebts, und das nicht auf eine instinktive Art, sondern durch Nachahmung.

Die Besonderheiten der menschlichen Körperhaltung waren schon im 19. Jahrhundert Gegenstand sehr detaillierter Forschungen. 1890 erschien eine sehr ausführliche Arbeit von W. Braune und O. Fischer, die eigentlich einen militärischen Charakter hatte.[74] Diese Forscher versuchten, exakt die Lage des Schwerpunktes des gesamten Körpers zu bestimmen; gleichzeitig erforschten sie die genaue Lage verschiedener Teilschwerpunkte (des Kopfes, des Ober- und Unterarms, der Hand, des Ober- und Unterschenkels und des Fußes). Ihre Arbeit führte zu einigen bemerkenswerten Ergebnissen.

Als erstes wurden einige ziemlich exakte Verhältnisse zwischen der Lage bestimmter Gelenke und bestimmter Teilschwerpunkte festgestellt. Der Schwerpunkt des Oberarms liegt zum Beispiel genau auf der Verbindungslinie zwischen Schulter- und Ellenbogengelenk, der des Unterschenkels auf der Linie zwischen Knie- und Fußgelenk usw. Der Schwerpunkt des Rumpfes (ohne Gliedmaßen und Kopf) liegt auf der Verbindungslinie zwischen dem Atlasgelenk (auf dem der Kopf ruht) und der Mitte der Hüftgelenkachse.

Wenn man den Körper in eine Position bringt, in der Schulter-, Ellenbogen- und Handgelenke, Atlasgelenk sowie Hüft-, Knie- und Fußgelenke in einer Ebene liegen (die «Normalebene»), befinden sich alle Teilschwerpunkte, außer der des Fußes, in derselben Ebene. Die Forscher entdeckten, daß die Haltung, die sich so ergibt, als eine natürliche Position betrachtet werden kann, die sie die «Normalstellung» nannten (siehe Abb. 77).

In der Normalstellung befindet sich der Schwerpunkt des gesamten Körpers (ohne Füße) oberhalb der Verbindungslinie zwischen den Fersen. Die Schwerpunkte der Füße liegen einige Zentimeter vor dieser Normalebene; das hat natürlich für das gesamte Körpergleichgewicht keine Folgen, da die Füße direkt auf dem Boden ruhen. Alle anderen erwähnten Teilschwerpunkte und Gelenke befinden sich in der Normalebene, die auch durch den Gesamtschwerpunkt verläuft und senkrecht zur Blickrichtung steht.

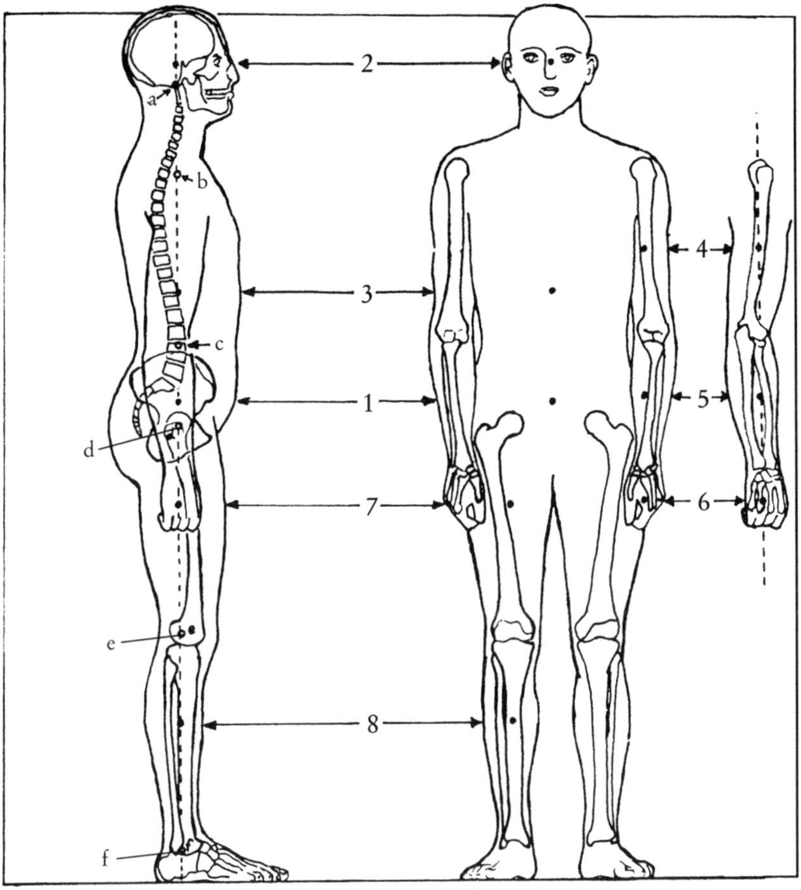

Abb. 77: Die Normalstellung. Hier befindet sich der Schwerpunkt des gesamten Körpers (1) oberhalb der Linie zwischen den Fersen. Die Strichlinie deutet die durch den Schwerpunkt verlaufende Normalebene an. Alle wichtigen Teilschwerpunkte befinden sich in dieser Ebene: Kopf (2), Rumpf (3), Oberarm (4), Unterarm (5), Hand (6), Oberschenkel (7), Wadenbein (8). Die großen Gelenke liegen ebenfalls in dieser Ebene: Atlas (a), Schulter (b), Ellbogen (c), Hüfte (d), Knie (e), Knöchel (f).[74]

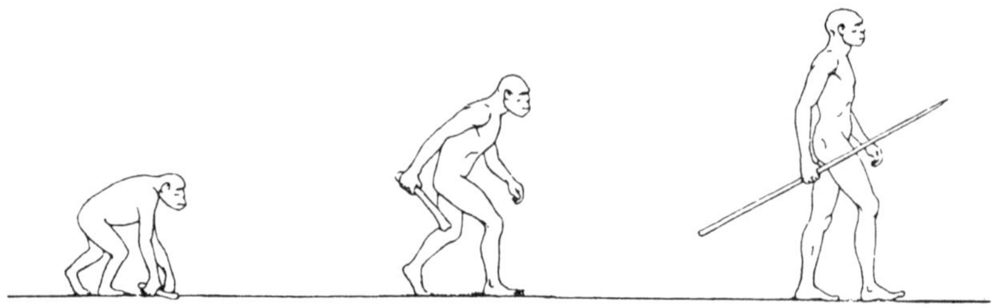

Abb. 78: Vielfach trifft man diese Darstellung der menschlichen Evolution an: Zwischen den hypothetischen vierfüßigen Vorfahren des Menschen (links) und dem aufrechten Homo erectus (rechts) wird eine halb aufgerichtet laufende Form angenommen.[476] *Die Existenz einer solchen Zwischenform ist aber aus biomechanischen Gründen sehr unwahrscheinlich und paläontologisch nie erwiesen worden.*

Der Schwerpunkt des Oberkörpers

Der Schwerpunkt des menschlichen Oberkörpers befindet sich genau oberhalb der Achse, die durch die Hüftgelenke geht, so daß kein Drehmoment um diese Hüftachse entsteht (in der Normalstellung gibt es also keine Kraft, die – falls sie nicht durch Muskelkraft hervorgebracht wird – eine Drehung des Oberkörpers um die Hüftachse verursachen könnte). Demzufolge muß der Mensch auch hier nur eine minimale korrigierende Muskelleistung erbringen, um aufrecht zu stehen. Ein nach vorne geneigter Rumpf, wie bei den biped laufenden Affen, verlangt dagegen viel Muskeleinsatz, um eine weitere Drehung um die Hüftachse zu vermeiden (siehe Abb. 78). Eine halb aufgerichtete Position ist mechanisch sehr nachteilig im Vergleich zu einer vollständig aufrechten oder einer gänzlich vierfüßigen Lage.

H. Helmuth bemerkt: «Beim vollständig aufrechten menschlichen Körper in anatomischer Position befindet sich der Schwerpunkt vor dem zweiten Sakralwirbel, und die Schwerkraft wirkt durch das Hüftgelenk, fast direkt durch das Kniegelenk und durch den Fuß vor dem Fußgelenk nach unten. Daher sind die Hebelarme minimal, und auch die Muskelkraft, die aufgewendet werden muß, um Schweremomente auszugleichen, ist minimal. Deshalb kann die aufrechte Haltung als eine erfolgreiche energiesparende Anpassung betrachtet werden.»[216]

Derselbe Autor schreibt auch, daß die aufrechte Haltung äußerst vorteilhaft ist für das Tragen. Die vollständig aufrechte Haltung schafft einerseits die Möglichkeit zum Tragen dadurch, daß die Hände frei bleiben, und bringt außerdem die vorteilhaftesten mechanischen Bedingungen mit sich, um mit diesen Händen etwas zu tragen. Wenn wir etwas in unseren Händen tragen, neigen wir den Rumpf derart, daß der gesamte Schwerpunkt von Oberkörper plus getragenem Gegenstand immer oberhalb der Hüftachse bleibt. Auch beim aufrechten Tragen bleibt das Drehmoment um die Hüftachse nahezu Null. In anderen Haltungen verursacht das Tragen fast unvermeidlich eine Vergrößerung des einen oder anderen Drehmoments.

H. Helmuth erachtet es als ausgeschlossen, daß die aufrechte menschliche Haltung im Laufe der Evolution erst allmählich entstanden sei (was in der Nachfolge Darwins andauernd suggeriert wird; siehe Abb. 78); es gibt auch keine paläontologischen Funde, die auf die Existenz solcher Übergangsformen hinweisen. Die halb aufgerichtete Haltung ist an sich schon energetisch nachteilig; und in dieser Position etwas zu tragen ist erst recht heikel, so daß die freigewordenen Hände wenig funktionell sind. «Alle zusammengetragenen Beweise der biomechanischen, medizinischen und physiologischen Untersuchungen weisen überzeugend darauf hin, daß eine nach vorn gebeugte Haltung und das Heben von Gewichten in dieser Position nachteilig, ja sogar gefährlich sein können, weil es eine starke und anhaltende Belastung auf die Bandscheiben, die Wirbel, die Muskeln und die Gelenkbänder ausübt.»[216]

Knie und Fuß

Die Linie, die das Hüftgelenk mit dem Stützpunkt am Boden verbindet, verläuft durch das Knie. In der normalen aufrechten Ruhestellung ist beim Menschen kein einziger Muskel um das gestreckte Kniegelenk herum aktiv.[90] Eine kleine Drehung des Schienbeins und des Oberschenkels verursacht beim gestreckten menschlichen Knie eine leichte Sperre, die das Einknicken verhindert. Das heißt übrigens nicht, daß nicht auch ein aktiver, etwas angewinkelter Kniestand möglich wäre: Ein jeder kennt den Unterschied zwischen «stillgestanden» und «habt acht». Affen laufen mit gebeugten Knien und müssen andauernd ihre Muskeln anspannen, um das Einknicken zu verhindern.[87]

Auch die Wölbung des menschlichen Fußes behält, bei aufrechtem Stand ohne Muskeltätigkeit, ihre Gestalt bei.[10]

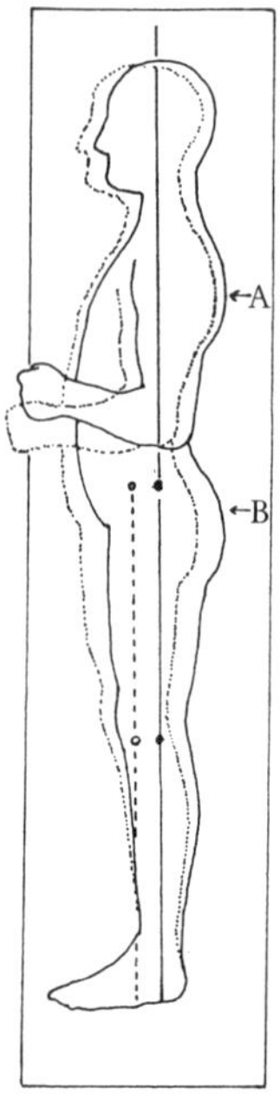

Abb. 79: Die Ruhestellung. Normalstellung (durchgezogene Linie) und Ruhestellung (Strichlinie) sind übereinander projiziert; für beide Körperhaltungen sind auch der Schwerpunkt (SP) und die Schwerelinie angegeben. Bei der Ruhestellung ist der Schwerpunkt einige Zentimeter nach vorn verschoben, indem der Unterschenkel einen kleinen nach vorn geneigten Winkel bildet. Das Kniegelenk bleibt unterhalb des gesamten Schwerpunktes. Die Brust (A) ist in der Ruhestellung im Verhältnis zur Hüfte (B) etwas nach hinten geschoben.[74]

Die Ruhestellung

Die Normalstellung ist eine natürliche Haltung, die nichtsdestoweniger von der entspannten aufrechten Haltung oder der Ruhestellung etwas abweicht (Abb. 79; siehe auch Woodhull et al.[485]). Bei der Ruhestellung ist der Unterschenkel etwas nach vorne gekippt (etwa 5°). Dadurch kommt der Schwerpunkt an eine zentralere Stelle innerhalb der von den Füßen gebildeten Stützfläche. Der Wadenmuskel muß also geringe Arbeit leisten, um das Drehmoment um das Fußgelenk herum auszugleichen. Der Schwerpunkt des Körpers oberhalb des Knies – den Unterschenkel also ausgenommen – liegt etwas vor dem Kniegelenk; da ein Kippen nach vorne über das Kniegelenk unmöglich ist, wird das Knie dadurch stabilisiert. Der Brustkorb und der Kopf bleiben im Verhältnis zum Hüftbereich ein wenig nach hinten geneigt; dadurch wird das Hüftgelenk stabilisiert. Die Ruhestellung ist eine Variante der Normalstellung, bei der die Stabilisierung der Hüfte und des Knies und eine zentralere Lage des Körperschwerpunktes oberhalb der Stützfläche auf Kosten eines geringen Kraftaufwandes der Wadenmuskeln erlangt werden.

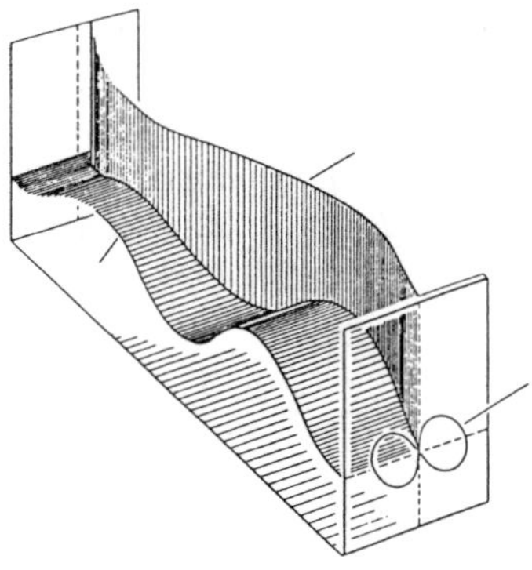

Abb. 80: Schematische Darstellung der Bewegung, die der Schwerpunkt des menschlichen Körpers während des Schrittzyklus durchläuft. Die seitwärtige Bewegung (in der horizontalen Ebene) wird von Linie a angegeben, die vertikale Bewegung von Linie b. Die Kombination beider wellenförmiger Strecken a und b hat die lemniskatenförmige Schleife c zur Folge, entlang derer sich der Schwerpunkt in der Frontalebene (die durch den Körper gebildet wird und senkrecht zur Gehrichtung steht) bewegt.[234]

Aufrechter Gang

Streng genommen ist die aufrechte Haltung nicht statisch. Die meisten Menschen verlagern im Stehen unbewußt das Körpergewicht abwechselnd vom einen Bein aufs andere. In der Sagittalebene, die den Körper in linke und rechte Hälfte teilt, macht der Mensch andauernd Pendelbewegungen: sechs bis acht Schwingungen pro Minute, die eine Amplitude von einigen Zentimetern erreichen können, und dabei pro Sekunde acht bis zehn kleine ruckartige Bewegungen. Durch diese Bewegungen und durch die Tätigkeit verschiedener Organe, wie Herz, Lungen usw., ist der Schwerpunkt fortwährend in Bewegung. Doch bleibt er andauernd in demselben kleinen Bereich innerhalb der Hüfte, auf einer Höhe oberhalb des Bodens, die etwa 55 bis 57 Prozent der gesamten Körperlänge beträgt.[90]

Wenn der Mensch schreitet, bewegt sich der Schwerpunkt natürlich noch mehr; er verläuft in der Frontalebene, die Vorder- und Rückseite des Körpers trennt und senkrecht zur Sagittalebene und zum flachen Boden steht, in einer lemniskatenähnlichen Kurve bezüglich des Bodens (Abb. 80). Aber auch dann bleibt der Schwerpunkt im Vergleich zum ganzen Körper an fast derselben Stelle.[234] Global gesehen kann man behaupten, daß die Normalstellung die natürliche Referenzhaltung ist, von der aus die gängigen Steh- und Lauftätigkeiten abgeleitet werden.

Kopf und aufrechte Haltung

Der menschliche Kopf unterscheidet sich – durch seine ausbalancierte Lage oberhalb des Rumpfes – fundamental von dem des Tieres. Alle Säugetiere tragen den Kopf vor dem Nacken, beim Menschen ist die Lage des Kopfes jedoch im wesentlichen im Gleichgewicht.

Der Schädel ist durch das Atlasgelenk mit der Wirbelsäule verbunden. (Der Atlas ist der oberste Wirbel.) Dieses Gelenk wird an der Schädelseite von den Condyli occipitales, zwei Fortsätzen neben dem Foramen magnum, gebildet (siehe Abb. 81). Wenn unsere Blickrichtung fast horizontal, z.B. zum Horizont hin) orientiert ist, befindet sich der Kopf bei entspannten Nackenmuskeln in einem labilen Gleichgewicht. Schultz bemerkt, daß beim neugeborenen Orang-Utan der Kopf nahezu genausogut ausbalanciert ist wie beim menschlichen Säugling.[394] Beim Menschen wird das Gleichgewicht des Kopfes im Laufe des Wachstums eher noch verfeinert; beim erwachsenen Menschenaffen ist der Schädel dagegen vollständig aus dem Gleichgewicht. Das äußert sich in den gewaltigen Nackenmuskeln des Menschenaffen (Abb. 82). Bei vielen Tieren zeigen sich außerdem Fortsätze an den Wirbeln und am Hinterkopf (sog. Occipitalkamm), die als Ansatzpunkte der Nackenmuskeln fungieren. Beim Menschen sind die Nackenmuskeln verhältnismäßig unbedeutend.

Die zentrale Lage der Condyli occipitales beim Menschen ist als ein Merkmal des Typus I aufzufassen. Bei den Affen ist das Merkmal zuerst vorhanden, aber verschwindet später (siehe Abb. 81). Auch der flache Antlitzschädel beim Menschen ist, wie wir gesehen haben, ein Merkmal des Typus I; die typische Affenschnauze entwickelt sich erst später (siehe Abb. 3, 18 und 19). Die Balancierung des Kopfes auf dem Rumpf kann also im Ganzen als ein Zug betrachtet werden, der sehr früh in der Evolution vorbereitet wird, aber sich erst innerhalb des Ganzen der menschlichen aufrechten Haltung als sinnvoll herausstellt.

Bestimmte Affenarten, wie die Makaken, haben im früheren Kindesalter eine vorwiegend bipede Bewegungsart, die im späteren Jugendalter vollständig verschwindet.[298] Manche Forscher haben einen direkten Zusammenhang zwischen dieser Verhaltensänderung und der rückwärtigen Verschiebung des Foramen magnum während des Wachstums vermutet.[291]

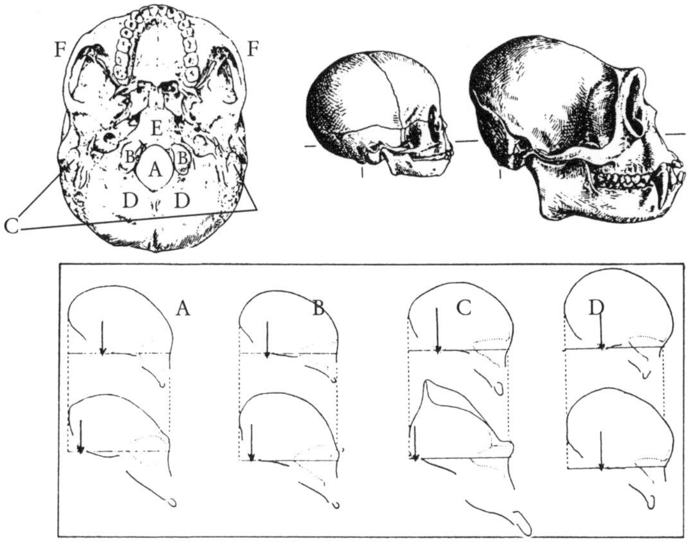

Abb. 81: Gleichgewicht des menschlichen Kopfes (I):

Links oben: Unterseite des menschlichen Schädels. A: Foramen magnum; B: Condyli occipitales; C: Processus mastoideus; D: Hinterhauptbein (Os occipitale); E: die schräg verlaufende «Pars basilaris» des Hinterhauptbeins; F: Jochbein. Oben rechts: Schädel eines sehr jungen und eines erwachsenen Gibbons, in gleichem Maßstab. Die vertikalen Linien deuten die Position der Condyli occipitales an, durch die der Kopf auf dem Atlasgelenk lastet.
Unten: Position der Condyli occipitales (Pfeil) und der Augenhöhlen (Strichlinie) beim Schädel des Makaken (A), des Gibbon (B), des Gorillas (C), des Menschen (D) (oben jugendliche Form, unten erwachsene Form).[396, 408] *Die Schädel sind ohne Unterkiefer, in stark nach vorne geneigter Lage dargestellt. Bei den erwachsenen Exemplaren der Affen sind die Condyli nach hinten verschoben; der Mensch behält die gemeinsame jugendliche Konfiguration bei. Schultz äußert wiederholt sein Erstaunen über die Bolksche Merkwürdigkeit: «Die wesentliche Frage bleibt noch immer unbeantwortet: Weshalb ist das Gelenk zwischen Kopf und Atlas in der Entwicklung der Menschenaffen schon früh so weit vorne gelegen, wenn diese Spezialisierung nicht von der Mehrheit der Arten beibehalten wird und nur für eine Art, den Menschen, von klarem Vorteil ist?»*[403]

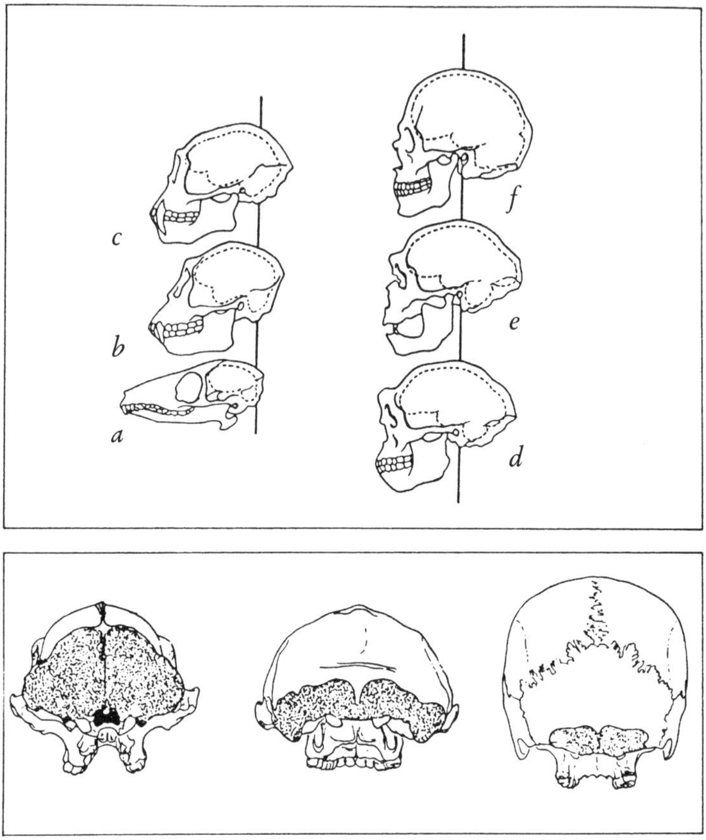

Abb. 82: Gleichgewicht des menschlichen Kopfes (II).
Oben: Schädel des Tupaia (a, oft als nächster Verwandter der Primaten betrachtet), des Cercopithecus (b, einer Schmalnase), des Gibbons (c), des Homo erectus (d), des Homo sapiens neanderthalensis (e) und des modernen Menschen (f). Die vertikale Linie deutet die Position der Condyli occipitales an. In der aufsteigenden Reihe der Primaten und fossilen menschenähnlichen Formen ist eine Tendenz zur Ausbalancierung des Schädels erkennbar.
Unten: Hinterseite des Schädels des Gorillas, des Homo erectus und des modernen Menschen (von links nach rechts). Der Ansatzbereich der Nackenmuskeln ist grau schraffiert dargestellt. Beim Gorilla ist dieser Bereich sehr ausgedehnt und vom Occipitalkamm, der für die weitere Befestigung der gewaltigen Muskeln Platz bietet, begrenzt. Beim modernen Menschen ist der Bereich minimal: Die Nackenmuskeln tragen den Kopf nicht mehr.[87]

Der menschliche Schädel weist an beiden Seiten einen bemerkenswerten Fortsatz auf, den man hinter den Ohrläppchen erspüren kann: den Processus mastoideus. Dieser Fortsatz ist beim neugeborenen Kind noch nicht entwickelt. Es handelt sich hier um ein menschliches Merkmal, das nicht nur in der individuellen Entwicklung spät hervortritt, sondern auch evolutionär sehr jung ist. Sogar bei prähistorischen menschenähnlichen Formen ist der Processus gewöhnlich wenig entwickelt. Schultz hat aber darauf hingewiesen, daß es den Processus mastoideus auch bei Menschenaffen gibt.[396] Beim Menschen bilden sich die Fortsätze ziemlich rasch nach der Geburt, so daß sie zu dem Zeitpunkt vorhanden sind, wo die aufrechte Haltung eingenommen wird; bei den Affen, vor allem beim Schimpansen und beim Gorilla, erscheinen sie erst im erwachsenen Alter und bleiben bei vielen Tieren schwach entwickelt.[401]

Der Processus mastoideus ist der Ansatzpunkt eines bestimmten Muskels: des Musculus sternocleidomastoideus. Dieser Muskel verbindet den Processus mastoideus mit dem Brustbein und dem Schlüsselbein (Abb. 83). Er spielt bei verschiedenen Kopfbewegungen eine Rolle: Kontraktion des Muskels an einer Seite verursacht eine Drehung des Kopfes in die andere Richtung. Durch gemeinsames Zusammenziehen der beiden Muskeln an beiden Seiten des Kopfes wird der Kopf vornüber gebeugt. Wenn der Kopf nach hinten geneigt ist, bringt die Kontraktion der Muskeln den Kopf wieder in die aufrechte Lage. Diese letztere Funktion wird dadurch ermöglicht, oder doch erleichtert, daß der Muskel am hervorstehenden Processus mastoideus angewachsen ist. Der Fortsatz wirkt wie ein Kraftarm um die Rotationsachse, die durch die Condyli occipitales verläuft (siehe Abb. 83).[267]

Das Vermögen, den Kopf aus nach hinten geneigter Position wieder aufzurichten, ist beim Menschen von großer Bedeutung. Beim erwachsenen Menschenaffen hat der Schädel ein solch ausgeprägtes Übergewicht nach vorn, daß sich hier das Problem nicht ergibt. Bei diesen Tieren hat der Processus mastoideus keine Funktion, was sich in dem zeitlich späten Erscheinen oder gar Ausbleiben jenes Merkmals zeigt. Auch prähistorische menschenähnliche Formen haben noch Schädel mit stark nach vorn geneigtem Übergewicht (siehe Abb. 82). – Der Processus mastoideus ist ein Merkmal des Typus II, das beim Menschen am stärksten entwickelt ist; es wird bei den höheren Tieren angekündigt und erhält seinen Sinn erst innerhalb der menschlichen Konstitution.

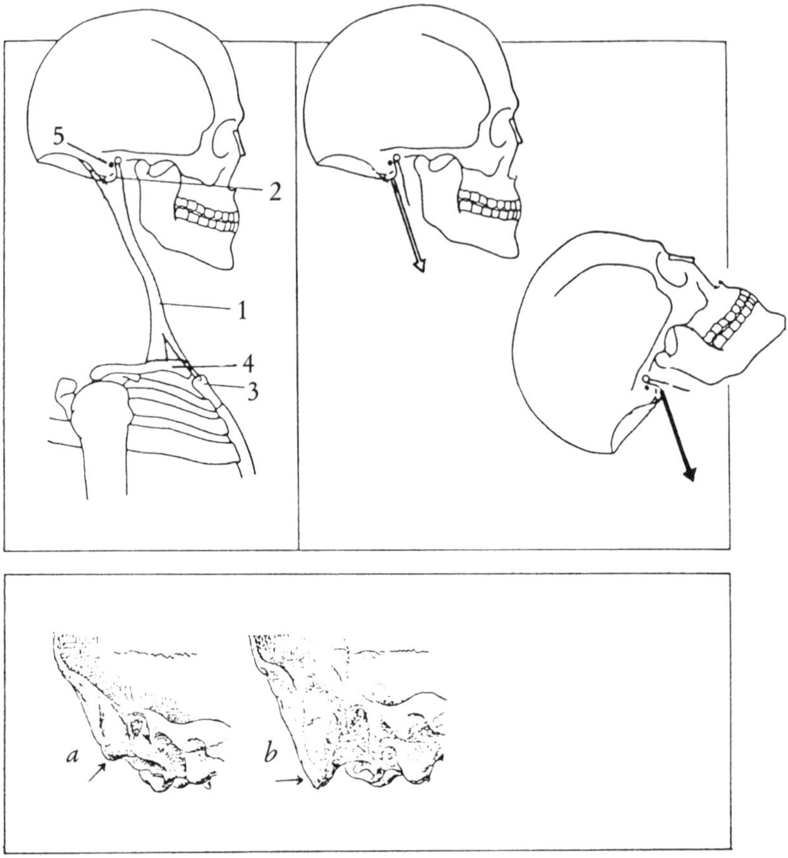

Abb. 83: Processus mastoideus.
Links oben: Der Musculus sternocleidomastoideus (1) verbindet den Processus mastoideus (2) mit dem Brustbein (3) und dem Schlüsselbein (4). Der Punkt (5) gibt die Position der Rotationsachse durch das Gelenk zwischen dem Atlas (dem obersten Halswirbel) und den Condyli occipitales an.
Rechts oben: Zugrichtung des Musculus sternocleidomastoideus bei normaler und bei nach hinten geneigter Lage des Kopfes. Im letzteren Falle wird eine Kontraktion des Muskels den Kopf wieder in die normale Lage zurückversetzen, weil der Processus mastoideus als ein kurzer Hebelarm fungiert.[267]
Unten: Der Processus mastoideus beim erwachsenen männlichen Gorilla. a: Exemplar mit schwach entwickeltem Processus, b: Exemplar mit stark entwickeltem Processus.[399]

Wenn der Mensch die Normalstellung einnimmt, verläuft die Schwerelinie des Körpers durch das Atlasgelenk und den Schwerpunkt des Kopfes. Zugleich schneidet diese Linie die Verbindungslinie zwischen den beiden Gleichgewichtsorganen – die im Innenohr angeordnet sind – in der Mitte. Beim Laufen bewegen sich nun die Füße nicht gleichmäßig am Boden entlang. Dadurch neigt sich unter Umständen auch der aufrechte Körper nach vorn oder hinten, was eine Drehbewegung zur Folge hat, bei der das Fußgelenk den Scharnierpunkt bildet. Eine solche Drehbewegung verursacht die größte Lageänderung in der Höhe des Kopfes und ist dort am besten wahrnehmbar. Die Position der Gleichgewichtsorgane beim Menschen, am oberen Ende des Körpers und nahe der Schwerelinie, ist daher optimal.

Es ist bemerkenswert, daß sich in dieser Hinsicht das Gleichgewichtsorgan beim vierfüßigen Tier an einer unlogischen Stelle befindet: am äußeren Ende des Körpers und weit von der Schwerelinie entfernt. Die Lage der Gleichgewichtsorgane im Tierkopf kann als eine Ankündigung der aufrechten Körperhaltung angesehen werden; erst in der aufrechten Haltung bekommt diese Position ihre Bedeutung.

Der Einfluß des aufrechten Gangs auf den Geburtskanal

Beim Menschen bildet das Kreuzbein einen nach hinten gerichteten Winkel mit den Lendenwirbeln. Wie stark das Kreuzbein zurückweicht, wird quantitativ in der Größe des sogenannten lumbosakralen Winkels ausgedrückt (siehe Abb. 84 a). Beim Menschen beträgt dieser in normalen Fällen gut 70°.[4] Bei Frauen ist dieser Winkel durchweg etwas größer als bei Männern.

Beim Neugeborenen beträgt der lumbosakrale Winkel nur 20°, bei einem fünfjährigen Kind ist der endgültige Wert von gut 70° erreicht. Die Vergrößerung des lumbosakralen Winkels hängt offensichtlich biomechanisch mit der Erlangung des aufrechten Gangs im Laufe der ersten Lebensjahre zusammen. Bei Kindern, die rasch laufen lernen, vergrößert sich der lumbosakrale Winkel schnell. Wenn Kinder jedoch außerordentlich spät laufen lernen, hat das Skelett offenbar einen Teil seiner Plastizität verloren; sie behalten ihr ganzes Leben ein weniger zurückweichendes Kreuzbein bei.

Auch bei Affen führt eine von klein auf geübte aufrechte Haltung zur Vergrößerung des lumbosakralen Winkels.[355] Besonders interessant ist die Arbeit von E. Slijper über eine Ziege, die ohne Vorderpfoten geboren wurde und gelernt hatte, auf ihren beiden Hinterbeinen, in halb aufrechter Haltung, zu gehen (siehe oben, S. 110).[426] Bei diesem bipeden Tier war der lumbosakrale Winkel beträchtlich vergrößert. Slijper weist auch auf den außerordentlich großen lumbosakralen Winkel des Bären (fast 56°) hin. Dieses Tier hat bestimmte andere Merkmale, wie einen abgeflachten Thorax und wenig spezialisierte Sohlengängerfüße, die die bipede Haltung erleichtern; Bären können im Vergleich zu den übrigen Säugetieren leicht aufrecht gehen.

Der große lumbosakrale Winkel wird oft als eine menschliche Spezialisierung dargestellt. Im Grunde zeichnet sich der Mensch jedoch, rein physisch betrachtet, nicht durch einen großen lumbosakralen Winkel aus. Er wird vielmehr mit einem plastischen Becken geboren, in dem ein großer lumbosakraler Winkel möglich ist, wenn die aufrechte Haltung erworben wird. Die Erlangung dieser aufrechten Haltung ist aber nicht bereits vor der Geburt veranlagt, sondern wird durch individuelles Bemühen erworben. Das Vermögen, durch die aufrechte Haltung einen großen lumbosakralen Winkel zu entwickeln, ist, wie wir gesehen haben, auch beim Affen und bei anderen Säugetieren vorhanden, enthüllt sich aber erst beim Menschen in seiner vollen Bedeutung.

Der große lumbosakrale Winkel des Menschen antwortet tatsächlich auf ein doppeltes Bedürfnis. Einerseits führt die aufrechte Haltung aus biomechanischen Gründen zur Vergrößerung des Winkels. Andererseits muß, um die Geburt eines großköpfigen Babys zu ermöglichen, die Distanz zwischen Schambein und Kreuzbein ausreichend groß sein (siehe Abb. 84 b).

Bei den Nicht-Primaten ist der lumbosakrale Winkel hingegen durchweg klein. Beim Hund variiert er zum Beispiel von 4° bis 14°. Bei den niederen Affen ist er schon größer: M. M. Abitbol und andere fanden Werte von 20° bis 35° für den Rhesusaffen.[4] Für den Klammeraffen wurde ein Wert von 27° gemessen. Die höchsten Werte des lumbosakralen Winkels werden bei den Menschenaffen erreicht: 44° beim Schimpansen, 60° beim Gibbon, der eine ausgeprägte Veranlagung zur Bipedie zeigt. Auch bei bestimmten Pavianarten kann der lumbosakrale Winkel groß sein (40° und mehr), was bei diesen Tieren direkt mit

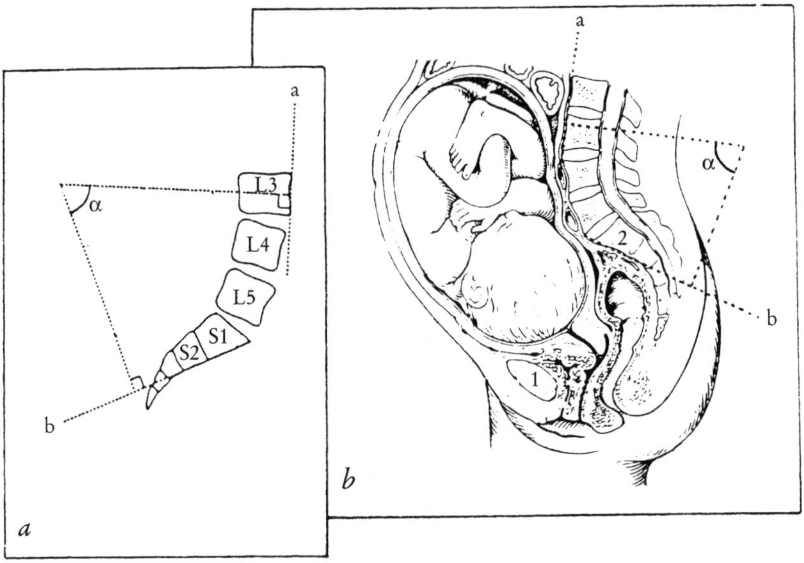

Abb. 84: Der lumbosakrale Winkel.
a: Die lumbale Linie a ist entlang der Vorderseite des dritten Lendenwirbels L3 gezogen. Die sakrale Linie b ist entlang der Vorderseite der ersten beiden sakralen Wirbel S1 und S2 gezogen. Der Winkel α zwischen den beiden Mittellinien von a bzw. b ist der lumbosakrale Winkel. Je größer dieser Winkel, desto stärker weicht das Kreuzbein zurück.
b: Das starke Zurückweichen des Kreuzbeins ermöglicht die Geburt des Menschen. Der Geburtskanal verläuft zwischen Schambein (1) und Kreuzbein (2).

der mühsamen Geburt ihrer verhältnismäßig großen Jungen zusammenzuhängen scheint.[405]

Es ist besonders bemerkenswert, daß die Zunahme des lumbosakralen Winkels durch das Erlangen der aufrechten Haltung bewirkt wird, aber zugleich auf einer gänzlich anderen Ebene eine Funktion erfüllt: die Ermöglichung der Geburt durch Erweiterung des Geburtskanals. Der große lumbosakrale Winkel des Menschen ist ein deutliches Merkmal des Typus II: Es ist eine Tendenz, die bei den höheren Tieren, vor allem den Primaten, angekündigt wird, aber beim Menschen sich am stärksten entwickelt und erst dort all ihre Funktionen offenbart. Abbildung 85 zeigt, daß der große lumbosakrale Winkel bei den großen Menschenaffen für die Geburt völlig überflüssig ist.

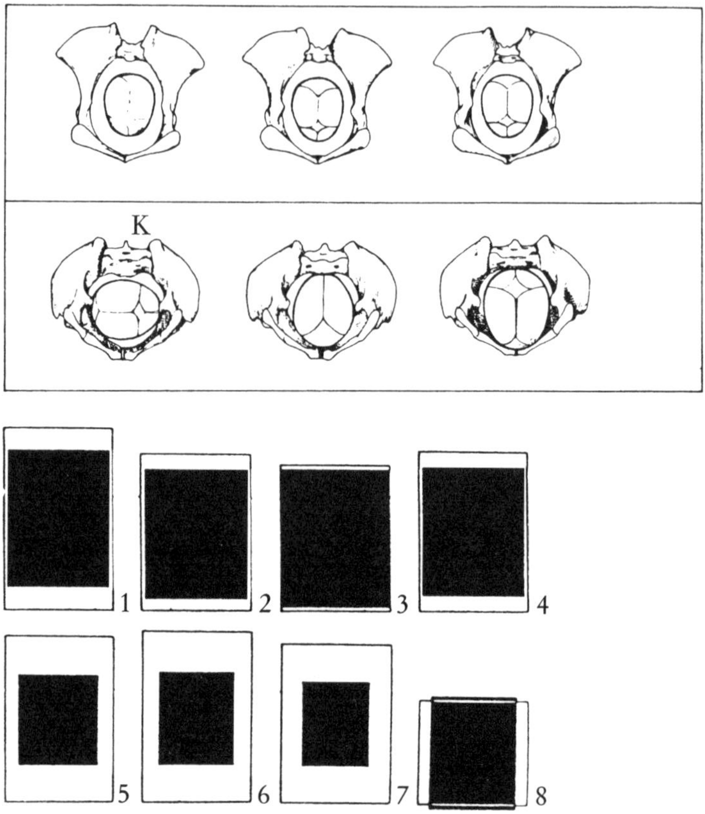

Abb. 85: Oben: Durchgang des fötalen Kopfes durch den Geburtskanal beim Schimpansen (oben) und beim Menschen (unten). Während bei den Menschenaffen der Geburtskanal besonders geräumig ist, muß sich beim Menschen der Kopf am Anfang, in der Mitte und am Ende des Geburtskanals (von links nach rechts dargestellt) unterschiedlich ausrichten.[328] *Man beachte, daß die größere Breite des menschlichen Kreuzbeins (K) eine wichtige Rolle spielt.*
Unten: Schematische Darstellung der jeweiligen Größen des Geburtskanals (weißes Rechteck) und des Kopfes des Neugeborenen (schwarzes Rechteck) für Klammeraffe (Ateles) (1), Nasenaffe (2), Makak (3), Gibbon (4), Orang-Utan (5), Schimpanse (6), Gorilla (7), Mensch (8). Die Breiten des Geburtskanals und des Kopfes werden jeweils durch die horizontalen, die Höhen durch die vertikalen Größen der Rechtecke dargestellt. Bei den Menschenaffen, bei denen das Junge verhältnismäßig klein ist, stellt sich der Geburtskanal als abnorm groß heraus.[397]

Das Kreuzbein überträgt das Gewicht der Wirbelsäule über zwei sakroiliale Gelenke auf die Hüftknochen (siehe Abb. 15, S. 47). Die aufrechte menschliche Körperhaltung hat eine größere Belastung der Gelenke zur Folge. Das Kreuzbein ist beim Menschen denn auch besonders schwer und breit (was an und für sich wieder als ein Beispiel von Hypermorphose betrachtet werden kann, siehe S. 190), und die Oberfläche der sakroilialen Gelenke ist sehr groß. Schultz stellte fest, daß auch hier die Menschenaffen eine Übergangsposition zwischen den niederen Affen (mit schmalem Kreuzbein) und dem Menschen einnehmen.[405]

Die große Breite des menschlichen Kreuzbeins hängt direkt mit der aufrechten Körperhaltung zusammen, hat aber noch eine andere Folge. Da das Kreuzbein wie ein Keil zwischen den Hüftknochen liegt, verursacht seine Verbreiterung direkt eine dementsprechende Erweiterung des Geburtskanals. Wir stoßen hier zum zweiten Male auf einen sehr bemerkenswerten biomechanischen Zusammenhang zwischen dem Auftreten der aufrechten Körperhaltung und der Vergrößerung des Geburtsweges (für weitere Beispiele siehe Abitbol[5]). Abbildung 85 zeigt, daß das breite Kreuzbein für die Geburt des Menschen von vitaler Bedeutung ist, aber irrelevant für die Geburt beim Schimpansen.

Der Vergleich des Geburtskanals beim Menschen und beim Schimpansen bringt noch ein anderes, überraschendes Ergebnis. Die Breite des Beckendurchgangs im Vergleich zur gesamten Beckenbreite ist bei der Frau größer als beim Mann. Dieser geschlechtsgebundene Unterschied erscheint beim Menschen erst ab der Pubertät. Beim Schimpansen stellt man dasselbe Phänomen fest. Nun bekommt zwar die Erweiterung des Geburtskanals bei der Frau ihre Bedeutung durch den großen Kopf des Neugeborenen, beim Schimpansen scheint diese zusätzliche Erweiterung beim weiblichen Tier jedoch vollkommen überflüssig.[410] Auch hier können wir wieder feststellen: Die relative Erweiterung des Geburtskanals, die sich bei der Frau um die Pubertät ereignet, ist ein Merkmal des Typus II, das sich beim höheren Tier schon ankündigt, aber erst beim Menschen seine Bedeutung enthüllt.

Dieses Beispiel illustriert, daß ein Merkmal, das ganz funktionell aussieht, dennoch nicht der Funktion wegen entstanden ist. Wenn man die Erweiterung des Geburtskanals der Frau für sich betrachtet, scheint dies ein überzeugendes Beispiel Darwinscher Anpassung zu sein. Aber Schultz hat darauf aufmerksam gemacht, daß die Beckenerweiterung auch bei den Weibchen der großen Menschenaffen auftritt, wo sie völlig überflüssig zu sein scheint, dagegen kaum bei den Gibbons, obwohl bei ihnen doch der Geburtskanal ziemlich eng ist. Wenn wir also den Menschen zusammen mit den Menschenaffen betrachten, erscheint die Idee einer funktionellen Verbreiterung des Geburtskanals viel weniger überzeugend. Schultz schreibt: «Wenn wir glauben, daß die geschlechtlichen Unterschiede der Beckenform bei den Primaten im Zusammenhang mit dem sehr großen Kopf des Neugeborenen entstehen, dann bleibt völlig unerklärt, wie die Ausnahmen bei den großen Menschenaffen entstanden sind.»[397]

Man hat auch versucht, den erweiterten Geburtskanal der großen Menschenaffen durch Allometrie (Vorauseilen des Wachstums gegenüber dem Wachstum des übrigen Organismus) zu erklären.[369] Auch diese Erklärung trifft nicht ganz zu: Große Schmalnasen wie der Pavian weisen im Vergleich zu den kleinsten Breitnasen keinen erweiterten Geburtskanal auf.

Die Wirbel

Die Wirbelsäule der Säugetiere kann in fünf Zonen unterteilt werden (siehe Abb. 86 und 87):
- die Halswirbel (beim Menschen und bei den meisten Säugetieren gibt es deren sieben)
- die Brustwirbel oder thorakalen Wirbel (sie tragen die Rippen)
- die Lendenwirbel (lumbalen Wirbel)
- das Kreuzbein oder Sacrum, das aus einer Anzahl zusammengewachsener Wirbel besteht
- die Steiß- oder Schwanzwirbel.

Die verschiedenen Primatenarten haben nicht in allen Zonen gleich viele Wirbel, was einen Vergleich zwischen den Arten erschwert. Niedere Affen haben oft drei sakrale Wirbel und neunzehn Brust- und Lendenwirbel; beim Menschen sind es fünf bzw. siebzehn. Bei stärker retardierten Primaten haben die unteren Lendenwirbel die Neigung zu «sakralisieren», das heißt in das Kreuzbein integriert zu werden. Dieses Phänomen erinnert an das kaudocephale Verwachsungsmuster des Brustbeins und ist vielleicht eine Manifestation der zunehmenden Opposition innerhalb des Rumpfgebiets zwischen dem cephalokauda-

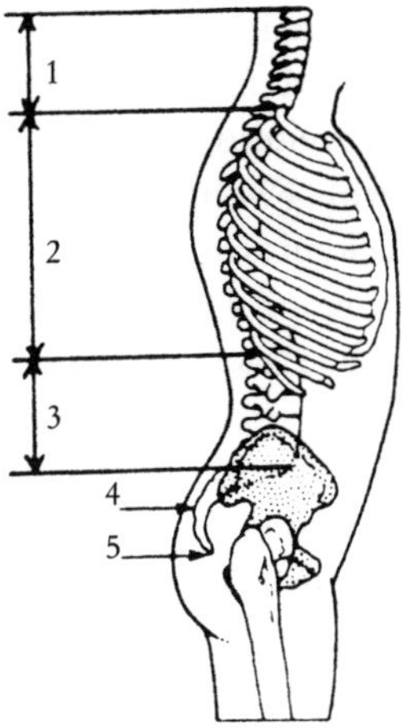

Abb. 86: Einteilung der Wirbelsäule: 1: Halswirbelzone; 2: Brustwirbelzone; 3: lumbale Zone; 4: Kreuzbein; 5: Steißwirbel.[10]

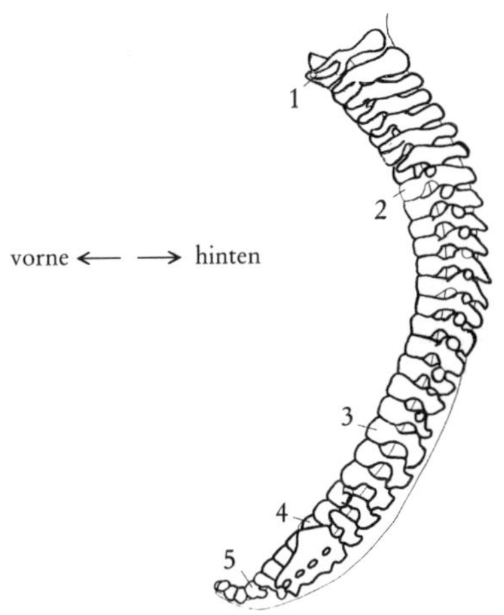

Abb. 87: Wirbelsäule eines menschlichen Embryos (Länge = 27 mm).[320] *1: erster Halswirbel; 2: erster Brustwirbel; 3: erster Lendenwirbel; 4: erster sakraler Wirbel (Kreuzbein); 5: erster Steißwirbel. Während dieser Entwicklungsstufe sind die Halswirbel sehr groß; sie zeigen einen Entwicklungsvorsprung gegenüber den Lendenwirbeln und dem Kreuzbein, die verhältnismäßig klein sind (vgl. Abb. 88 b).*

len und dem kaudocephalen Wachstumsstrom. Die Erklärung für das Verschwinden des Schwanzes bei den am stärksten retardierten Primaten muß möglicherweise auch in dieser Richtung gesucht werden.

Die Ontogenie der Wirbelsäule zeigt drei allgemeine, aufeinanderfolgende Entwicklungsströme:

1. Während der ersten Phase hat die Brustgegend einen Entwicklungsvorsprung gegenüber der Halszone und der Lendenzone. Das Neuralrohr und später die Wirbel entwickeln sich, ausstrahlend von der Mitte, sowohl kopfwärts als auch kaudalwärts.
   Dieses erste, zentrifugale Entwicklungsprinzip zeigt sich bei allen Vertebraten und ist schon ganz deutlich bei den Fischen vorhanden. Fischlarven haben zuerst eine stark entwickelte Mittelzone, einen kleinen Kopf und einen kurzen Schwanz. Beim erwachsenen Fisch sind dagegen der Kopf und der Schwanzbereich viel größer im Vergleich zum Brustgebiet, wo die Wachstumsrate viel niedriger ist.[154] Auch im Verknöcherungsmuster der menschlichen Wirbelsäule zeigt sich dieser frühe zentrifugale Entwicklungsstrom sehr deutlich.[257, 320]
2. Dieser Prozeß wird dann durch den schon bekannten cephalokaudalen Wachstumsstrom überformt. Das heißt, daß im Embryo ein Stadium erreicht wird, wo die Halswirbel viel größer sind als die mehr kaudal gelegenen Wirbel. Die sakralen Wirbel sind «Spätlinge» bezüglich dieses Entwicklungsstroms und sind zuerst verhältnismäßig klein (siehe Abb. 87).
3. Schließlich gibt es noch einen dritten Prozeß, der sich am spätesten bemerkbar macht: den schon genannten Antagonismus zwischen dem cephalokaudalen Wachstumsstrom, der die Entwicklung des Rumpfes beherrscht, und dem später erscheinenden kaudocephalen oder distoproximalen Wachstumsstrom, der in der Entwicklung der Beine vorherrscht. Beide Wachstumsströme ringen in der Beckengegend um die Vorherrschaft.

Was können wir nun bei einem retardierten Vertebraten erwarten? Wir erinnern nochmals an das zentrale Prinzip: In einem Organismus mit retardiertem Wachstum werden Organe oder Körperglieder, die sich später entfalten, im Verhältnis zu den früher wachsenden Teilen größer und besser entwickelt sein (siehe Abb. 26 und 27, S. 79).

Die *erste* Entwicklungsbewegung (siehe oben) wird, wenn sie sich konsequent durchsetzt, zu einer verhältnismäßig kurzen Brustwirbelzone und zu einer etwas längeren Hals- und Lendenwirbelzone führen. Der Mensch hat in der Tat, im Vergleich zu den Affen, einen langen Hals und stark entwickelte Lendenwirbel.

Was den *zweiten*, cephalokaudalen Entwicklungsstrom betrifft, wird Retardation eine verhältnismäßig stärkere Entwicklung der Lendenwirbel bewirken, da die Lendenzone bezüglich dieses Entwicklungsstroms der «Spätling» ist. Diesen Effekt können wir am erwachsenen Menschen sehr gut beobachten: Die kaudaleren Wirbel, besonders die Lendenwirbel und das Kreuzbein, sind außerordentlich gut entwickelt. Diese stärkere Entwicklung entsteht dadurch, daß die Lendenwirbel beim Menschen länger wachsen. Schultz bemerkt, daß beim Menschen die Lendenwirbelzone (in Prozent der Rumpflänge) nach der Geburt weiterwächst; bei den Affen (z.B. beim Makaken oder beim Schimpansen) bleibt dasselbe Verhältnis nach der Geburt konstant.[392]

Die *dritte* Tendenz führt zur Unterdrückung des Schwanzes und zu einer stärkeren Entwicklung der hinteren Gliedmaßen. Beim menschlichen Embryo liegt der Steiß zuerst noch frei, wird dann aber von den Beinen überwachsen. Man kann diese Tendenz an der Reihe der Wirbeltiere verfolgen: Fische haben noch wenig entwickelte Gliedmaßen und einen mächtigen Schwanz; auch bei typischen Reptilien (z.B. einer Eidechse) ist der Schwanz noch stark ausgebildet, bei Säugern schon weit weniger. Der Schwanz der Ratte etwa wächst erst nach der Geburt viel stärker als die übrigen Teile der Wirbelsäule; am höchsten ist die Wachstumsrate an der Schwanzspitze.[358] Bei Affen wiederum sind die Gliedmaßen noch besser ausgebildet als bei den übrigen Säugetieren, aber die nachgeburtliche Wachstumsrate des Schwanzes ist verzögert, was zu einem verhältnismäßig längeren Schwanz bei jüngeren Tieren führt – das ist gerade bei Neuweltaffen mit einem Greifschwanz der Fall.[383, 404, 405] Bei bestimmten Makaken und bei den Menschenaffen ist dann der Schwanz schon völlig unterdrückt; zugleich sind bei den Menschenaffen die hinteren Extremitäten noch stärker entwickelt.

Es gibt also eine Art Unvereinbarkeit zwischen Schwanzbildung und Bildung der hinteren Extremitäten. Da die Beine gegenüber dem Schwanz ontogenetische «Spätlinge» darstellen, sind sie bei stärker retardierten Wesen besser ausgebildet, und der Schwanz ist stärker unterdrückt. Diese Tendenz gipfelt im Menschen. Man könnte sogar sagen, daß in dieser Hinsicht die Schlange das Gegenbild des Menschen ist; bei ihr sind die Gliedmaßen völlig unentwickelt.

Abbildung 88 faßt die drei Entwicklungsströme zusammen.

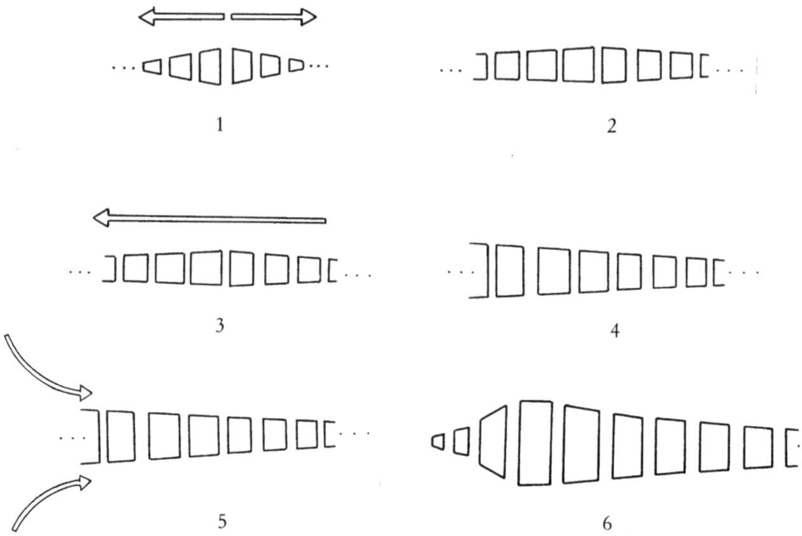

Abb. 88: Schematische Darstellung der drei aufeinanderfolgenden Entwicklungs- und Wachstumsströme in der Wirbelsäule. Rechts: Kopfende; links: Steißende.
1: Der erste, zentrifugale Entwicklungsstrom fängt in der Brust an und dehnt sich zum Kopf- und zum Steißende hin aus. 2: Die Retardation bewirkt daher eine Vergrößerung oder Verlängerung der Halswirbel sowie der Lendenwirbel und des Kreuzbeins.
3: Der zweite, cephalokaudale Wachstumsstrom beginnt beim Kopf und dehnt sich später zum Steißende hin aus. 4: Retardation bewirkt hier daher eine Vergrößerung der Lendenwirbel und des Kreuzbeins.
5: Der dritte, distoproximale Wachstumsstrom beherrscht die Entwicklung der Gliedmaßen. 6: Retardation vergrößert den Einfluß dieses späten Entwicklungsstroms, verglichen mit den früheren Entwicklungsströmen, und führt also zur Unterdrückung des Schwanzes zugunsten der hinteren Gliedmaßen.

Der erwachsene Mensch hat, im Vergleich zu den Menschenaffen, einen auffällig langen Hals. Während sich beim Menschen der Kopf frei drehbar oberhalb des Rumpfes befindet, ist der Kopf des Menschenaffen sozusagen zwischen den Schultern versunken (siehe z.B. Abb. 3, S. 19, Abb. 13, S. 38).

Der Mensch hat die verhältnismäßig längste Halswirbelreihe aller Primaten. Schultz gibt folgende mittlere Werte (Länge der Halswirbelzone in Prozent der Rumpflänge):[396]

	Fötus	*Neugeborenes*	*Erwachsener*
Kapuziner	23,9	21,8	19,2
Makak	22,3	19,1	16,4
Gibbon	30,0	26,1	22,3
Orang-Utan	28,9	29,6	23,7
Schimpanse	26,9	25,8	22,5
Mensch	29,9	28,0	25,9

Eine lange Halswirbelzone allein reicht aber offensichtlich nicht aus, um einen äußerlich sichtbaren und beweglichen Hals zu bekommen. Denn obwohl der menschliche Fötus verhältnismäßig längere Halswirbel als der Erwachsene hat, erscheint dessen Hals doch länger, wie in Abbildung 13 deutlich zu sehen ist. Das hängt damit zusammen, daß der Hals des Menschen durch die Senkung der Schultern im Laufe des Wachstums stärker hervortritt. Diese Absenkung gibt es auch bei den niederen Affen; bei den Menschenaffen kann eine umgekehrte Tendenz auftreten. Schultz weist darauf hin, daß beim jungen Gorilla der Hals gut sichtbar ist, die Schultern des jungen Tieres noch tief stehen und die Nackenmuskeln noch schwach entwickelt sind.[385] Beim erwachsenen Tier ist der Hals dann gänzlich zwischen dem nach vorn gesunkenen Kopf, den hohen Schultern und den mächtigen Nacken- und Schultermuskeln verschwunden. Abbildung 3 (S. 19) zeigt dieselbe Entwicklung beim Schimpansen.

Aus den obigen Daten geht hervor, daß eine lange Halswirbelzone (im Vergleich zur Rumpflänge) ein Merkmal ist, das schon während der fötalen Phase veranlagt ist. Die Verlängerung bei stärker retardierten

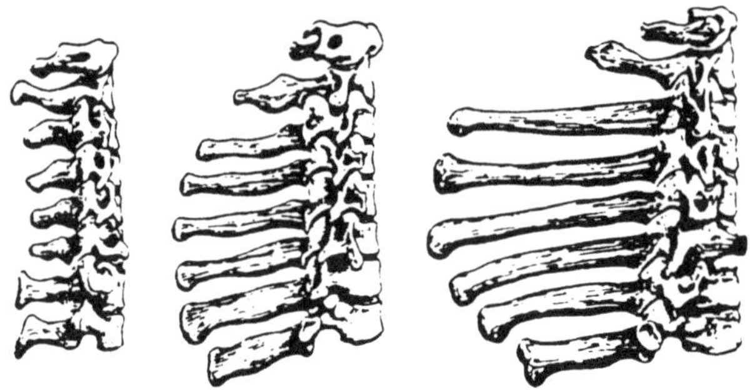

Abb. 89: Fortsätze der Nackenwirbel des Gibbons (links), des Orang-Utans (Mitte) und des Gorillas (rechts). Diese Fortsätze fungieren als Ansatzpunkte der Nackenmuskeln, die den vor dem Körper getragenen Kopf heben müssen. Bei den großen Menschenaffen sind diese Fortsätze sehr groß.[405]

Wesen (niedere Affen haben einen viel kürzeren Hals als Menschenaffen, die ihrerseits wieder einen kürzeren Hals als die Menschen haben) entsteht dadurch, daß der erste, zentrifugale Entwicklungsstrom einen längeren Hals hervorbringt. In dieser Hinsicht ist der lange menschliche Hals ein Merkmal des Typus II.

Die große Länge des menschlichen Halses hängt tatsächlich direkt mit der aufrechten menschlichen Haltung zusammen. Ein vertikal ausgerichteter Hals übt ja kein Drehmoment auf den Nackenansatz aus. Bei einer mehr oder weniger horizontalen Lage des Halses entsteht dagegen ein ausgesprochenes Drehmoment, so daß starke Nacken- und Schultermuskeln erforderlich sind, um den Kopf zu tragen. Der erwachsene Gorilla, der eine ziemlich lange Halswirbelreihe besitzt, ist ein gutes Beispiel. Die Nackenwirbel sind bei diesem Tier in der Laufhaltung ungefähr horizontal ausgerichtet (siehe Abb. 63, S. 142, und Abb. 74, S. 165). Die Nackenmuskeln sind denn auch sehr stark entwickelt, und die Halswirbel haben lange Fortsätze, die dem Ansatz dieser Muskeln dienen (siehe Abb. 89).

Der lange Hals verschafft dem Menschen einige besondere Möglichkeiten. Zunächst bietet er Raum für die Senkung des Larynx (des Kehlkopfes) (Näheres dazu in Kapitel 10). Weiterhin hat der Mensch seinem langen Hals die große Beweglichkeit des Kopfes und damit die Wendigkeit in der Blickrichtung zu verdanken. Auch die großen Menschenaffen haben zwar eine ziemlich lange Halswirbelreihe, aber ihr

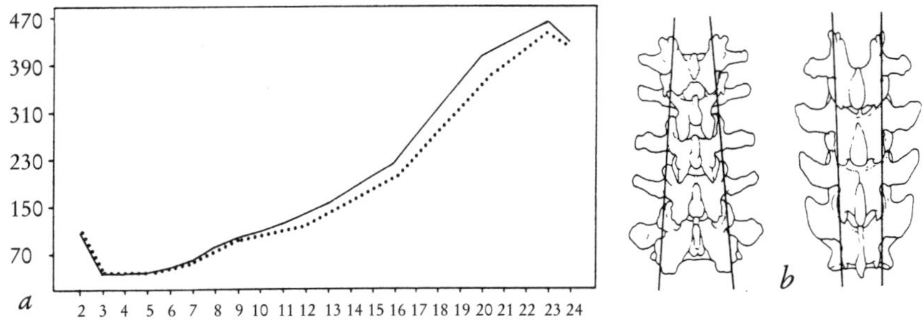

Abb. 90: a: Volumen der menschlichen präsakralen Wirbel, im Verhältnis zu ihrer Lage (die Wirbel werden vom Nacken zum Steiß hin numeriert). Beim Menschen nimmt das Volumen systematisch vom Nacken bis zum Sacrum zu.
b: Lumbale Zone des Menschen (links) und des Schimpansen (rechts), von der Rückseite her dargestellt. Beim Menschen werden die Lendenwirbel nach unten hin breiter, beim Menschenaffen nicht.[10]

Kopf ist erstaunlich wenig beweglich.[405] Die seitwärtige Drehung wird durch ihre hochstehenden Schultern sehr eingeschränkt: Der Menschenaffe kann seine schweren Unterkiefer nicht über seine hochliegenden Schultern heben. Dieselbe gewaltige, nach unten entwickelte Schnauze steht auch einem Neigen des Kopfes nach vorn im Wege, während das Zurücklegen des Kopfes dann wieder von den Halswirbelfortsätzen verhindert wird.

Außerhalb der Primaten findet man übrigens auch bei manchen anderen Säugetieren einen außerordentlich langen Hals mit sehr mächtigen Halswirbeln – wir brauchen nur an das Pferd oder an die Giraffe zu denken (siehe Abb. 55 und 56, S. 134 und 135). Daneben gibt es auch Säuger, etwa die Delphine, die ganz winzige, kurze Halswirbel haben.[120]

Nun ergibt sich die merkwürdige Situation, daß nahezu alle Säugetiere sieben Halswirbel haben. Die Anzahl der Halswirbel scheint also Teil des allgemeinen Säugerbauplans zu sein. Die außergewöhnlichen Dimensionen der Halswirbel bei vielen Vierfüßern können wir nicht durch die Wirkung der drei genannten Wachstumsströme erklären (Abb. 88). Die sehr langen und schweren Halswirbel dieser Vierfüßer sind also als eine Spezialisierung zu betrachten (Abb. 45). Diese Spezialisierung hängt damit zusammen, daß bei diesen Tieren der Hals eine Art Gliedmaßenfunktion bekommen hat; er sollte genügend lang sein, um den Boden oder hoch hängendes Laub zu erreichen, da die vorderen Gliedmaßen ganz der Fortbewegung unterworfen sind. Die unverhältnismäßige Größe der Halswirbel beim Vierfüßer zeigt folglich, daß auch diese Körperhaltung sekundär (also eine Spezialisierung) ist. Das heißt, daß der allgemeine Säugerbauplan den Vierfüßern nicht ursprünglich angemessen war. Beim Menschen dagegen findet man vom Kopf bis zum Becken eine einfache, stetig wachsende Wirbelreihe (s. Abb. 90); hier sind die Wirbelproportionen sehr wohl durch die Einwirkung der drei aufeinanderfolgenden, *allgemein* veranlagten Wachstumsströme verständlich.

Die Dicke der Wirbel

Dicke Wirbel sind ein fötales Merkmal. Bei jungen Primaten ist die Wirbelsäule verhältnismäßig dicker als bei den erwachsenen Primaten. Schultz bestimmte den kleinsten Durchschnitt des mittleren Brustwirbels und des mittleren Lendenwirbels, ausgedrückt im Verhältnis zur Rumpfhöhe.[402] Er fand systematisch höhere Werte für die kindliche Form:

	Brustwirbel	*lumbaler Wirbel*
Gibbon (Kind)	6,0	9,2
Gibbon (erwachsen)	3,9	6,5
Orang-Utan (Kind)	6,9	10,2
Orang-Utan (erwachsen)	5,0	6,7
Schimpanse (Kind)	6,1	8,0
Schimpanse (erwachsen)	4,4	6,5
Mensch (Kind)	6,3	9,4
Mensch (erwachsen)	5,3	8,0

Wir sehen, daß sich die Zahlen für den Menschen im Kindesalter nicht auffällig gegenüber den Werten bei den höheren Affen unterscheiden. Aber die Abnahme der Dicke ist beim Menschen geringer. Im erwachsenen Stadium hat der Mensch die verhältnismäßig dicksten Wirbel. Der Mensch bleibt, was die Dicke der Wirbel anbelangt, der fötalen

Situation näher als die Affen. Der massive Charakter der menschlichen Wirbel ist in dieser Hinsicht ein Merkmal des Typus I.

Die Dicke der Wirbel hängt nicht nur von der Körpergröße ab. Der Gorilla mit einem Gewicht von 165 kg hat nach Schultz Lendenwirbel, die nicht größer sind als die eines kleinen Menschen; der verhältnismäßig kleine Gibbon hat dickere Wirbel als die niederen Schmalnasen. Beim Menschen sind die Lendenwirbel sehr viel dicker als die höhergelegenen Wirbel. Schultz sieht darin eine «Anpassung» an die aufrechte Haltung des Menschen. Er vergleicht die Wirbelsäule mit dem Stamm eines Baumes, der unten am dicksten ist, da er dort das schwerste Gewicht trägt. In funktioneller Hinsicht ist die größere Dicke der unteren menschlichen Wirbel die konsequente Folge der aufrechten menschlichen Haltung. Es ist deshalb merkwürdig, daß wir dasselbe Merkmal auch bei den Menschenaffen und den niederen Affen vorfinden. Von den niederen Affen über den Gibbon und die großen Menschenaffen bis zum Menschen stellen wir eine steigende Massivität der Wirbel fest:

	Brustwirbel	*lumbale Wirbel*
Nasenaffe (Weibchen)	3,1	5,0
Nasenaffe (Männchen)	3,1	5,7
Gibbon (Weibchen)	3,9	6,4
Gibbon (Männchen)	4,0	6,6
Orang-Utan (Weibchen)	4,9	6,5
Orang-Utan (Männchen)	5,2	6,9
Schimpanse (Weibchen)	4,4	6,4
Schimpanse (Männchen)	4,5	6,7
Frau	5,2	7,8
Mann	5,5	8,2

(Mittlere Dicke der mittleren Brustwirbel und lumbalen Wirbel der erwachsenen Primaten, ausgedrückt als Prozentsatz der Rumpflänge)

Die menschlichen Verhältnisse werden gleichsam durch die Reihe der Primaten hindurch angekündigt. Sie erhalten ihren Sinn erst durch eine typisch menschliche Gegebenheit: die aufrechte Haltung. In dieser Hinsicht ist die massive Erscheinung der menschlichen Brust- und Lendenwirbel als ein Merkmal des Typus II aufzufassen.

Die sakralen Wirbel – zum Kreuzbein zusammengewachsen – werden, wenn man in der Beobachtung von den niederen zu den höheren Primaten aufsteigt, immer massiver; beim Menschen erreicht dieser Trend seinen Höhepunkt. Bei den niederen Schmalnasen machen die sakralen Wirbel selten mehr als 10 Prozent des Gesamtgewichts der Wirbelsäule aus. Beim Gibbon steigt diese Zahl auf 14 Prozent, beim Orang-Utan auf bis zu 14,4 Prozent, beim Schimpansen und beim Gorilla auf bis zu 17,0 Prozent bzw. 17,4 Prozent und beim Menschen auf bis zu 20,3 Prozent (mittlere Werte aus Schultz[405]). Sogar wenn man für den Schwanz – der bei den höheren Primaten gänzlich fehlt – eine Korrektur vornimmt, bleibt dieser Trend bestehen.[406] Diese sich steigernde Massivität enthüllt ihren Sinn beim Menschen (siehe oben, S. 185).

Die Halswirbel sind beim Menschen zwar lang – wodurch die fötalen Formverhältnisse erhalten bleiben –, aber doch erstaunlich leicht im Vergleich zu den übrigen Wirbeln; das Kreuzbein dagegen ist sehr schwer. Beim Spitzhörnchen (*Tupaia*) – das von manchen Forschern als der primitivste Primat betrachtet wird – findet man genau die entgegengesetzte Situation vor: Das Kreuzbein dieses Tieres ist leicht, die Halswirbel sind im Vergleich zu den übrigen Wirbeln schwer. Die Gewichtsverhältnisse zwischen den Wirbeln in der menschlichen Wirbelsäule scheinen hauptsächlich durch die Retardation des zweiten, cephalokaudalen Entwicklungsstroms bestimmt zu werden, wodurch die weiter vom Kopf entfernten Wirbel schwerer werden; dies kommt der aufrechten Körperhaltung zugute. Recht viele Tatsachen bestätigen diesen cephalokaudalen Wachstumsverlauf in der Wirbelsäule, der mit der Aufholbewegung des unteren Rumpfteiles gegenüber dem oberen im allgemeinen zusammenhängt (siehe oben, S. 84). Im Laufe des menschlichen Wachstums wird die Halswirbelzone des Menschen (und der anderen Primaten) tatsächlich verhältnismäßig kürzer; die lumbale Zone nimmt dagegen allmählich an relativer Länge zu.[320] Allerdings wird diese allgemeine Tatsache von verschiedenen Spezialisierungen überlagert. So haben beispielsweise die stark retardierten Menschenaffen zwar ein schweres Kreuzbein, aber auch schwere Halswirbel, da sie auf diesen Wirbeln umfangreiche Fortsätze entwickeln.

Der Fuß

Der menschliche Fuß nimmt schon sehr rasch in der embryonalen Entwicklung seine endgültige Gestalt an. Was in einer ersten Phase am meisten auffällt, ist die noch primitive, gespreizte Stellung der Zehen und die noch verhältnismäßig unentwickelte Ferse (siehe Abb. 91 und 92). Daß die Ferse zunächst noch unterentwickelt ist, hängt mit dem zum Rumpf hin gerichteten Wachstum der Gliedmaßen zusammen (siehe Kap. 3). H. R. Tax schreibt: «Der vordere Teil des Fußes ist im fötalen Stadium verhältnismäßig viel breiter als beim Neugeborenen und verglichen mit dem des Erwachsenen noch breiter. Der Fuß wird daher von der Geburt bis ins Erwachsenenalter hinein länger und schmäler.»[447]

Im Laufe des gesamten Wachstums macht die Ferse einen immer größer werdenden Prozentsatz der gesamten Fußlänge aus: 22 bis 23 Prozent im Alter von einem Jahr, 27 Prozent mit sechs Jahren, 29 bis 30 Prozent mit 18 Jahren.[18] Der Fuß bleibt im ganzen dann wiederum gegenüber der Länge des Unterschenkels zurück: Im Alter von einem Jahr ist der Fuß oft noch länger als das Schienbein, beim Sechsjährigen beträgt die Fußlänge zwischen 82 und 84 Prozent, beim Erwachsenen noch ungefähr 72 Prozent der Schienbeinlänge (siehe Abb. 33, S. 90).[18] Wir sehen hier schon wieder ein Beispiel, wie sehr beim Menschen die frühfötalen Wachstumsverhältnisse während der späteren Entwicklungsphasen durchgehalten werden.

Wenn wir die Breite des embryonalen menschlichen Fußes, am Zehenansatz gemessen, mit der Länge der Zehen (z.B. der mittleren Zehe) vergleichen, finden wir im Grunde schon die Verhältnisse des erwachsenen Fußes vor. Der fötale Affenfuß zeigt eine starke Ähnlichkeit mit dem des Menschen, wie aus den Abbildungen 92 und 93 hervorgeht. Wir finden dieselbe noch kurze und schmale Ferse und denselben Zehenbogen – mit demselben Verhältnis zwischen Fußbreite und Zehenlänge – vor. Ausgehend von der sehr ähnlichen Anfangsgestalt des Fußes werden Mensch und Affe aber stark unterschiedliche Entwicklungen durchmachen. Beiden gemeinsam ist zwar, daß die Ferse massiver wird, wobei die eher dreieckige Form der Fußsohle länglicher und rechteckiger wird – die Ferse holt ihren anfänglichen Entwicklungsrückstand ein; durch ausgesprochene Retardation dieser überholenden Wachstumsbewegung wird die Ferse beim Menschen letztlich aber

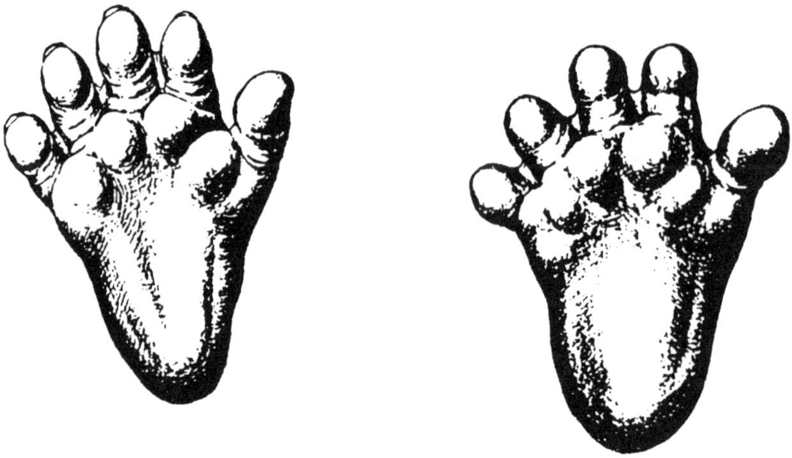

Abb. 91: Exakte Zeichnung des rechten Fußes eines Makakenfötus (links) und eines Menschenembryo (rechts). Die Sitzhöhe von Fötus bzw. Embryo beträgt 24 mm. Beide Füße sind ziemlich ähnlich. Die Ferse ist weniger entwickelt, die fünf Zehen sind fächerähnlich am Fußende gespreizt.[408]

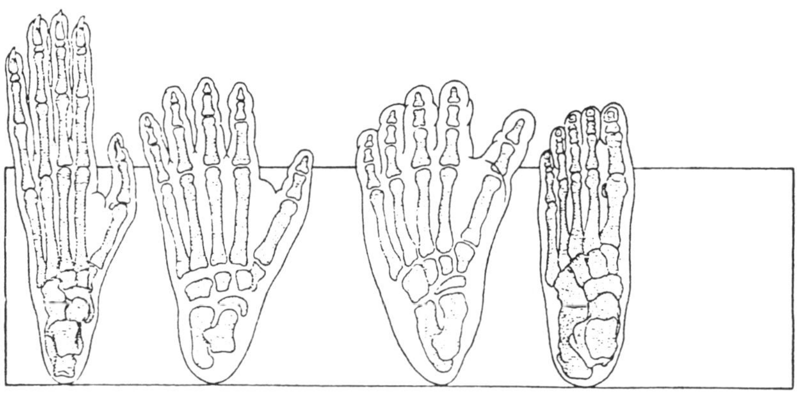

Abb. 92: Embryonale Fußskelette (Mitte) und erwachsene Fußskelette einer Breitnase (Alouatta; links) und des Menschen (rechts). Die Sitzhöhe der Föten beträgt 30 bzw. 36 mm. Der Mensch behält die gemeinsamen embryonalen Verhältnisse zwischen den Zehengliedern bei, beim Affen wachsen die Zehen zu Fingern heran.[381]

sehr massiv. Und beim Menschen sieht man, daß außerdem der große Zeh, der für das Tragen des Körpergewichts eine Hauptrolle spielt, gegenüber den übrigen Zehen massiver wird (was weiter unten besprochen wird). Ansonsten bleiben aber beim Menschen die gegenseitigen Verhältnisse der Mittelfußknochen und der Zehenglieder in groben Zügen erhalten. Vor allem die Zehenglieder bleiben viel kürzer als die Mittelfußknochen. Bolk erwähnt auch die Wölbung des menschlichen Fußes, die beim Gehen eine bedeutende Rolle spielt, als ein fötales Merkmal, das beim Menschen erhalten bleibt;[57] er scheint diesen Punkt aber nie näher ausgearbeitet zu haben.

Beim Affen erfährt der Fuß eingehendere Veränderungen: Er verwandelt sich zu einer Art Hand. Zwei bedeutende Veränderungen zeigen sich: Die Zehenglieder fangen an, schneller an Länge zuzunehmen als der Rest des Fußes. Die Zehen werden zu Fingern. Außerdem zeigt auch der große Zeh noch eine Veränderung: Bei allen Primatenembryonen erscheint in dem Moment, wo die Zehen sich an der Fußplatte bilden, der große Zeh in der Nähe des Ansatzes des zweiten Zehs. Bei allen Affen und Menschenaffen verschiebt sich anschließend die Ansatzstelle des großen Zehs in Richtung des Fußgelenks. Nur beim Menschen bleibt der große Zeh an der ursprünglichen fötalen Stelle, neben den anderen Zehen.

Die Verschiebung des großen Zehs führt beim Affen zur Bildung des opponierbaren «Daumenzehs». Der Fuß wird zu einer Art Greifhand. In dieser Hinsicht kann man den menschlichen Fuß als eine «zurückgehaltene Hand» betrachten; die Greiffunktion entwickelt sich dadurch nicht, daß eine Anzahl Merkmale der frühesten fötalen Phasen beibehalten werden. Die kurzen Zehen und die Position des großen Zehs am Fußende neben den anderen Zehen sind menschliche Merkmale des Typus I.

Der Fuß des Berggorillas verdient besondere Aufmerksamkeit. Dieser Fuß hat eine ziemlich variable Form. Die Position des großen Zehs ist weit oben, und in manchen Fällen sind die Proportionen denen des menschlichen Fußes erstaunlich ähnlich (siehe Abb. 93). Die fötalen Merkmale – kurze Zehen, fersennahe Ansatzstelle des großen Zehs – scheinen bei diesem Affen besser erhalten als bei den meisten anderen Menschenaffen. W. L. Straus bemerkt dazu: «Wenn wir die gesamte Fußmuskulatur betrachten, ist der Gorilla dem Menschen ähnlicher als jeder andere Primat. In bestimmten bedeutenden muskulären Einzelheiten ist der menschliche Fuß aber viel primitiver und hat eine

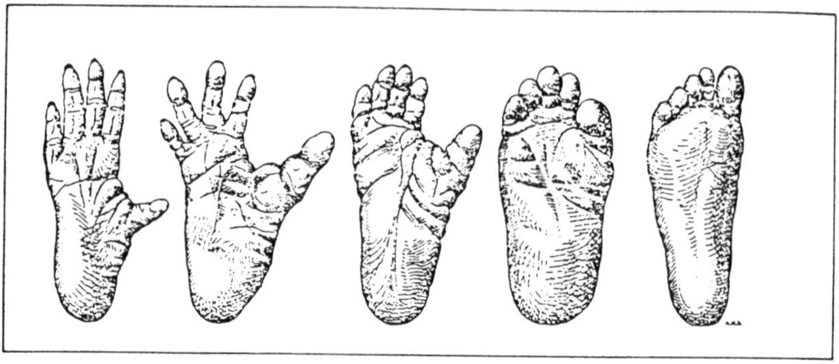

Abb. 93: Erwachsener Fuß des Orang-Utans, des Schimpansen, des Flachlandgorillas, des Berggorillas und des Menschen (von links nach rechts). Die Zehen der Affen sind lang ausgewachsen, der große Zeh ist zurückversetzt (und beim Orang-Utan, wie der Daumen, stark reduziert). Der Fuß des Berggorillas sieht, trotz des fersennäheren Ansatzes des großen Zehs, dem des Menschen erstaunlich ähnlich.[381]

allgemeinere Form als der Fuß des Gorillas und der der anderen Menschenaffen; er nähert sich den Verhältnissen bei den niederen Schmalnasen.» (In Schultz[389], S. 441.)

Der Berggorilla erreicht seine erwachsenen Fußproportionen tatsächlich auf eine gänzlich andere Weise als der Mensch. Bei diesem bleibt der große Zeh vorn am Fuß, während er beim Gorilla in der fötalen Phase zunächst deutlich zur Ferse zurückweicht, wodurch der typische Affenfuß entsteht. Nach der Geburt wandert er dann wieder langsam nach vorn (siehe Abb. 94). Diese Beobachtung legt – aufgrund des «biogenetischen Grundgesetzes» – nahe, daß der Gorilla (im Gegensatz zum Menschen) von einem Vorfahren abstammt, der einen Affenfuß mit opponierbarem großen Zeh besaß.

Die abgespreizte Stellung der menschlichen Zehen in der fötalen Phase (Abb. 91) wird manchmal als Argument für die Behauptung verwendet, der menschliche Fuß habe sich aus einer affenähnlichen Fußhand entwickelt. Wahrscheinlich hängt dieses Merkmal zum Teil aber mit der noch relativ wenig entwickelten Ferse zusammen, wodurch der Fuß zu Anfang eine V-Gestalt annimmt und die Zehen sich in einer stärker gespreizten Position befinden. Aus Abbildung 91 geht hervor, daß der kleine Zeh in einer bestimmten Phase noch stärker abgewinkelt ist als der große Zeh, während er bei erwachsenen Prima-

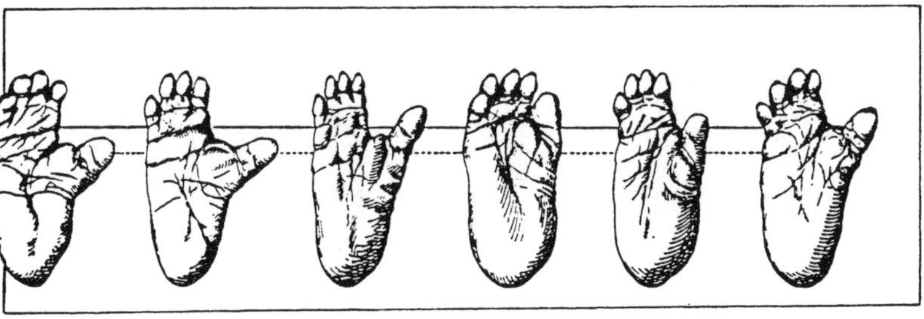

Abb. 94: Gestaltwandel beim Fuß des Berggorillas. Rechter Fuß des Fötus (1), des Jungtiers (2), des Halberwachsenen (3) und des weiblichen Erwachsenen (4) sowie des männlichen Erwachsenen, in zwei Varianten (5) und (6). Der große Zeh wandert nach der Geburt erneut nach vorn und nähert sich dadurch über einen Umweg wieder den menschlichen Proportionen an.[388]

ten keine Abwinklung zeigt. W. A. Mijsberg hat übrigens darauf hingewiesen, daß man die Abwinklung des großen Zehs nicht mit der Opponierbarkeit desselben, wie sie bei erwachsenen Affen beobachtet wird, verwechseln darf.[299] Im Laufe der menschlichen Ontogenese fehlt jede Spur eines opponierbaren großen Zehs: «Die voluminöse Großzehe steht abduziert, verbleibt jedoch in der Ebene der übrigen Zehen.»[221] Wir werden auf diese Frage noch zurückkommen.

Ein detaillierter Vergleich der Fußproportionen des Menschen und des Affen ergibt interessante Daten. Schultz weist darauf hin, daß die relativ kurze Zehenlänge des Menschen im Vergleich zu der der Affen die Folge der verhältnismäßig kurzen zweiten Zehenglieder des Menschen ist.[389] Beim erwachsenen Menschen beträgt im dritten Zeh das mittlere Glied 24 Prozent der Gesamtlänge der drei Zehenglieder. Beim Orang-Utan, beim Gibbon oder bei den niederen Schmalnasen schwankt diese Zahl um 33 Prozent. Wenn wir die fötalen Verhältnisse betrachten, finden wir, daß das mittlere Zehenglied sowohl beim Menschen wie beim Affen fast ein Viertel (also ca. 25%) der gesamten Länge einnimmt. Der Mensch behält also das gemeinsame fötale Verhältnis bei, die Affen haben es verlassen. Auch hier wird ersichtlich, daß die Füße des Menschen eine allgemeine und auffällige Tendenz zu zurückgehaltener Entwicklung zeigen.

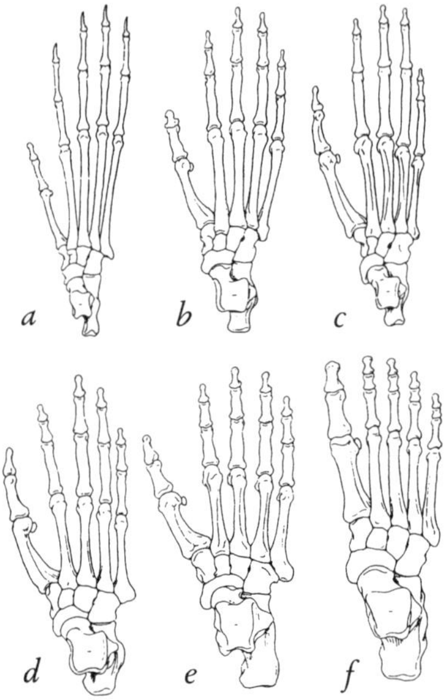

Abb. 95: Skelettform des Fußes eines Breitnasenaffen (Callithrix) (a), des Makaken (b), des Gibbons (c), des Schimpansen (d), des Gorillas (e) und des Menschen (f). Der menschliche Fuß unterscheidet sich durch den kurzgebliebenen zweiten bis fünften Zeh und durch den verhältnismäßig stark entwickelten großen Zeh, der seine Position neben den übrigen Zehen beibehalten hat. Die Mittelfußknochen des vierten und fünften Zehs ruhen auf dem sogenannten Würfelbein, das bei den großen Menschenaffen eine verkürzte Gestalt hat. Beim Menschen und bei den niederen Affen ist dieser Knochen länglich. Der menschliche Großzeh ist – im Zusammenhang mit der menschlichen aufrechten Haltung – sehr massiv im Vergleich zu den übrigen Zehen. Bei den afrikanischen Menschenaffen ist die Tendenz zum Kräftigerwerden des großen Zehs schon deutlich erkennbar.[407]

Am Fuß entdecken wir auch Einzelheiten, die der Mensch mit den niederen Affen, nicht aber mit den Menschenaffen gemein hat. Ein einfaches Beispiel ist das verhältnismäßig lange sogenannte Würfelbein des Menschen, des Gibbons und der niederen Affen (siehe Abb. 95).

W. L. Straus gibt einige Beispiele des primitiven Charakters der menschlichen Fußmuskeln im Vergleich zu denjenigen der spezialisierten Menschenaffen und kommt, unter anderem durch seine vergleichende Erforschung des Fußes, zu dem Ergebnis, das wir am Anfang unserer Betrachtung bereits zitierten (S. 42): «Bei einer beträchtlichen Zahl wichtiger Merkmale kann man nur davon ausgehen, daß der Mensch im wesentlichen unspezialisiert oder allgemein geblieben ist. [...] Hinsichtlich dieser Merkmale findet man das Pendant zum Menschen nicht unter den Menschenaffen, sondern unter Tieren, die aus Gründen der Paläontologie und der vergleichenden Anatomie eindeutig als primitiver zu betrachten sind, etwa den Langschwanzprimaten und den Prosimiae (Lemuren), oder gar unter Säugetieren anderer Ordnungen. Mit anderen Worten: Bei vielen Merkmalen, und zwar gerade bei solchen, die charakteristisch für Menschenaffen sind, können diese Menschenaffen – vor allem die großen Affen – nur als viel spezialisierter als der Mensch betrachtet werden.»[443]

Straus schließt denn auch, daß der Mensch unmöglich von einem menschenaffenähnlichen Vorfahren abstammen kann. W. A. Mijsberg formulierte aufgrund einer vergleichenden Untersuchung von Mensch und Affe sogar die entgegengesetzte Vermutung: Der Menschenaffe stammt von einer eher menschenähnlichen Form ab.[299] Viele andere Forscher, unter ihnen Schultz,[400] haben dieselbe Idee geäußert. A. Kortlandt et al. haben im Zusammenhang mit den Menschenaffen, vor allem dem Schimpansen, die sogenannte «Dehumanisationshypothese» formuliert:[264] Im Verhalten dieser Tiere seien unverwendete und degenerierte Reste höherer Fähigkeiten nachweisbar. Das brachte einige Forscher auf die Idee, daß die afrikanischen Menschenaffen wohl gar Abkömmlinge der *Australopithecinen* – aufrechtgehender ausgestorbener afrikanischer Primaten, die durchweg als dem heutigen Menschen näher verwandt betrachtet werden – sein könnten.[259] A. Kortlandt wies die Idee zurück,[263] aber einige andere Autoren spielen weiter mit diesem Gedanken.

J. Lessertisseur und F. K. Jouffroy unterscheiden, die Arbeit von Schultz fortsetzend, vier typische Merkmale des menschlichen Fußes:[279]

1. Unter den Füßen aller Primaten ist der menschliche Fuß, relativ zur Beinlänge, der kürzeste. Die Länge des Fußes, ausgedrückt in Prozent der Länge der unteren Gliedmaßen, beträgt für den Menschen 22 bis 23 Prozent, für die Menschenaffen 25 bis 28 Prozent, für den Makaken 32 Prozent.
   Es zeigt sich also eine deutliche Tendenz zur Verkürzung des Fußes im Verhältnis zum Bein, je mehr man sich der menschlichen Form

nähert. Nach den wissenschaftlichen Untersuchungen stehen bei den Primaten die Länge des Fußes und die Länge des Oberschenkels in umgekehrter Relation zueinander.

2. Der menschliche Fuß hat im Vergleich zum Fuß der übrigen Primaten eine sehr stark entwickelte Ferse, sehr kurze Zehen und einen Mittelfuß von mittlerer Länge. Die Fußproportionen des Menschen und des Makaken sind zum Beispiel:

	Prozent der Fußlänge	
	Mensch	*Makak*
Zehen	20	36
Mittelfuß	30	32
Ferse	50	33

3. Der große Zeh ist beim Menschen im Vergleich zu den übrigen Zehen außerordentlich groß.
4. Die morphologische Achse des menschlichen Fußes liegt zwischen dem ersten und dem zweiten Zeh. Diese Achse wird hierbei definiert durch die Lage des längsten Zehenstrahls – die Zehen werden vom großen (I) bis zum kleinen (V) Zeh numeriert. Bei den Halbaffen geht diese Achse noch durch den vierten Zeh, bei den Breitnasen und den niederen Schmalnasen gibt es die Tendenz zur gleichen Länge des dritten und vierten Zehenstrahls, bei den Menschenaffen liegt die morphologische Achse bereits auf der Höhe des dritten Zehs, und beim Menschen gibt es schließlich die Tendenz zur gleichen Länge des ersten und des zweiten Zehenstrahls. Betrachtet man die Zehenglieder für sich, dann ist beim Menschen die Länge der Zehenstrahlen folgendermaßen: I > II > III > IV > V.[290] Aus Abbildung 95 geht auch hervor, daß bei den Affen Strahl II viel kürzer ist als Strahl III, beim Menschen dagegen Strahl II etwas länger als Strahl III. Je mehr wir uns der menschlichen Form nähern, desto mehr verschiebt sich die morphologische Achse im Primatenfuß zum großen Zeh. Bei den höheren Primaten haben die ersten Zehen die Tendenz, im Vergleich zu den anderen immer größer zu werden – der Mensch ist der Endpunkt dieser Tendenz.

Es ist klar, daß die Merkmale 1 und 2 die direkte Folge der Retardation des kaudocephalen Wachstumsmusters in den Gliedmaßen sind und somit als Hypermorphoseeffekte betrachtet werden müssen. Aber wie steht es mit den Merkmalen 3 und 4? Der schwere und lange große Zeh steht in direkter Beziehung zur aufrechten Körperhaltung. Beim Schreiten macht der Körper eine seitwärtige Pendelbewegung; der Schwerpunkt wandert dabei fortwährend von links nach rechts (siehe Abb. 80, S. 175). Diese Pendelbewegung entsteht dadurch, daß der Körper abwechselnd vom einen und vom anderen Fuß getragen wird.

In mechanischer Hinsicht ist das Pendeln ein notwendiges Übel. Es kostet Energie, die dem nach vorn gerichteten Gang nichts nützt. Deshalb wird es bis auf ein Minimum eingeschränkt: Das Gewicht wird soweit wie möglich von der Innenseite des Fußes – wo sich der große Zeh befindet – getragen. Die Verstärkung des Skeletts des großen Zehs schließt also folgerichtig an die menschliche Fortbewegungsart an.[314]

Es läge deshalb auf der Hand, die kräftige Entwicklung des menschlichen großen Zehs als ein klassisches Beispiel von Spezialisierung zu betrachten – eine Anpassung an den zweifüßigen menschlichen Gang, der sich nicht wesentlich von jeder beliebigen tierischen Spezialisierung unterscheidet. Eine erstes Anzeichen, daß das wohl doch nicht der Fall ist, läßt sich aus Abbildung 95 ersehen. Der Schimpanse und vor allem der Gorilla haben ebenfalls einen verstärkten großen Zeh, das Körpergewicht dieser Tiere wird aber hauptsächlich von der Außenseite des Fußes getragen (siehe Abb. 96). Die Verstärkung des großen Zehs kann im Lichte dieser Feststellung als ein Merkmal des Typus II aufgefaßt werden: Sie erhält ihre Bedeutung erst durch die aufrechte menschliche Haltung, wird aber bei den höheren Primaten eindeutig angekündigt. W. A. Mijsberg sah deshalb in dem stark entwickelten großen Zeh des Gorillas ein Argument für die schon erwähnte Dehumanisationshypothese: «Die Menschenaffen folgen zuerst dem menschlichen Entwicklungsgang, verlassen ihn aber später. [...] Die Frage ist berechtigt, ob die Menschenaffen dann vielleicht auch ein Stadium anfänglichen Aufrichtens durchgemacht haben. In diesem Zusammenhang bekommt das dicke, kräftig entwickelte Skelett des großen Zehs des Gorillas eine besondere Bedeutung. Durch diese Eigenschaft unterscheidet sich der Gorilla stark von den höheren Affen und nähert sich dem Menschen an. Der erste Zeh ist so kräftig, daß man kaum glauben kann, er könnte durch den mehr oder weniger unbeholfenen aufrechten Gang, den der Gorilla jetzt nur noch ausführen kann, verursacht sein. Es scheint wahrscheinlicher, daß die Vorfahren des Gorillas Zweifüßer gewesen sind.»[299]

Die systematische Verschiebung der morphologischen Achse zum großen Zeh hin, die man in der Reihe der Primaten beobachten kann,

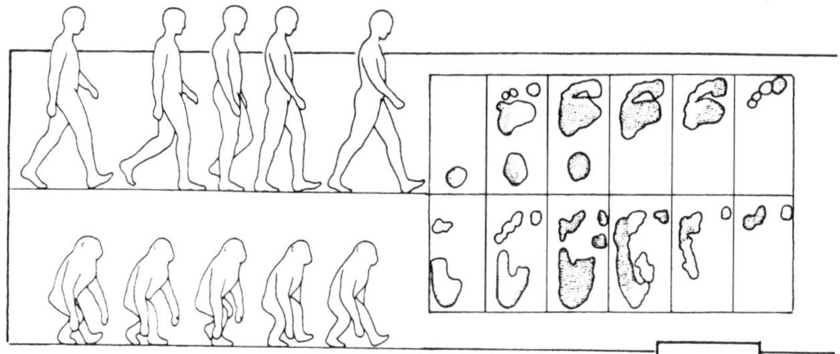

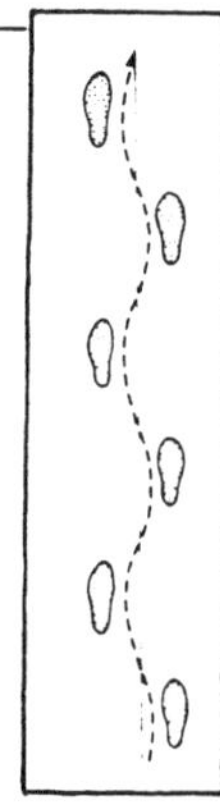

Abb. 96: Oben: Bipeder Gang des Menschen und des Schimpansen mit der jeweiligen Druckverteilung der Fußsohle. Beim Menschen wird in der letzten Phase das Gewicht zum großen Zeh hin verlagert. Beim Schimpansen tritt diese Gewichtsverlagerung nicht ein, so daß der Gang dieses Tieres sehr schwankend verläuft (Aiello und Dean,[10] nach Carlsoo[88] und Elftman und Manter[135]).
Unten: Vertikale Projektion des Schwerpunktes während des menschlichen Gangs.[88]

legt nahe, daß die starke Entwicklung des menschlichen großen Zehs auch durch Hypermorphose entsteht. N. H. Shubin und P. Alberch haben die Entwicklung des Knorpelskeletts bei den Gliedmaßen der Landwirbeltiere erforscht und herausgefunden, daß es in den vorderen und hinteren Gliedmaßen ein sehr allgemeines Entwicklungsmuster gibt, bei dem der große Zeh sich tatsächlich als eine Spätentwicklung zu erkennen gibt.[422] Man betrachte das Skelett des menschlichen Beins. In der allerfrühesten Entwicklungsphase finden wir die Veranlagung von nur einem Beinteil vor, das wir als eine Art Vorläufer des Oberschenkels betrachten können. Am Ende dieser knorpelartigen Veranlagung tritt eine Spaltung auf: Schienbein und Wadenbein werden veranlagt. Beim Schienbein entsteht keine neue Spaltung, aber am Fußende des Wadenbeins tritt in der weiteren Entwicklung wiederum eine Spaltung auf: Die Anlagen des Sprungbeins und des Fersenbeins sondern sich ab. Beim Sprungbein wird sich schließlich noch die Anlage zum Kahnbein abspalten. Vom Fersenbein her entwickelt sich aber ein

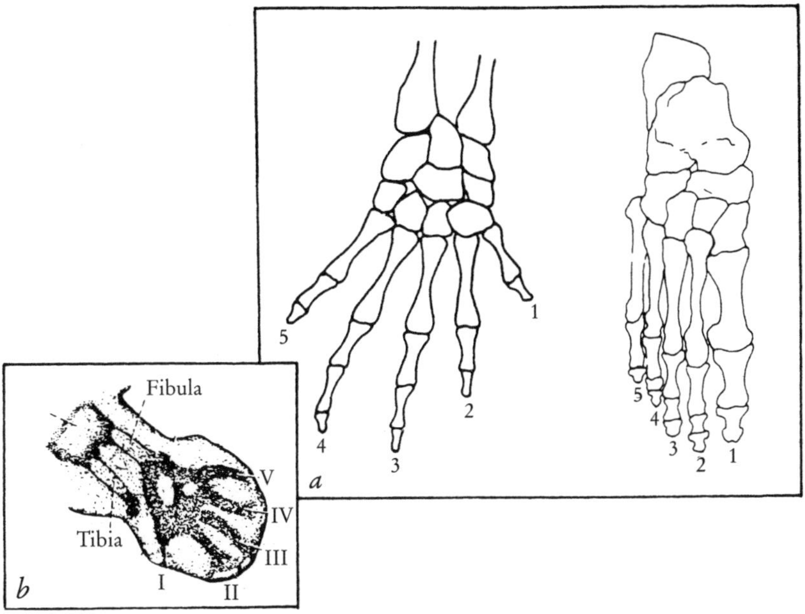

Abb. 97: a: Fuß des Salamanders (links) und des Menschen (rechts). Die Zehen sind vom großen (1) bis zum kleinen Zeh (5) numeriert. Der Salamanderfuß ist wenig spezialisiert. In bestimmter Hinsicht unterscheidet er sich stark vom menschlichen Fuß: die Zehen sind lang im Vergleich zur Ferse; der große Zeh ist schwach entwickelt, der dritte und der vierte dagegen stark. Diese Unterschiede sind durch das retardierte Wachstum des menschlichen Fußes erklärbar.[227]
b: Skelettanlage des Fußes eines menschlichen Embryos von 15,5 mm. Die Zehen sind stark entwickelt im Vergleich zur schmalen Ferse; nur der große Zeh (1) bleibt stark zurück. Der Oberschenkel (Femur), Schien- und Wadenbein (Tibia und Fibula) sind im Vergleich zum Fuß noch sehr klein. Der Fuß selber ist sehr breit. Durch Retardation werden die anfänglich zurückbleibenden Körperteile – der große Zeh im Verhältnis zu den übrigen Zehen oder das Bein im Verhältnis zum Fuß – einen relativ größeren Endumfang erreichen. Man beachte, daß das Fußskelett sich aus dem Wadenbein entwickelt (aus Jarvik[238]*, nach Schmidt-Ehrenberg).*

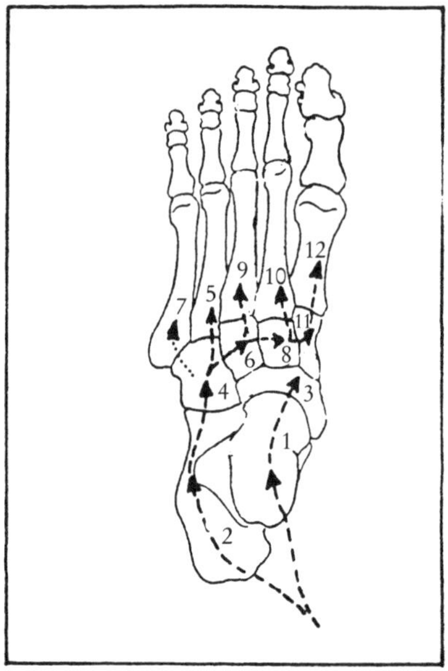

Abb. 98: Entwicklungsfolge des Fußskeletts.[422] *Aus dem Wadenbein werden durch Bifurkation das Sprungbein (1) und das Fersenbein (2) veranlagt. Aus dem Sprungbein entsteht durch Segmentation das Kahnbein (3). Daneben wird aus dem Fersenbein, auch durch Segmentation, das Würfelbein (4) veranlagt. Hieraus bilden sich durch Bifurkation der vierte Zeh (5) und das laterale Keilbein (6); etwas später entsteht aus dem Würfelbein noch der fünfte Zeh (7). Aus dem lateralen Keilbein bilden sich durch Bifurkation das intermediäre Keilbein (8) und der dritte Zeh (9). Aus dem intermediären Keilbein entstehen anschließend durch Bifurkation der zweite Zeh (10) und das mediale Keilbein (11). Das letztere bildet dann, als letztes Glied des Fußes, den großen Zeh (12).*

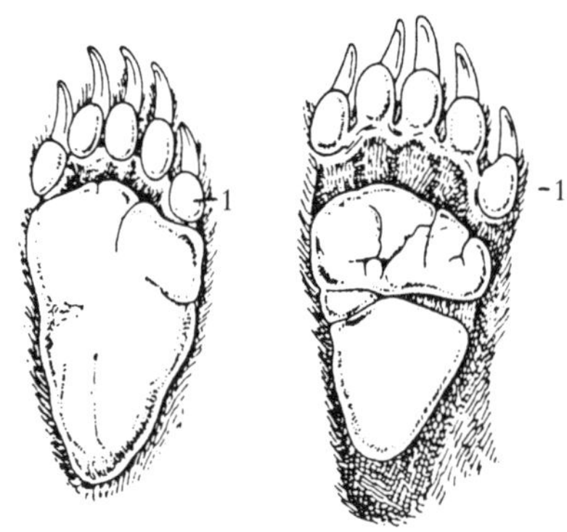

Abb. 99: Rechter Fuß zweier Bärengattungen.[99] *Die verhältnismäßig unspezialisierten Füße dieser Tiere sehen in bestimmter, nicht unwesentlicher Hinsicht dem Menschenfuß ähnlicher als dem des Affen. Der große Zeh ist nicht opponierbar, und die Zehen sind kurz. Beim Menschen sind die Ferse und der große Zeh (1) stärker entwickelt als beim Bären; diese Unterschiede sind durch Retardation des allgemeinen Wachstumsmusters beim Menschen erklärlich. Es ist bemerkenswert, daß der Bär im Vergleich zu den übrigen Raubtieren, die einen spezialisierteren Fuß haben, verhältnismäßig gut aufrecht gehen kann.*

kompletter Bogen. Durch eine Reihe von Verzweigungen und Absonderungen entstehen das Würfelbein und anschließend die drei Keilbeine; in jeder Phase wird dann zugleich die Anlage der Mittelfußknochen gebildet. Der vierte Zehenstrahl entsteht zuerst, er bildet sich aus dem Würfelbein. Der kleine Zeh wird ebenfalls, aber etwas später, aus dem Würfelbein veranlagt. Dann entstehen der Reihe nach, aus den drei Keilbeinen, der mittlere, der zweite und zum Schluß der erste (große) Zeh.

Der große Zeh erscheint in diesem allgemeinen Entwicklungsmuster (Abb. 97 und 98) zuletzt. Die starke Entwicklung des menschlichen großen Zehs und die Verschiebung der morphologischen Achse vom Fuß zum großen Zeh hin sind die Folge der Retardation dieses allgemeinen Entwicklungsmusters (siehe auch Abbildung 99). Unser massiver und langer großer Zeh ist ein Merkmal des Typus II, das durch Hypermorphose zustande kommt. Schultz gibt einige Daten, die zeigen, wie die inneren Zehen im Laufe der embryonalen Entwicklung die äußeren an Größe überholen.[379] Während der achten und neunten Woche ist die Längenfolge der Zehen: 3 > 4 > 2 > 1 > 5 (1 = großer und 5 = kleiner Zeh). Die Zehen 3 und 4, die als erste veranlagt werden, sind also am größten. In der zehnten fötalen Woche ist die Folge: 2 > 3 > 4 = 1 > 5; der später gebildete zweite Zeh und in geringerem Maße der zuletzt gebildete große Zeh haben in der Länge schon ein Stück aufgeholt. Um die zwölfte Woche ist die Folge: 2 > 3 = 1 > 4 > 5; um die achtzehnte: 2 = 1 > 3 > 4 > 5 oder 2 > 1 > 3 > 4 > 5. Der große Zeh setzt seine Aufholbewegung das gesamte Wachstum hindurch fort. Die Länge der Zehenglieder des großen Zehs beträgt bei einem zehn Wochen alten Fötus ungefähr achtzig Prozent der entsprechenden Länge des zweiten Zehs. Diese Zahl steigt bis auf 87,7 Prozent bei einem vier Monate alten Fötus, 97,4 Prozent bei einem Neugeborenen und 105,7 Prozent bei einem Erwachsenen. Die Wachstumsbewegungen sind, global betrachtet, durch Hypermorphose erklärbar (durch Retardation des allgemeinen Wachstumsmusters, dargestellt in Abb. 98). Bei Affen entwickelt sich das Verhältnis der Zehenlängen zueinander ab einem gewissen Augenblick in umgekehrter Richtung. Bei einem neugeborenen Schimpansen beträgt die Länge des ersten Strahls noch 80,9 Prozent der Länge des zweiten; beim erwachsenen Tier sinkt dieses Verhältnis bis auf 66,3 Prozent, was vor allem die Folge des starken Wachstums in den Zehengliedern des zweiten Strahls ist. Beim Menschen scheint sich dagegen die Aufholbewegung des großen Zehs sogar noch bis ins Erwachsenenalter hinein fortzusetzen.[207,231]

Das aufholende Wachstum des großen Zehs gegenüber den übrigen Zehen setzt sich während der gesamten fötalen Entwicklung fort; erst um die Geburt holt der große Zeh den zweiten ein.[37] Es ist wahrscheinlich, daß das – in beschränktem Maße – stärkere Wachsen des ersten und des zweiten Zehs als das der übrigen (nach der Geburt) mit dem Erscheinen eines anderen typisch menschlichen Merkmals zusammenhängt: dem longitudinalen Fußgewölbe. Dadurch, daß die Mittelfußknochen der ersten Strahlen eine schräge Stellung einnehmen, ist die erwachsene menschliche Fußsohle (in der Längsrichtung) an der Seite des großen Zehs konkav. Diese schräge Position erfordert eine größere Länge der inneren im Verhältnis zu den äußeren Strahlen (Abb. 100). Das longitudinale Gewölbe bietet für den bipeden Gang verschiedene Vorteile;[10] er ist schon beim Neugeborenen erkennbar, wird dann aber im Laufe der Kindheit verstärkt und mehr betont. In dem Maße, wie das longitudinale Gewölbe mit dem durch Retardation verstärkten Wachstum der ersten Zehen zusammenhängt, ist es als ein Retardationseffekt zu betrachten. Umgekehrt könnte die schon erwähnte Divergenz des großen Zehs (siehe oben, S. 200) im frühfötalen Stadium mit dem noch zurückbleibenden Wachstum des großen Zehs, der eine Zugspannung an der Innenseite des Fußes entstehen läßt, zusammenhängen. Sowohl die anfängliche Abwinklung des großen Zehs wie auch der spätere Fußbogen würden also aufgrund desselben Phänomens entstehen: der ungleichen Wachstumsgeschwindigkeit der einzelnen Fußstrahlen, wobei die äußeren Strahlen zuerst einen Wachstumsvorsprung haben und dann allmählich überholt werden.

Zusammenfassend können wir behaupten, daß die von J. Lessertisseur und F. K. Jouffroy erwähnten «Spezialisierungen» des menschlichen Fußes (kurze Füße im Verhältnis zu den langen Beinen; stark ausgeprägte Ferse; stark entwickelter Zeh) insgesamt durch Hypermorphose zu erklären sind. Zugleich stellt sich heraus, daß dieser ganze Komplex von Retardationseffekten ein deutlicher Vorteil für die aufrechte Körperhaltung ist. Sie erweist sich auch in dieser Hinsicht als eine Veranlagung, die durch Retardation des allgemeinen Säugetiermusters spontan zum Vorschein kommt.

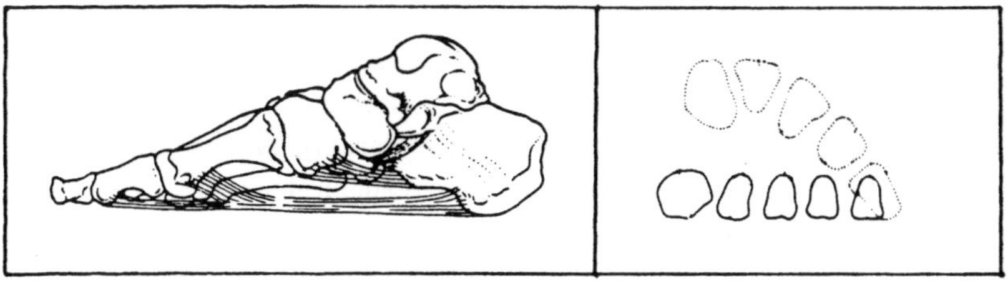

Abb. 100: Das menschliche Fußgewölbe. Links: Das menschliche Fußskelett, von der Seite des großen Zehs aus gesehen. Rechts: Querschnitt des menschlichen Fußes in der Höhe der Zehenbasis (durchgezogene Linie) und der Mittelfußbasis (Strichlinie). Der fünfte Mittelfußknochen liegt fast horizontal; die ersteren Mittelfußknochen sind schräg orientiert.[10]

Pentadaktylie als Retardationserscheinung

Pentadaktylie (d.h. das Vorhandensein von fünf Fingern und fünf Zehen) ist ein allgemeines und sehr altes Merkmal der Tetrapoden (= Landwirbeltiere). Es gibt natürlich viele Tetrapoden, die weniger Finger besitzen; manche haben im Laufe der Evolution sogar ganze Gliedmaßen verloren (z.B. die Wale oder die Schlangen). Embryologische und paläontologische Daten zeigen aber deutlich, daß Fünfstrahligkeit auch für diese Tiere die Ausgangsform war.

Das allgemeine Bildungsschema der Zehen und Finger wurde schon besprochen (siehe Abb. 98). Die basalen Knochen (im Fuß: Würfelbein, drei Keilbeine) werden ordentlich der Reihe nach veranlagt, und von diesen Knochen ausgehend werden dann immer in der gleichen Folge die aufeinanderfolgenden Finger oder Zehen (von IV bis I) gebildet. Strahl I, der dem Daumen oder dem großen Zeh entspricht, wird also als letzter gebildet. Strahl IV (in der Hand: der Ringfinger) ist der älteste. Strahl V (kleiner Finger bzw. kleiner Zeh) fällt aus der Reihe und wird kurz nach IV veranlagt.

Es gibt einige Tetrapoden mit mehr als fünf Fingern oder Zehen (bestimmte Frösche oder Maulwürfe oder der Riesenpanda). Der zusätzliche Finger – oder Pseudofinger – wird dann über einen anderen spezialisierten Weg gebildet. Bei keiner der Arten wird an der Daumenseite noch ein Finger durch Fortsetzung des allgemeinen Bildungsmusters veranlagt.[189] Die allerersten Tetrapoden besaßen aber mehr als fünf Finger oder Zehen. (Dieses Phänomen nennt man Polydaktylie.) Vom Ende des Devon sind drei Tetrapoden bekannt (*Ichthyostega, Acanthostega* und *Tulerpeton*); diese Tiere hatten kurze, kompakte Beine mit im Verhältnis dazu sehr langen Fingern und Zehen. Es gibt bei ihnen immer sechs bis acht Finger (siehe Abb. 101). Interessant ist, daß in diesen polydaktylen Händen und Füßen doch immer wieder die Fünfzahl angedeutet ist (siehe dazu die Legende von Abb. 101).

Die Verringerung auf die Fünfzahl, die in der frühesten Phase der Tetrapodenentwicklung stattgefunden hat, kann nach M. J. Coates und J. A. Clack sehr einfach durch den Bildungsmechanismus der Finger und Zehen verstanden werden: Der Mechanismus, der die nachfolgenden Finger hervorbringt, hört einfach früher auf.[101] In Goulds Worten: «Wenn Finger und Zehen in zeitlicher Folge gebildet werden [...], kann die Reduktion der Zahl einfach durch ein früheres Aufhören erreicht werden. Das Prinzip ist klar und überzeugend: früher aufhören.»[189]

Das bedeutet, daß das Entstehen der Fünffingrigkeit oder Pentadaktylie als ein Fötalisationsphänomen betrachtet werden kann: Der Entwicklungsgang wird in einem früheren Stadium abgebrochen. Die zusätzlichen Finger und Zehen bleiben weg, so wie beim Menschen die Bildung einer vollständigen Haartracht ausbleibt. Es ergibt sich dadurch aber eine andere, nach Gould noch unbeantwortete Frage: «Das größte aller Rätsel [ist]: die unerschütterliche Stabilität der Fünfzahl, wenn sie einmal entwickelt ist [...]. Weshalb sollte die Fünfzahl, einmal erworben – auf welchem Wege und aus welchem Grund auch immer –, so starr und unveränderlich als ein äußerstes Limit gelten, so daß jede Abstammungslinie, die erneut sechs oder mehr Glieder entwickelt, dies auf einem anderen Weg erreichen muß? Dies zu erforschen ist von größter Bedeutung, da das Thema der Finger und Zehen im Kleinen bereits die wichtigste aller Fragen über die Evolution des tierischen Lebens enthält: Weshalb ist die Bildung von Anatomien, nach dem Ausbruch anatomischer Erprobung in der kambrischen Explosion vor ungefähr 550 Millionen Jahren, so stabil, daß sich kein einziges neues Phylum (ein grundsätzlich neuer körperlicher Bauplan) seither entwickelt hat?»[189]

Weshalb ist die Fünffingrigkeit so stabil? Die Antwort auf Goulds Frage muß in der Wirksamkeit des Bolkschen, durch die gesamte Evolution richtungsweisenden Faktors gesucht werden. In der Evolution

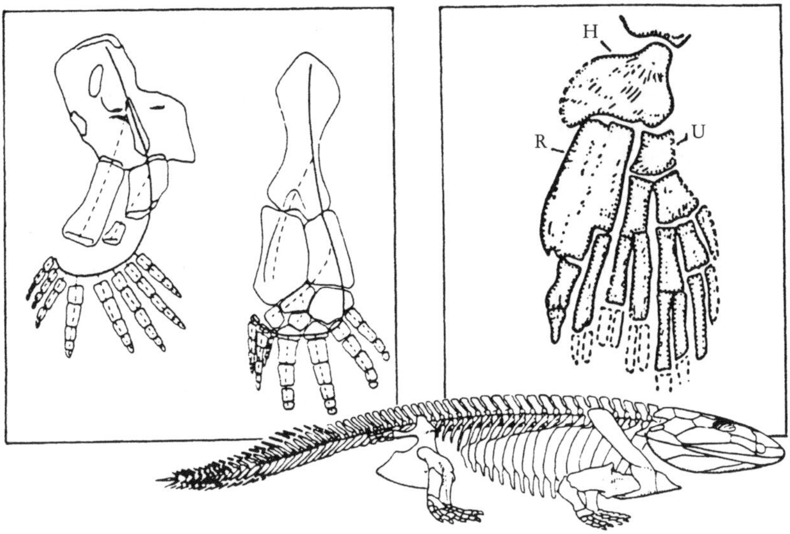

Abb. 101: Links: die Vorderpfote des Acanthostega und die Hinterpfote des Ichthyostega.[101] *Beide Tiere stammen aus dem späten Devon und gehören zu den ältesten bekannten Tetrapoden. Die durchgezogene Linie gibt die Hauptachse an, entlang derer sich die aufeinanderfolgenden Beinteile und Finger entwickeln; die Strichlinien geben die Nebenachsen an (vgl. Abb. 98). Durch ein früheres Anhalten der Entwicklung entlang der Hauptachse entfallen die überzähligen Finger. Die Bildung der fünfstrahligen Hand aus den ältesten Formen, bei denen mehr als fünf Finger vorhanden sind, kann also als ein Fötalisationsphänomen betrachtet werden. Man beachte, daß bei Acanthostega die drei überzähligen Finger verhältnismäßig klein sind und weniger Fingerglieder haben. Bei Ichthyostega befinden sich der fünfte, sechste und siebte Zeh ganz nah beieinander, wie wenn sie ein Ganzes, einen großen Zeh bildeten. In beiden Fällen scheint, auf unterschiedliche Weise, die Pentadaktylie schon vorangekündigt zu werden.*
Rechts: Brustflosse des Sauripterus, eines Fisches aus dem Devon (nach Broom). Wir finden hier in noch stärkerem Maße die Tendenzen, die wir bei den Gliedmaßen der frühesten Amphibien beobachten. Die Anzahl der «Finger» ist größer, die langen Knochen sind äußerst kompakt. Doch sind die dem Oberarmknochen (Humerus – H), der Speiche (Radius – R) und der Elle (Ulna – U) entsprechenden Elemente schon vorhanden. Die frühesten Amphibien stammen vermutlich von Fischen wie Sauripterus ab.
Unten: Rekonstruktion des Acanthostega (nach Jarvik[238]*). Das Tier hatte einen flossenförmigen Schwanz. Die Beine waren im Verhältnis zum Rumpf sehr kurz. Die Gliedmaßen sind fälschlich als pentadaktil dargestellt (der Polydaktylismus der ersten Amphibien war 1980 noch nicht bekannt).*

wird auf eine Endform hingearbeitet: die menschliche Gestalt. Durch die aufeinanderfolgenden Retardations- und Fötalisationsschritte nimmt diese Gestalt immer deutlichere Umrisse an. Die frühesten Tetrapoden hatten sehr kurze Beine mit im Verhältnis sehr umfangreichen Extremitäten («Hände» und «Füße») und mehr als fünf Fingern. Durch Fötalisation wird diese Zahl der Finger schon in einem frühen Stadium auf fünf reduziert. Ist einmal diese dem Menschen eigene Zahl erreicht, wird sie mit großer Hartnäckigkeit beibehalten, weil sie mit der menschlichen Endform, auf die die Evolution hinarbeitet, übereinstimmt. Die zusätzlichen Finger der ältesten Tetrapoden müssen also wie eine tierische Spezialisierung betrachtet werden.

Retardation des Wachstumsverlaufs bei Wirbeltieren führt zu einer stufenweisen Verlängerung der Gliedmaßen bezüglich des Rumpfes (Hypermorphose), eine Tendenz, die bei den menschlichen unteren Gliedmaßen einen besonderen Endpunkt erreicht hat. Außerdem führt Retardation des rumpfgerichteten Gliedmaßenwachstums zu einer Proportionsänderung innerhalb der Gliedmaßen: Die anfänglich sehr großen distalen Teile der Extremitäten («Hände» und «Füße») werden im Verhältnis zu den proximalen Teilen kleiner. Die ersten Landwirbeltiere befanden sich noch sehr dicht am Beginn dieses Retardationsvorgangs, der letztlich zur stofflichen Verwirklichung der menschlichen Form führen sollte.

Bei bestimmten fossilen Fischarten, aus denen sich aller Wahrscheinlichkeit nach die Amphibien entwickelten, stößt man auf Flossen, in denen die Struktur der Gliedmaßen und Finger schon erkennbar ist; die Finger sind aber sehr zahlreich und die Gliedmaßen extrem kurz (Abb. 101). Im Verhältnis zu diesen Fischen können die ersten Amphibien, angesichts ihrer geringeren Anzahl der Finger und ihrer verlängerten Gliedmaßen, schon als retardiert aufgefaßt werden. Es gibt übrigens Hinweise, daß die Veranlagung zur Pentadaktylie latent bereits bei manchen Fischen vorhanden ist. *Periophthalmus variabilis,* ein Fisch mit stark entwickelten Brustflossen, mit denen er sich im Schlamm bewegen kann, entwickelt unter Einfluß von Thyroxin (dem Hauptbestandteil des Schilddrüsenhormons) fünfstrahlige Gliedmaßen anstelle seiner Flossen (Versuch von Harms[457]).

Das Verhältnis zwischen Mensch und Affe kann, global gesehen, durch eine Fötalisation des Schädels und durch Hypermorphose in den Verhältnissen der Gliedmaßen charakterisiert werden (siehe Kap. 2 und 3; weiterhin z.B. Chaline / Marchand / Berge[92] oder McKinney /

McNamara[295]). Es ist sehr interessant, daß der Übergang von den Fischen zu den Amphibien ebenfalls schon durch ein solches Verhältnis gekennzeichnet ist. J.A. Long zeigte, daß die Schädel der ältesten bekannten fossilen Amphibien in Relation zu denen der nahverwandten Fische fötalisiert sind.[285] Die Beine der Amphibien können dagegen nicht in derselben Weise verstanden werden: Hier tritt im Vergleich zu den Fischen eine weitere Explikation auf. Die Gliedmaßen erscheinen tatsächlich später, und eine retardierte Ontogenese würde also eine weiter durchgeführte Entwicklung der Gliedmaßen erlauben. Aber auch diese weitere Entwicklung der Gliedmaßen befindet sich unter fortwährendem Spezialisierungsdruck. Das Phänomen der Pentadaktylie ist denn auch wie eine Fötalisationserscheinung oder ein Merkmal des Typus I innerhalb der Gliedmaßen zu betrachten, das sehr früh in der Entwicklung der Landwirbeltiere auftrat und in der menschlichen Evolution seitdem unvermindert erhalten blieb.

Die Anzahl der Fingerglieder bei Reptilien und Säugetieren

Beim Übergang von den Reptilien zu den Säugetieren kann man nochmals auf einen deutlichen Fötalisationsschritt hinweisen. Der Mensch hat, genauso wie die in dieser Hinsicht unspezialisierten Säugetiere, drei Finger- bzw. Zehenglieder in jedem Finger und Zeh, außer im Daumen und im Großzeh; hier sind es nur zwei Glieder. Dieses allgemeine Säugetiermuster wird schematisch mit der Phalangenformel 2-3-3-3-3 wiedergegeben.

Reptilien haben ebenfalls eine allgemeine, primitive Phalangenformel. Die Formel lautet hier aber: 2-3-4-5-3. Der vierte und der dritte Finger haben beim Reptil also mehr Glieder. Nun sind es aber genau diese beiden Finger bzw. Zehen, die als erste veranlagt werden. Retardation der Gliedmaßenentwicklung wird diese Frühkömmlinge also «benachteiligen» gegenüber den sich später entwickelnden Fingern. Das Ausbleiben der zusätzlichen Fingerglieder in den sich zuerst entwickelnden Fingern liegt ungefähr auf einer Linie mit dem, was wir als Folge der Wachstumsretardation erwarten dürfen. Das Phänomen fügt sich ausgezeichnet an die Verschiebung der morphologischen Fußachse zum großen Zeh hin an, die wir durch die Primatenreihe hindurch beobachten können und die ihren Endpunkt beim Menschen erreicht.

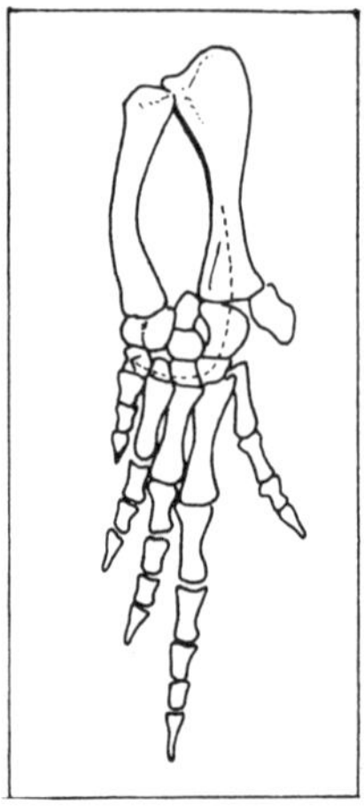

Abb. 102: Skelett der Hand und des Unterarms eines primitiven Reptils (Varanosaurus). Die Strichlinie gibt die Hauptachse an, entlang derer sich die aufeinanderfolgenden Handknochen entwickeln. Bei dieser primitiven Handform sind die zuerst gebildeten Finger (IV und III) am längsten; sie haben auch mehr Fingerglieder (2-3-4-5-3). Man beachte auch die Größe der Hand gegenüber dem Unterarm. – Beim Übergang von den Reptilien zu den Säugetieren und zum Menschen wird Finger I (Daumen bzw. großer Zeh), der als letzter gebildet wird, verhältnismäßig groß. Das ist genau die Folge, die wir bei zunehmender Retardation erwarten dürfen. Die zusätzlichen Fingerglieder, die die Finger IV und III beim primitiven Reptil haben, entfallen beim Säugetier, so daß sich die Phalangenformel 2-3-3-3-3 ergibt. Das Verschwinden dieser zusätzlichen Fingerglieder können wir als ein Fötalisationsphänomen betrachten, das harmonisch an die relative Verkleinerung der zuerst gebildeten Finger im Verhältnis zu den später gebildeten anschließt.

Wir sehen – beim Übergang von den Reptilien zu den Säugetieren – auf der feineren Ebene der Fingerglieder eine Wiederholung dessen, was beim Übergang von den Fischen zu den Amphibien mit den vollständigen Fingern geschah: Dort entfielen die zuletzt gebildeten Finger, hier entfallen die zuletzt gebildeten Glieder bestimmter Finger. Innerhalb des Stamms der Reptilien kann man in verschiedenen voneinander unabhängigen Evolutionslinien, zum Beispiel bei diversen ausgestorbenen säugetierähnlichen Reptilien oder bei Schildkröten, dieselbe Tendenz zur menschlichen Phalangenformel 2-3-3-3-3 beobachten.

Der Durchbruch der menschlichen Phalangenformel zeigt gut, wie menschliche Explikation und Fötalisation zwei komplementäre Aspekte ein und desselben Vorgangs sind. Durch Fötalisation entfallen bestimmte, rein tierische Endstufen der Entwicklung. Aufgrund dieses Ausfalls wird Entwicklungszeit und Entwicklungskraft für weitere Explikation freigesetzt, das heißt für eine weitere Fortsetzung und vollständigere Entfaltung der ersten menschenähnlichen Entwicklungsschritte.

Boksche Retardation[466a]

Der menschliche Fuß ist außerordentlich stark fötalisiert – nicht nur im Vergleich zum Affenfuß, sondern auch im Vergleich zur menschlichen Hand. Die Zehen bleiben kürzer als die Finger; der große Zeh wandert – im Gegensatz zum Daumen – nicht nach unten bzw. hinten und kann nicht rotieren. Außerdem entwickelt der Fuß weniger Sesambeine (= Knorpel- oder Knochenkerne in Sehnen).[310] Andererseits ist auch deutlich, daß Hände und Füße sich nach demselben Bauplan entwickeln. Wir können die vorderen und die hinteren Gliedmaßen oder die aufeinanderfolgenden Finger innerhalb der Fingerreihe, als äquivalente Organe bezeichnen.

S. T. Bok entdeckte nun ein Fötalisationsprinzip, das er unmittelbar mit der Bolkschen Fötalisationstheorie in Beziehung setzte: *Innerhalb einer Reihe von äquivalenten Organen wird derjenige Körperteil, der sich am spätesten entwickelt, auch der am stärksten fötalisierte sein.* Wir haben es hier mit einem neuen Fötalisationsprinzip zu tun, das eine gesetzmäßige Beziehung nicht zwischen verschiedenen Arten, sondern zwischen verschiedenen Organen innerhalb desselben Organismus beschreibt. Bok entdeckte das Prinzip zuerst für das Gehirn (siehe unten, Kap. 10).

Innerhalb jedes Wachstumsvorgangs können wir zwei Aspekte unterscheiden: Zum einen tritt während der komplexen Übergänge von der Keimzelle bis zum erwachsenen Organismus eine Fülle von neuen Merkmalen und Strukturen auf. Die Organe und Körperteile des erwachsenen Organismus sind in der Keimzelle noch nicht anwesend; sie erscheinen erst nach und nach. Diesen Vorgang nennen wir *qualitatives Wachstum*. Zum anderen weisen die schon entstandenen Strukturen ein einfaches Wachstum auf: Sie werden größer. Dieses bloße Wachsen – ohne daß neue Merkmale oder Strukturen erscheinen – bezeichnen wir als *quantitatives Wachstum*.

Der wesentliche Punkt ist nun, daß qualitatives Wachstum notwendigerweise dem quantitativen Wachstum vorhergeht: Bevor ein Organ quantitatives Wachstum zeigen kann, muß es überhaupt erst in Erscheinung getreten sein. Das heißt, *daß qualitatives Wachstum in bezug auf quantitatives Wachstum ein Vorläufer ist.* In der tierischen und menschlichen Ontogenie (der Entwicklung des einzelnen Individuums) sieht man sehr deutlich, daß neue Merkmale und Strukturen meistens in den frühen (embryonalen) Phasen erscheinen, während das

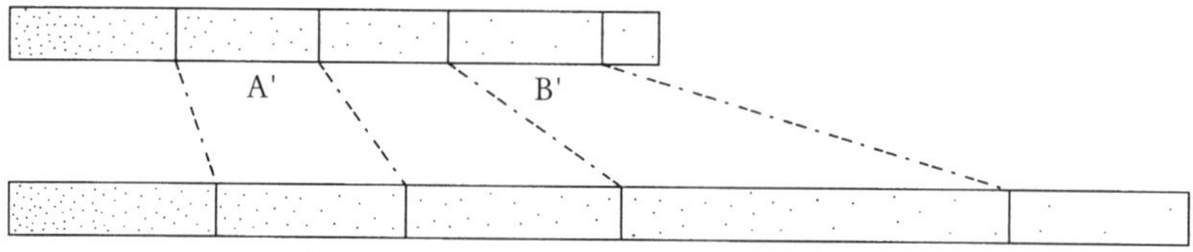

Abb. 103: Das untere Schema repräsentiert die Vorstellung einer idealen, vollständig retardierten Ontogenie, als Zeitband dargestellt. Die Länge der Strecke ist ein Maß für das quantitative Wachstum, die Dichte oder die Anzahl der Pünktchen ein Maß für das qualitative Wachstum während derselben Zeitstrecke. Man sieht, daß es in späteren Entwicklungsphasen immer weniger qualitatives Wachstum gibt. Wir betrachten zwei äquivalente Organe A (der Vorläufer) und B (der Spätling). Beide Organe haben, eben weil sie äquivalent sind, in dieser vollständig entwickelten Ontogenie dasselbe qualitative Wachstum (die gleiche Anzahl von Pünktchen in beiden Abschnitten A und B). Der Spätling B weist aber mehr quantitatives Wachstum auf (Hypermorphose, angedeutet durch den längeren Abschnitt B).
Das obere Schema verdeutlicht dieselbe Vorstellung für eine mäßig komprimierte, menschenähnliche Ontogenie. Die späteren Entwicklungsphasen der allgemeinen Ontogenie werden stärker unterdrückt (Urphänomen der Retardation). Das Wachstum des Organs B' ist, im Vergleich zum Wachstum des Vorläufers A', geringer geworden. Dennoch bleibt in quantitativer Hinsicht das Wachstum des Organs B' größer (es gibt noch immer Hypermorphose von B' gegenüber A'), aber in qualitativer Hinsicht ist B' fötalisiert gegenüber A' (Boksche Retardation).

quantitative Wachstum meist in den späteren (kindlichen) Phasen stattfindet. Das heißt, daß während der Ontogenie das quantitative Wachstum gegenüber dem qualitativen Wachstum immer stärker wird. *In einer späteren Phase der Ontogenie wird dasselbe Quantum an qualitativem Wachstum von einem höheren Quantum an quantitativem Wachstum begleitet werden.*

Betrachten wir nun zuerst innerhalb der idealen, vollständigen und allgemeinen Ontogenie eine Reihe äquivalenter Organe. Diese Organe zeigen dasselbe qualitative Wachstum, da sie nach demselben Bauplan entwickelt sind. Innerhalb dieser Reihe werden die Spätlinge verhältnismäßig mehr quantitatives Wachstum aufweisen, da dasselbe Quantum qualitativen Wachstums in späteren Entwicklungsphasen von mehr quantitativem Wachstum begleitet wird (siehe Abb. 103).

Nun können wir in der Vorstellung dieses allgemeine Muster etwas komprimieren oder verkürzen, so daß wir ein menschenähnliches Entwicklungsmuster erreichen (siehe Abb. 24 c, S. 73). Die Entwicklung des Spätlings (z.B. des Fußes im Vergleich zur Hand oder des Daumens im Vergleich zu den anderen Fingern) wird stärker unterdrückt werden als die Entwicklung des Vorläufers (siehe S. 79 und Abb. 26 und 27). Einerseits wird das qualitative Wachstum am Spätling verhältnismäßig geringer werden: Der Spätling wird neotenisch oder fötalisiert, verglichen mit dem Vorläufer (z.B. der Fuß gegenüber der Hand). Das ist genau der von Bok entdeckte Effekt. Andererseits wird auch das quantitative Wachstum des Spätlings unterdrückt, aber dieses Wachstum war im generalisierten Entwicklungsmuster sehr weitgehend, so daß innerhalb einer mäßig komprimierten Ontogenie, wie etwa der menschlichen, der Spätling doch noch verhältnismäßig groß sein kann. Abbildung 103 faßt die Verhältnisse zusammen.

Wenn das allgemeine Entwicklungsmuster noch weiter beschleunigt wird, werden auch mehr und mehr tierische Spezialisierungen in die Ontogenie aufgenommen (siehe Abb. 24 b, S. 73). Betrachten wir zum Beispiel einen typischen Vierfüßer. Einerseits wird das qualitative Wachstum in den Händen und Füßen unterdrückt; zum Beispiel werden die Spätlinge innerhalb der Finger- und der Zehenreihe (Daumen und großer Zeh) wegfallen. Diese unvollständig entwickelten distalen Extremitäten werden sich dann für dieselben Zwecke (Fortbewegung) spezialisieren, und daher werden sie annähernd dieselbe Form entwikkeln. Die merkwürdige Tatsache, daß beim Menschen Hände und Füße dagegen stark verschieden sind, wird meistens als eine Spezialisierung erklärt (als Anpassung an die aufrechte Haltung). Diese Ansicht erklärt aber nicht, warum der Unterschied gerade darin besteht, daß der ontogenetische Spätling (der Fuß) im Vergleich zum Vorläufer (der Hand) fötalisiert erscheint. Das Boksche Prinzip gliedert dagegen das merkwürdige Verhältnis zwischen den menschlichen Händen und Füßen in das allgemeine Retardationsmuster ein. Wieder können wir feststellen, daß reine Retardation schon zu einem Wesen führt, für das die aufrechte Haltung angemessen ist.

Das Boksche Prinzip sagt vorher, daß innerhalb der Finger- und Zehenreihen die Spätlinge (Daumen und Zeigefinger, großer Zeh), verglichen mit den anderen Fingern und Zehen, relativ fötalisiert sein werden. Daß dieser Effekt tatsächlich auftritt, zeigen wir anhand einiger Beispiele:

a) Haare auf Fingern und Zehen:
Wir wissen bereits, daß Fötalisation eine Zurückbildung des Haarkleides mit sich bringt (siehe S. 53 und 55f.). Dieses Phänomen kann man auch an den Fingern und Zehen beobachten. C. H. Danforth stellte innerhalb der Primatenreihe eine Tendenz zur abnehmenden Behaarung der Handrücken fest, die beim Menschen kulminiert.[111] Das ist natürlich wieder ein Beispiel von Bolkscher Retardation. Danforth bemerkte aber auch, daß nicht alle Finger und alle Fingerglieder in gleichem Maße behaart sind. Zunächst läßt sich feststellen, daß bei jedem Finger die proximalen Fingerglieder am stärksten behaart sind. Da die Entwicklung der Finger in proximodistaler Richtung angelegt wird, liegt hier ein Beispiel Bokscher Retardation vor: Die Fingerglieder, die während der ontogenetischen Entwicklung zuerst erscheinen, zeigen auch das am weitesten vorangetriebene Behaarungsmuster. Wir wissen darüber hinaus, daß die Finger in einer bestimmten Reihenfolge entstehen: Der Ringfinger ist der Vorläufer, der Zeigefinger ein relativer Spätling (Abb. 98 und 101, S. 208 und 213). Das Boksche Prinzip sagt also auch eine geringere Behaarung am Zeigefinger vorher. Diesen abnehmenden Behaarungsgrad kann man sehr gut an den mittleren Fingergliedern beobachten (siehe Abb. 104; natürlich kann man den Daumen und den großen Zeh in diese Reihenfolge nicht gut eingliedern, da sie nur zwei Glieder haben).

b) Querkrümmung der Nägel:
Klauen weisen eine ausgeprägte transversale oder quere Krümmung auf, Nägel dagegen eine geringere Krümmung. Die starke Krümmung der Klaue entsteht aber erst nach und nach; eine fötalisierte Klaue ist nagelartig (siehe Abb. 71, S. 159 und Abb. 72, S. 161), und die relative Flachheit der Nägel im Vergleich zu den Klauen kann als Merkmal des Typus I betrachtet werden. Das Boksche Prinzip sagt nun eine etwas stärker vorangetriebene Entwicklung am Ringfinger in Relation zum

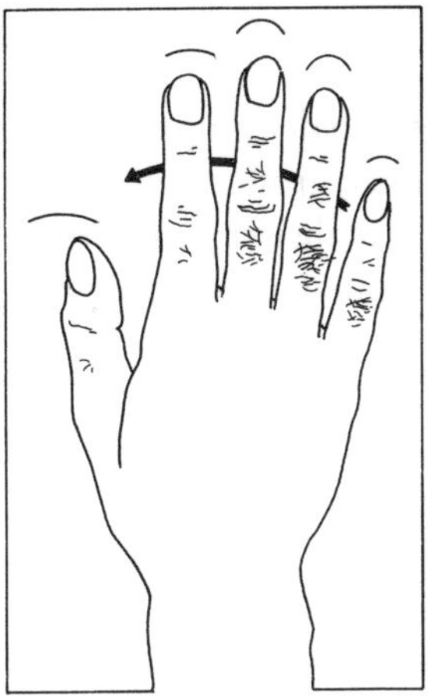

Abb. 104: Fötalisierungsgrade an der menschlichen Hand. Der Ringfinger ist am stärksten behaart, der Zeigefinger bleibt relativ nackt, was am deutlichsten an den zweiten Fingergliedern zu beobachten ist. Derselbe Grad an Fötalisierung zeigt sich auch an der Querkrümmung der Fingernägel, die am Ringfinger am stärksten ausgeprägt ist.

Zeigefinger voraus (weil der Ringfinger ein ontogenetischer Vorläufer bezüglich des Zeigefingers ist). Da stärker fortentwickelte, also klauenartigere Nägel eine stärkere Querkrümmung aufweisen, erwarten wir stärker gekrümmte Nägel am Ringfinger und flachere Nägel am Zeigefinger. Genau das können wir in der Tat an den meisten menschlichen Händen beobachten (Abb. 104).

Wir haben schon die merkwürdige Tatsache erwähnt, daß bei den Primaten der Nagel am großen Zeh immer flach und nie klauenartig gekrümmt ist (s. S. 38). Das Boksche Gesetz lehrt uns, warum das der Fall ist: Der Fuß ist im Vergleich zur Hand ein ontogenetischer Spätling, und innerhalb der Zehenreihe ist dann wieder der große Zeh der Spätling. Das heißt, daß der Nagel am großen Zeh durch die Fötalisierung am stärksten die Tendenz zeigt, flach zu bleiben.

Die Nagelkrümmung beim Menschen ist durch das Boksche Prinzip, als Retardationseffekt, verständlich. Bei den meisten Affen ist das nicht der Fall. Die Querkrümmung der Nägel ist bei diesen Tieren nicht nur stärker ausgeprägt als beim Menschen, auch die in Abbildung 104 gezeigte Reihenfolge des Krümmungsgrades wird meistens durchbrochen. J. Vigener[469] und F. Bruhns[84] haben jeweils eine umfangreiche Studie zur Nagelkrümmung bei den Primaten erstellt und zum Beispiel bei vielen Arten eine sehr starke transversale (also querlaufende) Krümmung am zweiten Zeh feststellen können (Abb. 105). Solche tierischen Verhältnisse sind, im Gegensatz zu den menschlichen, nicht durch das Boksche Gesetz erklärbar, also nicht durch einfache Retardation; sie sind tatsächlich Spezialisierungen.

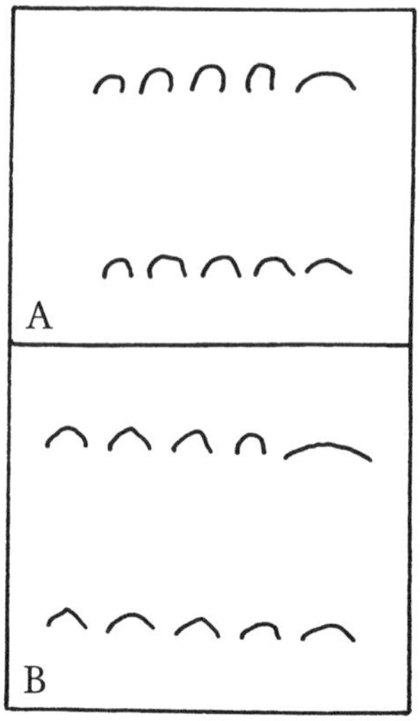

Abb. 105: Querschnitt der Hand- und Fußnägel bei zwei Primaten. Fingernägel oben, Zehennägel unten; Daumennagel und Nagel des großen Zehs links. A: Lemur; B: Makak. Man beachte den flachen Nagel des großen Zehs und auch den klauenartig gebogenen Nagel am zweiten Zeh. Das letztgenannte Merkmal ist nicht durch Boksche Retardation erklärbar.[84]

Abb. 106: Ruhestellung der menschlichen Hand. Sie weist einen Beugungsgradienten auf, wobei vom kleinen Finger bis zum Daumen stets weniger Beugung auftritt.[315]

c) *Beugung der Finger in der Ruhestellung:*
Die Finger sind, ihrer ersten Anlage nach, gerade. Erst später entsteht die Tendenz zur Beugung, die schon beim frühen Fötus (Länge 5 cm) zutage tritt. Das Boksche Prinzip sagt hier eine geringere Beugung beim jüngsten Finger, also beim Zeigefinger, vorher. Auch dies kann man sehr gut an jeder Hand beobachten.

d) *Zygodaktylismus:*
Zygodaktylismus (siehe S. 124 ff.) entsteht dadurch, daß das Häutchen, das beim frühen Embryo noch zwischen den verschiedenen Fingern und Zehen vorhanden ist, ständig erhalten bleibt. Das Merkwürdige ist nun, daß das Häutchen die Tendenz hat, gerade zwischen dem zweiten und dem dritten Zeh erhalten zu bleiben. Von allen Fingern und Zehen sind das die zwei ontogenetischen Spätlinge (wenn wir Daumen und großen Zeh, die weniger Glieder haben und daher in gewisser Weise Außenseiter sind, unberücksichtigt lassen). Zygodaktylismus kann also ebenfalls als ein Boksches Phänomen betrachtet werden.

7. Die Organe des Thorax

Das Herz und der Blutkreislauf. Einleitende Bemerkungen

Der menschliche Blutkreislauf scheint im Vergleich zu dem der Säugetiere in gewisser Hinsicht retardiert zu sein. So hat der Mensch beispielsweise sehr große rote Blutkörperchen (Erythrozyten). Verschiedene Arten haben folgendes Volumen (in μm^3):

Art	*Volumen (μm^3) eines roten Blutkörperchens*
Ziege:	19
Schaf:	31
Maus:	49
Katze:	57
Ratte:	61
Schwein:	61
Hund:	66
Hamster:	70
Meerschweinchen:	77
Schimpanse:	81
Mensch:	87

Große rote Blutkörperchen sind ein fötales Merkmal. Alle in dieser Hinsicht erforschten Säugetiere haben im fötalen Stadium große rote Blutkörperchen. Beim Menschen hat man folgende Werte festgestellt:[13]

menschliche Entwicklungsphase	*Volumen (μm^3) eines roten Blutkörperchens*
Fötus (10 Wochen):	180
Fötus (22 Wochen):	140
Fötus (36 Wochen):	120
Neugeborenes:	113
Erwachsener:	87

D. C. Betticher und J. Geiser entdeckten einen engen Zusammenhang zwischen der Größe der roten Blutkörperchen und der Widerstandsfähigkeit für Hämoglobinverlust, den diese Körperchen in hypertonem Milieu aufweisen.[39] Es darf kein Hämoglobin im Blut frei vorhanden sein, weil dadurch die Niere geschädigt würde. Kommen sie mit einem Milieu in Kontakt, in dem die Salzkonzentration hoch ist, beginnen die roten Blutkörperchen sich aufzulösen und geben Hämoglobin frei. Große Erythrozyten unterliegen einem leichteren Auflösungsprozeß als kleine; diese sind gegen hohe Salzkonzentrationen widerstandsfähig. Gerade in den Nieren, wo der Urin gebildet wird, kommen die Erythrozyten in Berührung mit dem höchstkonzentrierten Milieu. Betticher und Geiser stellten einen systematischen Zusammenhang zwischen der Größe der roten Blutkörperchen und der Konzentration des Urins beim Säugetier fest. Je niedriger die Konzentration im Urin, desto größer die roten Blutkörperchen.

Bemerkenswert ist, daß Betticher und Geiser denselben Zusammenhang auch innerhalb der Tierarten, zwischen Neugeborenen und Erwachsenen, feststellen. Junge Tiere haben nicht nur grundsätzlich größere rote Blutkörperchen, sondern auch einen geringer konzentrierten Urin.

Der menschliche Urin ist weniger konzentriert als der der meisten Landsäugetiere und befindet sich mit einer Höchstkonzentration von 1,430 osmol/l zwischen den Werten der im Süßwasser lebenden Säugetiere und denen der Meeressäugetiere. Süßwasserbewohner haben verdünnten Urin (z.B. der Biber: Höchstkonzentration von 0,520 osmol/l), weil ihnen dauernd Süßwasser zur Verfügung steht; Wasser ist für sie keine Mangelware. Bei Meeressäugetieren ist die Höchstkonzentration schon größer (z.B. Delphine: 1,700 osmol/l), weil sie nur salziges Wasser zur Verfügung haben. Bei den typischen Landsäugetieren ist die Höchstkonzentration noch größer (z.B. 3,200 osmol/l bei der Katze; 4,600 osmol/l bei der Känguruhratte [*Dipodamys phillippsi*, einem Wüstentier]). Die auffällig niedrige Höchstkonzentration beim Menschen wird als Grund angegeben für die «Aquatic Ape»-Theorie: Der Mensch soll von einem Primaten abstammen, der weitgehende Wasseranpassungen zeigte.[459, 460] Affen weisen aber im allgemeinen ungefähr dieselbe Urinhöchstkonzentration wie der Mensch auf (siehe z.B. Goodman et al.[176]).

Die niedrige Höchstkonzentration des menschlichen Urins scheint, ebenso wie die damit zusammenhängende Größe der roten Blutkörperchen, ein Merkmal des Typus I (Fötalisationsphänomen) zu sein. Der Mensch – und in hohem Maße die höheren Primaten insgesamt – bleiben dem Jugendstadium näher, wo der Urin bei allen Säugetieren wenig konzentriert ist. Bei jungen Landsäugetieren ist die Flüssigkeitszufuhr aufgrund der Milchnahrung weniger gefährdet als beim Erwachsenen. Die hohe Konzentration des Urins beim erwachsenen Landsäugetier ist daher eindeutig eine Spezialisierung, eine Anpassung an den Wassermangel. In dieser Hinsicht scheint also der Mensch unangepaßt geblieben zu sein.

Auch beim Bau des Herzens und der Blutgefäße hat es den Anschein, daß der Mensch im Vergleich zu den Säugetieren retardiert ist (siehe unten). Außerdem sind die Säugetiere, wie wir noch sehen werden, in bestimmter Hinsicht im Vergleich zu den übrigen Landwirbeltieren retardiert.

Struktur der Eiweiße und der DNA

Hämoglobin spielt in der vergleichenden Biochemie eine wichtige Rolle. Vergleicht man die Aminosäuresequenz dieses Eiweißes bei verschiedenen Tierarten, so ergibt sich, daß näher verwandte Arten auch eine ähnlichere Sequenz aufweisen. Offenbar gab es während der Evolution der Säugetiere eine bestimmte, durchschnittliche Mutationsgeschwindigkeit: Je länger zwei Evolutionslinien voneinander geschieden sind, um so beträchtlicher sind im allgemeinen auch die biochemischen Differenzen. Diese Tatsache wurde zuerst beim Hämoglobin gefunden; später fand man dieselben Verhältnisse auch in vielen anderen molekularen Bereichen wieder.

Eine genauere Betrachtung lehrt jedoch, daß die Mutationsgeschwindigkeit nicht bei allen Arten dieselbe ist. Man findet zwischen den höheren Primaten weniger biochemische Unterschiede als zwischen den anderen Säugern. Das heißt, daß die biomolekulare Evolution bei den Primaten und besonders bei den höheren Primaten im Vergleich zu der der anderen Säugetiere verzögert scheint. J. R. Goodman und seine Mitarbeiter fanden zum Beispiel heraus, daß das Hämoglobin sich bei den Pferdeartigen etwa dreimal schneller ändert als bei den höheren Primaten.[176,179] Das bedeutet, daß das Hämoglobin der Primaten primitiver geblieben ist; bei anderen Säugetieren hat sich die

Aminosäuresequenz des Hämoglobins weiter von der gemeinsamen Ausgangsform entfernt. Und verschiedene Studien haben bestätigt, daß beim Menschen die Mutationsgeschwindigkeit in vielen molekularen Bereichen noch stärker verzögert ist als bei den Menschenaffen.[204,205,262,282,466]

Von einem Bolkschen Gesichtspunkt aus kann man daher sagen, daß die höheren Primaten eine stärker retardierte Biochemie haben. Diese Tatsache haben verschiedene Forscher mit der primitiven menschlichen Morphologie in Verbindung gebracht. So schreibt J. R. Goodman:

«Die genealogischen Rekonstruktionen, zum Beispiel aufgrund der vergleichenden Mitochondrien-DNA-Untersuchung, zeigen, daß der Mensch sich auf der molekularen Ebene weniger verändert hat als die Menschenaffen. [...] Gerade auf der morphologischen Ebene ist es gut denkbar, daß die gemeinsamen Vorfahren von Menschen und Menschenaffen menschenähnlicher waren, zum Beispiel hinsichtlich der aufrechten Körperhaltung, als gemeinhin angenommen wird» (S. 261).[177]

Ähnliche Gedanken findet man beispielsweise bei M. Hasegawa, H. Kishino und T. Yano.[203]

Es liegt bei verschiedenen Forschern keine Einstimmigkeit über die Realität und die Tragweite der biochemischen Retardation vor.[466] Zum Beispiel behaupten Sarich und Wilson, daß die evolutionäre Trennung zwischen Mensch und Menschenaffen erst sehr spät zustande gekommen ist[179a] und daß die geringen biomolekularen Differenzen durch diese kurze Periode getrennter Evolution eindeutig erklärbar sind. Goodman[178a] dagegen behauptet, daß eben bei einer spätestmöglichen Trennung noch eine ganz erhebliche Verzögerung der molekulären Evolutionsgeschwindigkeit entlang der menschlichen Evolutionslinie notwendig ist, um die biomolekularen Daten erklären zu können.

Wenn bei den Forschern in dieser Frage auch keine Einstimmigkeit vorliegt, so kann man dennoch vermuten, daß im großen und ganzen die menschliche Evolution auf der molekularen Ebene im Vergleich zur molekularen Evolution des durchschnittlichen Säugers retardiert ist. Deshalb weist die menschliche Biochemie in der Tendenz eine größere Ähnlichkeit zur Biochemie anderer Primatenarten auf, als dies zum Beispiel bei den Menschenaffen der Fall ist. Wir finden auf der biochemischen Ebene denselben Tatbestand, den wir bereits in morphologischer Hinsicht kennengelernt haben: Der Mensch kann auch mit wenig verwandten Arten überraschend viele Merkmale gemein haben, eben weil er so primitiv geblieben ist (vgl. Abb. 14, 15 und 16).

Diese Verhältnisse zeigen sich zum Beispiel darin, wie stark die DNA verschiedener Primatenarten voneinander divergiert (in Prozent ausgedrückt); die Werte sind einem Aufsatz von V. Barriel und P. Darlu entnommen.[30]

	Schimpanse	Gorilla	Orang-Utan	Makak	Klammeraffe
Mensch	–	–	–	–	–
Schimpanse	1,46	–	–	–	–
Gorilla	1,45	1,82	–	–	–
Orang-Utan	2,96	3,37	3,32	–	–
Makak	6,94	7,10	7,10	7,23	–
Klammeraffe	10,12	10,29	10,29	10,45	11,73

(Divergenz in den Nukleotidensequenzen für ε-Globin bei höheren Primaten, in Prozent ausgedrückt.[30] *Die menschliche DNA-Sequenz ist immer die primitivste in dem Sinne, daß sie den Sequenzen der anderen Arten am ähnlichsten ist.)*

Der Mensch besitzt – wie alle Warmblüter – einen doppelten Blutkreislauf (Abb. 107). Das Herz besteht denn auch aus zwei getrennten Systemen: dem linken und dem rechten Herzen. In jeder Herzhälfte finden wir ein Atrium (Vorhof), durch den das Blut ins Herz einströmt; das Herz steht durch ein atrio-ventrikuläres Ventil mit dem entsprechenden Vorhof in Verbindung. Das Blut gelangt durch Ventile (Herzklappen) aus den beiden Kammern (Ventrikeln) in die Lungenarterie und die Aorta.

Das aus den Organen kommende sauerstoffarme und kohlendioxidhaltige Blut gelangt durch zwei Venen oder Blutadern in den rechten Vorhof. Anschließend fließt es zur rechten Herzkammer und durch die Lungenschlagader zu den Lungen. Hier nimmt es Sauerstoff auf und gibt Kohlendioxidgas ab. Das sauerstoffhaltige Blut fließt durch die Lungenvenen zum linken Vorhof. Diesen Blutkreislauf zwischen rechter Kammer und linkem Vorhof nennt man den *kleinen Blutkreislauf.*

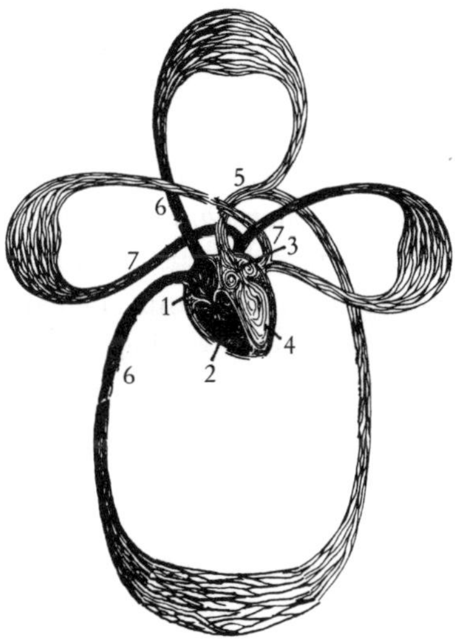

Abbildung 107: Vereinfachtes Schema des großen und kleinen Blutkreislaufes.[470] *1: rechter Vorhof; 2: rechte Herzkammer; 3: linker Vorhof; 4: linke Herzkammer; 5: Aorta; 6: obere und untere Hohlvene; 7: Lungenschlagader.*

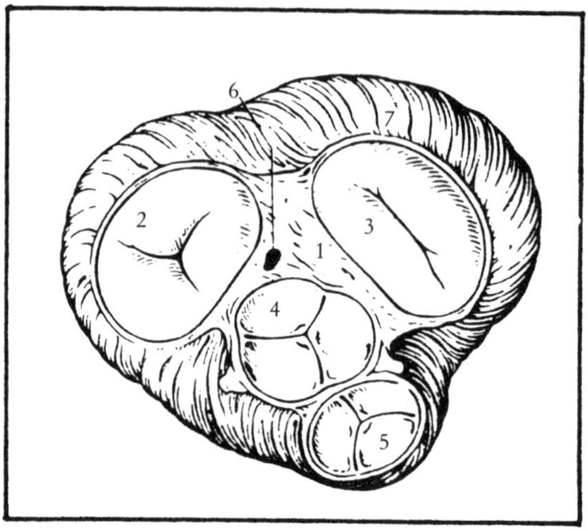

Abb. 108: Das Herzskelett, von der Seite der Vorhöfe. 1: Bindegewebeskelett; 2: Dreiklappenventil zwischen rechtem Vorhof und Herzkammer; 3: Zweiklappenventil zwischen linkem Vorhof und Herzkammer; 4: Aortenventil (drei Klappen); 5: Dreiklappenventil der Lungenschlagader; 6: Atrioventrikularknoten des Reizleitungssystems; 7: Kammerwand.[247]

Durch den linken Vorhof strömt das Blut anschließend zur linken Kammer und verläßt das Herz dann durch die große Hauptschlagader oder Aorta. Das Blut verteilt sich über die Körperorgane, gibt Sauerstoff ab und nimmt Kohlendioxidgas auf. Das sauerstoffarm und kohlendioxidhaltig gewordene Blut wird danach wieder im rechten Vorhof gesammelt. Diesen Blutkreislauf zwischen linker Herzkammer und rechtem Vorhof bezeichnet man als *großen Blutkreislauf.*

Das Herzskelett

Zwischen den Vorhöfen und den Herzkammern befindet sich das Herzskelett (Abb. 108). Dieses ist eine mehr oder weniger flache Bindegewebeplatte, in der sich vier Klappen befinden. Hier treffen wir die atrioventrikulären Ventile an, die aus zwei (links) bzw. drei (rechts) segelförmigen Klappen bestehen. Diese können sich nur zur Herzkammer hin öffnen, da sie von dort her durch Sehnen-Muskel-Strukturen (die Chordae tendineae) gehalten werden. Das Blut kann also nur vom Vorhof in die Herzkammer fließen; bei einem Druckunterschied in entgegengesetzter Richtung schließt sich die Klappe.

Auch die Aorta und die Lungenschlagader gehen durch die Wand zwischen den Vorkammern und Kammern und haben im Bereich dieser Scheidewand ebenfalls ein Ventil, das aus drei flachen Klappen besteht.

Die vier Ventile befinden sich in einer Bindegewebeplatte, die vor allem in der Mitte (zwischen den atrioventrikulären Ventilen und dem Aortenventil) sehr stabil ist. Diese Platte, das Herzskelett, trennt die Muskelwände des Vorhofs und die der Herzkammer nahezu vollständig und fungiert als Angriffspunkt der letzteren. Nur das Reizleitungssystem durchbohrt mit dem Atrioventrikularknoten das Herzskelett.

Bei vielen Säugetieren ist im Zentrum des Herzskeletts eine Tendenz zur Knochenbildung vorhanden. Das sprichwörtliche «Herz aus Stein» wird bei diesen Tieren materielle Wirklichkeit. Der Herzknochen oder Os cordis wurde bisher nicht bei allen Säugetieren genau erforscht; am besten ist er bei den Rindern untersucht. Bei diesen Tieren trifft man in der Nähe des Aortenventils ein oder zwei unregelmäßige, markhaltige Knochenteile in der Größe von einigen Zentimetern an. Ihre Funktion ist jedoch nicht klar.[237]

Die Herzknochen älterer Tiere bilden sich oft aus Knorpelgewebe der jüngeren: Beim jungen Stachelschwein beispielsweise trifft man im Herzen auf Knorpel, der beim älteren Tier verknöchert sein kann; bei den älteren Schweinen findet man ein oder zwei kleine Herzknochen, bei den Jungen aber nur Knorpel; auch beim Reh, beim Hirsch, der Gemse oder dem Schaf trifft man an der Übergangsstelle zur Aorta zwei Knorpelstückchen an, die bei den älteren Tieren verknöchern. Bei manchen Säugetieren findet man dagegen nur Knorpel: bei Pferden, Hunden, - Katzen, Bären, Kaninchen und bei manchen Meeressäugetieren.[151] Herzknorpel und Herzknochen gibt es schließlich auch bei den Primaten: Der Lori hat einen kleinen markhaltigen Knochen, andere Halbaffen haben Knorpel. Sehr bemerkenswert ist die von H. Frick zitierte Untersuchung zweier Schimpansenherzen durch Mourgues.[152] In einem der beiden Herzen wurde ein kleiner Knochen mit Mark gefunden.

Obwohl die Forschung noch unvollständig ist, wird also schon klar, daß Knochen- und Knorpelbildung im Herzen der Säugetiere ein verbreitetes Phänomen ist, das es sogar beim Schimpansen geben kann, der durchweg als der dem Menschen am nächsten stehende tierische

Verwandte betrachtet wird. Das Fehlen der Herzknochenbildung andererseits ist außerdem ein Jugendmerkmal; das Os cordis bildet sich erst beim älteren Säugetier. Im menschlichen Herzen dagegen gibt es keine Knochen oder Knorpel. Dieses durchgehende und allgemeine Fehlen von Knochen- oder Knorpelteilen ist also ein Merkmal des Typus I. Es ist möglich, daß das Nichtvorhandensein gewisser Verknöcherungen (wie etwa der Herz- oder der Penisknochen) beim Menschen mit dem niedrigen Kalziumphosphatgehalt des Blutes zusammenhängt (s. S. 101).

Embryologische Entwicklung des Herzens

Das menschliche Herz bildet sich am Anfang der dritten Schwangerschaftswoche. Es hat dann die Gestalt einer Röhre, die vorne verbunden ist mit zwei Aortenbögen, die in zwei dorsale Aorten übergehen. Dieses Stadium gibt es bei allen Wirbeltieren.

Das Herz – das schon zu schlagen anfängt – wächst schneller als seine Umgebung und beginnt sich dadurch auf charakteristische Weise zu krümmen (siehe Abb. 109). Der oberste Teil des Herzrohres (der Bulbus cordis) senkt sich entlang der Bauchseite. Der darunter befindliche Teil, der Ventrikelraum, nimmt rasch an Umfang zu. Der untere Teil, der Atriumraum, steigt an der hinteren Seite nach oben. Zunächst bleibt das Atrium (der Vorhof) in der Größe hinter dem Ventrikelraum (Herzkammerraum) zurück; aber es holt diesen Rückstand ein und überholt das Größenwachstum des Ventrikels. Wenn das Atrium auf die Höhe oberhalb des Ventrikelgebiets gestiegen ist, beschleunigt sich wiederum das Wachstum des letzteren.

Um die vierte Woche sind schon die vier Herzkammern zu sehen. Das Atrium bildet zwei Auswüchse an beiden Seiten des sich an der Bauchseite befindenden Bulbus cordis. Der untere Teil dieses Bulbus bildet später den rechten Ventrikel, der mittlere Teil, der Conus cordis, wird später ebenfalls in den Ventrikel eingegliedert. Der obere Teil des Bulbus geht über in den Schlagaderstamm (Truncus arteriosus).

Obwohl im Herzen um die vierte Woche die vier Kammern der Anlage nach sichtbar sind, ist das Herz noch eine durchgehende, zusammengefaltete Röhre. Mehrere Umbildungen müssen geschehen, bis die vollständige Herzkonfiguration erreicht wird. Der Schlagaderstamm hat sich in Aorta und Lungenschlagader zu gliedern (siehe Abb. 110 b, S. 235). In der Folge muß die Wand zwischen beiden Ventrikeln eingezogen werden, so daß die zwei Herzhälften getrennt werden und je einen eigenen Ausgang erhalten. Diese Trennungsvorgänge werden unten (S. 241) noch besprochen. Auch zwischen den Vorhöfen bildet sich eine Trennwand, die – im Zusammenhang mit dem andersgearteten Blutkreislauf des Fötus – bis zur Geburt unvollständig bleibt. Aus dem ursprünglichen Ende der Herzröhre (dem doppelten Sinus venosus) bildet sich das Adersystem, das beide Vorhöfe ernährt.

Der Aortabogen und die Entstehung der großen Schlagader:

Bei einem drei Wochen alten Embryo ist die neugebildete Herzröhre an der Kopfseite mit zwei am Rücken entlanglaufenden (dorsalen) Aorten verbunden, die in einem etwas späteren Stadium ihren Wachstumsrückstand nachholen. Durch die starke Krümmung des schnell wachsenden Kopfes nach vorn entstehen sechs sogenannte Kiemenbögen, die alle von einem Paar neugebildeter Aortenbögen ernährt werden (Abb. 109). Aus den Kiemenbögen entwickeln sich wichtige Teile des Kiefer-, Ohren- und Stimmapparats; die entsprechenden Aortenbögen verlieren ihre vorübergehende Funktion. Bestimmte Aortenbögen verwandeln sich in dieser Phase zu wichtigen Schlagadern (Abb. 110).

Beim Menschen gibt es (in den meisten Fällen) oben am Aortenbogen am Ende drei große Schlagaderäste: die linke Schlüsselbeinschlagader, die linke Kopfschlagader und den gemeinsamen Stamm der rechten Kopf- und Schlüsselbeinschlagader. Weiter unten (S. 243) wird gezeigt werden, daß dieses Verästelungsmuster in bezug auf die Struktur, die bei den meisten Säugetieren vorgefunden wird, ein Merkmal des Typus I bildet.

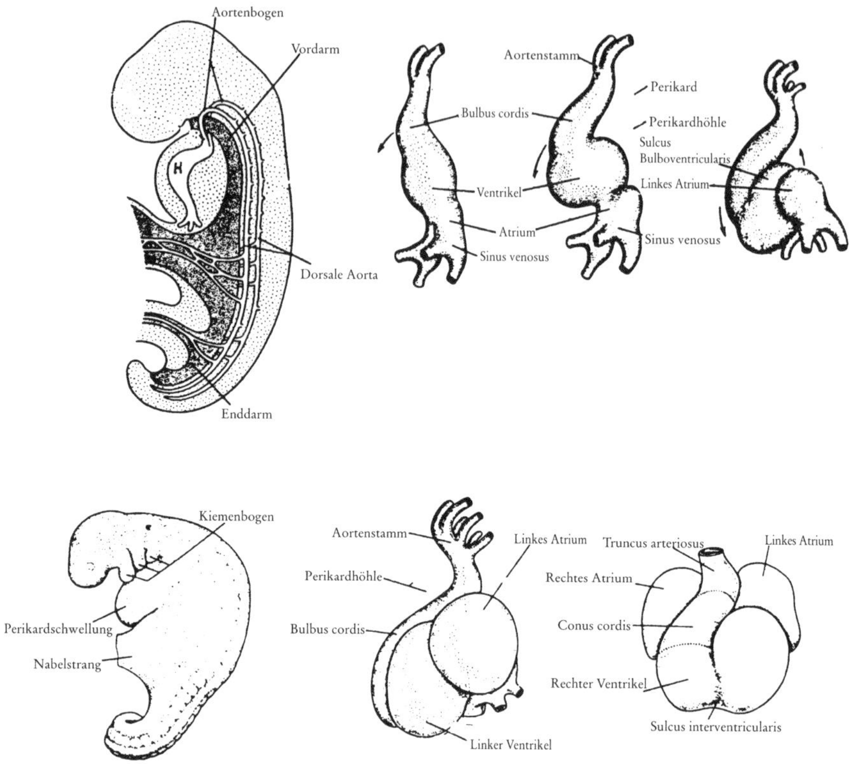

Abb. 109: Oben: Lage des Herzens (H), des ersten Paares der Aortenbögen und der dorsalen Aorten von einem drei Wochen alten menschlichen Embryo. Daneben: drei Entwicklungsstadien des Herzens während der ersten Tage der dritten Woche (Seitenansicht; Bauchseite links). Im letzten Stadium erscheint schon ein zweites Paar Aortenbögen.
Unten: Ein vier Wochen alter Embryo mit drei Paar Kiemenbögen. Daneben das Herz mit drei Paar Aortenbögen (A: linke Seite; B: Vorderseite). Der Vorhof ist schon über die Herzkammer gestiegen und hat an beiden Seiten dem Bulbus entlang zwei Auswüchse gebildet (linker und rechter Vorhof). Der untere Teil des Bulbus wird zur rechten Herzkammer, der obere Teil desselben zum Schlagaderstamm (Truncus arteriosus), der sich später in Aorta und Lungenschlagader gliedert (Abb. 110). Der mittlere Teil des Bulbus, der Conus, wird später in die rechte Herzkammer eingegliedert.[274]

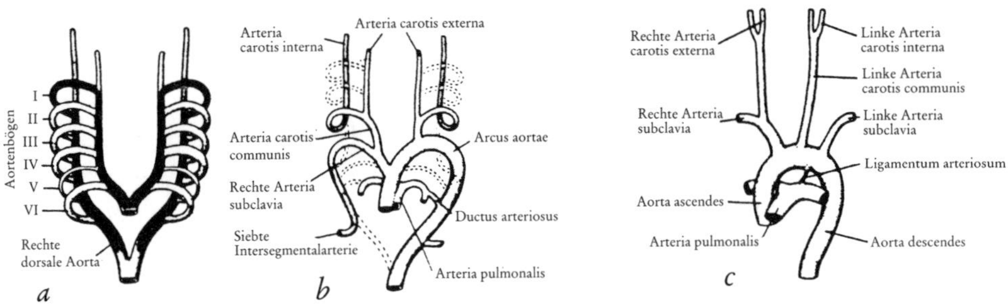

Abb. 110: a: Theoretisches Schema des ursprünglichen Schlagadermusters, von der Bauchseite her betrachtet (Kopfseite oben). Der Schlagaderstamm trennt sich im ersten Paar der Aortenbögen (I), die in die dorsalen Aorten (die unten zusammengewachsen sind) einmünden. Diese älteste Struktur (siehe Abb. 109 links oben) ist schwarz eingezeichnet. In dem Maße, wie sich die Kiemenbögen bilden, entwickeln sich auch die fünf folgenden Paare der Aortenbögen. Außerdem bilden die aufsteigenden Bögen und die dorsalen Aorten kopfwärts aufsteigende Äste. Das Schema ist theoretisch; in der menschlichen Entwicklung sind die sechs Aortenbögen nie gleichzeitig vorhanden.
b: Die durchgehenden Linien zeigen, welche Teile des ursprünglichen Systems zu großen Schlagadern umgebildet werden; das erste, zweite und fünfte Paar der Aortenbögen gestaltet sich nicht zu großen Schlagadern. Die Kopfschlagadern bilden sich aus dem dritten Paar der Aortenbögen heraus. Die Arteria carotis communis (gemeinsame Kopfschlagader) spaltet sich beim erwachsenen Menschen in der Halsgegend in äußere (externa) und innere (interna) Kopfschlagader, die Antlitz und Schläfe bzw. Gehirn versorgen. Das vierte Paar der Aortenbögen bildet den großen Aortenbogen links bzw. den Truncus brachiocephalicus mit der rechten Schlüsselbeinschlagader rechts. Der sechste Bogen bildet die Lungenschlagadern; deren gemeinsamer Stamm (der Truncus pulmonalis) entsteht durch Abspaltung vom Aortenstamm. Auf Seite 238 wird der Abspaltungsvorgang der verschiedenen Landwirbeltiere verglichen.
c: Normale Lage (in 77% der Fälle) der großen Schlagadern beim Erwachsenen.[274]

Beim Menschen sind die Herzkammern vollständig getrennt. Dasselbe Merkmal begegnet uns auch bei drei Tiergruppen, den Säugetieren, Vögeln und Krokodilartigen. Die übrigen Reptilien, die Amphibien und die Fische haben dagegen keine getrennten Kammern.

Der Grad der Verwandtschaft zwischen Säugetieren, Vögeln und Krokodilen ist seit dem 19. Jahrhundert umstritten. Die orthodoxe Auffassung ist, daß Vögel und Krokodilartige verhältnismäßig nah verwandt sind, während die Säugetiere in einer viel loseren Beziehung zu diesen beiden Gruppen stehen. Die Vögel stammen demnach von den Dinosauriern ab (oder sind zumindest den Dinosauriern am nächsten verwandt). Diese sollen ihrerseits von einer primitiven Gruppe von Reptilien abstammen, den Thecodontiern. Die gemeinsamen Vorfahren der Thecodontier und Säugetiere sollen die Cotylosaurier sein. Bemerkenswert ist, daß nach der gängigen Auffassung Vögel und Krokodile näher verwandt sind als z.B. Krokodile und Eidechsen (Abb. 111).

Diese Anschauung wird aber in wenigstens zweierlei Hinsicht angefochten. Einerseits verneinen bestimmte Forscher, daß die Säugetiere von primitiven Reptilien abstammen sollen. Schon im 19. Jahrhundert führte Thomas Huxley, der große Verteidiger Darwins, die Säugetiere direkt auf die Amphibien zurück. Wie wir noch sehen werden, stellen sich der Körperbau und die Ontogenese der Säugetiere, im Vergleich zu den Reptilien, oft als überraschend einfach und geradlinig heraus. Ande-

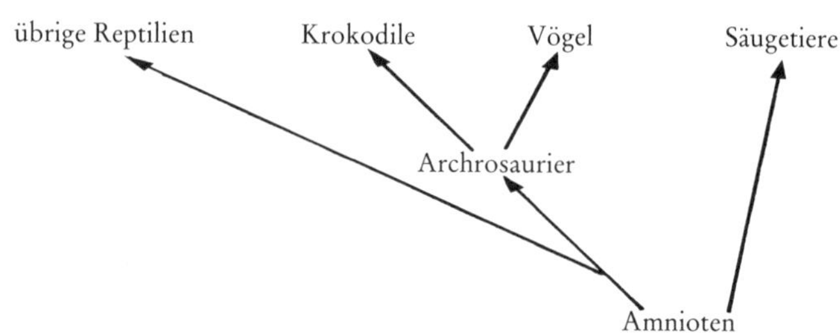

Abb. 111: Stammbaum der Reptilien, Vögel und Säugetiere nach Benton 1990 (ref. 36b).

rerseits zeigen Vögel und Säugetiere eine ganze Reihe gemeinsamer Merkmale, die es bei keinem Reptil gibt. Viele dieser gemeinsamen Merkmale hängen mit dem Bau des Blutkreislaufes zusammen. Eine Gruppe unorthodoxer Forscher folgert daraus, daß die allgemein akzeptierte Anschauung falsch sei und Vögel und Säugetiere am nächsten verwandt sind (siehe Bishop und Friday[40] und die dortigen Hinweise). Ein Vergleich von Herz und Blutkreislauf bei Säugetieren, Vögeln und Krokodilen ergibt starke Argumente für jene Gegner der orthodoxen Auffassung. Wir wollen im folgenden auf einige Punkte näher eingehen.

a) Das Entstehen der Schlagaderklappen:

In der frühembryonalen Entwicklung des Herzens bildet sich ein Bulbus, der direkt an den Aortenstamm anschließt (siehe Abb. 109). Am Ende dieses Bulbus bilden sich innen vier Gewebeverdickungen, aus denen sich die segelförmigen Klappen der Aorta und der Lungenschlagader (siehe Abb. 108) entwickeln werden.

Die Ausgangsgestalt dieser Verdickungen ist bei Amphibien und Säugetieren sehr ähnlich (siehe Abb. 112). In beiden Fällen sehen wir in einem zweiseitig symmetrischen Muster zwei große und zwei kleine Verdickungen. Es ist dann auffällig, wie bei den Amphibien diese ursprüngliche Anlage nicht konsequent weiter ausgebildet wird. Nach kurzer Zeit verschwindet eine der Verdickungen; die Endgestalt der Klappe ist unsymmetrisch.

Beim Säugetier stellt sich die längliche Gestalt der Öffnung als Vorbereitung für eine Zweiteilung heraus: die Trennung des ursprünglichen Schlagaderstammes (Truncus arteriosus, siehe Abb. 113) in Aorta und Lungenschlagader. In dem Augenblick, in dem diese Trennung den Punkt im Bulbus erreicht, wo sich die vier Verdickungen befinden, werden die zwei größeren in zwei kleinere gespalten (Abb. 112). Auf diese Weise entstehen die zweimal drei Klappen, die wir bei der Aorta und der Lungenschlagader antreffen.

Beim Alligator ist das ursprüngliche, bei Amphibien und Säugetieren vorkommende Muster durch ein asymmetrisches ersetzt, bestehend aus vier Verdickungen. Eine ist sehr groß, die übrigen drei sind klein (Abb. 112). Beim Reptil wird der ursprüngliche Schlagaderstamm nicht in zwei, sondern in drei Kanäle gegliedert; das Reptil hat neben der Lungenschlagader nicht nur eine, sondern zwei Aorten (s. unten). Die dreifa-

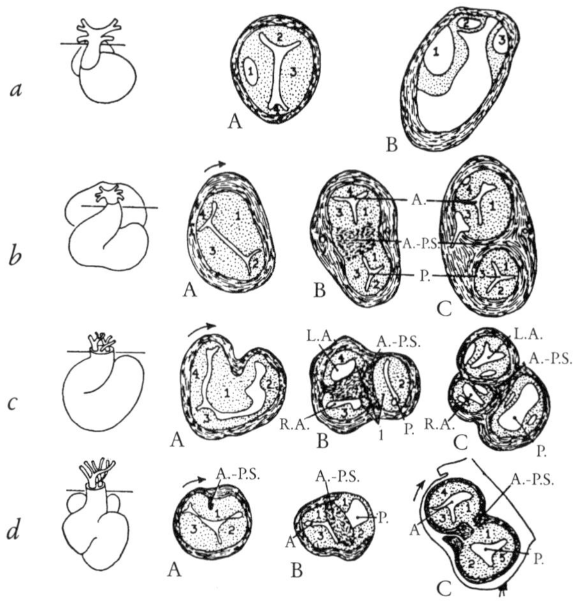

Abb. 112: Lage der endocardialen Verdickungen (markiert mit den Ziffern 1 bis 4), aus denen sich die Aorten- und die Lungenschlagaderventile entwickeln. Links immer eine schematische Darstellung des Herzens mit Hinweis auf die Schnittstelle.
a: Kaulquappe; A: von 19 mm; B: von 30 mm. Im Stadium A zeigen die vier Verdickungen ein symmetrisches Muster, das in Phase B verlorengeht.
b: Schwein – drei embryonale Phasen. In Stadium A gibt es dieselbe Ausgangsform wie beim Amphibium. In den nächsten Stadien entwickelt sich senkrecht zur Trennung zwischen den beiden großen Verdickungen die Trennungswand zwischen Aorta und Lungenschlagader. Durch diese Fortsetzung erhält die vorhergehende Konfiguration mit ihrer Symmetrie und der unterschiedlichen Größe der beiden Verdickungspaare eine funktionelle, vorbereitende Bedeutung.
c: Alligator – drei embryonale Stadien. Die symmetrische Ausgangsform wie bei den Amphibien und Säugetieren fehlt. Später (Phase B und C) entsteht nicht nur eine Trennung zwischen Aorta und Lungenschlagader, sondern auch eine Trennung innerhalb der Aorta selber, die bei den Säugetieren nicht stattfindet.
d: Huhn – drei embryonale Stadien. Der Vogel erreicht die säugetierartige Endgestalt C (Aorta und Lungenschlagader getrennt; jeweils drei Klappen) von einem reptilienartigen Ausgangspunkt aus. A: Aorta; P: Lungenschlagader; A-PS: Wand zwischen Aorta und Lungenschlagader; RA: rechte Aorta; LA: linke Aorta.[418]

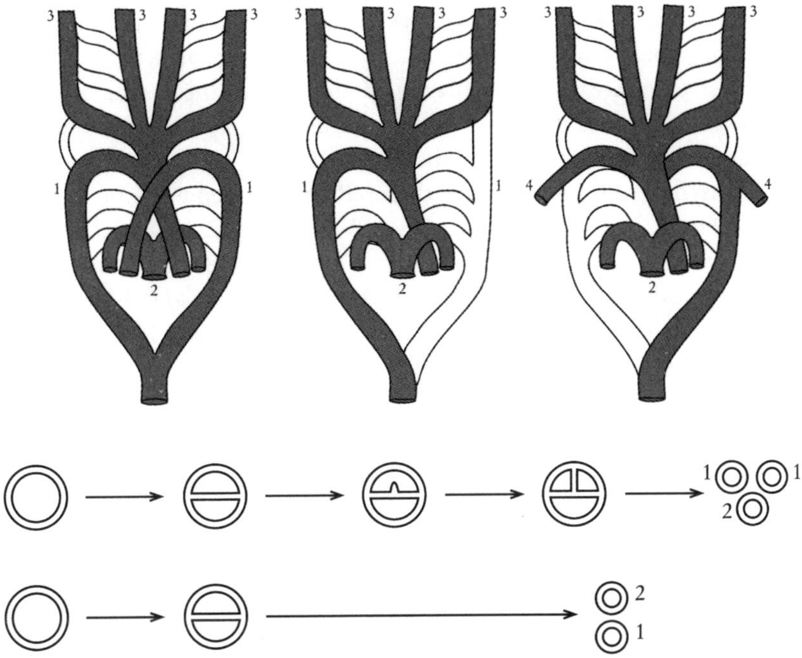

Abb. 113: Oben: schematische Darstellung der Lage der großen Schlagadern bei den Reptilien, Vögeln und Säugetieren (von links nach rechts; von der Bauchseite gesehen). 1: Aorten; 2: Lungenschlagadern; 3: Kopfschlagadern; 4: Schlüsselbeinschlagadern. Die Aortenbögen, die nicht zu großen Schlagadern werden, sind weiß eingezeichnet (vgl. Abb. 109).[232a] *Unten: schematische Darstellung der Gliederung des Schlagaderstammes bei den Reptilien (oben) und den Säugetieren oder Vögeln (unten). 1: Aorta; 2: Lungenschlagader.*

che Gliederung vollzieht sich bei den Verdickungen in der Form eines Y, wobei eine Trennwand und der zentrale Punkt auf die große Verdickung auftreffen. Diese wird dadurch dreigeteilt. Die zwei übrigen Wände liegen zwischen den Verdickungen 2 und 3 bzw. 3 und 4. Jeder der drei gebildeten Kanäle enthält somit eine kleine ursprüngliche Verdickung und einen Teil der ursprünglichen großen Verdickung. So entstehen die bei den Reptilien auftretenden zweiklappigen Ventile.

Besonders merkwürdig ist die Entwicklung bei den Vögeln. Die ursprüngliche Gestalt der Verdickungen ist der der Reptilien sehr ähnlich. Es gibt eine große und drei kleine Verdickungen, von denen schon sehr bald eine verschwindet. Vögel haben genau wie die Säugetiere nur eine Aorta. Der Schlagaderstamm wird durch eine einfache Wand getrennt, die auf der einen Seite die große Verdickung teilt und auf der anderen Seite die Verdickungen 2 und 3 trennt. Aorta und Lungenschlagader enthalten in dieser Phase also eine kleine Verdikkung (2 bzw. 3) und ein Fragment von Verdickung 2. Doch bilden sich keine zweiklappigen Ventile. In einer späteren Phase entsteht in beiden Kanälen noch eine zusätzliche Verdickung (4 und 5), so daß die Vögel zum Schluß die Säugetierkonfiguration erlangen: zwei Schlagadern mit jeweils einem dreiklappigen Ventil.

Aus diesem Beispiel können wir folgende Schlüsse ziehen:

- Die Säugetiere (und der Mensch) zeigen eine konsequente, geradlinige Ontogenese. Sie gehen von einem Urmuster aus, das es auch bei den Amphibien gibt, und entwickeln dieses – im Gegensatz zu den Amphibien – geradlinig weiter. R.F. Shaner schreibt: «Der Bulbus des Säugetiers ist ein gutes Beispiel für Fötalisation: er behält die embryonalen distalen Verdickungen der Amphibien bei und paßt diese den Bedürfnissen der Säugetiere an. Der Bulbus des Reptils ist ein Beispiel progressiver Abweichung; er entwickelt eine neue große, distale, knollenförmige Verdickung und ergänzt sie durch eine Y-förmige aortico-pulmonare Scheidewand, die es nur bei Reptilien gibt.»[418] Das ursprüngliche Muster (zwei große und zwei kleine Verdickungen, zweiseitig symmetrisch angeordnet) ist nur durch die darauffolgende Gliederung in Aorta und Lungenschlagader verständlich, die es bei den Amphibien aber nicht gibt.
- Die Reptilien weisen ein spezialisiertes Verdickungsmuster auf, das im Dienste einer komplizierten Gliederung des Schlagaderstammes in drei Kanäle steht.
- Die Vögel verraten zu Beginn der embryonalen Entwicklung ihre Verwandtschaft mit den Reptilien. Sie verfolgen aber einen komplizierten Weg (Auflösung einer ursprünglichen Verdickung, Bildung von zwei zusätzlichen Verdickungen), um letztlich genau die Gestalt der Säugetiere zu erreichen. Das scheint auf die Existenz eines «richtungsgebenden Faktors» hinzuweisen, der eine bestimmte Form anstrebt. Diese wird beim Menschen und beim Säugetier auf direkte Art, bei den Vögeln auf einem eigentümlichen Umweg erreicht.

b) *Die Bildung der Trennwand zwischen den Kammern*[418]

Amphibien haben nach ihrer Metamorphose einen getrennten großen und kleinen Blutkreislauf. Das Amphibienherz besitzt allerdings keine getrennte linke und rechte Kammer; rechter und linker Vorhof sind aber voneinander getrennt. Bei Säugetieren, Vögeln und Krokodilartigen sind die Kammern dagegen getrennt. Die Trennung muß dabei so verlaufen, daß die Aorta von der linken und die Lungenschlagader von der rechten Kammer versorgt wird.

Bei den *Säugetieren* kommt diese Trennung auf sehr einfache Weise zustande. Ausgehend von den Verdickungen 1 und 3 (die durch die Trennung des Schlagaderstammes verteilt werden; siehe Abb. 112) dehnen sich an der Innenseite des Bulbus in Richtung der Ventrikel zwei Gewebekämme aus. Wenn Aorta und Lungenschlagader getrennt sind, setzt durch Verwachsen der beiden Gewebekämme die Kammertrennung ein. Es ist interessant, daß der Gewebekamm, ausgehend von Verdickung 1, schon bei den Amphibien zu sehen ist, auch wenn es bei diesen Tieren keine Kammertrennung gibt.

Bei den *Krokodilen* ist der Trennungsvorgang viel komplexer. Diese Tiere besitzen ja zwei Aorten, die von je einer Kammer entspringen. Sie haben zwei Gewebekämme, ausgehend von den Verdickungen 1 und 4. Diese ermöglichen zusammen mit der dreifachen Trennwand, die aus dem Schlagaderstamm her in den Bulbus hineinwächst, die erforderlichen Trennungen.

Die *Vögel* weisen einmal mehr einen sehr weitgehenden Parallelismus mit den Säugetieren auf. Doch ist die Ausgangsform der Verdickungen, wie wir sahen, eindeutig reptilienartig. Wir finden bei den Vögeln nur eine Aorta. Im Bulbus sind ursprünglich, so wie bei den Säugetieren, zwei Gewebekämme, ausgehend von Verdickung 1 und 3, vorhanden. Die Ausformung der Kammertrennung beginnt, genau wie bei den Säugetieren, durch das Zusammenwachsen dieser zwei Kämme.

Wir sehen also wieder, daß das Muster der Säugetiere eine einfache und konsequente Weiterführung des primitiven, bei Amphibien auftretenden Zustandes ist, während die Reptilien eine viel komplexere Entwicklung durchmachen. Die Vögel überwinden ihre anfänglich reptilienartige Anlage und verfolgen einen säugetierähnlichen Entwicklungsgang.

c) Die Trennung des Schlagaderstammes[228]

Aufgrund der Lage der großen Schlagadern schließt man oft die Reptilien als Vorfahren der Säugetiere aus. Abbildung 113 zeigt schematisch die Lage der Aorten, der Lungen- und der Kopfschlagadern bei Säugetieren, Vögeln und Reptilien. Die Reptilien haben zwei Aorten; die Kopfschlagadern zweigen von der *rechten* Aorta ab. Die Situation bei den Vögeln ist der der Reptilien ähnlich: Das Verschwinden der *linken* Aorta ist der einzige Unterschied. Säugetiere dagegen haben keine *rechte* Aorta; die Kopfschlagadern zweigen von der linken Aorta ab. Bei ihnen trifft man auch auf Schlüsselbeinschlagadern.

Auffällig ist, daß man während der embryonalen Entwicklung der Vögel und Säugetiere kein einziges Zeichen einer zweiten Aorta vorfindet. E.B. Holmes konnte denn auch eine einfache Erklärung für das Fehlen einer doppelten Aorta bei diesen Tieren geben.[228] Er weist darauf hin, daß die Gliederung des Schlagaderstammes bei den Reptilien in zwei Schritten stattfindet (Abb. 113): Zuerst kommt eine Trennung zwischen der zukünftigen Lungenschlagader und dem Aortenkanal zustande. Im darauffolgenden Stadium erscheint bei den Reptilien innerhalb des Aortenkanals eine zweite Wand, die zur Bildung von zwei Aorten führt. Bei den Säugetieren bleibt dieser letzte Vorgang aus. Holmes schreibt dazu: «Die einzig erforderliche Modifikation ist die Beseitigung der Untergliederung der ventralen Aorta in rechte und linke Aorten. Diese Umwandlung kann mit einer geringen neotenischen Änderung erreicht werden.»[228] (Eine «neotenische Änderung» heißt hier: Fötalisation im Bolkschen Sinne.)

Der Mensch ist, wie wir gesehen haben, im Vergleich zu den Menschenaffen neotenisch oder fötalisiert; z.B. bleibt das letzte Entwicklungsstadium der Haartracht aus. Auf ähnliche Weise ist auch das Säugetier im Vergleich zum Reptil neotenisch: Hier bleibt die letzte Phase der Schlagadertrennung aus. Nach Holmes hat sich derselbe Retardationsvorgang – vollständig unabhängig – auch bei den Vögeln ereignet. Erneut sehen wir, daß sich die Vögel von einem reptilienartigen Ausgangspunkt in Richtung des Säugetiers entwickeln. Wie gesagt, weist diese Art von Phänomenen auf die Anwesenheit eines «richtungsgebenden Faktors» hin, dessen hauptsächliche Wirkung sich in der Entwicklungslinie der Säugetiere zeigt, der seinen Einfluß aber auch auf den getrennten Entwicklungsweg der Vögel ausübt.

Das Krokodil ist ein zurückgefallenes Wesen: Es stammt von einer zweifüßigen Gestalt ab, kehrte aber später wieder zu einer kriechenden Lebensweise zurück. Das hochentwickelte Herz eines Krokodils – das Krokodil ist das einzige Reptil mit getrennten Herzkammern – erinnert möglicherweise an den höheren Entwicklungsgrad seiner Vorfahren.

Der Aortenbogen bei Mensch und Tier

L. Bolk und C.U. Ariëns-Kappers haben die menschliche Konfiguration der großen Schlagadern als Beispiel menschlicher Retardation erwähnt.[20, 56] A. Keith hat schon 1895 eine ausführliche Vergleichsstudie zum Schlagadersystem bei Mensch und Affe angestellt.[248] Es stellte sich heraus, daß sich bei den niederen Affen die vier großen Schlagadern (die zwei Kopf- und die zwei Schlüsselbeinschlagadern) im allgemeinen auf einem gemeinsamen Stamm befinden, der seinerseits dem Aortenbogen entspringt. Beim Pavian und beim Gibbon ist die linke Schlüsselbeinschlagader bereits unabhängig; sie entspringt direkt der Aorta. Beim Orang-Utan ist darüber hinaus auch die linke Kopfschlagader unabhängig, doch befindet sich die Abzweigungsstelle immer noch sehr nahe am gemeinsamen Stamm der beiden rechten Schlagadern. Bei den afrikanischen Menschenaffen setzt sich diese Tendenz in Richtung der Verhältnisse beim Menschen fort; der Abstand zwischen der Abzweigungsstelle der linken und dem gemeinsamen Stamm der rechten Schlagadern wird größer. Beim Menschen trifft man dieselbe Konfiguration an. Es ist außerdem bemerkenswert, daß die menschliche Schlagaderkonfiguration auch bei den höchstentwickelten Breitnasen vorherrscht, nämlich beim Kapuziner und beim Klammeraffen[332] (siehe Abb. 14, S. 45 und den Kommentar im ersten Kapitel).

Keith deutete seine Ergebnisse bezüglich der Gestalt des Aortenbogens bei den unterschiedlichen Primatenarten als eine progressive Entwicklungslinie, die in der menschlichen Endgestalt kulminiert. Im Grunde genommen ist aber die menschliche Konfiguration embryologisch betrachtet die primitivste. F. F. Lewis veröffentlichte eine besonders schöne Entwicklungsreihe beim Schaf (siehe Abb. 114):[281] Beim Schafembryo von 14 mm sehen wir noch ein Gliederungsmuster, das qualitativ mit der menschlichen Form übereinstimmt; die linke Kopf- und die linke Schlüsselbeinschlagader zweigen jede für sich vom Aor-

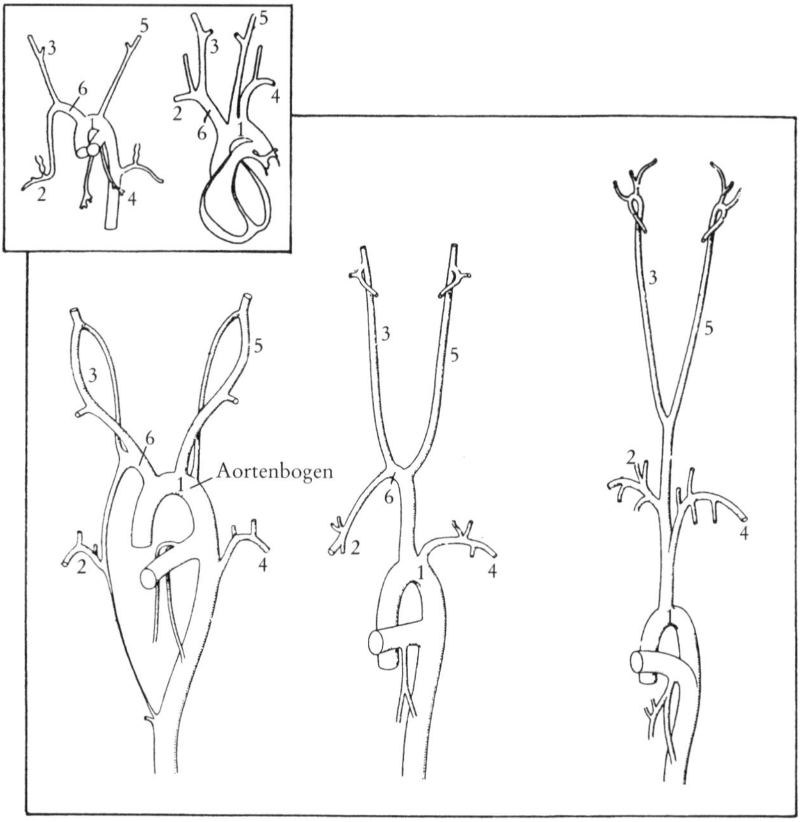

Abb. 114: Oben: Aortenbogen des menschlichen Embryos von 8 mm und eines frühreifen Fötus (von links nach rechts).[103] *Das Verzweigungsmuster des ausgetragenen Embryos bleibt beim erwachsenen Menschen erhalten. Unten: Aortenbogen des Schafembryos von 14 mm, 18 mm und 47,5 mm (von links nach rechts).*[281] *Das Verzweigungsmuster des letzteren bleibt beim erwachsenen Schaf erhalten.*
1: Aortenbogen; 2: rechte Schlüsselbeinschlagader; 3: rechte Kopfschlagader; 4: linke Schlüsselbeinschlagader; 5: linke Kopfschlagader; 6: gemeinsamer Stamm der rechten Kopf- und Schlüsselbeinschlagader.

tenbogen ab, während auf der rechten Seite beide Schlagadern mittels eines kurzen gemeinsamen Stammes mit dem Aortenbogen verbunden sind. Beim Embryo von 18 mm hat die linke Kopfschlagader schon einen großen gemeinsamen Stamm mit den beiden rechten Schlagadern; die linke Schlüsselbeinschlagader ist noch direkt mit der Aorta verbunden. Beim Embryo von 47,5 mm schließlich ist die Konfiguration des erwachsenen Tieres schon erreicht. Beide Kopfschlagadern befinden sich jetzt oberhalb eines gemeinsamen Stammes; die Schlüsselbeinschlagadern entspringen dem Stamm an einer niedrigeren Stelle. (Für die Art und Weise, wie eine solche Verschiebung zustande kommt, siehe Seidl und Steding[416]). Der Mensch bleibt also qualitativ beim Stadium des 14 mm großen Schafembryos stehen.

Durch die Forschungen von F. G. Parsons und T. Meinertz stellte sich heraus, daß die primitive, nur wenig verzweigte menschliche Form bei den Säugetieren eine Seltenheit ist.[296, 332] Bei der Mehrheit der Tierarten haben die vier großen Schlagadern einen gemeinsamen Stamm (so wie beim Schaf), oder es ist nur die linke Schlüsselbeinschlagader unabhängig. Die meisten Autoren bringen die Tendenz zur wachsenden Verzweigung mit dem engeren, keilförmigen Brustkorb der Vierfüßer in Zusammenhang. Da die Vorderpfoten dann nahe am Hals sitzen und der vordere Teil des Brustkorbes (wo die vier großen Schlagadern zum Kopf bzw. zu den vorderen Gliedmaßen auseinandergehen) dementsprechend enger geworden ist, wird die Vereinigung der Schlagadern über eine weitere Strecke funktionaler. Dieser Effekt wird noch dadurch verstärkt, daß eine Einengung des oberen Teiles des Thorax fast automatisch eine Senkung des Herzens zur Folge hat. Wenn aber der Thorax breit ist und die Schlagadern in stark auseinandergehenden Richtungen verlaufen müssen, ist die frühembryonale Konfiguration (ohne Verzweigung aller Äste) geeigneter.

Es ist bemerkenswert, daß die primitivsten Säugetiere, die *Monotremen* (Kloakentiere), nicht nur einen breiten Brustkorb haben, sondern in dieser Hinsicht auch eine menschliche Konfiguration aufweisen. Das menschliche Muster wird überdies auch bei einigen Beutel- und Nagetieren vorgefunden, so wie bei den Zahnlosen, der Seekuh, dem Biber und dem Seehund. Die meisten dieser Tiere haben ihrer Lebensart gemäß – sie schwimmen oder graben – auch einen ziemlich flachen Brustkorb. Das nur nur gering durch Vereinigung seiner Äste geprägte Schlagaderschema des Menschen kann als ein Merkmal des Typus I betrachtet werden; die stärkere Zusammenfassung der Äste, die es bei vielen Säugetieren gibt, ist eine Spezialisierung, die mit der Einengung des Brustkorbes zusammenhängt (siehe S. 152). Dieses Merkmal ist seinerseits eine Anpassung an die Gehweise auf allen Vieren; in dieser Hinsicht kann man behaupten, daß das frühembryonale Verzweigungsmuster der Schlagadern die aufrechte Haltung schon ankündigt.

Es stellt sich heraus, daß die vierfüßige Haltung noch andere Abweichungen von der frühembryonalen Form nach sich zieht. D. M. Golub hat z.B. auf die Tatsache hingewiesen, daß das Herz des Rindes sich im Laufe der Ontogenese eine Rotation ausführt.[175] Bei einem Rinderembryo von 5 bis 6 mm ist der untere Herzpunkt noch kaudal gerichtet; anschließend beginnt sich das Herz zu wenden, bis der Herzpunkt ventral liegt. Beim Menschen gibt es eine solche Rotation nicht. Bezüglich der Schwerkraft nimmt das Herz des aufrechtstehenden Menschen und der stehenden Kuh dieselbe Lage ein, doch erreicht nur der Mensch diese Position, indem er die gemeinsame frühembryonale Lage des Herzens beibehält, während sich die des Vierfüßers ändert.

Die menschliche Lunge als retardiertes Organ

Die Lungen entwickeln sich später als das Herz. Die untere Zone der Lungen, wo die größte Anzahl von Verzweigungen gebildet werden muß, hat zunächst einen Entwicklungsrückstand, so daß die Lungen in einer ersten Phase mehr in die Breite wachsen. Diese Entwicklungsordnung bleibt durch das gesamte Wachstum erhalten. Im Alter von sechs Jahren hat der Herzdurchmesser bei Mädchen 78 Prozent, bei Jungen 81 Prozent seiner endgültigen Größe erreicht. Die Breite der Lunge beträgt in diesem Alter aber erst 66 bis 67 Prozent ihres Endwertes, was der prozentualen Größe des gesamten Körpers entspricht. Die Höhe der Lunge erreicht im Alter von sechs Jahren dagegen nur 62 bis 63 Prozent ihres Endwertes. Das Herz behält also seinen Vorsprung vor der Lunge wie die Lungenbreite vor der Lungenhöhe. In der Pubertät gibt es bei allen drei Größen eine Wachstumsbeschleunigung; die der Lungenhöhe ereignet sich ungefähr ein halbes Jahr später als die des Herzdurchmessers und der Lungenbreite.[423]

Allgemeine Bemerkungen über die Lage der Lungen innerhalb des Thorax

Die Lunge ist ein sehr leichtes und zusammendrückbares Organ. Es ist daher logisch, daß sie sich oberhalb der anderen Organe befindet. Beim aufrechtstehenden Menschen wird diese Lage durch das einfache Beibehalten der fötalen Verhältnisse erreicht, indem das zentrale Zwerchfell nahezu senkrecht zur Wirbelsäule steht und das Herz direkt auf dem Zwerchfell aufliegt.

Bei Meeressäugetieren liegen die Lungen an der Rückenseite; das Brustbein ist sehr kurz. Diese veränderte Lage der Lungen hängt mit der Stabilität des Tieres während des Schwimmens zusammen. In der Ontogenese der im Wasser lebenden Säugetiere kann man die allmähliche Neuorientierung des Zwerchfells verfolgen. Auch bei diesen Tieren ist das Zwerchfell zunächst nahezu senkrecht zur Wirbelsäule orientiert; später wird es sich schräger einstellen, so daß sich die Lungen entlang der Wirbelsäule ausdehnen können. Übrigens haben auch die Vierfüßer die Tendenz, ihre Lungen am Rücken entlang auszudehnen (siehe Abb. 115).

Die Lage der Lunge oben im Körper fördert die aufrechte Körperhaltung. Dadurch, daß die leichten Lungen so hoch wie möglich situiert sind, liegt der Schwerpunkt tiefer, was die Stabilität erhöht. Auch in dieser Hinsicht kündigt der ursprüngliche Säugetierbauplan, bei dem sich das zentrale Zwerchfell senkrecht zur Wirbelsäule entwickelt, die aufrechte Körperhaltung an.

Die Verschiebung der Lungen zur Rückenseite hat eine Verlängerung der Luftwege zur Folge. Im menschlichen Körperbau tragen dagegen noch andere Faktoren sogar zu einer Verkürzung der durchschnittlichen Luftweglänge bei:

- Indem sich das menschliche Antlitz nach der Stellung der Wirbelsäule richtet und die Schnauzenbildung zurückgehalten wird, wird der Luftweg durch den Schädel verkürzt.
- Durch die aufrechte Haltung kann der menschliche Thorax nach oben hin voluminöser werden.[451] Bei den Vierfüßern ist der Brustkorb durch die Position der Vorderpfoten oben sehr schmal. Dadurch liegt bei ihnen die Lunge im allgemeinen tiefer in der Brust.

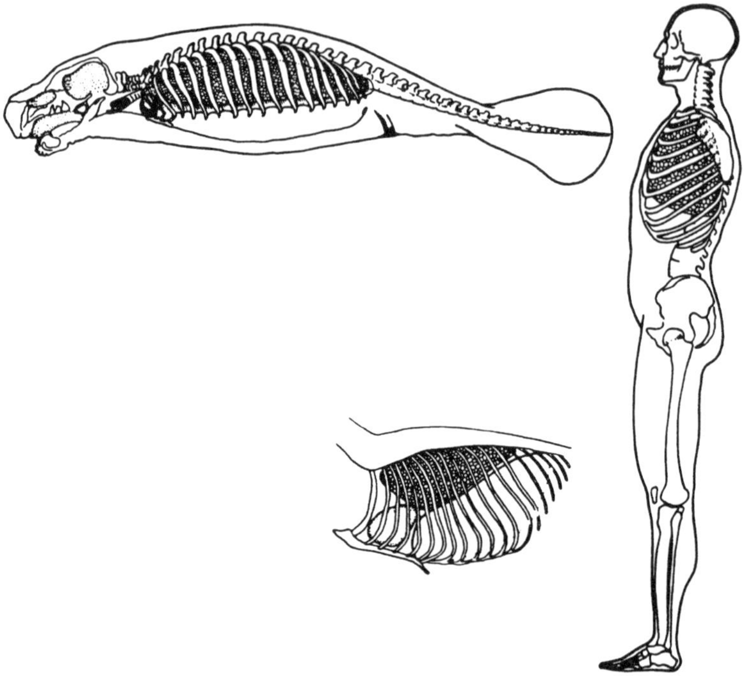

Abb. 115: Die Lage der Lunge bei Manati, Elefant und Mensch.[209] *Bei den großen Säugetieren ist eine klare Tendenz zur Verlagerung der Lungen nach kaudal (oberhalb der schwereren Organe) vorhanden. Bei den im Wasser lebenden Säugetieren ist dieses Phänomen sehr einleuchtend; es garantiert die Stabilität beim Schwimmen. Beim Menschen liegen die Lungen im Thorax mehr kopfwärts, der dort auch breiter ist.*

Einige Retardationsphänomene der menschlichen Lunge

a) Die Lage des menschlichen Herzens; der Lobus infracardiacus:

Das Herz ist im Vergleich zur Lunge eine Frühbildung. In der vierten Woche der Embryonalentwicklung, wenn das Herz schon schlägt und seine globale Gestalt schon erkennbar wird, sind die Lungen erst eine Knospe mit zwei Auswüchsen nach kaudal. Je mehr die Lungen ihren Rückstand aufholen, um so mehr zeigen sie die Tendenz, um das Herz herumwachsen zu wollen und die Herzposition qualitativ zu verändern. Das Herz wird immer kleiner im Verhältnis zum Brustkorb, je weiter das Wachstum voranschreitet. Bei einem Embryo beträgt die Breite des Herzens 61 Prozent der Brustkorbbreite; beim Neugeborenen sinkt diese Zahl auf 57 Prozent, beim Erwachsenen auf 47 Prozent.[474a]

In der frühen Entwicklungsphase berührt das Herz bei allen Säugetieren das Brustbein und das Zwerchfell, in späteren Phasen kann dieser Kontakt durch die Ausdehnung der Lungen verlorengehen. Bei bestimmten Säugetieren, wie dem Meerschweinchen, ist das Herz im erwachsenen Stadium von allen Seiten von Lungengewebe umgeben. Beim Menschen aber bleibt der ursprüngliche Kontakt des Herzens mit dem Brustbein und dem Zwerchfell erhalten.

Die Loslösung des Herzens vom Zwerchfell ist ein qualitativer Bruch mit der fötalen Situation, der sich bei nahezu allen Säugetieren ereignet, nur nicht beim Menschen und bei den höheren Primaten. H. von Hayek hat wiederholt auf die Tatsache hingewiesen, daß der Herzbeutel (Pericardium) und das Zwerchfell bei allen Säugetieren ursprünglich verwachsen sind und daß dieser Zustand nur bei den höheren Primaten erhalten bleibt. Bei den Säugetieren wächst im allgemeinen ein Lungenflügel zwischen Herz und Zwerchfell, der im ursprünglich verwachsenen Gebiet eine Einbuchtung (den Recessus infracardiacus) entstehen läßt. «Bei allen Wirbeltieren entwickelt sich der Boden des Herzbeutels aus dem Septum transversum, welches auch gleichzeitig einen Teil der Anlage des Zwerchfells bildet. Während beim Menschen und wenigen Affenarten der Herzbeutel mit dem Zwerchfell verbunden bleibt, wird diese Verbindung bei den meisten Affenarten (so wie bei den meisten anderen Säugetieren) in der Entwicklung gelöst, indem sich zwischen Herzbeutel und Zwerchfell der Recessus infracardiacus vorschiebt [...]. Von einer ‹Verlötung› oder ‹Verschmelzung› des Herzbeutels mit dem Zwerchfell als Vorgang oder einem Zurückziehen des Recessus [= Sinus] infracardiacus als Bewegung in der Ontogenese kann beim Menschen und Menschenaffen, wo diese Bucht fehlt, also nicht die Rede sein. Vielmehr handelt es sich bei dieser Entwicklung dieses Recessus um einen Entwicklungsvorgang, in bezug auf welchen der Mensch sowie Schimpanse, Orang und Gorilla ein ontogenetisch primitives Verhalten zeigen, während die anderen Affen sich in dieser Beziehung vom primitiven Verhalten – d.h. der einheitlichen Anlage von Herzbeutel und Zwerchfell – durch die Entwicklung eines Recessus infracardiacus entfernen» (S. 105).[210]

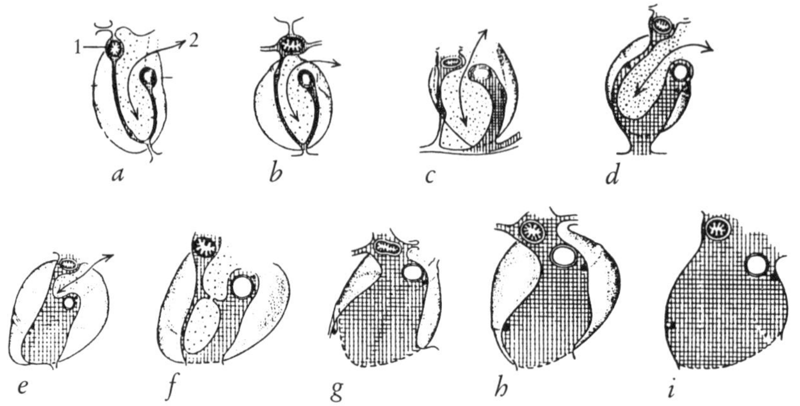

Abb. 116: Kontaktoberfläche zwischen Zwerchfell einerseits sowie Herz und Lunge (Recessus infracardiacus) andererseits. Recessus infracardiacus (doppelter Pfeil) und das Gebiet der Verschmelzung zwischen Zwerchfell und Herzbeutel (kariertes Muster) bei: zwei niederen Primaten (a, b); zwei niederen Schmalnasen (c, d); einem jungen Siamang (e); einem erwachsenen Siamang (f); einem Orang-Utan (g); einem Schimpansen (h); einem Gorilla (i). 1: Speiseröhre; 2: untere Hohlvene.[371]
Der Recessus infracardiacus fehlt zum größten Teil oder ganz bei den großen Menschenaffen. Bei dem jüngeren Siamang ist er noch weniger entwickelt als beim Erwachsenen.

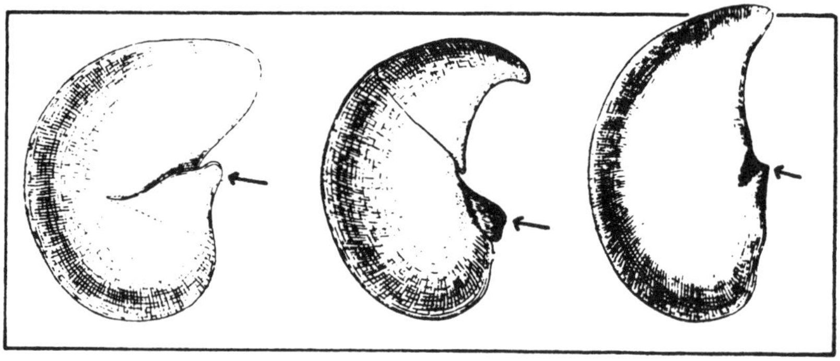

Abb. 117: Rechte Lunge (von unten angeschaut) des Gorillas (links), des Schimpansen (Mitte) und des Orang-Utans (rechts). Bei diesen drei Arten ist noch ein rudimentärer Lobus infracardiacus (Pfeil) zu sehen. Beim Gorilla ist dieser Lobus am besten entwickelt, obwohl bei dieser Art der Recessus infracardiacus vollständig fehlt. Beim Menschen gibt es den Lobus infracardiacus nicht oder kaum.[371]

Abbildung 116 zeigt dieses Verhältnis bei den Primaten. Beim erwachsenen Halbaffen sind Herzbeutel und Zwerchfell nur mittels dünner Ligamente (fester, sehnenähnlicher Bänder aus Bindegewebe) miteinander verbunden. Beim Makaken und beim Gibbon ist die Verbindung schon stärker. Beim jungen Gibbon ist der Recessus infracardiacus noch kaum entwickelt; beim erwachsenen Tier ist er dagegen weit vorgeschoben. Beim Menschenaffen schließlich dringen die Lungen nur noch wenig bis unter das Herz vor. Wir stellen so eine zunehmende Fötalisation fest, je weiter wir uns durch die Reihe der Primaten dem Menschen nähern.

Beim Gorilla ist der Fötalisationsvorgang am weitesten vorangeschritten; die Lunge dringt gar nicht bis unter das Herz vor. G. Ruge bemerkt aber, daß von allen Menschenaffen gerade beim Gorilla der subpericardiale Lungenflügel am besten zu sehen ist (siehe Abb. 117).[371] Der Gorilla hat also sehr wohl einen speziellen Lungenflügel, der bei den anderen Säugetieren unter dem Herzen liegt. Anscheinend hat auch in dieser Hinsicht jene Tierart ihre typische Entwicklung durchgemacht: anfängliche Abweichung von der menschlichen Form, gefolgt von einer teilweise sehr weitgehenden Rückkehr. Beim Schimpansen ist der entsprechende Lungenlobus viel weniger entwickelt; beim Menschen ist er nicht oder kaum erkennbar vorhanden.

Das Fehlen eines Lungenlobus unterhalb des Herzens hängt direkt mit der aufrechten menschlichen Haltung zusammen, würde doch das Herz bei der aufrechten Haltung auf die sich unter ihm befindende Lunge drücken, die dadurch in ihrer Funktion gehindert wäre. Bei den Vierfüßern gibt es dieses Problem nicht. Die ursprüngliche Verwachsung von Herzbeutel und Zwerchfell kann also als ein Merkmal des Typus I betrachtet werden, durch das die aufrechte menschliche Körperhaltung antizipiert wird.

b) Gliederung in Lobuli (Lungenläppchen):

Die Lungenflügel sind durchweg in kleine Abschnitte gegliedert, von Cuvier die «Lobuli pulmonis» genannt, die auf der Oberfläche der Lunge als vieleckige kleine Felder mit Seitenlängen von 0,5 cm bis 3 cm zu sehen sind. Die Lobuli sind relativ zueinander verschiebbar. H. von Hayek macht deutlich, daß es die Lobuli bei Föten und jungen Tieren oft zahlreicher und in ausgeprägterer Form gibt; bei erwachsenen

Tieren sind sie oft vollständig verschwunden.[208, 209] Eine Ausnahme ist das Hausschwein, dessen Lungen noch deutlich erkennbare Lobuli aufweisen; mit der Domestikation einer Tierart geht oft die Erhaltung fötaler oder jugendlicher Merkmale einher. Bei erwachsenen Primaten (auch beim Schimpansen, Orang-Utan oder Gibbon[210]) sind die Lobuli nahezu vollständig verschwunden; die einzige Ausnahme ist der Mensch. Die Gliederung des Lungengewebes in Lobuli ist beim menschlichen Fötus eindeutiger, bleibt aber beim Erwachsenen auch während seines ganzen Lebens vorhanden. S. Engel bemerkte, daß das Lungengewebe in einem ersten Entwicklungsstadium noch fein gegliedert ist: «Wir wissen, daß während der fötalen Entwicklung der Bronchialbaum erscheint, bevor sich Atmungsgewebe gebildet hat [...]. Die Verschmelzung der kleinen Einheiten ist offensichtlich ein sekundärer Vorgang, der angehalten werden kann, wenn sich einzelne Flügel gebildet haben, oder sie führt letzten Endes zu einem zusammenhängenden Organ.»[137] Die bleibende Gliederung der menschlichen Lungenflügel in Lobuli könnte man also als Merkmal des Typus I verstehen. Weitere vergleichende Forschung an Föten sowie jugendlichen und erwachsenen Exemplaren unterschiedlichster Primatenarten könnte in diesem Punkt mehr Klarheit bringen.

c) Die Größe der Alveolen (Lungenbläschen):

Die Größe der Alveolen oder Lungenbläschen steht nur in losem Zusammenhang mit der Größe des gesamten Tieres, hat aber einen direkten Bezug zur Größe der für den Gasaustausch zur Verfügung stehenden alveolären Gesamtoberfläche im Verhältnis zum Lungenvolumen. Größere Lungenbläschen haben eine geringere alveoläre Gesamtoberfläche zur Folge. Wir dürfen also erwarten, daß Säugetierarten mit einem weniger aktiven Lebensstil größere Lungenbläschen haben können, da sie pro Zeiteinheit weniger Energie verbrauchen und weniger Sauerstoff nötig haben. Das Faultier ist bezüglich der Größe der Alveolen tatsächlich unter den Säugetieren führend; seine Lungenbläschen haben einen Durchmesser von fast 400 µm. Zweiter in der Reihe ist überraschenderweise der Mensch, dann folgen die Menschenaffen und einige sehr großen Wale.[209]

H. von Hayek weist auf die drastische Umbildung hin, die sich während des ersten nachgeburtlichen Monats in den Lungen der Ratte ereignet.[209] Anstelle der älteren Lungenbläschen (mit einem Durchmesser von fast 100 µm) werden neue gebildet (von etwa 50 µm Durchmesser), so daß sich die respiratorische Oberfläche erheblich steigert. Diese Erscheinung wird bei einigen Tierarten beobachtet.[85, 130] Beim Menschen ändert sich die Größe der Lungenbläschen während der ersten drei Lebensjahre kaum; dann vergrößern sich die Alveolen in der gleichen Weise, wie die Lunge insgesamt wächst – eine Erscheinung, die auch bei Säugetieren zu sehen ist. Eine postnatale Umbildung des Lungengewebes, wie sie bei der Ratte während der ersten Lebenswochen auftritt, ist beim Menschen jedoch nicht zu beobachten.[488]

H. von Hayek behauptet nun aufgrund von Trainingsexperimenten mit Ratten, daß die Anforderungen, die sich aus zunehmender Bewegung nach der Geburt ergeben, die Umbildung des Lungengewebes bei der Ratte bewirken.[209] Aber das würde bedeuten, daß die Lungen der Ratte sich ursprünglich mit Aussicht auf einen geringen Sauerstoffbedarf entwickeln. H. Marcus bemerkte in diesem Zusammenhang: «Auffallen muß der niedrige Index [respiratorische Oberfläche pro g Körpergewicht] des Menschen, der sich nicht weit über den der Reptilien erhebt und dem des Faultieres ähneln dürfte. Wahrscheinlich hängt dies mit dem aufrechten Gang zusammen, der Energie spart.»[287] In Kapitel 6 (S. 168 f.) haben wir tatsächlich schon auf die Tatsache hingewiesen, daß der aufrechte menschliche Gang aus energetischer Sicht viel vorteilhafter ist als die aufgerichtete Haltung der Vierfüßer, da diese in Pfoten und Nacken andauernd Muskelarbeit zu leisten haben, um stehen bleiben zu können. Aus Bolkscher Sicht können wir die Umbildung des Lungengewebes bei der Ratte als eine Spezialisierung betrachten, die erforderlich ist, weil die ursprünglich aufrechte Körperhaltung zugunsten einer mehr Energie verbrauchenden, spezialisierten vierfüßigen Haltung aufgegeben wird. Von Hayek sieht einen Zusammenhang zwischen der Größe der Lungenbläschen und der der roten Blutkörperchen:[209] Größere Alveolen haben auch größere Kapillargefäße und dementsprechend größere rote Blutkörperchen. Der große Durchmesser der menschlichen Erythrozyten kann auch als ein Fötalisationsphänomen betrachtet werden (siehe oben, S. 224); verschiedene Retardationseffekte schließen somit auf harmonische Weise aneinander an.

d) Der Bronchialbaum:

Die Lunge bildet sich durch einen Prozeß aufeinanderfolgender Verzweigungen (siehe Abb. 118). Wir können in diesem Verzweigungsvorgang aufeinanderfolgende «Generationen» unterscheiden, die sich numerieren lassen. Wenn wir die Luftröhre selbst als Generation 0 betrachten und die zwei Hauptbronchien als Generation 1 usw., können wir in der menschlichen Lunge ungefähr 22 Generationen unterscheiden. Von einer zur nächsten Generation verdoppelt sich die Anzahl der Luftwege, aber diese werden dabei immer enger. Es ist möglich, von diesem Bronchialbaum, der durch das System aufeinanderfolgender Verdoppelungen entsteht, Abgüsse zu machen (z.B. aus Silikon), an denen genaue Messungen vorgenommen werden können. Man kann zum Beispiel bestimmen, wie durch Generationen hindurch die Parameter der Länge oder des Durchschnitts der Luftwege variieren. Das hat zu vielen sehr interessanten Ergebnissen geführt, die das Vorhandensein einer verborgenen Gesetzmäßigkeit innerhalb der scheinbar so chaotischen Struktur des Lungenbaumes aufweisen. Die Verzweigungen in der Lunge sind, was die Länge der Äste betrifft, gar nicht symmetrisch; ein Ast ist im allgemeinen betont länger als der andere. A. L. Goldberger et al. stellten fest, daß beim Menschen und wenigstens bei gewissen Säugetieren die Längen zweier Äste derselben Verzweigung im goldenen Schnitt zueinander stehen.[174] Ein universelles Ordnungsmuster entsprechend der Fibonacci-Reihe ist, was die Länge der Ästepaare im Bronchialbaum anbelangt, in der Lunge vorhanden. Die Autoren machen dazu eine bedeutsame Bemerkung: «Von einem evolutionären Standpunkt aus gesehen, sind solche Ordnungsmechanismen wichtig, weil sie zu komplexen anatomischen Strukturen führen, ohne offenbar auf die natürliche Selektion zurückzugreifen.»

Aufschlußreiche Merkmale des menschlichen Bronchialbaumes im Vergleich zu den Luftwegen bestimmter Säugetiere legen R. P. Phalen und M. J. Oldham fest.[340] Die Autoren behaupten, «von allen erforschten Säugetierlungen scheinen die des Menschen am wenigsten heterogen zu sein». Die wichtigsten Unterscheidungsmerkmale sind:

- Die Gesamtgestalt der menschlichen Lunge ist ziemlich sphärisch, die Formen der verschiedenen Säugetiere sind eher länglich.
- Das Verzweigungsmuster der menschlichen Lunge ist, hinsichtlich der Durchmesser der Äste, in allen bronchialen Generationen ziemlich symmetrisch; beide Äste haben jeweils einen vergleichbaren

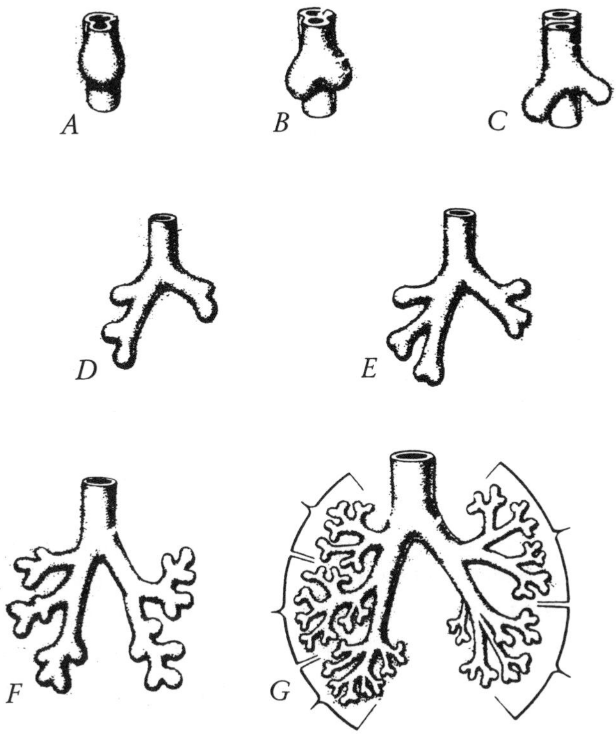

Abb. 118: Die ersten Phasen in der Entstehung der Lungen. Diese bilden sich aus einer Knospe, die an der Vorderseite der Speiseröhre entsteht. Aufeinanderfolgende Verzweigungen führen zu einem immer feiner verzweigten Muster. A-C: Entwicklungsphasen im Laufe der vierten Woche; D-E: Entwicklung während der fünften Woche; F: sechste Woche; G: achte Woche. Die rechte Lunge besteht aus drei, die linke aus zwei Flügeln; diese Verteilung ist schon ab der frühesten Entwicklung klar veranlagt.[308]

Durchmesser. Bei der tierischen Lunge ist die Tendenz vorhanden, einen Hauptast mit vielen kleineren seitlich ansetzenden «Sträuchern» zu entwickeln.

– Das Länge-Durchmesser-Verhältnis der Luftröhre (Trachea) ist von Art zu Art stark unterschiedlich. Phalen und Oldham stellen einen Wert von 20 für die Ziege und das Frettchen fest, von 14 für das Meerschweinchen, 12 für das Kaninchen und Werte zwischen 8,8 und 10,6 für Hund, Affe, Ratte und Hamster. «Der Mensch hat erneut den extremen Wert von 6.»[340]

Die große Einheitlichkeit der Form der menschlichen Lunge hängt mit den ziemlich einfachen Ordnungsmechanismen zusammen, die mit der natürlichen Selektion nichts zu tun haben. Möglicherweise können fundamentale Ordnungsrelationen nicht nur bezüglich der Längenverhältnisse, sondern ebenfalls im Zusammenhang mit dem Verzweigungswinkel bzw. den relativen Durchmessern der Luftwege gefunden werden. Die Tendenz zu mehr Heterogenität in der tierischen Lunge kann als das Ergebnis natürlichen Selektionsdrucks, hervorgegangen aus dem Übergang zur vierfüßigen Körperhaltung, verstanden werden. Wie schon oben (S. 150 ff.) dargestellt, führt der Gebrauch der oberen Gliedmaßen als Fortbewegungsorgane zu einer Verengung des vorderen Brustkorbes. Auf der anderen Seite fördert diese Haltung eine Lage der Lungen, die mehr zum Rücken hin (dorsal) orientiert ist, oberhalb der schwereren Organe wie Herz und Leber. Beide Faktoren bewirken eine Verlängerung der Lunge und haben eine mehr asymmetrische Verzweigung zur Folge, wobei ein Ast eindeutig als Hauptkanal auftritt und ohne bedeutende Richtungsänderung direkt in kaudaler Richtung verläuft. Es scheint also wahrscheinlich, daß das Verzweigungsmuster der menschlichen Lunge hauptsächlich von inneren Entwicklungsprinzipien beherrscht wird, während die nichtmenschliche Lunge auch von selektivem Druck von außen mitbestimmt wird.

B. J. West, A. L. Goldberger und T. R. Nelson haben das Ordnungsprinzip, das den durchschnittlichen Durchmesser der Luftwege durch die gesamte Folge der Bronchialgenerationen beherrscht, erforscht.[318,481] Nicht ein einzelner Ordnungsfaktor, sondern eine unendliche Reihe regelmäßig verteilter Faktoren tragen zum Verzweigungsmuster bei. Das Ergebnis eines solch verallgemeinerten Ordnungsprinzips ist eine Abnahme des durchschnittlichen Bronchialdurchmessers von einer Generation zur anderen nach einer exponentiellen Reihe, moduliert von einer periodischen Variation (siehe Abb. 119). West und Goldberger machen die wichtige Bemerkung, daß «physiologische Strukturen, wie der Bronchialbaum, nur insofern statisch sind, als sie die ‹fossilen Überbleibsel› bzw. Reste eines aktiven Entwicklungsvorgangs repräsentieren».[481] Es wäre also möglich, Beziehungen von ontogenetischer Kompression bzw. Retardation zwischen den Arten festzustellen, indem die Variation eines Parameters, z.B. des durchschnittlichen Durchmessers der Luftwege durch die aufeinanderfolgenden Generationen des Bronchialbaumes, verfolgt würde.

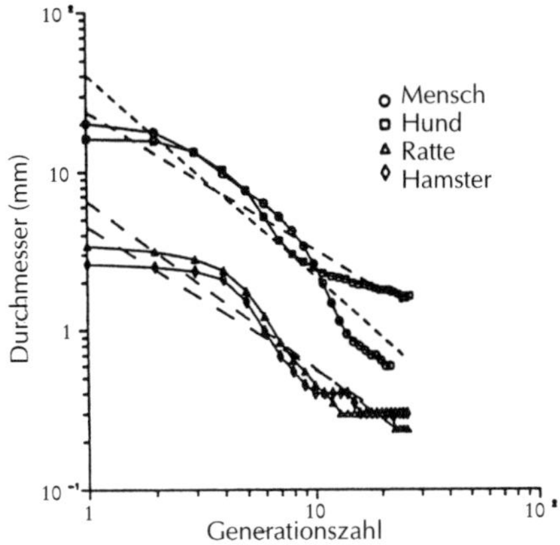

Abb. 119: Mittlerer Durchmesser D eines Bronchialastes (vertikale Achse in mm), dargestellt als eine Funktion der Generationszahl G (horizontale Achse) desselben Astes, für Mensch, Hund, Ratte und Hamster (die beiden Achsen sind logaritmisch dargestellt). Die Strichlinie zeigt die dazugehörige Grundkurve, die man erhält, indem man für die Generationen 4 bis 16 folgende Formel anwendet: $D_G = f \cdot G^{-a}$. *Die Konstante a beträgt für Mensch, Hund, Ratte und Hamster: 1,26; 0,86; 1,05; 0,90; und die Konstante f: 40,7 mm; 23,8 mm; 6,5 mm; 4,5 mm (f ist also der Durchmesser des ersten Bronchialastes). In den vier Fällen zeigen die wirklichen Durchmesser der Bronchialröhren eine harmonische Pendelbewegung um die Grundkurve.*[318]

Die periodischen Variationen des Durchmessers der Luftwege im Vergleich zur Grundkurve, die den rein exponentiellen Verlauf wiedergibt, zeigen tatsächlich eine deutliche Retardation (Abb. 119). Das globale Muster ist bei Mensch und Tier dasselbe. Die ersten Generationen von Luftkanälen gleichen sich den Werten der Grundkurve an; der Durchmesser nimmt dann bis zu einem Maximum mehr zu als die Grundkurve. Dieses Maximum befindet sich in der tierischen Lunge bei der dritten oder vierten Bronchialgeneration, beim Menschen aber erst bei der siebten Generation. Dann beginnen sich die Durchmesser wieder zu verengen (immer im Vergleich zur Grundkurve; die absoluten Werte nehmen natürlich immer mehr ab, je weiter die Verzweigungen voranschreiten); ein Minimum erreichen die Tiere bei der neunten bis zwölften Generation und der Mensch ab der vierzehnten. Die Kurve, die das Minimum abbildet, bleibt beim Menschen anschließend sehr flach, und die Luftröhren bleiben bis zur letzten Bronchialgeneration nah an der Grundkurve. Das tierische Muster setzt sich aber noch fort:

Die Luftwege werden erneut breiter, und die Durchmesserwerte der letzten Generationen steigen wieder über die Grundkurve hinaus. Das bedeutet, daß der letzte tierische Entwicklungsschritt in der menschlichen Lunge ausbleibt, wo es außerdem weniger Bronchialgenerationen gibt. Das tierische Verzweigungsmuster ist also im Vergleich zum menschlichen eindeutig komprimiert; die verschiedenen Maxima und Minima treten beim Tier früher auf, und die späteren Entwicklungsphasen der tierischen Lunge fehlen beim Menschen. Das menschliche Verzweigungsmuster kann daher als ein Merkmal des Typus I betrachtet werden. Die späteren Entwicklungsphasen der tierischen Lunge dagegen sind eine Spezialisierung, die mit der (durch die vierfüßige Haltung erforderlichen) Verlängerung dieses Organs zusammenhängt.

Die Atmung, der aufrechte Gang und die Sprache

Einige der erwähnten Retardationsmerkmale der menschlichen Lunge (wie z.B. das Fehlen des Lobus infracardiacus) hängen eindeutig mit dem aufrechten Gang zusammen. Solche Merkmale scheinen darauf hinzuweisen, daß der unspezialisierte Bauplan der Säugetiere im Grunde auf eine bipede Fortbewegung hin orientiert ist und daß die vierfüßige Fortbewegungsart eine abgeleitete und spezialisierte Eigenschaft ist. Diese Hypothese scheint zunächst absurd. Die große Mehrheit der heutigen Säugetiere sind Vierfüßer, und die fossilen Funde zeigen, daß es auch in der Vergangenheit so war. Die menschliche bipede Fortbewegungsart ist dagegen paläontologisch betrachtet eine sehr junge Erscheinung. Es scheint also viel für die Tatsache zu sprechen, daß der aufgerichtete menschliche Körper nicht mehr ist als eine marginale Variante eines uralten und noch immer sehr allgemeinen vierfüßigen Bauplans. Die Geschichte der Wissenschaft lehrt aber, daß mit dieser Art von Evidenzen sorgfältig umgegangen werden sollte. Darwin dachte zum Beispiel, daß sich die Lunge aus den Schwimmblasen der Fische entwickelt habe. Diese Auffassung scheint fast selbstverständlich richtig zu sein, da eine Lunge unter Wasser nicht funktionieren kann, Fische paläontologisch betrachtet älter sind als die Landwirbeltiere und die meisten Fische eine Schwimmblase haben, nur wenige jedoch eine Lunge. Darwins Auffassung wird auch in jüngst erschienenen Standardwerken noch vertreten (z.B. Lieberman[283]). In Wirklichkeit entwickelt sich aber die Schwimmblase aus der Lunge;[187] bestimmte unorthodoxe Forscher meinten hieraus sogar schließen zu müssen, daß Fische sich aus Landtieren entwickelt haben.[236]

In zwei wichtigen Veröffentlichungen richten D. M. Bramble und D. R. Carrier die Aufmerksamkeit auf einige Tatsachen, die für den ursprünglichen Charakter der aufrechten bipeden Fortbewegungsart sprechen.[73, 89] Zunächst stellt Carrier fest, daß «für jedes Maß an körperlicher Anstrengung der Sauerstoffbedarf des Gewebes durch ein spezifisches ‹Atemzeitvolumen› [= Atemzugvolumen x Atmungsfrequenz in l/min] gedeckt wird. Aber als Folge der elastischen Widerstandsfähigkeit des Thorax, der Luftwege und des passiven Volumens gibt es eine spezifische Frequenz und Tiefe der Atmung für jedes minütliche Volumen, die den Atmungserfolg maximalisieren.»[89] Die menschliche Atmung ist durch den aufrechten Gang größtenteils von der Fortbewegung abgekoppelt; der Mensch kann seine Atmungsfrequenz ohne Probleme an seinen Sauerstoffbedarf anpassen. Beim gehenden Menschen findet man zwei, drei oder vier Schritte pro Atemzug oder drei Schritte pro zwei Atemzüge usw. Die Umschaltung zu einem anderen Atmungsrhythmus bei gleicher oder veränderter Laufgeschwindigkeit funktioniert mühelos. Den für das Tier so typischen Zyklus von einem Atemzug pro Schritt verwendet der Mensch nur unter sehr anstrengenden Umständen (z.B. wenn er bergauf steigt[73]). Bei den vierfüßigen Tieren ist der Atmungsrhythmus dagegen stark an die Laufbewegung gebunden: «Wenn ein Vierfüßer trabt oder galoppiert, müssen die Muskeln und Knochen des Thorax den Schlag der vorderen Gliedmaßen auffangen. Zusätzlich tritt bei allen Säugetieren im Galopp eine gewisse axiale Krümmung in dorso-ventraler Richtung auf [d.h. in der Richtung vom Rücken zum Bauch]. Diese Bewegung drückt den Brustkorbraum bei jedem Schritt zusammen und erweitert ihn anschließend. Solche Aspekte des Laufens beschränken die Atmung der Vierfüßer auf einen Atemzug pro Bewegungsablauf. [...] Dagegen macht der aufrechte Gang des Menschen eine große Variation von Atmungsmustern möglich.»[89]

Diese biomechanische Verschmelzung der Atmungs- und Fortbewegungsfunktion zwingt den Vierfüßer zur Spezialisierung auf einen engen Bereich energetisch vorteilhafter Geschwindigkeiten, während menschliche Läufer in dieser Hinsicht unspezialisiert bleiben und keine energetisch optimale Laufgeschwindigkeit haben. Für jede Laufgeschwindigkeit brauchen Mensch und Tier eine bestimmte Menge Sauerstoff pro Minute. Diese Aufnahme erfolgt am besten bei einer bestimmten Atmungsgeschwindigkeit, die von dem Widerstand der Luftwege, der Elastizität des Brustkorbs usw. abhängig ist. Der ideale Atmungsrhythmus ist im allgemeinen nicht derselbe wie der entsprechende Laufrhythmus. Der Mensch kann beide Rhythmen unabhängig voneinander einstellen. Er hat deshalb keine bestimmte, energetisch optimale Laufgeschwindigkeit; er braucht gleich viel Energie, um einen Kilometer mit einer Geschwindigkeit von 8 km/h oder 15 km/h zurückzulegen. Beim Säugetier sind beide Rhythmen streng aneinander gebunden. Der Vierfüßer wird deshalb gewisse bevorzugte Geschwindigkeiten haben, die den besten Kompromiß zwischen den unterschiedlichen Forderungen der Fortbewegung und der Atmung erzielen. Vierfüßer sind somit, im Gegensatz zum Menschen, auf bestimmte Laufgeschwindigkeiten spezialisiert.[89]

Die Beschränkungen, die die Laufbewegung der Atmung auferlegt, sind die direkte Folge davon, daß dem allgemeinen Säugetierbauplan der vierfüßige Gang hinzugefügt wird.

Carrier weist des weiteren auf die Notwendigkeit einer Wärmeführung während des Laufens hin, die der Atmung der Vierfüßer eine zusätzliche Beschränkung auferlegt. Größere Säugetiere verlieren ihre überschüssige Wärme größtenteils mittels der Atmung (man denke z.B. an das Hecheln des Hundes). Der Mensch hat dagegen außerordentlich gut entwickelte ekkrine (nach außen absondernde) *Schweißdrüsen*; er kann pro Oberflächeneinheit mehr Schweiß absondern als jedes Säugetier. Durch das Fehlen einer durchgehenden Haartracht kann ein gehender Mensch durch Schwitzen sehr effizient Wärme abgeben. Carrier erwähnt: «Die menschlichen Mechanismen der Wärmeregulation (Schwitzen im Gegensatz zum Hecheln, und Unbehaartsein) sind wahrscheinlich effektiver, um die während des Laufens entstehende Stoffwechselwärme abzugeben, als die regulierenden Mechanismen der anderen Säugetiere. [...] Da die Abkühlung durch Verdunstung beim Menschen nicht von der Frequenz und dem Volumen der Sauerstoffzufuhr durch die Lungen, wie beim Hecheln der Säugetiere, eingeschränkt ist, stellt sie eine Art der Wärmeregulierung dar, die zum Laufen geeignet ist» (S. 485 u. 488).[89]

Die menschliche Lunge wird also nicht mit der Wärmeregulierung belastet, so wie sie andererseits nicht mit Einschränkungen belastet wird, die von der Art der Fortbewegung herrühren. Das wird durch den geringen Haarwuchs – den wir nach Bolk als ein Beispiel menschlicher Fötalisation betrachten können – und durch das außerordentlich gut entwickelte Schweißdrüsensystem des Menschen ermöglicht. Während die meisten Säugetiere hauptsächlich sogenannte apokrine (d.h. ein vollständiges Sekret produzierende und ausscheidende) Hautdrüsen haben (u.a. mit einer deutlichen Geruchsfunktion), herrschen beim Menschen die ekkrinen Schweißdrüsen vor (bei denen es in erster Linie um die Feuchtigkeitsproduktion als solcher geht). Diese Erscheinung wird oft als ein klares Beispiel menschlicher Spezialisierung betrachtet, aber es gibt Gründe, diese Auffassung zu bezweifeln. V. E. Sokolov gibt eine Übersicht des Auftretens ekkriner Schweißdrüsen bei Säugetieren: «Ekkrine Schweißdrüsen sind bei den höheren Primaten am zahlreichsten und am besten entwickelt. Bei anderen Säugetieren werden sie nur auf der verdickten Epidermis an stark belasteten Zonen angetroffen. [...] Beim Menschen gelangen die ekkrinen schweißabsondernden Drüsen zum Höhepunkt ihrer Entwicklung. Sie unterscheiden sich so deutlich von jenen Drüsen der übrigen Säugetiere, daß sie ein menschliches Merkmal bilden.»[431] Das außerordentlich gut entwickelte ekkrine Schweißsystem beim Menschen ist keine artgebundene Spezialisierung, sondern der Endpunkt einer Entwicklung, die sich schon bei den höheren Primaten immer mehr durchsetzt: *Lemuriden, Lorisiden* und *Tarsiiden* und die primitiveren Breitnasen haben ekkrine Schweißdrüsen nur auf Fußsohlen und Fingerpolstern; bei höher entwickelten Breitnasen, wie dem Brüllaffen (*Alouatta*) oder dem Klammeraffen (*Ateles*), trifft man die ekkrinen Drüsen bereits an bestimmten Stellen des Körpers an, aber die apokrinen Drüsen bleiben noch in der Überzahl. Bei den Schmalnasen findet man ekkrine Drüsen schließlich an allen behaarten Körperteilen. Und während beim Makaken noch die apokrinen Schweißdrüsen häufiger vorkommen als die ekkrinen, zeigt sich schon bei den afrikanischen Menschenaffen ein umgekehrtes Verhältnis. Diese Entwicklung erreicht beim Menschen dann ihren Höhepunkt (für Einzelheiten siehe V. E. Sokolov[431]).

Doch stellt sich, evolutionär betrachtet, die Verteilung ekkriner Schweißdrüsen über den ganzen Körper als kein sehr neues Phänomen heraus. Bemerkenswerterweise trifft man bei bestimmten primitiven Säugetieren, wie dem Schnabeltier oder dem *Tupaia*, sehr wohl auf ekkrine Schweißdrüsen, die sich am ganzen Körper befinden. Das Verschwinden dieses Merkmals bei den meisten Säugetieren können wir der Kompression der tierischen Entwicklung zuschreiben. Das zeigt sich daran, daß die ekkrinen Drüsen – außer an den Fußsohlen und Handflächen – die am spätesten erscheinenden Hautstrukturen in der menschlichen Entwicklung sind.[306] Eine Kompression des allgemeinen Entwicklungsmusters wird diese Strukturen also leicht verschwinden lassen, was bei der Mehrzahl der Säugetiere dann auch geschehen ist. Nur bestimmte primitive Säugetiere, die sich in andere Richtungen entwickelt haben, behielten das ursprüngliche Merkmal bei, das sonst auch bei den stärker retardierten Primaten auftritt. Das ekkrine Schweißdrüsensystem des Menschen ist also ein Merkmal des Typus II. Es erscheint als der Endpunkt einer Entwicklung, die sich bei den höheren Primaten immer mehr durchsetzt, und erhält seinen Sinn nur innerhalb des Kontextes der menschlichen Erscheinungsform, wo es in Kombination mit dem geringen Haarwuchs der menschlichen Haut ein überlegenes Abkühlungssystem bildet, das zum Beispiel menschliche Jäger in die Lage versetzt, Tiere, wie Hirsche, Känguruhs oder Zebras, durch ununterbrochene Verfolgung zu erschöpfen.[89] E. Scott fragt sich in einem Kommentar bei Carrier: «Was tun nichtmenschliche Primaten mit ihrem effizienten wärmeverteilenden Mechanismus?»[89] Die Antwort lautet womöglich: wenig oder nichts. Das ekkrine Schweißsystem bleibt bei den höheren Primaten wenig funktionell; es erscheint bei den höheren Primaten, weil diese Tiere stark retardiert sind, so daß bei ihnen die menschliche Form stärker expliziert wird.

Die menschliche Lunge ist also nicht nur ein retardiertes, sie ist auch ein in doppelter Hinsicht – in ihrer Form und ihrer Tätigkeit – *befreites* Organ.[461] Einerseits hängt die retardierte Morphologie der Lunge (z.B. erkennbar am Fehlen eines Lobus infracardiacus) und eine durch die Fortbewegung nicht eingeschränkte Atmung direkt mit dem aufrechten Gang des Menschen zusammen. Auf der anderen Seite ist das Nichtvorhandensein von Atmungsbeschränkungen durch Wärmeregulierung von den Retardationsmerkmalen des Typus I (geringer Haarwuchs) als auch des Typus II (ein gut entwickeltes ekkrines Schweißdrüsensystem) abhängig. Diese Befreiung der Lunge und ihrer Funktion durch einen Komplex von Retardationseffekten schafft ihrerseits den funktionellen Rahmen für die Erscheinung der Sprache.

8.
Der Gesichtsschädel

Einleitende Bemerkungen über die Gestalt des Schädels

Der Mensch entwickelt keine Schnauze und hat demzufolge eine besonders kurze Mundhöhle. Der kurze Mund kann als eine Fötalisationserscheinung aufgefaßt werden: Alle Säugetiere haben in ihrer frühfötalen Phase einen kurzen Mund und eine gedrungene Zunge (siehe Abb. 120). Aber nur beim Menschen bleibt dieses Phänomen erhalten. Wir können die kurze Mundhöhle auch als einen Aspekt des retardierten menschlichen Verdauungssystems betrachten (siehe Kap. 3, S. 106).

Die Tendenz zur Erhaltung des kurzen Antlitzschädels und der kleineren Mundhöhle kann in der Evolution weit zurückverfolgt werden. R.D. Martin verglich bei einer großen Anzahl von Säugetieren die Länge des Gaumens mit der des Schädels;[289] dieses Verhältnis spiegelt die relative Schnauzengröße gut wider. Er stellte fest, daß der Gaumen niederer Primaten nahezu 30 Prozent kürzer ist als der der Insektenfresser. Bei den Affen steigert sich diese Verkürzung auf durchschnittlich 40 Prozent, beim Menschen auf bis zu 65 Prozent. Es scheint sich somit im großen und ganzen ein umgekehrtes Verhältnis zwischen der Länge der Gliedmaßen und der der Zahnreihe zu ergeben.

Das Beibehalten des kürzeren Anlitzschädels geht einher mit einer Reihe von jugendlichen Verhältnissen innerhalb des Schädels. C. Flügel, K. Schram und J.W. Rohen erforschten zum Beispiel die Änderungen der Verhältnisse im Schädel (mit CT-Scanning und Röntgen-Strahlen) beim Menschen und bei zwei Makakenarten.[146] Sie stellten etwa fest, daß das viscerokraniale Verhältnis (die Definition befindet sich in der Legende zu Abb. 121) beim neugeborenen Menschen und Affen gleich groß ist; der Mensch behält diesen Wert bis ins Erwachsenenalter bei, während sich das Verhältnis beim Affen mehr als verdoppelt. Auch

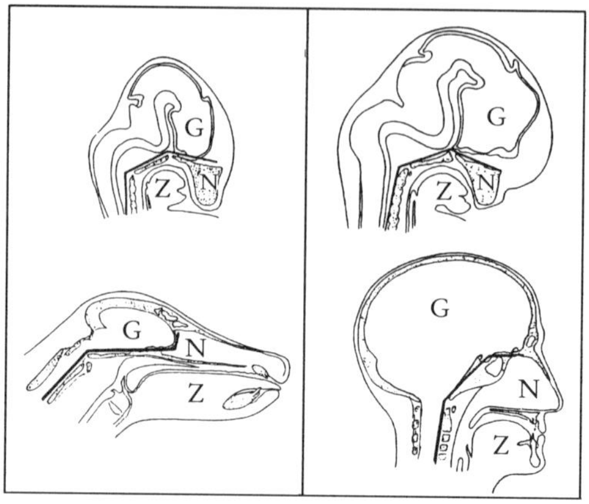

Abb. 120: Querschnitt des fötalen (oben) und des erwachsenen (unten) Schädels des Hundes (links) und des Menschen (rechts). Z: Zunge; N: Nasenhöhle; G: Gehirnraum. Die fetten Linien geben den schematischen Verlauf der Schädelbasis an. Die fötalen Formen haben als Merkmal eine kurze Mundhöhle und Zunge. Beim erwachsenen Tier ist die Mundhöhle zur Schnauze ausgewachsen; die Zunge wurde lang und spitz. Die menschliche Mundhöhle bleibt den fötalen Proportionen näher. Beim erwachsenen Tier hat sich die Nasenhöhle vor den Gehirnraum gedreht; beim erwachsenen Menschen behält die Nasenhöhle ihre ursprüngliche Position zwischen Mundhöhle und Gehirnraum bei.[61]

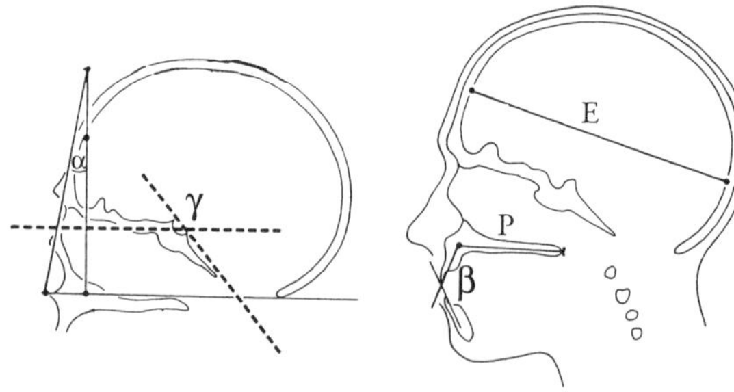

Abb. 121: Einige Schädelparameter, die während der menschlichen Ontogenese besser erhalten bleiben.[146]

- *Viscerokraniales Verhältnis = P/E = Länge des harten Gaumens, dividiert durch die größte Länge der Gehirnhöhle.*
- *α : prognathischer Winkel.*
- *ß : interincisiver Winkel (der Winkel zwischen den oberen und unteren Schneidezähnen).*
- *γ: Clivuswinkel.*

der Clivuswinkel (Winkel γ in Abb. 121) bleibt nach der Geburt beim Menschen verhältnismäßig konstant, wird dagegen bei den Affen um ungefähr 15° größer. Das heißt, daß die Schädelbasis der Affen nach der Geburt flacher wird, während die gekrümmte Gestalt des Schädels, die kennzeichnend für die fötale Form ist, beim Menschen viel besser erhalten bleibt. Der prognathische Winkel wird beim Menschen zwischen Geburt und Adoleszenz nur um ungefähr 4 bis 8° größer, bei den Makaken ist der entsprechende Zuwachs 20 bis 30° (siehe z.B. auch Abb. 123, S. 268). Schließlich ist beim Menschen der interincisive Winkel des Milchgebisses und des endgültigen Gebisses gleich (nahezu 140°), beim Makaken ist der Winkel beim endgültigen Gebiß jedoch um 30° oder mehr kleiner als der des Milchgebisses; der Winkel zwischen den Schneidezähnen wird bei den erwachsenen Tieren sogar kleiner als 90°, so daß diese Zähne eher wie eine Pinzette als wie eine Schere funktionieren. Die Autoren folgern aus diesen Beobachtungen: «Da der Schädel des Neugeborenen bei den beiden erforschten Affenarten sowohl in der Form wie in den Proportionen viel stärker dem des neugeborenen Menschen ähnelt, könnten sich diese Arten im Laufe der Evolution eher aus der menschlichen Entwicklungslinie entwickelt haben, als daß der Mensch von Voreltern dieser Affen abstammt.»[146]

Y. Rak und C. Howell verglichen bei dreizehn unterschiedlichen Parametern die Änderungen, die die Schädel des Menschen, des Schimpansen, des Gorillas und des *Australopithecus boisei* zwischen der Jugend und der Adoleszenz aufweisen.[357] Der Wert der postjuvenilen Änderung, wiedergegeben im Verhältnis zu den juvenilen Werten, beträgt beim Menschen durchschnittlich 6,77 Prozent, beim Schimpansen 21,94 Prozent, beim Gorilla 33,11 Prozent und beim *Australopithecus boisei* 24,33 Prozent. Der Schädel des Menschen hat also beim Kind schon annähernd die Gestalt des erwachsenen Schädels erreicht, während sich bei den afrikanischen Menschenaffen noch bedeutende Änderungen ergeben. Abbildung 122 zeigt dieses Phänomen: Der Mensch behält die ursprüngliche, elliptische Form des Gehirnschädels (in einer horizontalen Schnittebene) bis ins Erwachsenenalter bei, während sich die großen Menschenaffen (und auch die anderen Primaten) nach der Jugendphase von derselben Ausgangsform stark abweichend entwikkeln. Beim erwachsenen Menschen sind in schwachem Maße die ersten Ansätze zur Abweichung von der Ellipsenform zu beobachten, die bei den Affen weiter durchgeführt werden. R. Ortmann kommentiert: «Beim Vergleich mit adulten Haplorrhini [= Tarsidae, Platyrrhina,

Catarrhina] ist hervorzuheben, daß zunächst einmal die Lokalisation von Über- und Unterschreitungen des Schädels gegenüber der Ellipse an gleichen Stellen liegen wie – allerdings in geringem Maße – beim Menschen. Dies gilt für den Jochbogen und die seitliche Occipitalregion und weist auf Beziehungen zur Kaumuskulatur und zur Nackenmuskulatur hin. Weiter zeigen jugendliche Catarrhini Differenzen zwischen Schädel und Ellipse, die den Verhältnissen beim Menschen in der ganzen Lebensspanne quantitativ völlig entsprechen.»[321] Die Abweichungen von der gemeinsamen Ausgangsform beim erwachsenen Tier hängen also direkt mit dem Aufgeben der aufrechten Körperhaltung zusammen (siehe Kap. 6): Die starke Nackenmuskulatur ist notwendig, weil der Kopf nicht über, sondern vor dem Körper getragen werden muß, und die starke Kaumuskulatur entwickelt sich, da der Mund als Greiforgan dienen muß; dies ist selbst wieder eine Folge der Tatsache, daß die vorderen Gliedmaßen sich in den Dienst der Fortbewegung gestellt haben. Die ursprüngliche Gestalt des Affenkopfes ist also für die aufrechte Körperhaltung vorgesehen; die Körperhaltung auf vier Füßen ist sekundär.

Besonders auffällig ist der Vergleich des Schimpansen (*Pan troglodytes*) mit dem Zwergschimpansen (*Pan paniscus*); dieser, nur am Kongo lebend, gilt als die neotenische Variation des normalen Schimpansen. Es gibt bei dem Zwergschimpansen mehrere Merkmale, die stärker zum Menschlichen hinneigen. So bleibt das Foramen magnum des Zwergschimpansen in einer stärker vorgeschobenen Lage[286a]. Der Zwergschimpanse weicht im Vergleich zum normalen weniger weit von der gemeinsamen Jugendform ab, was offensichtlich seine Ursache im Beibehalten einer Anzahl menschenähnlicher Merkmale hat.

Trotz der von verschiedenen Seiten geäußerten Kritik[121,420] bleibt Bolks Auffassung über den menschlichen Schädel als einer fötalisierten Gestalt im großen und ganzen unzweifelhaft richtig. Abbildung 123 zeigt nochmals, wie der Affenschädel von einer dem Menschen sehr ähnlichen Gestalt ausgeht und dann auf manchmal erschütternde Weise tierisch wird. Es fällt schwer, diese Art von Abbildungen zu betrachten, ohne dabei zu vermuten, daß jene Tiere ihren menschenartigen Ursprung aufgegeben haben.

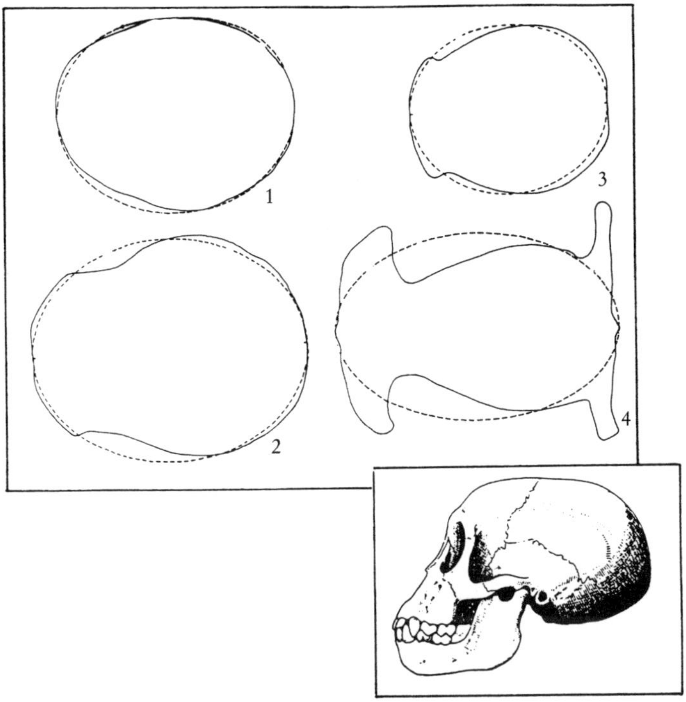

Abb. 122: Schädelumrisse in der Höhe des größten Umfanges eines vierjährigen Menschen (1), eines erwachsenen Menschen (2), eines jungen (3) und eines erwachsenen Gorillas (4; die Seite des Antlitzes ist links). Die Strichlinie zeigt jeweils die Ellipse, deren lange und kurze Achse der größten Länge bzw. der größten Breite des Schädels entsprechen.[321] *Die Jugendgestalt des Schädels des Menschen und des Gorillas weichen nur wenig von der Ellipsenform ab. Die erwachsene menschliche Schädelgestalt bleibt noch dicht bei der Ellipsenform und zeigt ähnliche Abweichungen vom Ellipsenumriß wie der Schädel des jungen Gorillas. Beim erwachsenen Gorilla dagegen sind die Abweichungen von der Ellipsenform an denselben Stellen sehr weit vorangeschritten. Die Abbildung zeigt das von Goethe ausgesprochene Prinzip, daß im Menschen das Tierische vorhanden ist, aber «zu höhern Zwecken gesteigert und für das Auge wie für den Geist in Schatten gestellt» (siehe Abb. 45, S. 114).*
Unten rechts: Schädel eines jungen Gorillas (nach Selenka; vgl. Abb. 126). Das Milchgebiß hat noch kleinere Eckzähne, Augenbrauenwülste und Schädelkämme fehlen. Die Schnauze ist noch verhältnismäßig wenig entwickelt. Der äußere Gehörgang liegt noch unterhalb der Verlängerung des Jochbogens (vgl. auch Abb. 137).

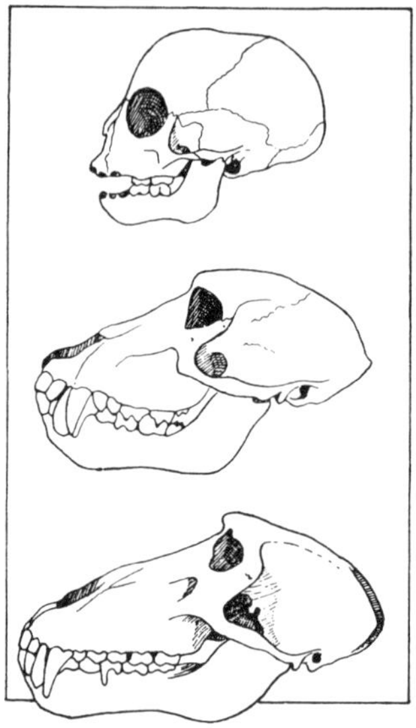

Abb. 123: Drei aufeinanderfolgende Entwicklungsstadien eines Makakenschädels[107] *(der auf Celebes lebende Macaca nigra; vgl. Abb. 18 und 19, S. 54). Der Kinderschädel ist sehr menschenähnlich: wenig entwickelte Schnauze, deutlich ausgebildete Stirn, Augenhöhlen unterhalb der Gehirnhöhle, Gehörausgang unterhalb des Jochbogens. Beim erwachsenen Tier ist die Schnauze für Primatenarten außerordentlich stark entwickelt; die Augenhöhlen befinden sich jetzt vor der Gehirnhöhle, die Stirn ist vollständig verschwunden, und der Gehörausgang ist nun oberhalb der Verlängerung des Jochbogens angelangt. Auf dem Gehirnschädel tritt ein medianer Schädelkamm (crista sagittalis) hervor, der bei der Jugendform gänzlich fehlte (vgl. Abb. 19).*

Die Zähne

Das Kleinerwerden des Mundes geht Hand in Hand mit einer Verkürzung der Zahnreihe im Verhältnis zur Schädellänge. Verglichen mit den Insektenfressern und den niederen Primaten ist die Zahnreihe beim Affen durchschnittlich um 25 Prozent verkürzt. Beim Menschen beträgt die Verkürzung nahezu 65 Prozent. Die Tendenz zur Verkürzung der Zahnreihe geht mit einer Abnahme der Anzahl der Zähne einher.

Primitive Säugetiere hatten vermutlich ungefähr sechzig Zähne; in mehreren Evolutionslinien der Säugetiere stößt man auf eine Tendenz zur Verringerung der Zahnanzahl. Reptilien hatten sogar noch mehr Zähne als Säugetiere. Es ist also ein klarer evolutionärer Zug zu bemerken. R. D. Martin schreibt: «Zweifellos hat sich eine Reduktion der Länge der Backenzahnreihe in der Evolution der affenartigen Primaten ereignet – eine evolutionäre Entwicklung, die sich bis zum Extrem beim *Homo sapiens* steigert» (S. 235).[289]

Martin bemerkt weiterhin,[289] daß Primaten im allgemeinen wenig spezialisierte Zähne haben (S. 263, 269) und daß, innerhalb der Gruppe der Schmalnasen, die niederen Schmalnasen ein spezialisierteres Gebiß aufweisen als Menschen und Menschenaffen (S. 267). Nach A. A. Dahlberg bietet Retardation (oder Neotenie) auch hier «eine eindeutige Erklärung für die vielen vorhergehenden unverständlichen Formen, Muster und Reduktionen des Umfangs in den hominiden Gebissen».[109]

Das menschliche Gebiß schließlich hat noch 32 Zähne. Im Ober- und Unterkiefer gibt es jeweils vier Schneidezähne, zwei Eckzähne, vier Prämolaren (kleine Backenzähne) und sechs Molaren (große Backenzähne, zu denen auch der Weisheitszahn gehört). Das Milchgebiß hat keine Molaren und besitzt nur 20 Zähne (Abb. 124).

Die Gestalt der Zahnreihe beim erwachsenen Menschen und die beim erwachsenen Menschenaffen weichen stark voneinander ab. Beim Menschen gibt es eine gebogene Zahnreihe (Abb. 125), die je nach Individuum und Rasse sehr unterschiedlich sein kann. Die Abmessungen des Zahnbogens können mittels eines Rechtecks (des sogenannten «basic rectangle of the mandible», BRM), das von dem großen Paläontologen Louis Leakey definiert wurde, wiedergegeben werden. Die Basis dieses Rechtecks verbindet die hintersten Punkte der dritten Molaren im Unterkiefer miteinander. Die gegenüberliegende Seite verläuft durch die Ansatzstelle der Schneidezähne. Der BRM-Index wird definiert als die Höhe des Rechtecks, gegeben als Prozent der Breite. Ein Quadrat hat also einen BRM-Index von 100. Beim Menschen variiert der BRM-Index von 80 bis 116. Das bedeutet, daß das BRM beim Menschen, wie schon Leakey feststellte, nahezu quadratisch ist.

Beim Menschenaffen begegnet uns keine gebogene, sondern eine quasi rechteckige Form der Zahnreihe; der BRM-Index ist sehr hoch, sogar im Vergleich zu viel niedereren Affen. Es ist auffällig, daß der Koboldmaki und einige Breitnasen BRM-Indexwerte haben, die nur wenig von denen des Menschen abweichen. Der Gibbon bleibt der

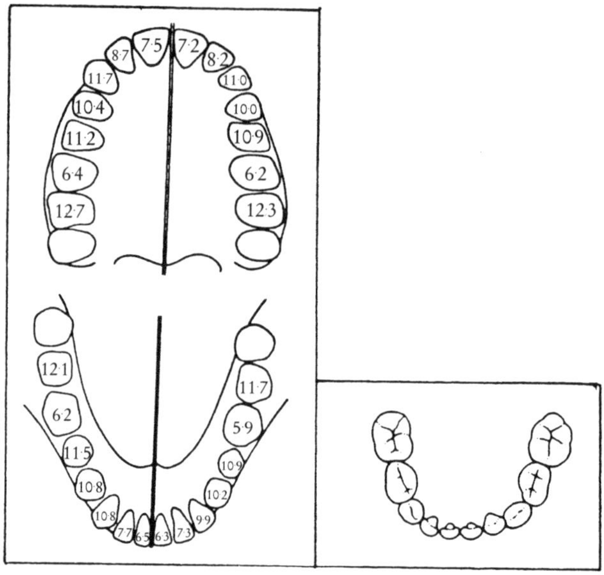

Abb. 124: Links: Gestalt des menschlichen Zahnbogens, mit Angabe der durchschnittlichen Durchbruchszeit der Zähne des endgültigen Gebisses (in Jahren und Monaten angegeben). Oberkiefer oben, Unterkiefer unten. Die Werte sind für Jungen in der linken, für Mädchen in der rechten Hälfte angegeben. Im allgemeinen wechseln die Zähne der Mädchen etwas früher. Der dritte Molar (der «Weisheitszahn») tritt zu ganz unterschiedlichen Zeitpunkten – zwischen 18 und 80 Jahren – hervor. Im übrigen vollzieht sich der Durchbruch des endgültigen menschlichen Gebisses im Lauf des zweiten Jahrsiebts.[424]
Rechts: Unteres menschliches Milchgebiß.[10] *Das Milchgebiß hat keine Molaren, besitzt aber schon dieselbe Bogenform wie das endgültige Gebiß.*

menschlichen Form ebenfalls viel näher als die großen Menschenaffen. Man findet bei den niedereren Affen auch die stärker gebogene Zahnreihe wieder, die von den Menschenaffen aufgegeben wurde. Wir behaupten, daß die gebogene Form der menschlichen Zahnreihe und die niedrigen BRM-Indexwerte primitive und ursprüngliche Merkmale sind, die mit dem Fehlen einer ausgestalteten Schnauze – ein Merkmal, das bei allen Primatenföten noch auftritt – zusammenhängen. Die Tatsache, daß sich der Zahnbogen bei manchen niederen Primaten dem

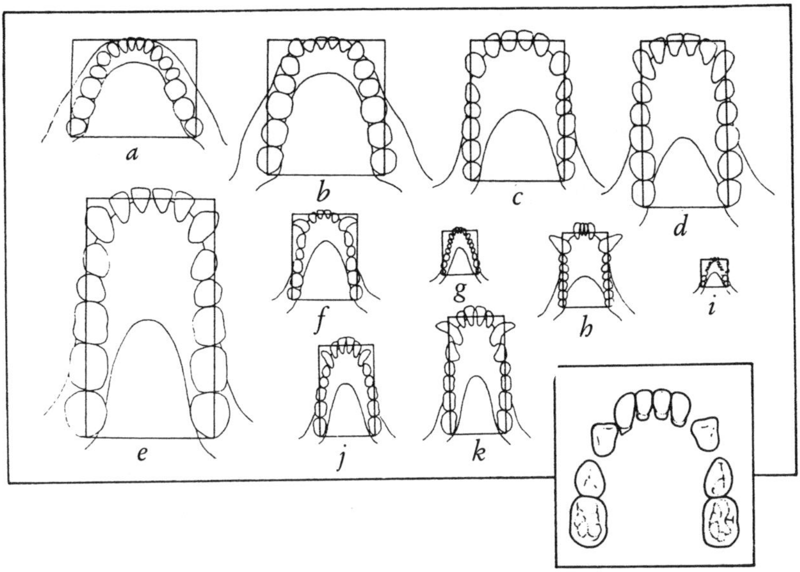

Abb. 125: Untere Gebißhälfte (mit BRM) des a: Homo sapiens (weiß – 77); b: Homo sapiens (schwarz – 116); c: Schimpansen (145); d: Orang-Utans (196); e: Gorillas (185); f: Gibbons (133); g: Callicebus (120); h: Cacajos (160); i: Koboldmakis (104); j: weiblichen Makaken (166); k: männlichen Makaken (205). Die Zahlen in den Klammern sind jeweils die BRM-Indexwerte des abgebildeten Gebisses. a und b stellen die zwei äußersten Situationen dar, die der Forscher beim Menschen vorgefunden hat. Die großen Menschenaffen (c, d und e) haben ungefähr ein rechteckiges Gebiß mit hohen BRM-Indexwerten.[253]
Unten: Milchgebiß des Gorillas, mit einer noch menschenähnlichen Bogenform.[10]

menschlichen besser annähert als bei den großen Menschenaffen, deutet darauf hin, daß das Gebiß der letzteren als spezialisierter zu betrachten ist.

Das Gebiß mancher Affen weist deutliche Geschlechtsunterschiede auf. Der BRM-Indexwert ist dann bei den männlichen Tieren, die auch stärker zu einem rechteckigen Gebißmuster neigen, größer. Abbildung 125 (j und k) zeigt den Unterschied zwischen weiblichem und männlichem Makaken, Abbildung 126 zwischen weiblichem und männ-

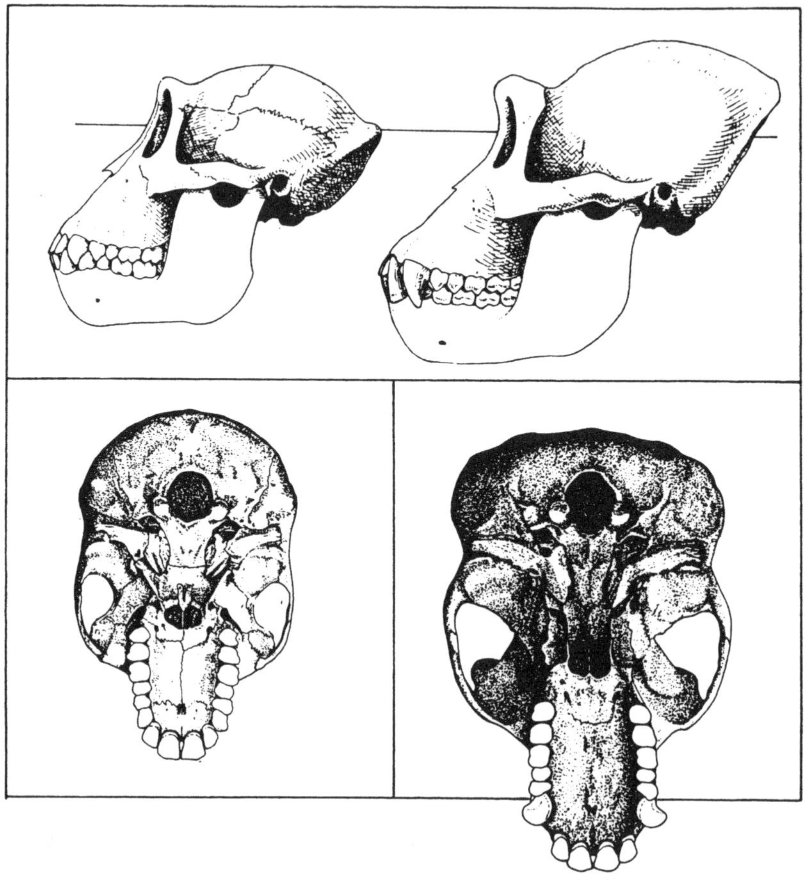

Abb. 126: Oben: Schädel des weiblichen (links) und des männlichen Gorillas (rechts). Der Schädel des weiblichen Tieres ist im allgemeinen stärker retardiert. Die Eckzähne sind kleiner, Augenwülste und Knochenkämme treten weniger hervor.[311]
Unten: Unterseite des Schädels eines weiblichen (links) und eines männlichen Schimpansen (rechts). Das weibliche Tier ist in vieler Hinsicht stärker retardiert und somit menschenähnlicher: Das Foramen magnum befindet sich weiter im Zentrum unterhalb des Schädels, das Gebiß ist kürzer und eindeutig bogenförmig, Eckzähne und Diastemata (Zahnzwischenräume) sind weniger entwickelt.[457]

lichem Schimpansen. Beim Pavian, dessen Schnauze sehr stark ausgestaltet ist, stellte W. G. Kinzey einen durchschnittlichen BRM-Indexwert von 232 für das männliche und 212 für das weibliche Tier fest. Und M. Ashley-Montagu hat darauf hingewiesen, daß das weibliche Wesen im allgemeinen mehr Merkmale der Retardation aufweist als das männliche.[27] Das Weibchen ist beispielsweise weniger behaart und lebt länger. Die weniger entwickelte Schnauze der weiblichen Affen – und die damit zusammenhängenden niedrigeren BRM-Indexwerte – sprechen wohl ebenfalls für diese Tatsache. Auch für Affen könnte also vielleicht der alte Satz gelten: «Das Weib ist die Zukunft des Mannes» (siehe dazu auch Abb. 126). Die Abbildungen 124, 28, 37 und 39 illustrieren dagegen, daß die Entwicklung des Männchens in bestimmter Hinsicht langsamer verläuft. Und Abbildung 39 zeigt schließlich, daß die verfrühte Pubertät beim Weibchen auch zur Folge hat, daß das Weibchen typische menschliche Merkmale schon in einem früheren Alter als das Männchen erlangen kann. Hinter dieser unterschiedlichen Entwicklungsgeschwindigkeit bei Männchen und Weibchen verbergen sich gewiß noch bedeutungsvolle anthropologische Rätsel.

Einige Einzelheiten des Gebisses beim Menschen und bei den Menschenaffen

Affen haben nahezu immer unverhältnismäßig große Eckzähne, die über die Höhe der übrigen Zähne deutlich hinausragen; beim männlichen Tier sind sie durchweg stärker entwickelt als beim Weibchen. Beim Menschen erreicht dagegen die Zahnreihe eine ziemlich ebenmäßige Höhe. Charles Darwin stellte nun in seinem Werk von 1871, *The Descent of Man,* die Hypothese auf, daß die früheren Vorfahren des Menschen große Eckzähne besaßen.[116] Je mehr Werkzeuge und Waffen sie verwendeten, desto überflüssiger sollen diese Eckzähne geworden sein, so daß sich unser Gebiß allmählich bis zur heutigen Gestalt mit den niedrigen Eckzähnen entwickelte. Darwins Auffassung wurde seit Anfang dieses Jahrhunderts nahezu allgemein akzeptiert. Eine der größten Fälschungen der Paläontologie – der «Piltdown-Schädel» – hat dabei eine bedeutende Rolle gespielt:[193,479] Kurz vor dem Ersten Weltkrieg wurde im englischen Dorf Piltdown ein sogenanntes Fossil entdeckt, das aus einigen Fragmenten eines menschlichen Schädeldaches und einem Unterkieferknochen bestand. 1913 fand Teilhard de Chardin – der nach Ansicht mancher Forscher an der Fälschung beteiligt war – an derselben Stelle einen großen affenähnlichen Eckzahn. Obwohl der Teil des Kieferknochens, zu dem der Eckzahn gehörte, nicht gefunden wurde, nahm man doch allgemein an, daß der Eckzahn zusammen mit dem Kiefer und den Teilen des Schädeldaches von einem einzigen Individuum herrührten. Der «*Eoanthropus*», wie das Fossil genannt wurde, erbrachte so den «Beweis», daß es irgendwann menschliche Wesen mit einem großen Gehirn und mit großen herausragenden Eckzähnen gegeben hatte. Erst nach 1950 wurde die Fälschung aufgeklärt. Es stellte sich heraus, daß der Kieferknochen von einem Orang-Utan stammte. Der Piltdown-Schädel war eine Fälschung. In der Zwischenzeit hatte das Pseudofossil fast ein halbes Jahrhundert zu Unrecht Darwins Anschauung gestützt.

Außer dem unechten Piltdown-Schädel gibt es keine Fossilfunde, die das Auftreten von affenähnlichen Eckzähnen bei prähistorischen menschenähnlichen Gestalten beweisen.[10,254] Die Eckzähne des Neandertalers und des *Homo erectus* sind zwar durchschnittlich größer als die des Menschen, doch das Gebiß dieser Wesen ist auch insgesamt schwerer. Die meisten männlichen erwachsenen Affen haben große, dolchartige Eckzähne (vor allem im Oberkiefer). Daher behauptet der überwiegende Teil der Primatologen, die kleinen Eckzähne des Menschen seien ein abgeleitetes, spezialisiertes Merkmal.[192] Dennoch kann man nicht verneinen, daß die herausragenden Eckzähne der Affen eine Abweichung von dem einförmigeren und generalisierteren Muster des Milchgebisses darstellen. Nach L.O. Greenfield näherten sich die menschlichen erwachsenen Eckzähne wieder derjenigen Gestalt an, die allgemein bei den jungen Primaten angetroffen wird.[192] Die vorspringenden Eckzähne des Affenmännchens sind dagegen als eine einseitige Umbildung derselben, generalisierten Gestalt zu betrachten. Beim Menschen tritt diese Umbildung nicht auf; die kleinen Eckzähne des Menschen sind also ein Merkmal des Typus I. Im Gebiß der Menschenaffen stößt man hingegen auf mancherlei spezialisierte, beim Menschen fehlende Besonderheiten. Wir geben zwei Beispiele:

– Der erste Prämolar des Unterkiefers ist beim Menschenaffen speziell für das Schärfen des großen oberen Eckzahnes angepaßt. Diese Spezialisierung fehlt beim Menschen. Es ist interessant, daß viele fossile höhere Primaten, wie *Gigantopithecus*, *Ramapithecus* und *Sivapithecus*, in dieser Hinsicht dem Menschen näher stehen als den Men-

schenaffen.[289] Auch der geheimnisvolle *Oreopithecus*, dessen Einordnung innerhalb der höheren Primaten umstritten bleibt, hat kleine Eckzähne und einen nichtspezialisierten ersten Prämolar.
- Beim Menschen sind die Schneidezähne ziemlich klein, beim Menschenaffen sind sie viel breiter. Außerdem stehen die menschlichen Schneidezähne aufrechter (s. Abb. 121, Winkel β). «Der Mensch erweckt den Eindruck, als seien die Schneidezähne und die Knochen, in die sie eingebettet sind, in die Mundhöhle verschoben. Dadurch wird der Winkel der Schneidezähne beim geschlossenen Mund abgeflacht.»[278] Auch hier ist die Situation bei den Menschenaffen als spezialisierter zu betrachten,[98] und auch hier trifft man die menschliche Form bei den erwähnten höheren fossilen Primaten an.[289] Man kann auch beobachten, daß die Schneidezähne bei jungen Affen aufrechter stehen (Abb. 131, S. 283).

Zusammenfassend kann man sagen, daß im menschlichen Gebiß das generalisierte Entwicklungsmuster, das auch bei den jungen Affen und vielen fossilen höheren Primaten zu beobachten ist, dauerhaft beibehalten bleibt. Die erwachsenen Affen entwickeln sich (besonders hinsichtlich der Eckzähne) über diese Lage hinaus, und das Affengebiß nimmt dabei eine bestimmte Prägung an, die nicht als eine konsequente Weiterentwicklung der jugendlichen Konfiguration, sondern als eine einseitige Spezialisierung zu betrachten ist. Man hat aber leicht die Neigung, diese Spezialisierung als etwas Generalisiertes aufzufassen, weil sie unter den höheren Primaten so häufig vorkommt.

Zähne und Sprache

Der Bau des menschlichen Gebisses kann nicht nur unter dem Gesichtspunkt der Eßaktivität verstanden werden. Unser Gebiß als ein «Allesfressergebiß» aufzufassen, wie es so oft geschieht, ist einseitig; darauf macht F. A. Kipp zu Recht aufmerksam.[255] Es ist eine Tatsache, daß das menschliche Gebiß (und das menschliche Verdauungssystem insgesamt) weder als ein Fleischfresser- noch als ein Pflanzenfressergebiß betrachtet werden kann. Auch in dieser Hinsicht ist der Mensch unspezialisiert geblieben. Doch der Mund ist auch Sprachorgan. Kipp weist darauf hin, daß die meisten Säugetiere Zähne sehr unterschiedlicher Größe haben (siehe Abb. 129). Selten gibt es ein Tiergebiß, bei dem die vordere Zahnreihe keine Unterbrechungen hat; die Schneidezähne stehen – in Zusammenhang mit der Greiffunktion des Mundes – fast nie aufrecht im Kieferknochen. Dafür zeigt das menschliche Gebiß nach Kipp «bezüglich der Höhe der Zähne ein einzigartiges Gleichmaß. Die Reihe der Vorderzähne ist lückenlos geschlossen (was Lücken für die Sprache bedeuten, wird beim Fehlen eines Vorderzahnes spürbar). Die für den Menschen bezeichnende senkrechte Stellung der Schneidezähne im Kiefer ist für die Bildung der Konsonanten von entscheidender Bedeutung.»[255] Den Zusammenhang zwischen den spezifischen Eigenschaften des menschlichen Gebisses und der Sprache sieht auch E. H. Lenneberg: «Eine Abweichung in der Gestalt des menschlichen Gebisses ist das auffällige Fehlen der vergrößerten Eckzähne, die bei den meisten Männchen der meisten anderen Primaten so vorherrschend sind. Dadurch, daß alle Zähne beim Menschen relativ gleich groß sind, bildet das Gebiß eine ununterbrochene Palisade um die Mundhöhle. Das ist eine wichtige Bedingung, um Blaselaute wie f, w, s, sch usw. hervorbringen zu können.»[278]

Die Mandibula (Unterkieferknochen)

Allgemeine Bemerkungen

Der menschliche Unterkieferknochen (die Mandibula) zeigt im Vergleich zur Mandibula der Menschenaffen eine extreme Gestalt (siehe Abb. 127): Der menschliche Unterkiefer ist relativ schwach und klein, und der vordere Teil des Unterkieferknochens, das sogenannte Corpus, ist sehr kurz, was natürlich direkt mit dem Fehlen der Schnauzenbildung beim Menschen zusammenhängt. Der aufrechtstehende Ast des Kieferknochens (der Ramus) endet in zwei Ausläufern: nach vorne in dem Processus coronoideus und nach hinten dem Processus condylaris, der das Kiefergelenk trägt. Beim Menschen ist meistens der Processus condylaris größer als der Processus coronoideus, beim Affen ist das Verhältnis hingegen umgekehrt.[10]

Auffällig ist das hervortretende menschliche Kinn, das sich deutlich von der zurückweichenden Form nahezu aller Affen (und menschenartiger fossiler Primaten) unterscheidet. Das Kinn scheint potentiell bei

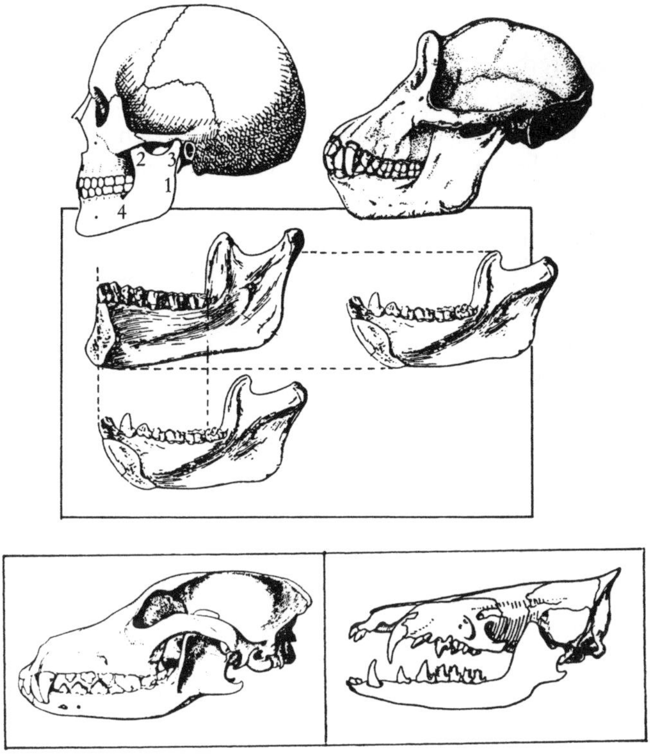

Abb. 127: Mandibula beim Menschen und beim Schimpansen.
Oben: Schädel des Menschen und des Schimpansen. Die menschliche Mandibula ist verhältnismäßig klein und kurz. Im Unterkieferknochen unterscheiden wir den aufrechtstehenden Ast oder Ramus (1), auf dem sich zwei Auswüchse befinden: Processus coronoideus (2) und Processus condylaris (3). Der vordere Teil der Mandibula wird als Corpus (4) bezeichnet. Der Processus coronoideus garantiert die Muskelverbindung, der Processus condylaris trägt die Gelenkfläche.
Mitte: Halber Kieferknochen des Menschen (links oben) und des Schimpansen (rechts oben und links unten), zum Vergleich in nahezu gleicher Größe. Der Mensch hat einen verhältnismäßig höheren Ramus und eine kurze Zahnreihe, der Processus condylaris ist höher, und das Kinn steht vor, während es beim Affen zurückweicht.
Unten: Schädel von zwei typischen Säugetieren: Hund (links) und Igel (rechts). Bei diesen Tieren ist der Unterkiefer viel länger, und das Kinn weicht noch stärker zurück als bei einem mittleren Primaten; der Processus condylaris bleibt sehr niedrig.[47, 255, 457]

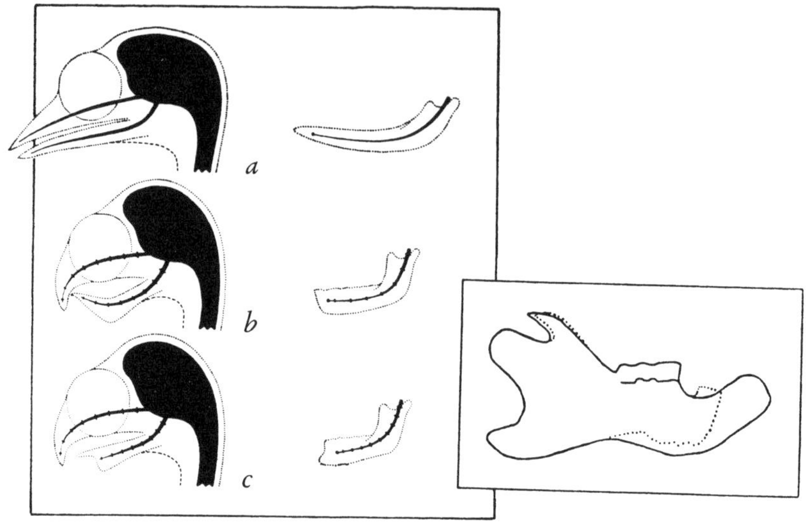

Abb. 128: Künstliche Kinnbildung beim Tier.
Links: Abnorme Kinnbildung beim Hühnerembryo nach Verabreichung einer teratogenen (= Mißbildungen bewirkenden) Substanz. a: normaler Embryo (daneben Mandibula eines niederen Säugetieres); b: geringe Mißbildung des Embryos (daneben die Mandibula eines Schimpansen); c: starke Mißbildung des Embryos mit «Kinn» (daneben eine menschliche Mandibula). Schwarz: Lage des Gehirns und der Hauptnervenstränge.[270]
Rechts: Mandibula einer normalen Ratte (durchgezogene Linie) und einer Ratte, deren Schneidezähne in einer frühen Phase gezogen wurden. Die Verkürzung der Zahnreihe hatte eine Art Kinnbildung zur Folge.[363]
Diese Experimente scheinen darauf hinzuweisen, daß die Kinnbildung keine Spezialisierung ist, sondern eine mehr oder weniger notwendige Folge – aus welchem Grunde auch immer – einer allgemeinen Verkürzung der Mandibula.

allen Tieren vorhanden zu sein; es tritt auf, wenn die Zahnreihe künstlich verkürzt wird (siehe Abb. 128). Im Vergleich zur tierischen Form scheint die menschliche Zahnreihe noch stärker als die Basis des Unterkiefers nach hinten zurückgezogen zu sein.

Die Mandibula ist beim Affen im allgemeinen bereits kürzer als bei den übrigen Säugetieren (siehe Abb. 129). Während die Zahnreihe bei den meisten Säugetieren lang und unterbrochen ist, erscheint sie bei den Affen verkürzt, und die Zahnzwischenräume sind im allgemeinen weniger groß. Dabei ist die Tendenz zur Verkürzung der Mandibula

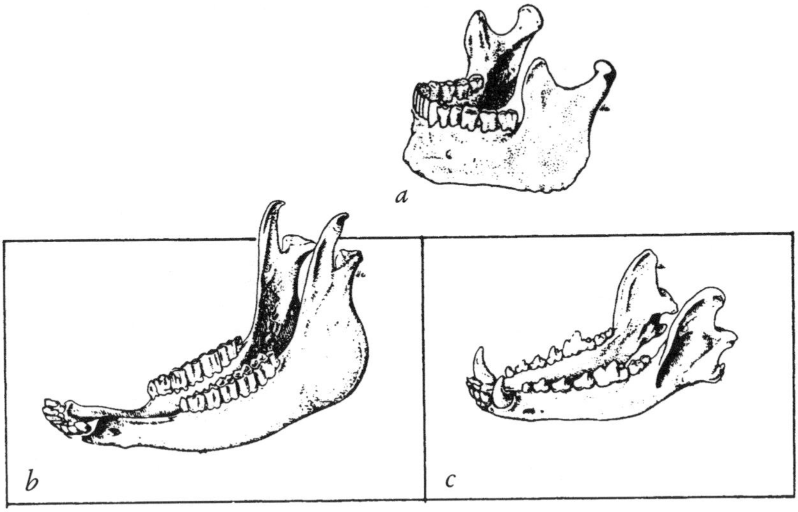

Abb. 129: Mandibula bei Mensch (a), Pferd (b) und Hund (c).

und zum Aneinanderschließen der Zähne sehr alt: Beim Übergang von den Reptilien zu den Säugetieren tritt ein qualitativer Sprung auf. Im Unterkiefer der Reptilien trifft man noch auf verschiedene Knochen, die beim Menschen und beim Säugetier in den Schädel aufgenommen sind. Reptilien haben beispielsweise nur ein Knöchelchen im Mittelohr, Säugetiere besitzen drei Gehörknöchelchen. Die zwei zusätzlichen Gehörknöchelchen der Säugetiere findet man beim Reptil als Bestandteile des sogenannten primären Kiefergelenks – sie sind also eine Metamorphose des letzteren. Von den Reptilien über die Säugetiere bis zum Menschen können wir also einen Prozeß beobachten, bei dem sich der Unterkiefer zum Schädel hin zusammenzieht, wobei bestimmte Teile des Unterkiefers vom Schädel integriert werden.

Aufschlußreich sind auch die Verhältnisse beim Neugeborenen: Hier ist der gesamte Antlitzschädel, einschließlich der Mandibula, noch klein im Verhältnis zum Gehirnschädel (vgl. Abb. 130). Diesen ursprünglichen Entwicklungsvorsprung des Gehirnschädels (der sich im Rahmen des cephalokaudalen Entwicklungsstromes abspielt; siehe Kapitel 3) findet man bei allen Säugetieren. Auch innerhalb der Mandibula selbst gibt es einige Abweichungen: Das Neugeborene hat noch kein hervortretendes Kinn, und der Ramus ist beim Baby noch verhältnismäßig niedrig.

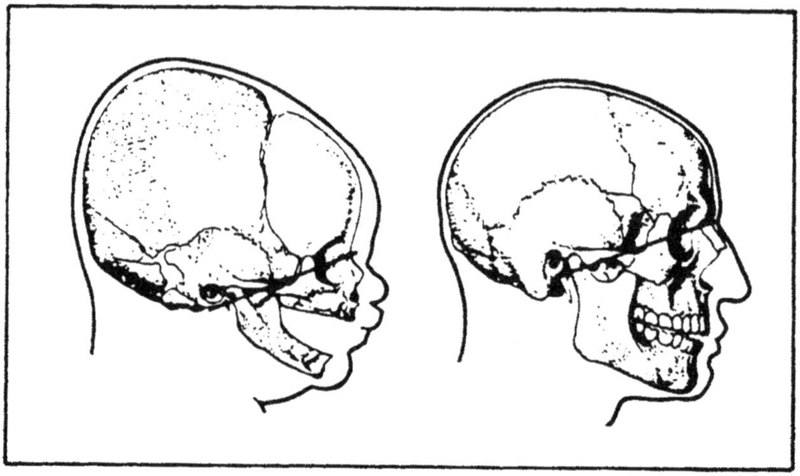

Abb. 130: Gehirn- und Antlitzschädel beim neugeborenen und beim erwachsenen Menschen. Der Antlitzschädel wächst hauptsächlich in vertikaler Richtung. Der Ramus (aufrechtstehender Ast des Unterkiefers) ist beim Erwachsenen verhältnismäßig stark gewachsen.[445]

Durch die kurze menschliche Mandibula, zusammen mit der Lage des Unterkiefers unterhalb des Schädels – wozu ein hoher Ramus erforderlich ist –, ergibt sich eine effiziente Hebelstruktur, da der Lastarm des Hebels kurz bleibt. Die lange Kieferform bei den Tieren ist, rein mechanisch betrachtet, weniger effizient, doch unvermeidlich, da die Tiere den Mund als Greiforgan verwenden, was seinerseits wieder mit der Tatsache zusammenhängt, daß die Tiere ihre vorderen Gliedmaßen zur Fortbewegung benutzen.

Wir wissen schon, daß die menschliche Zahnreihe eine typische Bogenform hat. Sie läßt sich mathematisch am besten durch die Form einer Kettenlinie (die Form eines zwischen zwei Punkten aufgehängten Seils) beschreiben. Diese Kettenliniengestalt ist bereits in einem sehr frühen fötalen Stadium vorhanden[84a] und bleibt beim Menschen sowohl im Milchgebiß als auch im endgültigen Gebiß erhalten (siehe Abb. 131). Eine bedeutungsvolle vergleichende anatomische Forschung von J. H. Scott hat nun ergeben, daß die Kettenliniengestalt des Gebisses in der Anlage bei allen Säugetierföten zu beobachten ist.[414, 415] Dieselbe Form tritt außerdem noch als Basislinie des Unterkiefers der meisten Säugetiere auf (siehe Abb. 132 und 134). «Die untere Kante der

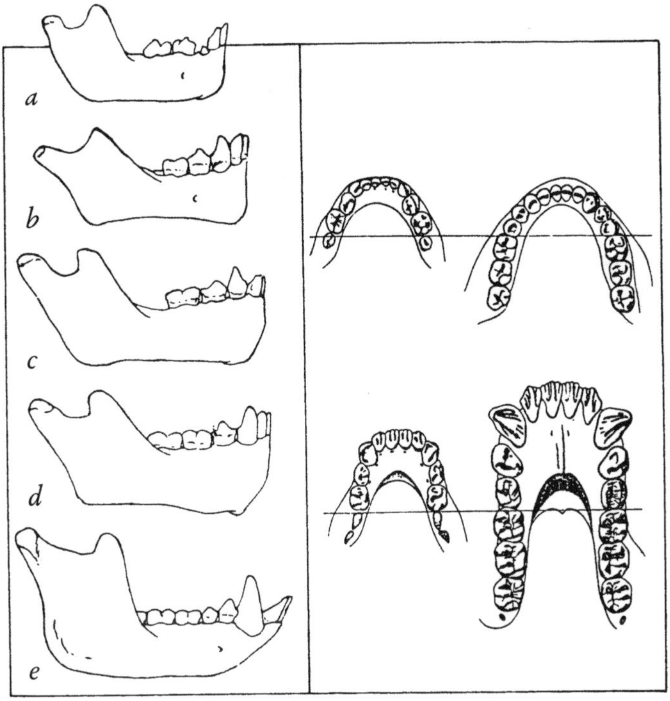

Abb. 131: Milchgebiß beim Menschen und beim Menschenaffen.
Links: Fünf aufeinanderfolgende Stadien in der Kiefer- und Zahnentwicklung des jungen Schimpansen. Das Kinn des jugendlichen Menschenaffen springt weder vor, noch weicht es zurück; allmählich nimmt der Unterkiefer die ausgewachsene schräge Gestalt an. In den Stadien a-d ist das Milchgebiß vorhanden. Der Eckzahn ragt nur wenig über die anderen Zähne. Außerdem fällt die senkrechte Stellung der Schneidezähne auf. Beim endgültigen Gebiß (Stadium e) ist der Eckzahn im Vergleich zu den anderen Zähnen riesig geworden. Die Schneidezähne stehen schräg nach vorne. Der Mensch behält in seinem endgültigen Gebiß diese beiden Jugendmerkmale (niedrige Eckzähne, eher senkrechtstehende Schneidezähne) bei.[60]
Rechts: Milchgebiß (links) und endgültiges Gebiß (rechts) beim Menschen (oben) und beim Orang-Utan (unten). Beim Menschen nimmt der vordere Teil des Zahnbogens, wo die Milchzähne eingepflanzt sind, ab dem sechsten Lebensjahr nicht mehr an Umfang zu, während beim Menschenaffen die jugendlichen Verhältnisse vollständig verlassen werden. Der Umfang nimmt zu, die ursprünglich noch einigermaßen bogenförmige, geschlossene Zahnreihe wird von einem viereckigen Muster mit Diastemata ersetzt.[256]

erwachsenen menschlichen Mandibula ist einer Kettenlinie sogar ähnlicher als die Zahnreihe. Bei Tieren, bei denen das Gebiß nicht mit einer Kettenlinie übereinstimmt, etwa bei Huftieren, Beuteltieren, Nagetieren, stimmt aber die Unterkante der Mandibula gewöhnlich sehr wohl damit überein. Das ist auch bei den Menschenaffen der Fall. Bei den jungen Schimpansen kommt der Zahnbogen einer Kettenlinie noch am nächsten, doch bei älteren Tieren hat sich, während die Zahnbildung noch im Gange ist, die Bogenform in die typische Erwachsenengestalt, die nicht kettenlinienähnlich ist, zu verwandeln begonnen. Während die nichtmenschlichen Gebisse in der Regel nicht einer Kettenlinie entsprechen, stimmt die Unterkante der Mandibula beim größten Teil der Säugetiere mit bemerkenswerter Konstanz mit jener Linie überein.»[414]

Scott weist auch darauf hin, daß es bei den Säugetieren eine Unterbrechung zwischen Schneide- und Backenzähnen, besagtes Diastema, gibt. Der vordere Teil des Gebisses bekommt dann durchweg eine Greiffunktion, der hintere übernimmt die Kaufunktion. Er bemerkt dazu: «Die Trennung des Gebisses in zwei funktionell unterschiedliche Teile tritt am Anfang der Säugetierevolution auf. [...] Bei den höheren Primaten ist sie schon weniger markant, und beim Menschen gibt es sie nicht mehr. [...] Es ist bemerkenswert, daß in diesem Merkmal, ebenso wie in gewissen anderen morphologischen Zügen, der Mensch die fötale Konstitution beibehält.»[414]

Die geschlossene Zahnreihe in Gestalt einer Kettenlinie ist tatsächlich ein allgemeines Säugetiermerkmal. Scott bemerkt zum Beispiel, daß die Kettenlinie bei jungen Affen noch gut erkennbar ist und daß sogar bei neugeborenen Nagetieren die Zahnreihe noch ziemlich geschlossen ist. Die geschlossene Kettenlinienform des menschlichen Zahnbogens ist dennoch ein Merkmal des Typus I. Die menschliche Mandibula, deren Bau die Form des Zahnbogens bedingt, muß also auch eine ursprüngliche Form sein. Das bedeutet, daß der Mund von Anfang an nicht als Greiforgan vorbestimmt ist und daß die Schnauzenbildung beim Tier als eine Spezialisierung aufzufassen ist.

Besonders interessant ist die Lage der Eckzähne im tierischen Gebiß. Bei einigen Tieren (z.B. den Lemuren) schließen sich die Eckzähne viel stärker an die vorderen Schneidezähne an, während sie bei anderen näher an den Backenzähnen stehen, so wie es bei den höheren Primaten überwiegend der Fall ist. Daneben gibt es Beispiele, wo die Eckzähne entweder ganz verschwinden oder sich genau in der Mitte zwischen Schneide- und Backenzähnen befinden. Beim Menschen trifft man

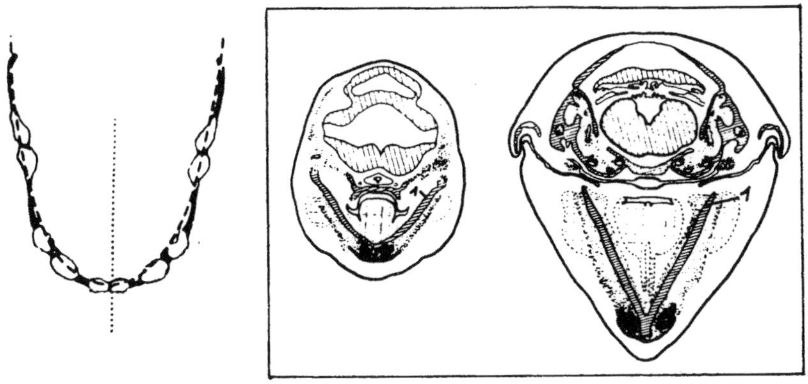

Abb. 132: Die Kettenlinie als Grundform des Gebisses.
Links: Kettenlinie (Strichlinie) durch die Gebißanlage eines 12 Wochen alten menschlichen Embryos.[84a] *Der Mensch behält diese Form bei (siehe Abb. 124).*
Rechts: Querschnitt durch den Kopf eines 14 Tage (links) bzw. 16 Tage (rechts) alten Mäuseembryos (Schnittebene durch die Basis des Unterkiefers). Beim jüngeren Embryo ist die Unterkieferanlage (1) noch einigermaßen kettenförmig, beim älteren hat sie schon eine spitzere Form angenommen.[220]

zwar eine durchgehende Zahnreihe an, aber in unterschiedlichen menschlichen Variationen können – in abgeschwächter Form – alle tierischen Zahnmuster wiedergefunden werden: «Während bei den Affen und Menschenaffen die Eckzähne eindeutig zur Backenzahnreihe ‹gehören›, scheint es beim menschlichen Gebiß zwei Typen zu geben: der eine, bei dem sich die Eckzähne mehr in einer Linie mit den Backenzähnen befinden, und ein anderer, bei dem sie mehr in einer Linie mit den Schneidezähnen stehen.»[414]

Im Gegensatz zu den Affen, einschließlich der Menschenaffen, die auch ein eindeutig spezialisiertes Gebiß haben, sind beim Menschen – entsprechend der Formulierung Goethes – die unterschiedlichsten Zahnmuster, die im Tierreich vorkommen, «in Schatten gestellt» (siehe Kap. 3). In der Gestalt der menschlichen Zahnreihe und der Mandibula finden wir exemplarisch das ganze Verhältnis zwischen Mensch und Tier widergespiegelt: Die Gestalt, wie wir sie beim Menschen vorfinden, ist die ursprüngliche Form; sie ist in den frühen Entwicklungsstadien des Tieres erkennbar, wird dort aber durch Spezialisierung überwuchert. Je weiter wir in der Evolution voranschreiten, um so mehr sehen wir die menschliche Grundgestalt hervortreten. In der menschlichen Erscheinungsform sind die tierischen Spezialisierungen – auch die der mit dem Menschen weniger verwandten Tiere – in schwacher Form, als Schattenspur, wiederzufinden.

Kinn und Zahnwechsel

Beim Menschen entwickelt sich ein *vorspringendes* Kinn, eine Bildung, die es bei keinem der anderen Primaten gibt. In jungen Entwicklungsstadien ist dieses vorspringende Kinn noch nicht vorhanden; der menschliche Fötus hat sogar ein noch etwas gerundetes Kinn, das einigermaßen affenähnlich aussieht. Beim kleinen Kind ist diese Abrundung dann verschwunden, aber es gibt noch keine echte Kinnspitze. Louis Bolk betrachtete das als eine scheinbare Ausnahme gegenüber seiner allgemeinen Behauptung, daß die menschlichen Merkmale durch Retardation entstehen. Er beschäftigte sich eingehend mit dem Problem. Schließlich entdeckte er, daß das menschliche Kinn nicht als ein selbständiges Merkmal zu betrachten ist; es entsteht als passives Ergebnis der extremen Retardation des menschlichen *Gebisses*.

Bolk stellte fest, daß es sowohl beim Menschen als auch beim Menschenaffen in der fötalen Gestalt ein etwas abgerundetes Kinn gibt, das sich in der frühen Jugend zu einer eckigen Gestalt umbildet (siehe Abb. 131). Beim Siamang, dem Verwandten des Gibbons, kann diese eckige Kinngestalt bis ins Erwachsenenalter erhalten bleiben (siehe Abb. 16, S. 48). Beim Menschen geht die Evolution in derselben Richtung noch einen Schritt weiter. Im zweiten Jahrsiebt (nach Bolk vom sechsten bis zum dreizehnten Lebensjahr) entsteht das vorspringende Kinn (siehe Abb. 133).

Bolk entdeckte, daß das vorspringende Kinn des Menschen mit der Retardation des menschlichen Gebisses zusammenhängt. Er bemerkte, daß es sich in demselben Zeitraum bildet, in dem auch der Zahnwechsel stattfindet, im zweiten Jahrsiebt (siehe Abb. 124). Er stellte auch eine andere, schon früher von einigen Forschern erwähnte Merkwürdigkeit fest: Der vordere Zahnbogen, der die ausgewachsenen Milchzähne trägt, wächst ab dem Augenblick, wo der Zahnwechsel einsetzt, nicht mehr. Die bleibenden Schneidezähne, Eckzähne und Prämolaren müssen sich

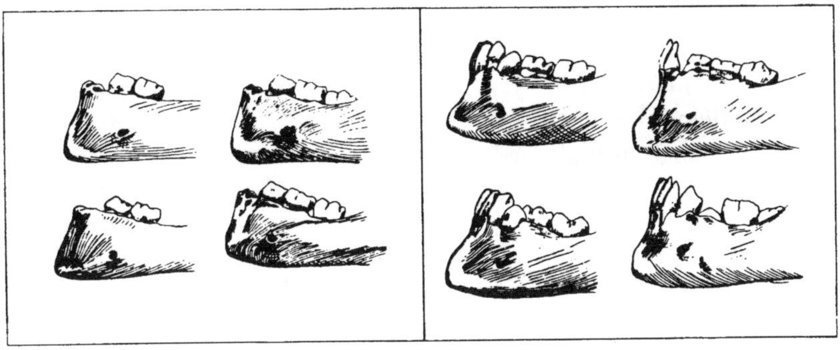

Abb. 133: Entstehung des hervorstehenden Kinns beim Menschen.
Links: Unterkiefer einiger sechs- bis siebenjähriger Kinder. Das Kinn ist noch gerade.
Rechts: Unterkiefer einiger Elf- bis Zwölfjähriger. Hier ist das hervorstehende, typisch menschliche Kinn schon vorhanden.[60]

beim Menschen mit dem Raum begnügen, den die entsprechenden Milchzähne eingenommen haben. Der Mensch bleibt hinsichtlich der Form und Größe des Zahnbogens ausdrücklich bei den jugendlichen Verhältnissen stehen. Bei den Menschenaffen ist das anders: Hier wächst der Zahnbogen kräftig weiter zu einer länglichen, rechteckigen Gestalt (siehe Abb. 131). Die ursprüngliche Kettenlinienform wird von der Zahnreihe verlassen; zwischen den Zähnen entstehen Diastemata. Die Kieferbasis ist bei den Menschenaffen – und den anderen Säugetieren – etwas konservativer: An der Unterseite der Mandibula bleibt die Kettenlinienform oft noch erkennbar. Das schnelle Wachsen der Zahnleiste hat beim Menschenaffen ein allmähliches Zurückweichen des Kinnes zur Folge; die Zahnleiste wächst über den Kiefergrund hinaus. Die ursprüngliche Tendenz, bei der der Kiefergrund die Zahnleiste allmählich einholt, so daß das abgerundete Kinn eine gerade Gestalt bekommt, wird beim Affen umgekehrt. Beim Menschen setzt sich aber die fötale Tendenz fort. Das Wachstum der Zahnleiste hört auf, während der Kiefergrund seine Nachholbewegung noch ein wenig fortsetzt und das menschliche Kinn sich bildet. Bolk konnte deshalb behaupten, daß das menschliche Kinn im Grunde ein negativer Zug sei, der durch die ausgeprägte Retardation bei der menschlichen Gebißentwicklung entsteht. Tatsächlich zeigt auch das Wachstum des menschlichen Kiefergrundes im Vergleich zur entsprechenden Entwicklung beim Affen eine Hemmung, aber diese Hemmung ist geringer als diejenige, die sich in Höhe der Zahnleiste ereignet.

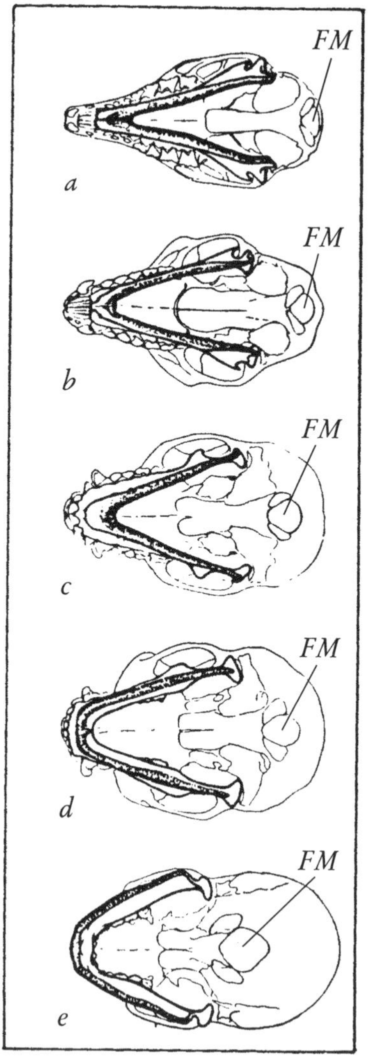

Abb. 134: Untenansicht des Schädels, der Mandibula und der Zahnreihe bei den Primaten: (a) Tupaia, (b) Lemur, (c) Meerkatze, (d) Gibbon und (e) Mensch. Die Basis der Mandibula ist durch eine dunkle Linie und Punktierung angedeutet. Der vordere Teil dieser Basis hat bei allen Tieren eine Kettenlinienform. Beim Tupaia und beim Lemur ist die Nahtstelle zwischen beiden Mandibelhälften (= Dentalia) unverknöchert, und die Schneidezähne stehen bei diesen Tieren noch sehr horizontal. Bei den höheren Primaten (c-e) gelangen die Zähne immer mehr in die Begrenzungslinie der Kieferbasis, scheinen also nach innen zu wandern. Beim Gibbon ist das Zurückziehen gegenüber der Kieferbasis so weit vorangeschritten, daß die Backenzähne schon teilweise innerhalb des Kieferbogens sichtbar sind. Beim Menschen sind alle Zähne entlang der Innenseite sichtbar; das Zurückbleiben des Zahnbogens bezüglich des Kiefergrundes ist hier schon sehr deutlich. Man achte innerhalb der ganzen Reihe auch auf die Verschiebung des Foramen magnum (FM) nach vorn.[126]

Das Zurückbleiben der Zahnleiste gegenüber der Kieferbasis fällt beim Kinn am meisten auf, doch die Folge zeigt sich entlang des gesamten Kieferumrisses. Schon F. Weidenreich bemerkte dazu: «Dieses Zurücktreten des Alveolarteiles vollzieht sich überhaupt im ganzen Gebiet des Unterkiefers; während bei den Affen Zähne und Alveolen [Knochenmulden in Ober- und Unterkiefer, in denen die Zahnwurzeln sitzen] in dem Seitenteil des Kiefers genau auf dem Basalteil sitzen und im Gebiet der Schneidezähne ihn weit überragen, ist beim Menschen der Basalteil des Kiefers der seitlich und vorn überragende Teil geworden, was zur Folge hat, daß vorn ein Kinn vortritt und an den Seiten die Alveolen besonders im Gebiet der Backenzähne nach innen über dem durch eine Furche abgesetzten Basalteil vorstehen.»[478]

Dieses Zurücktreten der Zahnleiste gegenüber dem Basalteil des Kiefers kann sehr gut beobachtet werden. Je menschenähnlicher die Primaten sind, desto weniger ragen die Zähne über den Umriß der Kieferbasis hinaus. Diese Tendenz erreicht beim erwachsenen Menschen selbst ihren Höhepunkt; hier sind die Zähne an der Innenseite der von unten angeschauten Mandibula sichtbar (siehe Abb. 134). Außerdem kann man bemerken, daß das zunehmende Zurücktreten der Zahnreihe bei den Primaten mit dem Aufrichten der Schneidezähne einhergeht, die bei den niederen Primaten noch stark nach vorne ragen.

Auf die große Bedeutung der haltgebenden Zahnleiste für die menschliche Sprache hat F. A. Kipp hingewiesen. Der Mensch erwirbt die Sprache im Laufe des ersten Lebensjahrsiebts. Wenn sich die Gestalt der Mundhöhle dann noch einschneidend änderte – wie dies bei den Menschenaffen geschieht –, müßten alle feineren Sprachbewegungen, die sich der Mensch in den ersten Lebensjahren zu eigen gemacht hat, dauernd aufs neue gelernt werden.

Das retardierte Wachstumsmuster der menschlichen Mandibula

Bolk erklärte nicht, *weshalb* das Wachstum der Zahnleiste beim Menschen letztlich gegenüber dem der Kieferbasis zurückbleibt. Warum scheint die Retardation in der Höhe der Zähne kräftiger wirksam zu sein als in der Höhe des Kinnes? Und warum wächst der Ramus zwischen Geburt und Erwachsensein viel stärker als der Korpus?

Wir können diese Phänomene verstehen, indem wir den Unterkieferknochen grob in drei Zonen gliedern: in die Zahnleiste (den oberen Teil des Korpus, in dem die Zähne angewachsen sind), den Basalteil (den unteren Teil des Korpus) und den Ramus. Diese drei Bereiche der Mandibula entwickeln sich nicht gleichzeitig. Die Zähne werden schon früh veranlagt, und die Mandibula verknöchert zuerst dort, wo die Zähne sitzen (siehe Abb. 135). In demselben frühembryonalen Stadium ist der

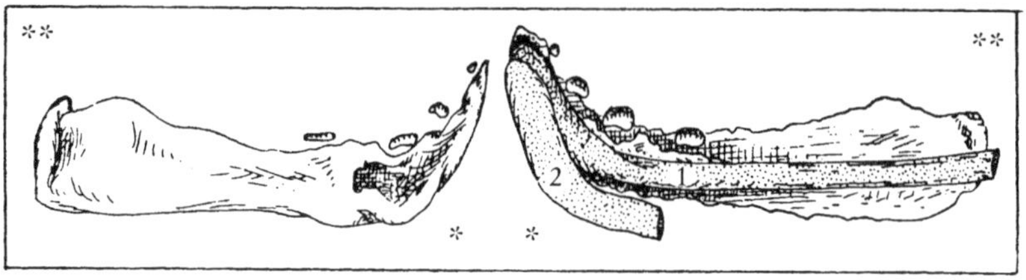

Abb. 135: Außenseite (links) und Innenseite (rechts) der menschlichen Mandibula in der embryonalen Phase (: Kinnseite; **: Seite des Kiefergelenks).[60] Der Kiefer entwickelt sich entlang der Außenseite einer Knorpelspange (des sog. Meckelschen Knorpels), die wie eine Art Gerüst fungiert und später verschwindet (1: Meckelscher Knorpel der rechten Kieferhälfte; 2: dasselbe für die linke Kieferhälfte, nur teilweise dargestellt). Die Mandibula besteht zunächst aus Bindegewebe, das nachher verknöchert. Dieser Vorgang hat in dem dargestellten Stadium schon im vorderen Teil des Kiefers eingesetzt. Die Veranlagung der Milchzähne entlang der Zahnleiste ist schon sichtbar. Der Ramus ist im betreffenden Stadium noch unentwickelt. Die Zahnleiste zeigt dort, wo der Verknöcherungsvorgang schon eingesetzt hat, einen Entwicklungsvorsprung vor den übrigen Anteilen des Unterkiefers.*

hintere Teil des Korpus noch knorpelartig, und der Ramus ist sogar noch ganz unentwickelt. Die Retardation dieses ungleichzeitigen Wachstumsmusters innerhalb der Mandibula wird einen größeren Umfang des «Nachzüglers» (des Ramus) im Vergleich zum früher veranlagten Teil (der Zahnleiste) zur Folge haben. Die ursprüngliche Zeitfolge in der Entwicklung der Zahnleiste, der Kieferbasis und des Ramus wird in großen Zügen während des weiteren Wachstums beibehalten. Die Zahnleiste ist während der entscheidenden Wachstumsphasen ihren Enddimensionen näher als die Kieferbasis, die ihrerseits einen Vorsprung vor dem Ramus hat.

B. Baughan et al. unterschieden die folgenden drei Wachstumsmuster bei den Knochen des Antlitzschädels:[31]

a) Das kraniale Wachstumsmuster:

Knochen, die nach dem kranialen (kopfwärts ausgerichteten) Muster wachsen, erreichen im Alter von sechs Jahren schon 90 Prozent oder mehr ihrer Endgröße. In der Pubertät ist nur noch eine schwache Wachstumsbeschleunigung zu beobachten. Dieses Wachstumsmuster weisen jene Knochen auf, die das Gehirn umschließen (einschließlich der Schädelbasis). Dasselbe Wachstumsmuster gibt es auch im Rachen und in extremer Gestalt im vorderen Zahnbogen.

b) Das faciale Wachstumsmuster:

Knochen mit dem facialen (zum Gesicht hin ausgerichteten) Wachstumsmuster erreichen um das sechste Lebensjahr nahezu 80 Prozent ihrer endgültigen Größe. Ab dem siebten Lebensjahr findet dann nur noch ein ergänzendes Wachsen statt (nach den Angaben von Lang und Öder[273]), das in einer mäßigen Wachstumsbeschleunigung um die Pubertät ausläuft. Dieses Wachstumsmuster gilt für die Kieferbasis und die vertikale Ausdehnung des Oberkiefers. Durch den Unterschied zwischen dem facialen Wachstumsmuster (das sich auf die Kieferbasis erstreckt) und dem kranialen Wachstumsmuster (das sich auf die Zahnleisten erstreckt) entsteht das Kinn.

c) Das Wachstumsmuster des Ramus:

Dieses Wachstumsmuster ist nach B. Baughan et al. demjenigen der langen Gliedmaßenknochen verwandt. Während des zweiten Jahrsiebts bleibt das Wachstum des Ramus, ausgedrückt in Prozent der Endgröße, im Vergleich zum Wachstum der Kieferbasis stark zurück[273] (siehe auch Abb. 136). Um die Pubertät kommt es dann zu einer starken Wachstumsbeschleunigung. Das Kiefergelenk selbst ist erst um das zwanzigste Lebensjahr ausgewachsen.[251]

Insgesamt betrachtet läuft also das Wachstum des Ramus dem der Kieferbasis hinterher, die selbst wiederum zurückliegt gegenüber dem Wachstum der Zahnleiste und des Gaumens. Wir können das Wachstumsmuster der Mandibula mit demjenigen der Gliedmaßen vergleichen: So wie die Gliedmaßen ein kaudocephales oder distoproximales Wachstumsmuster aufweisen, finden wir auch in der Mandibula ein Wachstumsmuster vor, das von den Zähnen über den Kiefergrund zum Kiefergelenk verläuft. (Wir nennen dieses Wachstumsmuster ebenfalls distoproximal, da es auch zum Gehirnschädel hin verläuft.) Die Retardation des distoproximalen Wachstumsmusters der Gliedmaßen führt zu verhältnismäßig kürzeren Fingern und Zehen und zu einer proportionalen Vergrößerung der dem Rumpf näher liegenden Teile (Oberarmknochen und Oberschenkel), die Retardation des entsprechenden

Wachstumsmusters der Mandibula zu einem kleineren Zahnbogen, einem hervorstehenden Kinn und einem stark entwickelten Ramus und innerhalb dessen zu einem hochgestellten Processus condylaris (siehe Abb. 127, Ziffer 3). All diesen Besonderheiten der menschlichen Mandibula liegt also dieselbe umfassende Erklärung zugrunde: die Retardation des distoproximal verlaufenden Wachstumsmusters. Der verhältnismäßig hohe Ramus und die hohe Lage des Gelenkkopfes der Mandibula können so betrachtet als Phänomene einer Hypermorphose verstanden werden.

Die Metamorphose, die die menschliche Mandibula im Vergleich zur tierischen Gestalt aufweist, ermöglicht dem menschlichen Kopf in seiner Gesamtheit, eine retardiertere Form beizubehalten. Der hohe Ramus macht es möglich, daß die ursprüngliche Lage des Antlitzschädels unterhalb des Gehirnschädels erhalten bleibt; der kurzbleibende Zahnbogen entspricht der beim Menschen ausbleibenden Schnauzenbildung.

Die veränderten Verhältnisse in der menschlichen Mandibula entstehen nicht durch Spezialisierung, sondern durch Retardation eines allgemeinen Wachstumsmusters. Das hartnäckige Beibehalten der Kettenlinie im menschlichen Unterkiefer zeigt ganz klar den ursprünglichen Charakter dieses Körperteils. Sein ursprünglicher Charakter schließt in mehrfacher Hinsicht an die aufrechte Haltung an. So kann durch den kurzbleibenden Antlitzschädel der Kopf eine ausbalancierte Lage oberhalb des aufgerichteten Rumpfes einnehmen (siehe Kap. 6); andererseits bleiben durch das Aufrichten des Rumpfes die Arme für die Greiffunktion frei, so daß sich keine Schnauze zu entwickeln braucht. Zugleich kündigt die kurze Mandibula durch die zurückbleibende, aufrechte und geschlossene Zahnreihe die menschliche Sprachfunktion an (eine kleine Mundhöhle sowie eine geschlossene Reihe aufrechtstehender Zähne sind Voraussetzungen, damit die Sprache geformt werden kann).

Die Mandibula erscheint wie eine kleine Gliedmaße am Kopf. Es ist in dieser Hinsicht interessant, das Wachstum der Kieferbasis und des Ramus näher miteinander zu vergleichen (Abb. 136). Nach Angaben von B. Baughan et al. zeigen beide Teile des Kieferknochens eine *scoläre* Wachstumsbeschleunigung, die sich in der Kieferbasis früher vollzieht.[31] Die *pubertäre* Wachstumsbeschleunigung des Ramus ereignet sich nach denselben Angaben dagegen vor der entsprechenden Beschleunigung der Kieferbasis. Diese Fakten weisen darauf hin, daß die Wachstumsbeschleunigung während der skolären Zeit in distoproxi-

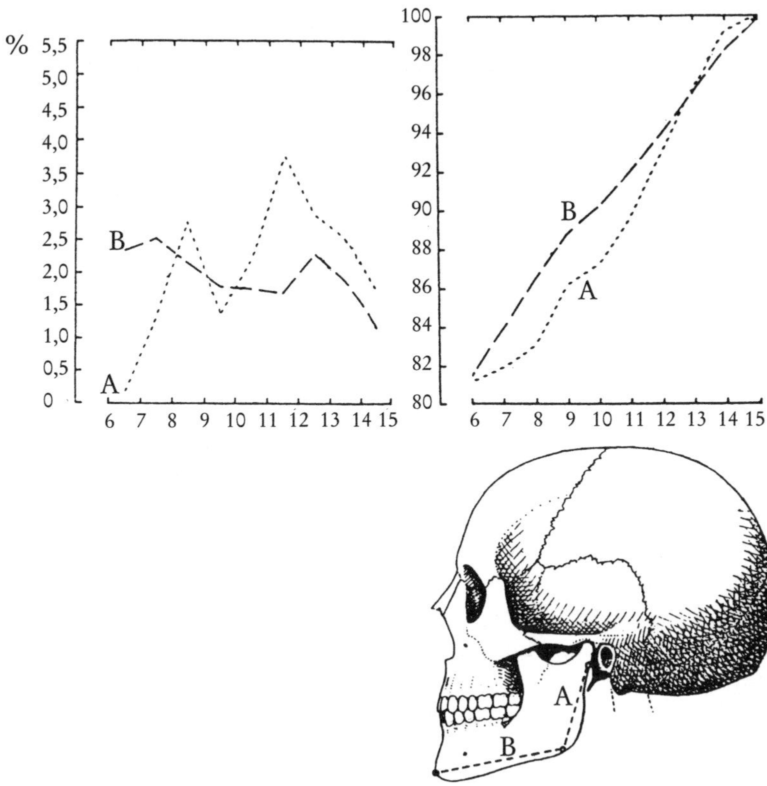

Abb. 136: Wachstumsablauf innerhalb des Ramus (die Daten betreffen Mädchen; bei Jungen würde die pubertäre Beschleunigung ohne Zweifel später einsetzen).[31]
Links oben: Zuwachsgeschwindigkeit (ausgedrückt in Prozent der im 15. Jahr erlangten Maße) des Abstands zwischen Artikulare und Gonion (A; siehe unten) und des Abstands zwischen Progonion und Gonion (B), in Proportion zum Alter (in Jahren).
Rechts oben: Länge des Abstands zwischen Artikulare und Gonion (A) und des Abstands zwischen Progonion und Gonion (B) als Prozentsatz des im 15. Jahr erreichten Wertes.
Unten: Der Abstand A ist ein Maß für die Größe des Ramus, Abstand B ein Maß für die Größe der Kieferbasis. Während des zweiten Jahrsiebts bleibt die relative Größe des Ramus im Verhältnis zur Kieferbasis zurück; nach der Pubertät gibt es eine Tendenz zur Umkehrung dieser Verhältnisse. Die scoläre Wachstumsbeschleunigung vollzieht sich im Ramus träger als in der Kieferbasis, aber während der pubertären Beschleunigung kehrt sich dieses Verhältnis um.

maler Richtung (von der Zahnleiste über den Kiefergrund zum Ramus) durch die Mandibula verläuft, während die pubertäre Wachstumsbeschleunigung das proximodistale Muster verfolgt. Das würde bedeuten, daß in der Mandibula Wachstumsphänomene auftreten, die sogar eine detaillierte Ähnlichkeit mit jenen Erscheinungen aufweisen, wie sie in den Gliedmaßen beobachtet werden (siehe Abb. 37, S. 97).

Das Kiefergelenk

Das Kiefergelenk des Menschen und das des Affen unterscheiden sich deutlich voneinander. Beim Menschen ruht der Gelenkkopf des Unterkieferknochens in der glenoidalen Grube (siehe Abb. 137), eine Art Einkerbung im Schläfenbein, die von zwei Fortsätzen begrenzt wird: dem Tuberculum articulare (vorne) und dem Processus postglenoideus (hinten). Bei Affen finden wir diese klare S-förmige Einbuchtung nicht; das Tuberculum articulare ist wenig oder gar nicht entwickelt, während der Processus postglenoideus sogar stärker entwickelt ist als beim Menschen.

Die Form des menschlichen Kiefergelenks ist bei der Geburt noch nicht erreicht. «Die temporale Grube ist bei der Geburt flach, und es gibt kaum Hinweise einer artikularen Einbuchtung; aber während der ersten drei Jahre entwickelt sich die Einbuchtung und nimmt die ausgeprägte Form eines S an, die im Alter von sechs bis sieben Jahren, zu Beginn des Zahnwechsels, vollständig erreicht wird.»[251]

Diese Entwicklung scheint auf einen Zusammenhang mit dem menschlichen Sprachvermögen hinzuweisen. Die S-Form entsteht ungefähr in dem Alter, wo das Milchgebiß durchbricht und der Mensch zu sprechen anfängt, und sie erlangt ihre Endgestalt um das siebte Jahr, wenn auch die Entwicklung anderer mit der Sprache eng verbundener Strukturen (Gehirnraum, Größe des vorderen Gebißbogens u.a.) ihren Abschluß erreicht. Auch die Tatsache, daß der Gelenkkopf der Mandibula beim Sprechen immer in der Kiefergelenkgrube bleibt,[155] weist in diese Richtung (wenn der Mund weit geöffnet wird, gleitet der Gelenkkopf über das Tuberculum articulare nach vorn).

Der Mensch scheint also anfänglich ein affenähnliches Kiefergelenk zu haben (ohne Kiefergelenkgrube), das im Laufe der Kleinkindzeit die menschliche Gestalt annimmt. Dieser Tatbestand wird als eine Haecke-

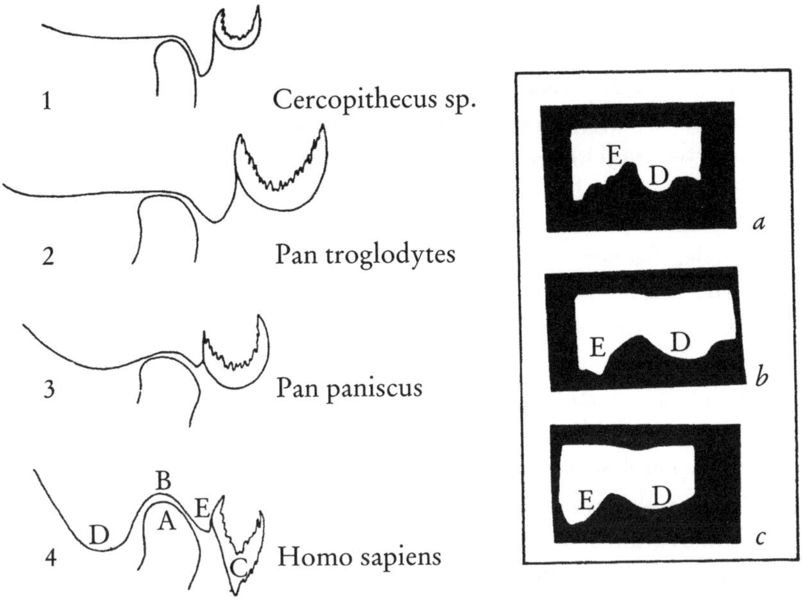

Abb. 137: Das Kiefergelenk. Links: schematische Darstellung der Kiefergelenkgrube (Fossa glenoidalis bzw. mandibularis) bei (1) der Meerkatze (einer niederen Schmalnase), (2) dem Schimpansen, (3) dem Zwergschimpansen und (4) dem Menschen. A: Gelenkkopf der Mandibula (Caput mandibulae); B: Kiefergelenkgrube; C: Pars tympanica des Gehörgangs; D: Tuberculum articulare; E: Processus postglenoideus (= Pr. articularis posterior). Beim stärker retardierten Zwergschimpansen ist ein Ansatz zur Bildung der glenoidalen Grube beobachtbar, beim gewöhnlichen Schimpansen fehlt er.[457] *Die Affen zeichnen sich durchweg durch einen stark entwickelten Processus postglenoideus und ein abgeflachtes oder abwesendes Tuberculum articulare aus. Man beachte auch die niedrige Lage des Gehörgangs beim Menschen.*
Rechts: Profil der Kiefergelenkgrube beim (a) Menschen; (b) weiblichen und (c) männlichen Gorilla.[10] *Beim weiblichen Gorilla, der im allgemeinen eine stärker retardierte Schädelgestalt hat (Abb. 126), ist die Kiefergelenkgrube tiefer als beim Männchen.*

lianische Rekapitulation verstanden, bei der die affenähnliche, vorelterliche Gestalt in der menschlichen Ontogenese wiederholt wird.[339] Über die Ontogenese des Kiefergelenks bei Affen ist zwar noch wenig erforscht, doch untersuchten R. J. Hinton und D. S. Carlson das Wachstum des Kiefergelenks des Rhesusaffen und machten dabei eine bemerkenswerte Entdeckung:[222] Das Kiefergelenk des Affen entwickelt sich zuerst in menschlicher Richtung; es nimmt eine zwar wenig entwickelte, doch klare S-Gestalt an. Nach der Geburt, wenn die Schnauzenbildung sich weiter fortsetzt, bildet sich das Gelenk wieder zu seiner flachen Form zurück, die für den erwachsenen Affen charakteristisch ist. «Die leicht konkave Form der Kiefergelenkgrube beim Neugeborenen wird bei zunehmendem Alter des Rhesusaffen allmählich wieder flacher – im Gegensatz zur kontinuierlichen Vertiefung beim Menschen [...] – mit dem Ergebnis, daß eine Einbuchtung [...] bei erwachsenen Tieren oft nicht mehr beobachtbar ist.»[222]

Es wäre interessant, die Ontogenese des Kiefergelenks bei den Menschenaffen näher zu erforschen. Vermutlich wird auch hier eine anfängliche Entwicklung in menschenähnlicher Richtung von einer Rückkehr zur flachen Gelenkgrubenform abgelöst werden. Bemerkenswert ist, daß die Kiefergelenkgrube beim Zwergschimpansen viel deutlicher hervortritt als beim gewöhnlichen Schimpansen. Der Zwergschimpanse wird von vielen Forschern als eine neotenische Form des gewöhnlichen Schimpansen betrachtet:[420] Er hat zum Beispiel eine kürzere Schnauze, kleinere Eckzähne und einen stärker parabolischen Zahnbogen als der gewöhnliche Schimpanse.[457] Beim Zwergschimpansen hat sich der Prozeß des Tierwerdens weniger weit durchgesetzt, und wahrscheinlich bleibt im Zusammenhang damit auch die Kiefergelenkgrube menschenähnlicher. Und beim weiblichen Gorilla scheint sie tiefer zu sein als beim männlichen Artgenossen: Auch hier gilt, daß die am stärksten neotenische Form die tiefste Grube hat.[10]

Das Fehlen des Tuberculum articulare beim Affen wird mit der Kaufunktion in Zusammenhang gebracht. H. G. Jones und G. Vandebroek weisen auf die herausragenden Eckzähne der Affen hin, die die seitwärtigen Kaubewegungen des Unterkiefers erschweren.[244] Wenn der Mensch kaut, macht sein Unterkiefer eine deutliche seitwärtige («mahlende») Bewegung. Bei Affen hingegen bewegt sich der Unterkiefer hauptsächlich vor- und rückwärts. Die S-förmige, stabilisierende Gelenkgrube wird deswegen von einer flachen Gelenkebene ersetzt, auf der sich der Gelenkkopf der Mandibula hin und her bewegen kann. L. Aiello und C. Dean weisen darauf hin, daß die Gelenkpfanne bei Affen sehr eng an den Gelenkkopf der Mandibula anschließt und dadurch seitwärtige Bewegungen erschwert. Beim Menschen schließen sich die Formen der Gelenkpfanne und des Gelenkkopfes der Unterkiefer nicht so genau aneinander an, und dadurch bleibt die Mandibula beim

Menschen beweglicher, besonders was die seitwärtigen Bewegungen betrifft.[10]

R. J. Hinton und D. S. Carlson behaupten, daß die Gestalt, die das Kiefergelenk des Affen letztlich annimmt, unter dem Einfluß der Druckkräfte entsteht, die es beim Kauen erleidet.[222] Beim Menschen ist die Beinwand der Kiefergelenkgrube (Abb. 137) oft so dünn wie Papier, beim Affen wird diese Wand nach der Geburt durch beschleunigte Verknöcherung wieder dicker. Der Processus postglenoideus hat sich bei den Affen viel stärker entwickelt und bildet außerdem oft einen Abdruck an der Hinterseite des Gelenkkopfes des Kieferknochens,[10] was auf starke nach hinten wirkende Druckkräfte hindeutet. Es ist klar, daß das Kiefergelenk beim Menschen weniger belastet wird als beim Affen.

Eine entscheidende Rolle spielt das menschliche Kiefergelenk beim Hören der eigenen Stimme; das ist für das Sprachvermögen insgesamt von großer Bedeutung. Die Vibrationen der Stimmbänder werden von der Mandibula übernommen und über das Kiefergelenk an den Gehörgang und den Schädelknochen weitergegeben.[34, 35] Die Fortpflanzung des Geräusches wird unter anderem dadurch erleichtert, daß der Kopf der Mandibula in einer Grube liegt. Unter diesem Blickwinkel würde die spezifische Gestalt des menschlichen Kiefergelenks direkt mit dem Sprachvermögen zusammenhängen: Durch das Vorhandensein eines stark entwickelten Tuberculum articulare (Abb. 137) wird die Lage des Kiefergelenkkopfes stabilisiert und außerdem die Oberfläche des Gelenkkontakts vergrößert, so daß das Geräusch sich besser durch das Gelenk fortpflanzen kann.

Beim Menschen liegt der äußere Gehörgang, der sich näher beim Kiefergelenk befindet (siehe Abb. 137), auch tiefer.[99] Außerdem wird die Geräuschübertragung dadurch gefördert, daß die Gehörorgane des Menschen (wie bei allen Catarrhini) in eine knöcherne Kapsel eingehüllt sind. Nach G. Clauser spielt auch der Processus mastoideus, der sich direkt hinter dem äußeren Gehörgang befindet und beim Menschen sehr stark entwickelt ist, bei der Geräuschfortpflanzung eine Rolle (siehe Abb. 138).[99]

Andererseits zeigte Mills den funktionalen Zusammenhang zwischen dem Vorhandensein des Tuberculum articulare und bestimmten Merkmalen des menschlichen Gebisses.[302] Beim Menschen sind die unteren Zähne nach innen gerichtet (siehe Abb. 134), und wir haben gesehen, daß wir dieses Phänomen als Folge von Retardation im allgemeinen Wachstumsmuster der Mandibula interpretieren können. Dadurch, daß der

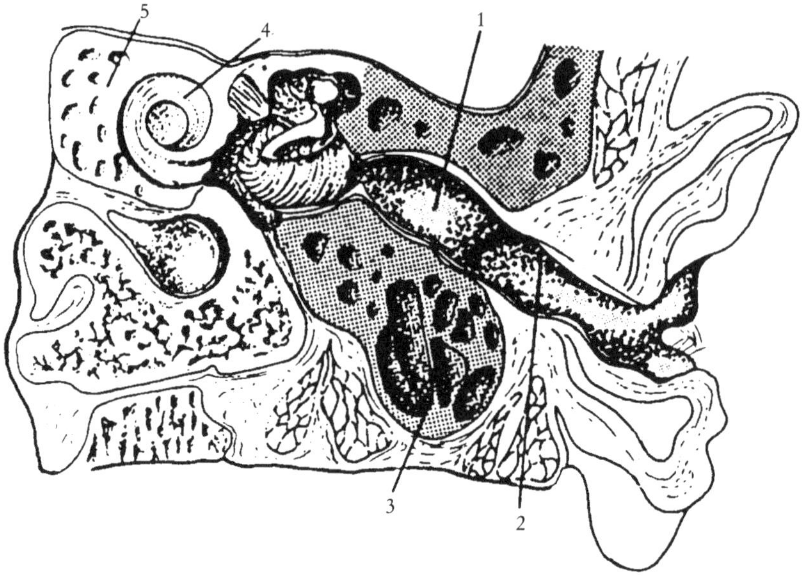

Abb. 138: Knochenbegrenzung des innersten Teils des äußeren Gehörgangs beim Menschen. 1: äußerer Gehörgang, knochiger Teil; 2: knorpeliger Teil; 3: Processus mastoideus; 4: knöcherne Schnecke; 5: Felsenbein.[99]

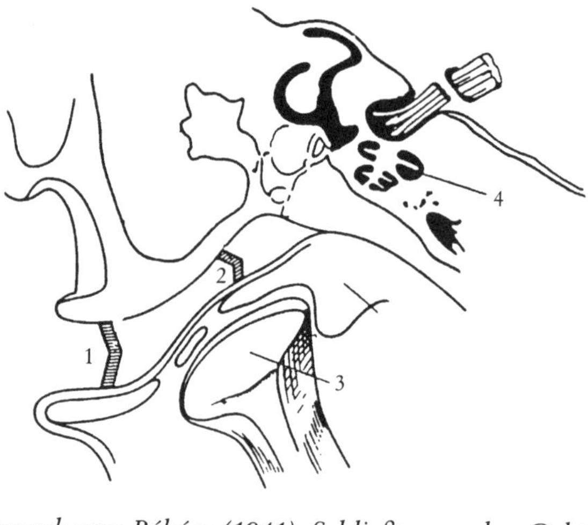

Abb. 139: Versuch von Békésy (1941). Schließt man den Gehörgang außen (1), so kann man die eigene Stimme verstärkt wahrnehmen. Bei Verschluß nahe am Trommelfell (2) hört man die eigene Stimme dagegen abgeschwächt. 3: Unterkiefergelenkkopf, 4: Querschnitt der knöchernen Innenohrschnecke.[99]

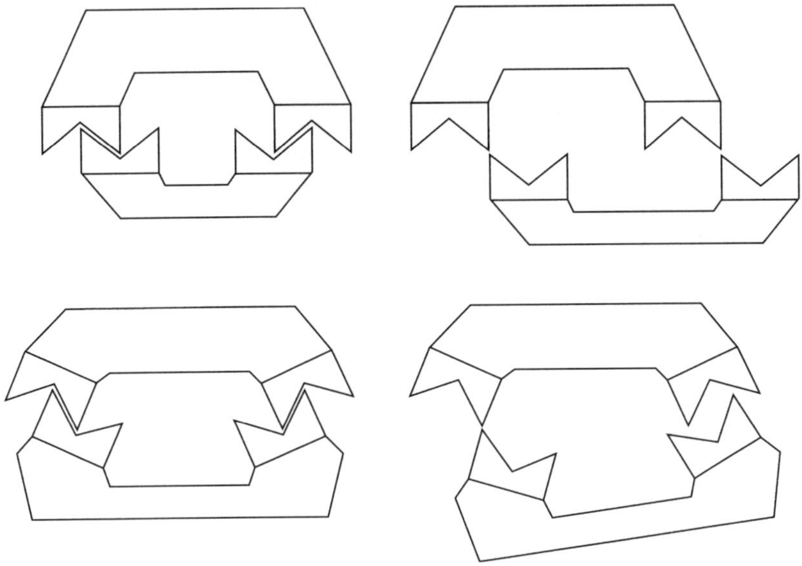

Abb. 140: Schematische Darstellung der Rolle, die die Ausrichtung der Zähne für die seitliche Bewegung des Unterkiefers spielen kann. Oben: Wenn die beiden Zahnreihen ungefähr senkrecht aufeinanderstehen, kann sich die Mandibula bei bleibendem Zahnkontakt seitwärts bewegen, ohne zu verkanten. Unten: Wenn die oberen Zähne nach außen und die unteren nach innen stehen (aufgrund der Tatsache, daß die Kieferbasis verhältnismäßig breit geworden ist), wird dieselbe Bewegung mit einer Verkantung der Mandibula einhergehen. Für eine realistischere Darstellung siehe Mills.[302]

menschliche Gehirnschädel im Verhältnis zum Zahnbogen breit ist, liegen die beiden Kiefergelenke weiter auseinander, so daß die Mandibula nach hinten breiter wird. Der Kontakt zwischen oberer und unterer Zahnreihe wird gesichert, indem die oberen Zähne beim Menschen einigermaßen bukkal (nach außen) stehen, während die unteren mehr lingual (nach innen) orientiert sind. Die Ausrichtung der Zähne hat aber (wegen des Zahnkontakts) zur Folge, daß eine seitwärtige Bewegung der Mandibula in der einen Richtung eine Senkung des Mandibulazweiges in der anderen Richtung erfordert. (In Abbildung 140 wird die Ursache des Unterschieds schematisch erläutert.) Diese Senkung wird beim Menschen dadurch bewirkt, daß sich der Gelenkkopf des sich senkenden Mandibulazweiges nach vorne schiebt und dabei über das Tuberculum articulare geht. Bei den Affen ist eine seitwärtige Bewegung der Mandibula dadurch eingeschränkt, daß die Eckzähne weit über die übrigen Zähne hinausragen. Deshalb verlaufen bei diesen Tieren die Mundbewegungen – viel stärker als beim Menschen – vor- und rückwärts. Das Tuberculum articulare erfüllt dabei keine Funktion. Außerdem sind bei diesen Tieren die Zähne anders ausgerichtet, so daß der Effekt, der in Abbildung 140 illustriert wird, weniger oder gar nicht auftritt.

Ohne Zweifel kann die Funktion des Tuberculum articulare noch von anderen Gesichtspunkten aus betrachtet werden (siehe z.B. DuBrul[126, 127]); zwischen der Gestalt des Kieferknochens, des Gebisses, des Schädels und des Kehlkopfes besteht ein komplexer Zusammenhang sich gegenseitig ergänzender Funktionen und sich beeinflussender Entwicklungen. Aber die erwähnten Elemente zeigen schon, daß die spezifische Gestalt des menschlichen Kiefergelenks auf verschiedenen Wegen direkt oder indirekt mit typisch menschlichen Merkmalen, etwa dem Sprachvermögen, zusammenhängt. Die seitwärtige Bewegung der Mandibula beispielsweise, die nach Mills durch das Vorhandensein des Tuberculum articulare erleichtert wird, setzt voraus, daß die großen Eckzähne fehlen. Zugleich hängt dieses Fehlen herausragender Eckzähne aber mit der Sprache zusammen, da eine Zahnreihe von gleichmäßiger Höhe das Sprechen erleichtert.

Es ist deshalb bemerkenswert, daß das Tuberculum articulare in der Jugendphase des Makaken vorübergehend erscheint und ein Ansatz zu derselben Bildung bei bestimmten afrikanischen Menschenaffen auch bei erwachsenen Tieren gefunden werden kann. Die Kiefergelenkgrube scheint also eine Übergangsform zwischen Merkmalen des Typus I und des Typus II zu sein. Sie ist ein Merkmal des Typus I in der Hinsicht, daß sie ansatzweise in einer frühen Entwicklungsphase des niederen Affen auftritt und, unter Druck der tierischen Spezialisierung (Schnauzenbildung), wieder verschwindet. Sie ist zugleich ein Merkmal des Typus II, weil sie in der fötalen Phase noch nicht vorhanden ist und bei den höchsten Primaten – vor allem beim Zwergschimpansen und auch beim Gorilla – noch im erwachsenen Stadium sichtbar ist und mit bestimmten spezifisch menschlichen Eigenschaften, wie dem Sprachvermögen, zusammenhängt.

Die Wangen

Die menschliche Mundöffnung ist – im Vergleich zu derjenigen der Landwirbeltiere im allgemeinen – auffällig klein. Bei den Reptilien und Vögeln gibt es noch keine Wangen: Die Mundöffnung reicht bis zu den Kiefergelenken. Die eigentliche Wange ist ein Säugetiermerkmal. Und erst durch die Entwicklung der Wange wird das Saugen, oder das ausführliche Kauen, möglich. Aber auch Säugetiere haben im Vergleich zum Menschen noch eine verhältnismäßig große Mundöffnung, was sicherlich mit der Schnauzenbildung zusammenhängt. Die kleine Mundöffnung beim Menschen ist von großer Bedeutung für die Sprache. C. F. Hockett schreibt dazu: «Bei der lautlichen Kommunikation hat der *Homo sapiens* gegenüber den übrigen Menschenaffen einen Vorteil durch die relativ schmale Öffnung seiner Mundhöhle. Das ist eine Tatsache der physikalischen Akustik, die in jeder Küche ausprobiert werden kann. Wenn man die Unterschiede von Material und Form berücksichtigt, hat ein Gefäß mit schmaler Öffnung, wie eine Bierflasche, eine bessere Resonanz als ein Gefäß mit breiter Öffnung, wie ein Marmeladenglas.»[224] E. H. Lenneberg behauptet, daß die kleine Öffnung von großer Bedeutung für die Bildung von Vokalen ist, aber auch von manchen Konsonanten wie p und b:[278] Durch das kleine Mundvolumen kann der Überdruck im Mund, der für die Bildung dieser Laute erforderlich ist, schneller aufgebaut werden.

Die erste Veranlagung des Antlitzes wird in Abbildung 141 dargestellt. Bei einem fünf Wochen alten menschlichen Embryo hat sich eine zentral gelegene, spaltenförmige Einsenkung gebildet: der primitive Mund oder Stomodeum. Oberhalb desselben sind zwei sogenannte Riechplacoden vorhanden (daraus bildet sich später das eigentliche Geruchsorgan), um die sich zwei rasch wachsende Fältchen entwickeln: die äußere Nasenfalte (Processus nasalis lateralis) an der Außenseite und die innere Nasenfalte (Processus nasalis medialis) mehr zur Mitte hin. Aus der ersteren entsteht der Nasenflügel, aus der letzteren der mittlere Teil der Nase und die Oberlippe.

Beim fünf Wochen alten Embryo befinden sich die Augen noch an der Außenseite. Weil deren Abstand voneinander weniger zunimmt als das Wachstum des gesamten Kopfes, kommen sie später immer weiter vorn zu liegen. Unter dem Auge bemerken wir zwei Ausstülpungen:

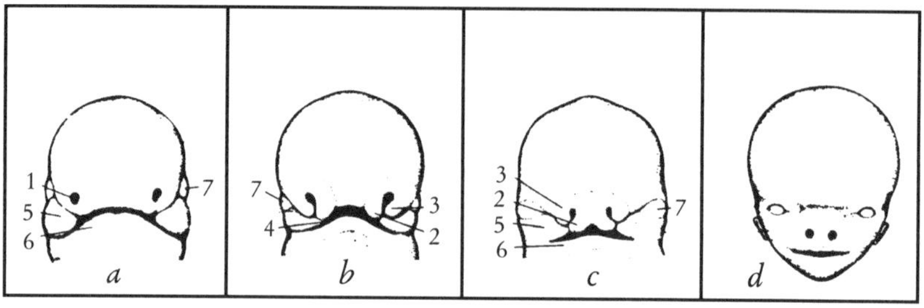

Abb. 141: Entwicklung des menschlichen Antlitzes beim Embryo von fünf (a), sechs (b), sieben (c) und zehn (d) Wochen. 1: Riechplakode; 2: innere Nasenfalten; 3: äußere Nasenfalten; 4: primitiver Mund; 5: Processus maxillaris; 6: Processus mandibularis; 7: Auge.[274]

den Processus maxillaris, aus dem sich der Oberkiefer entwickeln wird, und darunter den Processus mandibularis, aus dem der Unterkiefer entsteht. Beide Ausstülpungen sind – durch eine Einbuchtung – aus demselben ersten Kiemenbogen entstanden.[435]

Wir sehen, wie sich die Mundöffnung, je mehr der Kopf wächst, verhältnismäßig verkleinert und sich – genau wie die Augen – zum Zentrum des Antlitzes hin zusammenzieht. Die Nase schnürt sich vom Mund ab. Beim Fötus von zehn Wochen ist die Oberlippe schon gebildet. Dieser Vorgang verläuft beim Menschen wesentlich einfacher als beim Tier. Bei den Säugetieren ist – wahrscheinlich durch die einsetzende Schnauzenbildung – das Stomodeum zu groß, so daß ein Zusammenwachsen des Processus mandibularis und des Processus maxillaris stattfinden muß. Es stellt sich heraus, daß bei bestimmten Säugetieren, wie dem Meerschweinchen, die gesamten Wangen durch diesen zusätzlichen Vorgang entstanden sind. Viele Säugetiere, wie zum Beispiel die Fledermäuse, haben sogenannte «Backenlippen»; die Verwachsungsnaht zwischen Processus mandibularis und Processus maxillaris bleibt sichtbar. Manchmal kommen als Folge dieses Verwachsungsvorgangs eigenartige Ergebnisse zustande, etwa beim Kaninchen, wo der Verwachsungsvorgang ungewöhnlich verläuft und die Außenhaut an der Innenseite der Wange zuwächst, so daß man an dieser Stelle eine Veranlagung zum Haarwuchs vorfindet.[435]

Beim Menschen kann von einer Wangenverwachsung keine Rede sein. Die Einbuchtung zwischen den beiden Ästen des ersten Kiemenbogens (Processus maxillaris und Processus mandibularis) geht gerade so weit, wie sie für die Bildung des primitiven Mundes erforderlich ist.[213, 214, 223a, 435] Der bei den Säugetieren vorkommende Entwicklungsweg (eine sich zu weit durchsetzende Trennung, gefolgt von einem sekundären Zuwachsen) weist auf eine Abweichung vom ursprünglichen Entwicklungsplan hin, die wahrscheinlich mit der Schnauzenbildung zusammenhängt. Die Schnauzenbildung verursacht eine übertriebene Vergrößerung des Mundes, die bei den Säugetieren durch zusätzliche Ausdehnung der Wangen teilweise wieder aufgehoben wird. Die kompakte menschliche Mundhöhle mit kleiner Mundöffnung ist ein Merkmal des Typus I, das das Erscheinen der Sprache ankündigt.

Verknöcherungsmuster der Nähte im Antlitzschädel

Das Rätsel der Zwischenkieferknochen (Ossa incisiva)

Wenn man den Antlitzschädel eines Affen von vorne anschaut, kann man das Vorhandensein zweier Knochen bemerken, die beim Menschen vollständig zu fehlen scheinen. Beim Menschen sieht man beiderseits der Symmetrieebene des Antlitzes zwei Oberkieferknochen (Ossa maxillae), die sich zwischen Nasenöffnung und Mund begegnen. Diese Maxillae erstrecken sich seitlich bis zum Jochbein und nach oben bis zum Stirnbein. Oberhalb der Nasenhöhle werden die beiden von den Nasenknochen getrennt. Beim Affen trifft man zwischen den Ossa maxillae noch zwei kleinere Knochen an: die Ossa incisiva. Darin sitzen die oberen Schneidezähne. Die Ossa incisiva berühren sich unterhalb der Nasenhöhle und verlaufen nach oben hin bis zu den Nasenknochen (siehe Abb. 142). Es sieht danach aus, als hätten wir es hier mit einem Unterschied zwischen dem menschlichen und dem tierischen Bauplan zu tun. Die Ossa incisiva gibt es tatsächlich bei nahezu allen Säugetieren (siehe z.B. Abb. 142).

Im Mittelalter wurde allgemein angenommen, daß die Ossa incisiva auch im menschlichen Antlitzschädel zu finden seien. Man berief sich dabei auf die Autorität des Griechen Claudius Galenus (131 – 201 n. Chr.). Dieser stützte sich bei seiner Beschreibung des menschlichen Skeletts eindeutig auf Affenknochen. Andreas Vesalius (in seinem Werk *De*

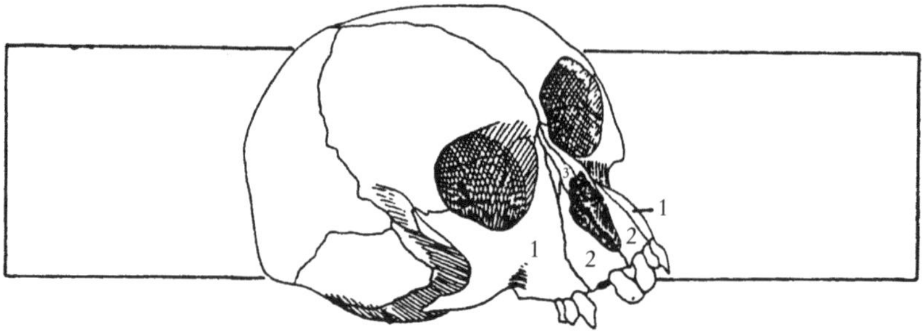

Abb. 142: Schädel eines Affenjungen (Erythrocebus).
1: Oberkieferknochen; 2: Zwischenkieferknochen; 3: Nasenbein. Zwischen Nasenbein und Kieferknochen ist noch der kleine Nasenkieferknochen zu sehen, der manchmal auch beim Menschen angetroffen wird.[24]

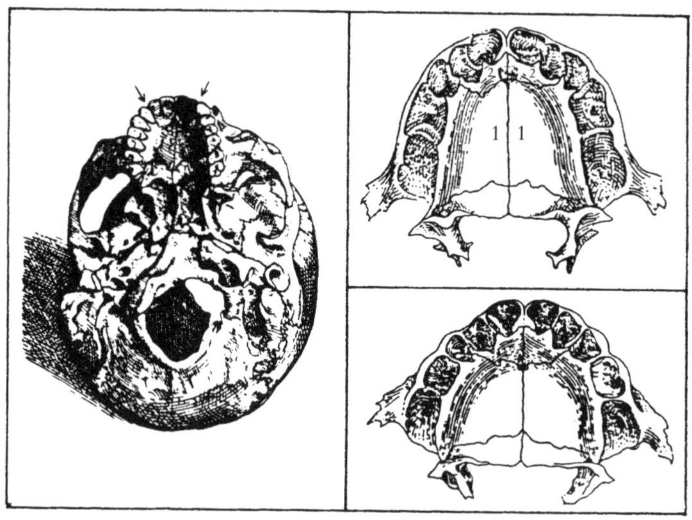

Abb. 143: Naht zwischen Maxilla und Os incisivum menschlichen Gaumen. Links: Die Zeichnung von Andreas Vesalius. Rechts: Gaumen eines 7,6 Monate alten (oben) und eines 9,9 Monate alten (unten) menschlichen Fötus. Der größte Teil des Gaumens wird von den beiden Kieferknochen gebildet; die Zahnveranlagung aller Zähne liegt ebenfalls in diesen Knochen (1). Vorne am Gaumen ist der Bereich der Zwischenkieferknochen zu sehen (2). Die Nähte, die die Zwischenkieferknochen abgrenzen, bilden eine Art Insel – direkt hinter den Schneidezähnen gelegen – innerhalb des Bereichs der Kieferknochen.[24]

Humani Corporis Fabrica von 1543) war der erste, der vehement die Behauptung des Galenus bestritt, es sei am menschlichen Antlitzschädel eine Naht zwischen Maxilla und Os incisivum zu sehen. Vesalius handelte sich dadurch die Feindschaft der Anhänger von Galenus ein.

Die Ossa incisiva gibt es aber tatsächlich auch beim Menschen. Vesalius hatte bereits festgestellt, daß am menschlichen Gaumen in vielen Fällen an derjenigen Stelle eine Naht beobachtbar ist, wo bei den Affen die Naht zwischen Maxilla und Os incisivum zu sehen ist (siehe Abb. 143). Vicq D'Azyr, Goethe und andere wiesen auf die strukturelle Gleichheit zwischen den Ossa incisiva des Menschen und des Affen hin.

Auch beim Menschen entwickelt sich in der frühfötalen Phase ein Zwischenkieferknochen. Doch befindet sich der Mensch im Vergleich zu den Tieren ab der allerersten Phase in einer Grenzlage. Die Ossa incisiva haben beim Menschen von Anfang an eine Verbindung mit den Ossa maxilla;[484] sie sind nie echt selbständig. Schon in einer frühfötalen Phase sind – am Antlitz zwischen Nase und Mund – die Nähte zwischen Kiefer- und Zwischenkieferknochen des Menschen gänzlich unauffindbar.

Bolk, der die Angelegenheit 1912 erforschte, stellte fest, daß auch bei mehreren Affen diese Nähte im Laufe des Lebens verschwinden. Beim Schimpansen kann die Naht schon vor der Geburt verlorengehen, beim Orang-Utan verschwindet sie in der Kindheit, beim Gorilla noch später. Beim Klammeraffen kann sie noch im erwachsenen Alter vorgefunden werden. Beim Menschen ist die Naht an der Antlitzseite dagegen nie zu sehen. Der selbständige Zwischenkieferknochen ist ein tierisches Merkmal, das beim Menschen – in Goethes Worten – «in Schatten gestellt ist».

Wie gesagt, kann man allerdings eine Spur des Zwischenkieferknochens am menschlichen Gaumen entdecken (siehe Abb. 143). Bei einem Viertel der Erwachsenenschädel und bei den meisten Kinderschädeln beobachtet man noch eine Nahtverbindung, die den Bereich der oberen Schneidezähne zu umschließen scheint. Diese Naht trennt die Kieferknochen, die den Großteil des Gaumens bilden, von den vorne gelegenen Zwischenkieferknochen. M. Ashley-Montagu erforschte diese Nähte bei menschlichen Föten und machte dabei eine bemerkenswerte Entdeckung:[23] Die Naht, die den Zwischenkieferknochen abgrenzt, bildet im Grunde einen geschlossenen Kreis, der an der Hinterseite der Schneidezähne entlangläuft (siehe Abb. 143). Der Bereich, wo die Schneidezähne angewachsen sind, ist Bestandteil der *Kieferknochen* (die Bezeichnung ‹ossa incisiva› für den Zwischenkieferknochen ist also etwas irreführend für den Menschen).

Es zeigt sich: Beim Menschen tritt ein außergewöhnlicher Vorgang auf, der beim Tier nicht zu beobachten ist. Der menschliche Zwischenkieferknochen wird von Anfang an durch den Kieferknochen «gegriffen». Schon in einer sehr frühen Phase der fötalen Entwicklung (am Ende des dritten Monats) wird der Zwischenkieferknochen an der Antlitzseite, zwischen Mund und Nase, von Ausläufern beider Kieferknochen überwachsen, die ihn sozusagen einschließen. Diese beiden Ausläufer berühren sich im Bereich der Oberlippe. Man kann also beim Menschen nie Nähte zwischen Maxilla und Os incisivum unterhalb der Nase beobachten; das Os incisivum ist hier vollständig von der Maxilla bedeckt. Während bei den Affen die Naht zwischen Kiefer- und Zwischenkieferknochen zwar durch Verknöcherung verschwinden kann, aber bis zur Oberfläche des Antlitzschädels vorhanden ist, kommt es beim Menschen nicht so weit: Der Zwischenkieferknochen wird vollständig überwachsen. Diese eigentümliche Einschließung des Zwischenkieferknochens ist typisch menschlich. M. Ashley-Montagu schreibt: «Der Mensch ist in dieser Hinsicht einmalig; [...] die Zahnbetten aller vier Schneidezähne werden beim Menschen nahezu gänzlich durch die Maxilla gebildet, während bei allen übrigen Tieren dieses Bett gänzlich von den Ossa incisiva gebildet wird» (S. 187).[23] Er bringt das Phänomen, daß der menschliche Zwischenkieferknochen eingeschlossen wird, in direkten Zusammenhang mit der Erhaltung des flachen Antlitzes beim Menschen: «Ein kurzes Betrachten der Form des Antlitzes bei Primaten läßt wenig Raum für Zweifel, daß der Hauptfaktor, der beim Menschen diese einmalige Umwandlung der Verhältnisse zwischen Maxilla und Os incisivum bewirkt, die progressive und fast totale Zurückbildung der Schnauze gewesen ist. Der Zwischenkiefer, der bei den niederen Säugetieren und Primaten einen beträchtlichen Teil der entstandenen Schnauze bildet, ist beim Menschen so umfassend zurückgenommen, daß man wohl sagen kann, er ist fast gänzlich vom Antlitz umgeben.»[23]

Goethe betrachtete die rasche Festlegung des Zwischenkieferknochens beim Menschen ebenfalls als einen Ausdruck des Widerstands gegen eine Schnauzenbildung mit dem Ziel, unter anderem eine geschlossene Zahnreihe zu erhalten (die für die Sprache von Bedeutung ist).[170]

Schon seit dem ersten Erscheinen der Primaten (am Anfang des Tertiärs) setzte die Rückbildung der Schnauze ein, und dies hing mit der Zurückdrängung des Zwischenkieferknochens zusammen.[289] Auf jeder Ebene der Evolution sind einige «Rückfälle» zu finden, wie bei den

Pavianen, die in einem späteren evolutionären Stadium erneut eine große Schnauze entwickelten (siehe Abb. 56, S. 135). R. D. Martin sieht – wie Bolk – einen direkten Zusammenhang zwischen einer Verkürzung der Schnauze und den Zwischenkieferknochen bei den Primaten:[49, 289] Kürzere Zwischenkieferknochen gehören durchweg zu einer kürzeren Schnauze.

Die Nähte zwischen den Kiefer- und den Zwischenkieferknochen verknöchern beim Menschen zumindest im Bereich hinter der Oberlippe sehr rasch; im Grunde gibt es beim Menschen von Anfang an ein gewisses Zusammenwachsen der beiden Knochen. Die Tendenz zur Verfrühung dieses Verknöcherungsvorgangs ist schon beim Gibbon und beim Gorilla beobachtbar, setzt sich beim Schimpansen und beim Orang-Utan weiter fort und erreicht beim Menschen ein Extrem.[409] Nur beim Menschen wirkt die Tendenz zur verfrühten Verknöcherung ausreichend schnell und kräftig, um zum Erhalt eines flachen Antlitzschädels zu führen. Es ist, als ob an den Menschenaffen der Versuch zur Einschließung des Zwischenkieferknochens mißglückt, so daß die Schnauzenbildung bei diesen Tieren letztlich doch noch sehr beträchtlich werden kann.

Die stark eingeschränkte Entwicklung des menschlichen Zwischenkiefers kann nicht als eine tierische Spezialisierung aufgefaßt werden; sie ist der Endpunkt einer Tendenz, die bis weit in die tierische Evolution zurückverfolgt werden kann. A. Schultz hat gerade auf die außergewöhnlich konstante Form hingewiesen, die dieser Knochen beim Menschen annimmt, während bei den Tieren eine enorme Variabilität, nicht nur zwischen den Arten, sondern auch zwischen Individuen derselben Art, beobachtet wird.[395, 400] Der Zwischenkieferknochen verfügt über ein gewaltiges Formenpotential und kann in allen Richtungen Ausläufer entwickeln. Bei Schimpansen und Gorillas kann er in sehr unterschiedlichem Maße über- oder unterentwickelt sein; auch der Zeitpunkt, wo die Nahtverknöcherung auftritt, ist bei diesen Arten sehr variabel. Beim Menschenaffen ist die Variabilität enorm: Die Ossa incisiva können die Nasenöffnung vollständig umschließen, sie können bis zum Antlitzknochen reichen oder ausgedehnte seitwärtige Kiefernflügel entwickeln.[400] Große Variabilität eines Merkmals weist durchweg auf neuere evolutionäre Erscheinungen hin. Die große Stabilität der Form des menschlichen Zwischenkieferknochens sowie die enorme Variabilität derselben beim Menschenaffen legt deshalb nahe, daß die menschliche Konfiguration die ursprüngliche ist.

Die Tendenz zur Verkürzung des Os incisivum und der Schnauze, die die Evolution der Primaten insgesamt charakterisiert, ist ein Merkmal des Typus I. Die daran anschließende Tendenz zur früheren Nahtverknöcherung und zur Einschließung ist ein Merkmal des Typus II, die sich schon bei den höchsten Primaten ankündigt, doch ihren Sinn erst beim Menschen enthüllt. Erst beim Menschen wird die vollständige Unterdrückung der Schnauze erreicht; dadurch liegt der Weg zur Sprache frei.

Die Nahtverknöcherung um den Zwischenkiefer ist beim Menschen *nicht* verfrüht; vielmehr ist dieser Vorgang beim Tier verspätet, weil das Tier von der menschenähnlichen Schädelform durch Spezialisierung (Schnauzenbildung) abweicht (Abb. 123, S. 268, und Abb. 132, S. 283). Wir werden sehen, daß Boksche Retardation die scheinbare Beschleunigung im menschlichen Verknöcherungsvorgang um den Zwischenkieferknochen hervorruft.

Weitere scheinbare Beschleunigungsphänomene im menschlichen Antlitzschädel

Im Unterkiefer fehlt das Äquivalent zum Zwischenkieferknochen, doch können wir dort bei den höheren Primaten und beim Menschen einen frühzeitigen Verknöcherungsvorgang beobachten. Die linke und die rechte Mandibula entstehen als zwei getrennte Knochen (= linkes und rechtes Dentale, vgl. auch Abb. 135). Bei vielen Säugetieren bleiben diese Knochen während des ganzen Lebens nur durch bewegliche Knorpel verbunden (z.B. bei den meisten Halbaffen, den Hunden, Eichhörnchen, Ratten, Rindern; siehe Abb. 134). Manche Tiere nutzen die gegenseitige Beweglichkeit dieser Knochen aktiv aus – bestimmte Känguruhs beispielsweise, um ihre unteren Schneidezähne beim Grasfressen als eine Art Schere zu verwenden. Bei anderen Säugetieren tritt ab einer bestimmten Phase schon eine Verknöcherung zwischen den Mandibulae ein,[32, 33] am schnellsten verläuft sie jedoch bei den höheren Primaten.[478] Schultz bemerkte,[404] daß beim Makaken, beim Gibbon und beim Orang-Utan die beiden unteren Kieferknochen in dem Augenblick, wo die ersten Schneidezähne des Milchgebisses durchbrechen, vollständig zusammengewachsen sind. Beim Menschen verschwinden die letzten Spuren der Naht bereits zwischen erstem und zweitem Le-

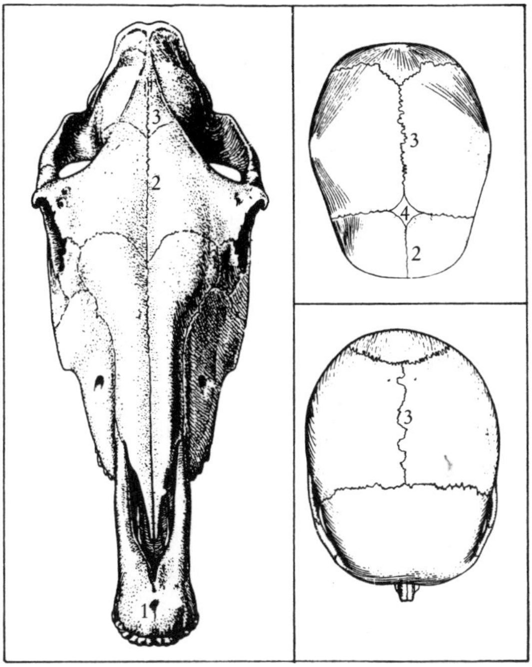

Abb. 144: Links: Schädel eines Pferdes, mit Ossa incisiva (1), Stirnnaht (2) und Pfeilnaht (3). Rechts oben: Schädel eines neugeborenen Menschen; Stirn- und Pfeilnaht sind, wie beim erwachsenen Pferd und vielen anderen erwachsenen Säugern, noch nicht verknöchert, die große Fontanelle (4) hat sich noch nicht geschlossen. Rechts unten: Aufsicht eines erwachsenen menschlichen Schädels. Die große Fontanelle und die Stirnnaht sind verknöchert.[274]

bensjahr. Bei den afrikanischen Menschenaffen dauert dies länger, nämlich bis zur Vollendung des Milchgebisses. Verglichen mit seiner langen Wachstumszeit verschwindet die Kinnaht beim Menschen sehr bald, doch ist seine Position, was dieses Merkmal anbelangt, im Verhältnis zu den übrigen höheren Primaten nichts Außergewöhnliches.

Man hat verschiedene Mechanismen in Betracht gezogen, um das rasche Verwachsen der Mandibulae beim Menschen und bei den höheren Primaten erklären zu können. R. M. Beecher behauptet zum Beispiel, daß die Fusion der beiden Unterkieferknochen es ermöglicht, die Kraft der einen Kieferseite auf die andere Seite zu übertragen, wenn diese beim Kauen benützt wird. (Die meisten Säugetiere kauen immer einseitig.) Sind die Mandibulae fest verbunden, dann können die Kaumuskeln beider Seiten ihre Kraft ausüben, um die Nahrung, die sich an einer Seite befindet, zu zerkleinern. Diese Art von Erklärungen stößt aber auf Schwierigkeiten, denn manche Tiere, die kräftig auf zäher Nahrung kauen, wie Rinder, haben keine zusammengewachsenen Mandibulae. Andererseits kann man sich mit R. D. Martin fragen,[289] weshalb die niederen Primaten keine zusammengewachsenen Mandibulae haben, wenn diese Fusion nur Vorteile bringt. Martin zitiert verschiedene Autoren, die bemerken, daß ein ganzer Komplex von Merkmalen (eine insgesamt größere Gestalt, eine tiefere Mandibula, ein höherer Ramus, eine kürzere Zahnreihe usw.) zusammen mit der Verknöcherung der Kinnaht aufzutreten scheint. Alle erwähnten Merkmale sind, wie wir dargelegt haben, Retardationseffekte. Es scheint also logisch, die rasche Fusion der Mandibulae bei den höheren Primaten als eine Manifestation desselben Retardationsvorgangs zu betrachten, der bewirkt, daß die Schnauze und die Zahnreihe beim Menschen und den höheren Primaten verkürzt werden. Auch Bolk hat dieses Phänomen erforscht und gezeigt, daß ab der frühfötalen Entwicklung bei den Affen und besonders beim Menschen die Stauung des Unterkiefers beobachtbar ist.[60]

Einen weniger ausgeprägten frühzeitigen Verknöcherungsvorgang können wir auch weiter oben am Antlitzschädel der Primaten beobachten. Das Stirnskelett des Fötus besteht aus zwei Knochen (Ossa frontalia; siehe Abb. 144), die bei den niederen Vertebraten im allgemeinen dauernd getrennt bleiben.[53] Auch bei den meisten Säugetieren tritt die Verknöcherung der Stirnnaht (Sutura metopica) nicht oder erst in einem späteren Stadium ein. Bei den Primaten ist jedoch eine Tendenz zu immer früherer Verknöcherung zu beobachten: Bei den Lemuren verschwindet diese Schädelnaht in der Mitte der Jugendzeit, bei den höheren Primaten, wie dem Gibbon oder dem Orang-Utan, beginnt die Verknöcherung schon vor der Geburt und endet kurz nach der Geburt.

Die frühzeitige Verknöcherung der Stirnnaht (im Verhältnis zur Verknöcherung der übrigen Schädelnähte) vollzieht sich auch beim Menschen.[25] Doch ist die Lage beim Menschen nicht einheitlich, denn bei einem gewissen Prozentsatz der Menschen bleibt die Stirnnaht bis ins Erwachsenenalter unverknöchert. (Bei den bolivianischen Indianern findet sich das Phänomen häufig.) Dieser sogenannte *Metopismus* tritt bei den Menschenaffen kaum auf. Anscheinend ist bei den Menschenaffen eine Tendenz wirksam, durch rasche Verknöcherung die fötale

Stirnform beizubehalten und die Verschiebung der ursprünglich gewölbten Stirn nach vorn zu verhindern. Wenn man das Maß der Beschleunigung des Verknöcherungsvorgangs längs der Symmetrieachse des menschlichen Antlitzes verfolgt, fällt dagegen die starke Intensivierung in Höhe der Mundöffnung direkt auf. Der Schlüsselfaktor ist die Blockierung der Ossa incisiva, der «Schnauzenknochen». Bei den höheren Primaten ist die Beschleunigung der Verknöcherung ober- und unterhalb der Zahnreihen nicht so sehr viel schwächer als beim Menschen, aber in der Höhe des Mundes selbst ist sie zu schwach, um die Entwicklung zum Tierischen anzuhalten.

Die zweideutige Situation bezüglich der menschlichen Stirnnaht hängt zweifellos mit der Tatsache zusammen, daß sich diese Naht im Übergangsbereich zwischen Antlitz- und Gehirnschädel befindet. Die Nähte im Gehirnschädel bleiben beim Menschen (und bei manchen Affen) eben viel länger unverknöchert als bei den meisten Säugetieren; und sie bleiben beim Menschen zudem viel länger unverknöchert als bei den Menschenaffen. Dieses Phänomen wird von Bolk oft als ein Beispiel menschlicher Fötalisation hervorgehoben.[63] C. Flügel, K. Schram und J.W. Rohen bringen diesen Gegensatz in direkten Zusammenhang mit den Unterschieden zwischen der Schädelform des Menschen und der des Affen: «Bei den erforschten Affenarten verändert sich die ursprüngliche Form des Schädels, der beim Neugeborenen dem des Menschen ähnelt, aufgrund des fortwährenden prognathischen Wachstums des Kauapparats von einer mehr sphärischen zu einer länglicheren Form, was durch den starken Zuwachs des verbindenden Gewebes in den intermaxillären Nähten ermöglicht wird. Im Gegensatz hierzu schließen sich die Nähte des Gehirnschädels früher zusammen; dadurch wird das nachgeburtliche Wachsen des Gehirnschädels eingeschränkt, so daß beim Affen das Volumen der neurokranialen Höhle verhältnismäßig klein bleibt.

Beim Menschen wurden völlig verschiedene Tendenzen in den Wachstumsmustern der beiden Schädelbereiche sichtbar. Die Nähte des Gehirnschädels bleiben offen, während die der Gesichtsknochen sich bald nach der Geburt schließen. So wird prognathisches Wachstum verhindert, und der Clivuswinkel sowie der viscerokraniale Quotient bleiben während der gesamten nachgeburtlichen Entwicklung konstant.»[146]

Die Verknöcherung der Schädelnähte um den menschlichen Mund scheint also gegenüber den tierischen Verhältnissen beschleunigt zu sein. Ist diese Beschleunigung nun als ein Retardationsvorgang zu verstehen, oder haben wir es hier mit einer menschlichen Spezialisierung zu tun, wie wir ihr bisher noch nicht begegnet sind?

Der Schlüssel zum Verständnis wird uns durch die Tatsache geliefert, daß innerhalb der Gesamtheit der Schädelknochen die Kieferknochen ausgeprägte ontogenetische Frühbildungen sind. Nicht nur beim Menschen, sondern bei allen Säugetieren erscheinen die Ober- und Unterkieferknochen sehr früh.[82] Diese Knochen weisen bereits eine ausgeprägte Knochenbildung auf, wenn die Knochen des Schädeldaches noch nicht einmal als Knorpelgestalten vorhanden sind. Die Folge ist, daß auch die Nähte rund um den Mund viel früher auftreten, am Schädeldach – wo selbst das neugeborene Kind noch verschiedene Fontanellen hat – dagegen erst viel später.

Wenn wir nun die Schädelnähte im Bokschen Sinne als äquivalente Organe bezeichnen (siehe oben, S. 217), können die Entwicklungsvorgänge im menschlichen Antlitz ohne weiteres verstanden werden. Die Schädelnähte rund um den Mund sind bezüglich der Schädelnähte am Schädeldach ontogenetische Vorläufer. Unter den Knochen des Schädeldachs erscheinen wiederum die Stirnknochen ziemlich früh.

Das Boksche Entwicklungsprinzip sagt voraus, daß im Menschen die ontogenetischen Vorläufer gegenüber den Spätlingen einerseits *qualitativ weiter entwickelt* sind (das heißt in unserem Fall: weiter verknöchert), andererseits quantitativ *verhältnismäßig klein* bleiben (siehe Abb. 103, S. 218). Genau das können wir am menschlichen Schädel auch feststellen. Einerseits verknöchern die Vorläufer (die Nähte um den Mund) sehr rasch, andererseits sind diese Nähte (wie auch die Knochen, die sie verbinden) sehr klein im Vergleich zu den Nähten des Schädeldachs. Die im Vergleich zu den übrigen Schädelnähten raschere Verknöcherung des menschlichen Stirnbeins kann auf dieselbe Weise verstanden werden.

Die tierischen Verhältnisse können dagegen nicht in diesem Sinne als Retardationsvorgänge interpretiert werden. Beim Tier wird der Verknöcherungsvorgang rund um den Mund unterdrückt, damit die ursprünglichen, menschenähnlichen Verhältnisse verändert werden können und sich ein richtiges spitzes Maul ausbilden kann. Das heißt, daß auch hier «Entwicklungsquanten» aus dem generalisierten Entwicklungsmuster entfernt und durch spezialisierte Entwicklungsschritte ersetzt werden (siehe Abb. 24, S. 73).

Einige ergänzende Bemerkungen über den Jahrsiebtrhythmus in der Schädelentwicklung

Bolk ist die besondere Stellung aufgefallen, die das siebte Lebensjahr innerhalb des menschlichen Lebenslaufs einnimmt. Er behauptet, daß um das siebte Jahr das Gehirn sein Endvolumen erreicht hat: «Man darf wohl behaupten, daß die Größe der Gehirnhöhle nach dem siebten Jahr nahezu nicht mehr zunimmt. Wohl finden dann an der Schädelwand noch Verdickungen und Reliefbildungen statt, wohl kann man danach an der Schädelbasis noch sehr merkwürdige Wachstumsphänomene feststellen, aber die Vergrößerung des Gehirnschädelraumes ist mit dem siebten Jahr abgeschlossen.»[51] Wir wissen bereits, daß sich – nach Bolk – auch das Wachstum des vorderen Zahnbogens um das siebte Jahr einstellt.

Bolk entdeckte im Zusammenhang mit diesem siebten Lebensjahr ein merkwürdiges Phänomen: Auf der Oberseite des Schädels verläuft, auf einer Linie mit der rasch verschwindenden Stirnnaht, die sogenannte Pfeilnaht, die die Ossa parietalia trennt (siehe Abb. 144). Normalerweise bleibt die Pfeilnaht bis ins Erwachsenenalter unverknöchert. Bei manchen Kindern stellt sich aber heraus, daß sich die Pfeilnaht schon früher verknöchert. Bolk fand durch die Untersuchung einer großen Zahl von Kinderschädeln heraus, daß die Pfeilnaht um das siebte Lebensjahr eine stark erhöhte Wahrscheinlichkeit zum Verknöchern hat. Er stellte fest, daß «der Schädel des Kindes während des sechsten und siebten Jahres bezüglich der prämaturen Verwachsung der Pfeilnaht eine kritische Phase durchläuft. Bei ungefähr drei Prozent unserer Kinder ereignet sich in dieser kurzen Zeitspanne eine prämature Schließung der Pfeilnaht. Sind sie diesem Alter einmal entwachsen, dann ist die Möglichkeit, daß sich dies (im Kindesalter) doch noch ereignet, gering oder, wie man wohl sagen kann, ausgeschlossen.»[51]

Da die Form der Schädelhöhle um das siebte Jahr ihre endgültige Gestalt erreicht hat, hat diese frühe Verknöcherung der Pfeilnaht keine

Mißbildungen zur Folge. Das ist aber sehr wohl der Fall, wenn die Naht noch früher, im Kleinkindalter, zu verknöchern beginnt: Es entsteht dann ein sogenannter keilförmiger Schädel (Scaphocephalus).

Im allgemeinen ist in der Entwicklung des menschlichen Schädels der Jahrsiebtrhythmus deutlich erkennbar (siehe auch Abb. 35, S. 94). Im ersten Jahrsiebt erreichen Schädelraum, vorderer Zahnbogen und S-Gestalt des Kiefergelenks ihre endgültige Gestalt. Im zweiten Jahrsiebt entwickeln sich das Kinn (siehe Abb. 133, S. 285) und das endgültige Gebiß (siehe Abb. 124, S. 270). In der Schädelbasis befindet sich eine knorpelartige Wachstumszone zwischen Keilbein und Pars basilaris. Diese Wachstumszone bleibt bis in die Pubertät aktiv, im Anschluß an die Metamorphose, die der Antlitzschädel im zweiten Jahrsiebt durchmacht.[445] Die Verknöcherung dieser Wachstumszone wird dann ihrerseits wiederum um das zwanzigste Lebensjahr vollendet, was als Kriterium dafür gilt, daß der Schädel ausgewachsen ist.[51] Zu bemerken ist außerdem, daß die Phase der aktivsten Schädelnahtverknöcherung um das Ende des vierten Jahrsiebts angesetzt wird.[27]

Der Jahrsiebtrhythmus, der auch im menschlichen Wachstum (siehe Kap. 3) und in der menschlichen Fortpflanzung (siehe Kap. 9) deutlich erkennbar ist, geht mit einer weitreichenden Entkopplung des Wachstums zwischen verschiedenen Körperbereichen einher. Zum Schädelwachstum bemerkt Bolk: «Merkwürdigerweise beginnt gerade nach dem Abschluß des Gehirnschädelwachstums die zweite Phase der raschen Entwicklung des Antlitzschädels und das Entstehen des bleibenden Gebisses. Der Unterschied zwischen dem Erreichen des ausgewachsenen Zustands des Antlitzschädels und desjenigen des Gehirnschädels ist beim Menschen stärker als bei jeglichem anderen Primaten.»[51]

9.
Die menschliche Fortpflanzung

Rhythmen in der menschlichen Fortpflanzung

Das Fortpflanzungsvermögen ist wohl einer der Bereiche, wo die Fötalisationstendenz beim Menschen so weit durchgeführt ist, daß ein besorgniserregender Eindruck entsteht. Der Fötus und das Kind sind unfruchtbar; dieses Merkmal kann natürlich nicht bestehen bleiben (es sei denn, die biologische Fortpflanzung würde von etwas anderem abgelöst). Einige auffällige Phänomene aus dem Bereich der menschlichen Fortpflanzung seien hier zunächst aufgeführt: Beim Menschen wachsen die Geschlechtsorgane viel später als der gesamte Organismus (siehe Abb. 36, S. 96). Das menschliche Sperma ist bekannt für seine sehr große Zahl schlecht entwickelter Spermatozoiden (oft mehr als 40 Prozent); bei anderen Primaten – außer dem Gorilla – trifft man nicht auf eine so große Zahl defizienter Keimzellen. Auch die Zahl früher, spontaner Aborten (Fehlgeburten) ist beim Menschen äußerst hoch. Einmalige Insemination (künstliche Befruchtung) führt beim Rind in 75 Prozent der Fälle zum Erfolg; beim Menschen liegt die Chance auf eine gelungene Konzeption pro Zyklus oft bei weniger als 25 %.[471] Die Frau erreicht erst sehr spät ihre optimale Fruchtbarkeit (siehe Abb. 145 und 146). In der Zeit zwischen 12 und 14 Jahren geht mit 60 Prozent der Menstruationszyklen kein Eisprung einher; in der Zeit zwischen 18 und 20 Jahren beträgt diese Zahl noch immer 25 Prozent. Die maximale Fruchtbarkeit wird erst im Alter von 26 bis 30 erreicht (siehe Abb. 146).[124]

Auffällig ist, daß eine Phase von adoleszenter Unfruchtbarkeit auch bei den Menschenaffen feststellbar ist. Beim Schimpansen gibt es eine Zwischenzeit von einem bis zweieinhalb Jahren, in der das weibliche Tier einen Menstruationszyklus hat und regelmäßigen Geschlechtsverkehr ausübt, aber doch nur eine geringe Wahrscheinlichkeit hat,

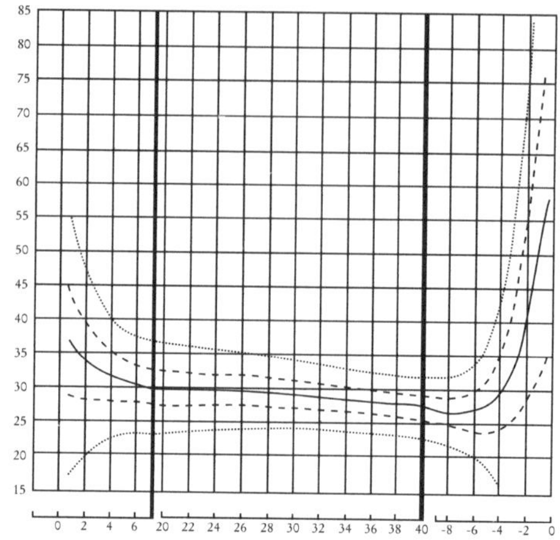

Abb. 145: Länge des Menstruationszyklus beim Menschen in Abhängigkeit vom Lebensalter. Das Lebensalter ist in drei Blöcke eingeteilt – links: die ersten sieben Jahre nach der Menarche; Mitte: das Alter von 20 bis 40 Jahren; rechts: die letzten acht Jahre vor dem Beginn der Menopause. Die durchgezogene Linie zeigt die durchschnittliche Zyklusdauer für jedes Alter an. Die Strichlinien geben den Bereich an, innerhalb dessen 50 Prozent der Zyklen fallen. Die Punktlinien begrenzen das Gebiet, in dem 90 Prozent aller Zyklen vorkommen. Die ersten und die letzten sieben Jahre sind gekennzeichnet durch längere und unregelmäßiger verlaufende Zyklen; der Block von 20 bis 40 Jahren zeichnet sich dagegen durch große Regelmäßigkeit aus. Die mittlere Zyklusdauer liegt für die fruchtbarste Epoche um 29 Tage.[452]

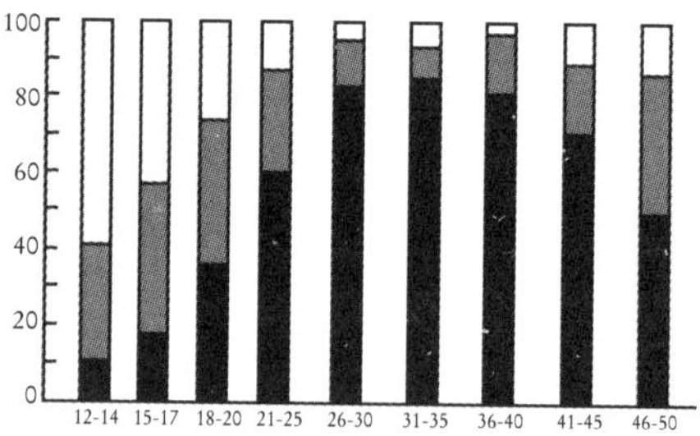

Abb. 146: Altersverlauf der weiblichen Fruchtbarkeit. Das Diagramm zeigt pro Altersgruppe (12 bis 14 Jahre, 15 bis 17 Jahre usw.) den Prozentsatz normaler Menstruationen (schwarz), Menstruationen ohne Eisprung (weiß) und vermutete sterile Menstruationen (schräg schraffiert). Die drei Kategorien werden mittels Feststellung der Körpertemperatur unterschieden (Näheres bei Döring[124]*).*

schwanger zu werden. Diese Periode der Unfruchtbarkeit erscheint beim Menschen stark ausgedehnt. R. V. Short folgert daher, daß der Mensch eine extrem unfruchtbare Art ist.[421]

Der Mondenzyklus und die Fortpflanzung

In seiner Schrift *Die Abstammung des Menschen* wies Darwin schon auf die Tatsache hin, daß bestimmte Vorgänge beim Menschen an Mondenrhythmen gebunden sind.[116] Er betrachtete dieses Phänomen als ein Argument für seine Hypothese, daß der Mensch von einem im Wasser lebenden fischartigen Vorfahren abstammt. Tatsächlich zeigt der Gezeitenrhythmus noch eine Untergliederung: Jede Woche wechseln sich starke und schwache Gezeiten ab. Die Gezeiten werden verursacht durch das Zusammenspiel der Schwerkraftfeldgradienten von Mond und Sonne in der Höhe der Erdoberfläche.[240] Dabei ist der Einfluß des Mondes auf die Gezeiten größer als der Einfluß der Sonne (das Verhältnis der Kräfte beträgt 1 : 0,46). Das Zusammenspiel von Sonne und Mond verursacht einen deutlichen Wochenrhythmus der Gezeiten. Kurze Zeit nach Vollmond und Neumond gibt es Springflut, weil die Wirkungen von Sonne und Mond sich gegenseitig verstärken; wenn der Mond sich jedoch im ersten oder letzten Viertel befindet, wirken Sonne und Mond einander entgegen, und es gibt Nipptiden: Ebbe und Flut sind dann weniger extrem. Der Unterschied zwischen Springflut und Nippflut ist erheblich: Nach grober Einschätzung sind die sich ergebenden Kräfte, die bei einer Springflut wirksam sind, ungefähr 2,7 mal stärker als bei Nippflut. Springflut und Nippflut folgen aufeinander mit mehr als einer Woche Zwischenraum. Der Zusammenhang zwischen den Mondphasen und der Stärke der Gezeiten ist einfach festzustellen; er war im Altertum zweifellos bekannt. Die Viergliederung des Monats in Wochen gibt diesen Rhythmus wieder.

Es ist merkwürdig, daß es ziemlich viele biologische Wochenrhythmen gibt: bei der Heilung der Wunden,[345] in den Schwankungen des Blutdrucks,[486] bei bestimmten Krankheiten wie Malaria,[372] bei immunologischen Reaktionen[366] usw. (siehe auch Levi/Halberg[280]; siehe Abb. 147 und 148). Es gibt auch Fälle von Schlafstörungen bei Blinden, die nach einem Gezeitenrhythmus verlaufen.[300] Bestimmte feste Gewebe sowie Zähne werden in einem Wochenrhythmus aufgebaut und zeigen davon in ihrer Feinstruktur die bleibenden Spuren.[10]

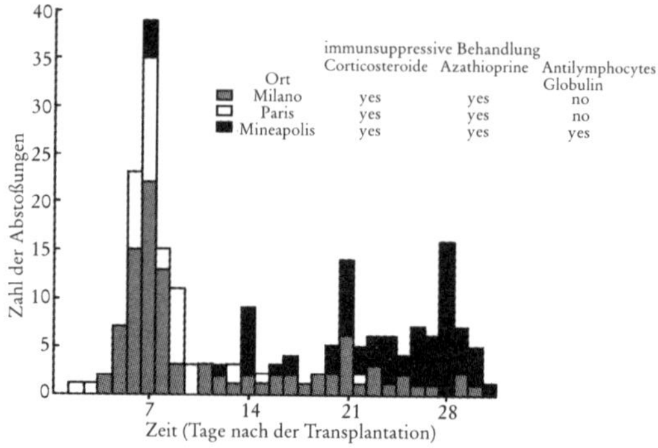

Abb. 147: Beispiel eines Wochenrhythmus beim Menschen: Abstoßen einer eingepflanzten Niere beim Menschen im Vergleich zur Anzahl der Tage nach der Operation; Zusammenfassung der Ergebnisse dreier Transplantationszentren.[280]

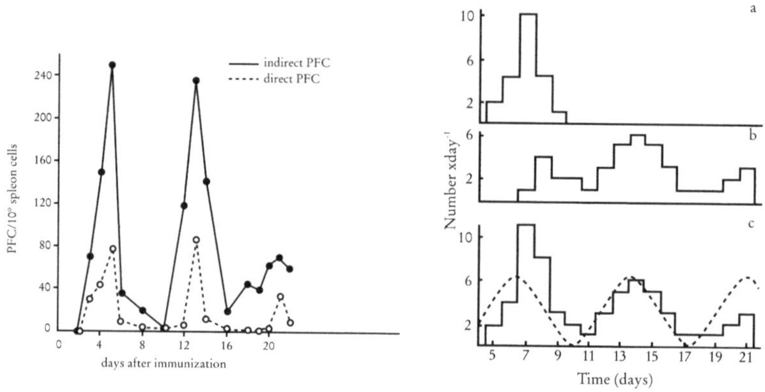

Abb. 148: Zwei Beispiele für Wochenrhythmen bei Tieren.
Links: Zu- und Abnahme der Menge von Antikörper produzierenden Zellen (PFC) in der Milz von Kaninchen nach der Injektion eines körperfremden Eiweißes am Tag 0.[366]
Rechts: Folgen der Infektion von Mäusen mit Malaria. Horizontale Achse: Tage seit der Infektion. Vertikale Achse: Anzahl der am betreffenden Tag gestorbenen Mäuse. Der Versuch wurde mit zwei Mäusestämmen, die einen unterschiedlichen Grad von Widerstandsfähigkeit gegen die Infektion hatten, durchgeführt. Der erste Mäusestamm (obere Kurve) zeigt ein allgemeines Sterben nach durchschnittlich einer Woche. Bei dem widerstandsfähigeren Stamm (mittlere Kurve) überlebten viele Mäuse die erste Woche, starben aber ungefähr 14 bis 21 Tage später. Die untere Kurve vereinigt beide Ergebnisse. Die Widerstandsfähigkeit des Organismus gegen die Krankheit zeigt eindeutig einen Wochenrhythmus.[372]

Es ist ebenfalls eine Tatsache, daß Mondrhythmen bei verschiedenen Meerestieren eine sehr große Rolle spielen. Nicht nur viele Fische, sondern auch Wirbellose weisen ein Fortpflanzungsverhalten auf, das eng mit den Mondphasen zusammenhängt; der Vorteil solchen Verhaltens ist nicht immer ersichtlich.[91]

Ein außerordentlich interessantes Beispiel ist der Lachs.[141] Der Coholachs (*Oncorhynchus Kisutch*) wächst nach einem rhythmischen Muster; Perioden schnelleren und langsameren Wachstums wechseln einander ab. Dieses Wachstum ist an die Mondphasen gebunden: Das Wachstum verläuft um die Zeit des Neumondes und des Vollmondes am langsamsten und um die des ersten und des letzten Viertels am schnellsten. Die Wachstumsgeschwindigkeit wechselt kurz vor dem 21. März am stärksten; der Frühlingspunkt ist ein wichtiger Moment für den Lachs. Die Forscher weisen hier auf eine merkwürdige Tatsache hin: Die erforschten Fische wurden in einem Labor mit künstlicher Beleuchtung gehalten; sie konnten den Mond nicht direkt wahrnehmen, und in ihrer Umgebung waren keine Gezeiten spürbar. Es bleibt daher ungeklärt, was Fische in die Lage versetzt, auf Sonnen- und Mondeinflüsse zu reagieren.

Es stellte sich heraus, daß auch andere primitive Tierarten über ein rätselhaftes Vermögen verfügen, das sie befähigt, sich den Mondphasen entsprechend zu verhalten. F. M. Brown und Y. H. Park fanden zum Beispiel, daß das Verhalten der Plattwürmer, im Laboratorium gezüchtet, einen Mondenrhythmus hat.[81] Dasselbe wurde bei Austern festgestellt.[79] Diese Meldungen sind allerdings stark umstritten; aber Spuren des Mondenrhythmus trifft man eindeutig auch beim Bau der Muschel, der Korallen und verschiedener Fischorgane.[330]

Der Lachs zeigt auch in seinem Migrationsverhalten einen deutlichen Mondeinfluß. Er schlüpft im Oberlauf der Flüsse, und kurz bevor er zum Meer zurückkehrt, verwandelt er sich, wodurch sich sein Verhalten und sein Stoffwechsel grundlegend verändert – ein notwendiger Vorgang, damit der junge Lachs im salzigen Wasser leben kann. Die Verwandlung wird durch das Hormon Thyroxin gefördert, und das Auffällige ist nun, daß die Konzentration des Hormons eine starke Zunahme zur Zeit desjenigen Neumondes aufweist, der dem Frühlingspunkt am nächsten ist. Die Wanderung des jungen Lachses zum Meer erreicht dann zur Zeit des Vollmondes einen Höhepunkt.[191] Es ist in diesem Zusammenhang bemerkenswert, daß die Kombination von Frühlingspunkt und Mondphasen auch eine Rolle bei der Festsetzung des Osterdatums spielt und daß der Fisch bei den ersten Christen ein vielverwendetes Christussymbol war.

Der Mondenrhythmus bleibt aber auch bei den auf dem Festland lebenden Tieren eindeutig bestehen, wo die Gezeiten keine Rolle spielen. C. P. Richter stellte Mondrhythmen bei Ratten mit Schilddrüsenerkrankungen oder Gehirnschädigungen fest, aber auch bei gesunden Tieren.[361] Auch beim Menschen gibt es Mondrhythmen.[466d] Die Symptome vieler Krankheiten weisen einen Mondenrhythmus auf. Richter gibt als Beispiel Fälle von Schizophrenie, Epilepsie und manischen Depressionen (diese Befunde sind aber sehr umstritten). Der Menstruationszyklus ist in Dauer und Phasenlage nicht immer an den Mondzyklus gebunden. Beim Breitnasenaffen *Saimiri* fand Richter einen deutlichen Mondzyklus bei männlichen und weiblichen Tieren; der Menstruationszyklus von *Saimiri* umfaßt dennoch nur zehn bis zwölf Tage. Aus der Tatsache, daß Zyklen von ungefähr dreißig Tagen beim Menschen wie beim Tier sehr häufig vorkommen, schließt Richter – im Anschluß an Darwin –, daß der Mondenrhythmus naturgeschichtlich sehr alt sein muß. F. M. Brown gelangt zu demselben Ergebnis.[80] Er verglich die Schwangerschaftsdauer von 213 Landsäugetieren und kam zu dem Ergebnis, daß die Tragzeiten die klare Tendenz zeigen, ein Vielfaches von annähernd dreißig Tagen zu umfassen. Auch beim Menschen ist das der Fall: Der «synodische Monat» (der Zeitabstand zwischen zwei Voll- bzw. Neumonden) umfaßt durchschnittlich 29,53 Tage, und die Schwangerschaftsdauer beträgt beim Menschen durchschnittlich 266 Tage (von der Konzeption bis zur Geburt) oder genau neun synodische Monate (9 x 29,53 Tage = 265,77 Tage;[297] in der Fachliteratur findet man die Dauer der menschlichen Schwangerschaft mit 270 Tagen angegeben).

Die Länge des *Menstruationszyklus* ist individuell und altersbedingt unterschiedlich, dennoch beträgt ihre mittlere Dauer fast 29 Tage[297, 452] (siehe Abb. 145). Der Zusammenhang des Zyklusverlaufs mit den Mondphasen wird durch verschiedene Forschungsergebnisse bestätigt.[105, 106, 153] Die Ergebnisse dieser Forschungen (an amerikanischen Frauen) können folgendermaßen zusammengefaßt werden:

- Ungefähr 30 Prozent der Frauen haben einen Zyklus mit regelmäßiger Länge von 29,5 Tagen (± 1 Tag).
- Innerhalb dieser Gruppe fallen 65 bis 70 Prozent der Menstruationen in die «lichte» Hälfte des synodischen Monats, das heißt in die Woche vor oder nach Vollmond. Die meisten Menstruationen finden während des Vollmonds oder kurz danach statt.

– Bei Frauen mit unregelmäßigem Zyklus ist eine schwache Tendenz in der gleichen Richtung festzustellen. Frauen mit regelmäßigem Zyklus, der größer oder kleiner als 29,5 Tage ist, weisen natürlich keinen Zusammenhang auf.

Es gibt auch Hinweise auf einen Zusammenhang zwischen dem System der männlichen Harn- und Geschlechtsorgane und den Mondphasen. Die Krankenhausaufenthalte aufgrund von Verstopfung der Harnleiter durch Schwellung der Prostata zeigen einen signifikanten Zusammenhang mit den Mondphasen.[337]

Der Mensch und die meisten Primaten (die *Saimiri* bilden eine Ausnahme[289]) unterscheiden sich von den übrigen Säugetieren dadurch, daß sie den ursprünglichen und anscheinend sehr allgemeinen Mondenrhythmus in der Fortpflanzung besonders gut erhalten haben. Orts- und jahreszeitgebundene Rhythmen (Brunftzeit und dergleichen), wie sie die meisten Säugetiere haben, sind als artgebundene Spezialisierung zu betrachten. Mit Ausnahme der meisten Primaten findet man daher bei Säugetieren durchweg keine Dauer des Menstruationszyklus, die in die Nähe des synodischen Monats kommt. Schafe haben eine Zyklusdauer von rund 11 Tagen, Kühe von 21 Tagen, Mäuse von 5 bis 6 Tagen usw. Die Tatsache, daß der Menstruationszyklus bei den meisten Säugetieren keinen Zusammenhang mit dem synodischen Monat hat, wurde oft als Argument gegen die Existenz eines solchen Zusammenhangs beim Menschen vorgebracht. Diese Einwände gingen von der unbewiesenen Voraussetzung aus, daß der Mensch keine spezielle Stellung innerhalb der Säugetiere einnimmt. Der Mensch ist aber ein ganz besonders retardiertes Wesen. Gerade bei ihm kann ein ursprüngliches und allgemein verbreitetes Merkmal, der physiologische Mondenrhythmus, besser erhalten bleiben als beim Säugetier. Der Zusammenhang zwischen dem Menstruationszyklus des Menschen (und vieler Primaten) mit dem synodischen Monat kann als Merkmal des Typus I betrachtet werden.

Der Jahrsiebtrhythmus

Aus Abbildung 146 geht hervor, daß die weiblichen Zyklen, die an sich vom Wochen- und Monatsrhythmus beherrscht sind, während des Lebens in einem Jahrsiebtrhythmus ihren Charakter ändern. Die - Menarche findet bei der Frau außerdem um das dreizehnte bis vierzehnte Lebensjahr statt.[14, 16, 136] Eine Untersuchung bei Mädchen aus der ehemaligen DDR deckte dazu noch einen besonderen Jahreszeitenrhythmus auf: Die Menarche tritt vor allem im Winter oder Sommer, viel seltener im Frühling und Herbst auf; eine mögliche Erklärung dieses Phänomens gibt es nicht.[362] Um das fünfzigste Lebensjahr, also nach dem Abschluß des siebten Lebensjahrsiebts, tritt schließlich die Menopause ein.[15, 17] In der Zeit zwischen Menarche und Menopause kann auch eine bemerkenswerte Symmetrie festgestellt werden: Auf die Menarche folgt ein Jahrsiebt mit unregelmäßig verlaufenden Zyklen (während dieses dritten Jahrsiebts im Leben der Frau machen das Becken und der Geburtskanal übrigens noch bedeutende Veränderungen durch[304]); der Menopause ihrerseits geht ein Jahrsiebt voraus, während dessen die Zyklen erneut unregelmäßig werden; dazwischen liegt das Alter von 21 bis 42, in dem die Zyklen die größte Regelmäßigkeit zeigen. Es gibt darüber hinaus Hinweise, daß die zentrale Zeitspanne (zwischen 28 und 35) die fruchtbarste ist mit den am meisten regelmäßigen Zyklen; es ist auch die Zeit, in der sich die mittlere Zyklusdauer der Länge des synodischen Monats am meisten annähert.

Wir können feststellen: Der Mensch hat den Mondenrhythmus mit den Tieren gemein; doch der Jahrsiebtrhythmus scheint einmalig menschlich zu sein. Die Idee des Jahrsiebtrhythmus in der menschlichen Entwicklung war schon im Altertum bekannt. So schrieb beispielsweise Seneca, daß «jedes siebente Jahr dem Menschenleben sein Merkmal einprägt».[477] Auch gibt es einen astronomischen Rhythmus, den die Beobachter im Altertum mit dem Jahrsiebtrhythmus in Zusammenhang bringen konnten: Der Mond ist von den sieben traditionellen Planeten am schnellsten, Saturn dagegen am langsamsten; er kehrt erst nach 29,5 Jahren (= 29,5 x 365 d) an dieselbe Position vor dem Hintergrund der Fixsterne zurück[411] (siehe Abb. 149). Das bedeutet, daß 365 synodische Monate (= 365 x 29,5 d) in einen Saturnumlauf passen; die Umlaufzeit von Saturn und der synodische Monat stehen in einem Jahr-Tages-Verhältnis zueinander. Dieser bemerkenswerte Umstand hat auf die ersten genauen Beobachter der geheimnisvollen Bewegungen, die die Planeten vor dem Hintergrund der Fixsterne darbieten, gewiß großen Eindruck gemacht. Außerdem zeigt die Helligkeit Saturns einen besonderen Rhythmus von gut sieben Jahren, der für den aufmerksamen Beobachter bemerkbar sein könnte. Dieser Rhythmus wird durch das Ringsystem des Planeten verursacht (siehe Abb. 149). Die Ebene dieser Ringe – die äußerst dünn sind – bildet mit der Erd-

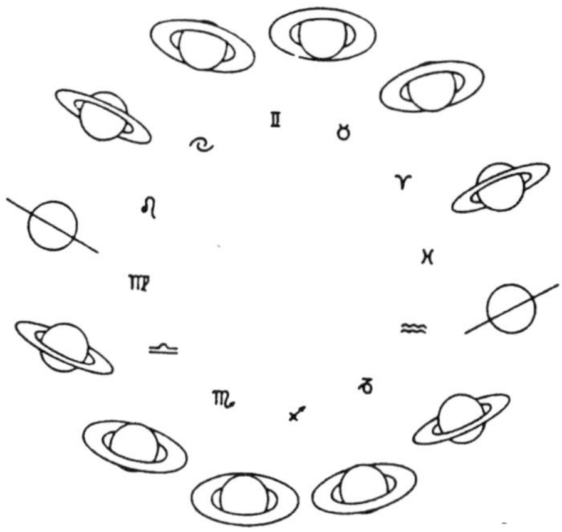

Abb. 149: Winkel, unter dem der Planet Saturn mit seinem Ringsystem von der Erde aus gesehen wird. Der gesamte Tierkreis wird in 29,5 Jahren durchlaufen. Wenn der Planet seine Ringe mit dem maximalen Winkel zur Erde wendet, ist seine gesamte Helligkeit bedeutend größer als in der anderen extremen Situation, wenn sich die Erde in der Ebene des Ringsystems bewegt und letzteres vorübergehend unsichtbar wird.[411]

bahnebene einen Winkel von 28°, so daß wir das Ringsystem im Laufe des «Saturnjahres» immer unter einem anderen Aspekt sehen. Wenn Saturn sich zwischen den Sternbildern Löwe und Jungfrau befindet, liegt die Ebene der Ringe fast in der Blickrichtung des Beobachters, und die Ringe sind dann sogar mit einem starken Teleskop nicht oder kaum zu sehen (siehe Abb. 149). Ungefähr sieben Jahren später hat sich die Ringebene bis zum größtmöglichen Winkel zur Blickrichtung geneigt. Mit dem bloßen Auge sind die Ringe an sich nicht sichtbar, aber der Planet ist doch sichtbar heller. Wieder sieben Jahre später hat Saturn erneut ein Helligkeitsminimum usw. Durchschnittlich ist die Zeitspanne zwischen Helligkeitsminimum und -maximum 29,5 : 4 = 7,375 Jahre; dieses Intervall kann zwischen etwas weniger als sieben und fast acht Jahren variieren. (Der Zyklus dieser Helligkeitsänderung umfaßt daher 2 x 7,375 ≈ 14,750 a.)

Es ist bemerkenswert, daß just der schnellste und der langsamste der sieben klassischen, mit dem bloßen Auge sichtbaren Wandelsterne Helligkeitsrhythmen aufweisen, deren Perioden sich wie Tag und Jahr verhalten, daß es in diesen Rhythmen eine Pendelbewegung von gut sieben oder vierzehn Tagen bzw. sieben oder vierzehn Jahren gibt und daß sich übereinstimmende Rhythmen im menschlichen Lebenslauf manifestieren.

Darwin glaubte, daß der Mondenrhythmus beim Menschen ein Atavismus sei, ein Beweis dafür, daß die menschlichen Vorfahren als primitive Fische in der Gezeitenzone gelebt haben müssen. Aber wie kann man erklären, daß gerade beim Menschen und bei den Primaten dieser Atavismus so gut erhalten blieb? Und wie kann man eine ähnliche darwinistische Erklärung geben für den Jahrsiebtrhythmus im menschlichen Lebenslauf? Die Rhythmen der menschlichen Entwicklung und Fortpflanzung müssen einen anderen Ursprung haben, und deren Existenz legt es sehr nahe, daß der Mensch kein Produkt natürlicher Selektion ist.

Die männlichen Geschlechtsorgane

1926 veröffentlichte Bolk eine Zusammenfassung seiner Retardationstheorie auf Französisch.[64] Als Reaktion darauf erschien ein ziemlich kritischer Aufsatz von H. Neuville.[319] Es ist jedoch auffällig, daß dieser Autor, obschon er der Theorie Bolks kritisch gegenübersteht, gerade den menschlichen Penis als ein sehr deutliches Beispiel menschlicher Retardation betrachtete. Bolk selbst hatte schon Ideen in derselben Richtung formuliert.

Eine Besonderheit des menschlichen Penis ist das geringe Maß, um das die Vorhaut zurückgezogen werden kann. Die Vorhaut löst sich zwischen dem ersten und dreizehnten Lebensjahr – hier gibt es starke individuelle Unterschiede – allmählich von der Eichel. Beim Neugeborenen sind Eichel und Vorhaut durchweg noch miteinander verklebt. Im erwachsenen Endstadium trifft man beim Menschen um den Penis eine dünne Haut an, die sich über den Penisschaft schieben läßt und in die Vorhaut übergeht, die um die Eichel eine doppelte Falte bildet. Die Vorhaut ist fest am Grund der Eichel befestigt. Auf der Unterseite des Penis nimmt diese Befestigung die Gestalt eines speziellen Bändchens an: das Frenulum (siehe Abb. 150).

Bei den meisten Säugetieren wird die Endphase der menschlichen Entwicklung (in der sich die Vorhaut von der Eichel loslöst) schon sehr früh erreicht, oft schon vor der Geburt. Bei den Affen tritt dieser Zeitpunkt etwas später ein, beim Menschen noch später. Anschließend

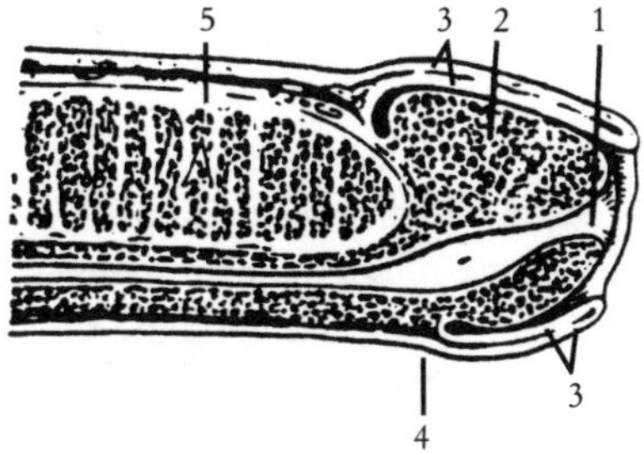

Abb. 150: Querschnitt der Spitze des menschlichen Penis. 1: Ausgang der Urethra; 2: Eichel; 3: doppelte Vorhautfalte; 4: Position des Frenulum; 5: Schwellkörper.[247]

setzt sich die Entwicklung beim Tier fort: Das Frenulum wird durchbrochen (bei den Affen oft schon in den frühen Kinderjahren); Spuren davon bleiben an der Unterseite der Eichel sichtbar. Der Loslösungsvorgang geht weiter, bis der größte Teil des Gliedes frei wird.[319] Beim erwachsenen Tier ist die vollständig vom Glied gelöste Vorhaut oft viel zu kurz, um den Penis noch bedecken zu können.[235] Es ist in diesem Zusammenhang bemerkenswert, daß bei jung kastrierten Tieren (z.B. Rindern) das Frenulum erhalten bleiben kann.[319]

Auch in anderer Hinsicht gibt es bei Affen Penisstrukturen, die in der fötalen Phase noch fehlen. Das oft zitierte Beispiel ist der Penisknochen (Baculum, ein sog. «Sesambein»). Bei erwachsenen männlichen Primaten findet man nahezu immer einen annähernd 1 cm langen Knochen am Ende des Penis. Die einzigen Ausnahmen sind der Mensch, der Koboldmaki und die höchstentwickelten Breitnasen (der Klammeraffe, der Spinnaffe und der Wollaffe).[324] Bei den Menschenaffen ist der Penisknochen nicht größer als bei den niederen Affen; im Verhältnis zu deren Körpergröße ist er daher drastisch verkleinert. Es ist interessant, daß sowohl bei den höchstentwickelten Breitnasen als auch bei den höchstentwickelten Schmalnasen der Penisknochen die Tendenz hat, zu verschwinden; bei den Breitnasen ist diese Tendenz noch weiter durchgeführt. Ansonsten bemerkten sowohl Bolk wie Neuville, daß die Geschlechtsorgane der Breitnasen in vieler Hinsicht menschenähnlicher sind als die der Schmalnasen.

Viele Tiere haben auf der Eichel und dem Glied verhärtete hornartige Strukturen, die die Gestalt von Fortsätzen, Stacheln oder richtigen Widerhaken annehmen können (Abb. 151). Es ist bemerkenswert, daß auch der Schimpansenpenis mit kleinen, harten Stacheln überzogen ist.[322] Beim Menschen gibt es derart spezialisierte Strukturen nicht.

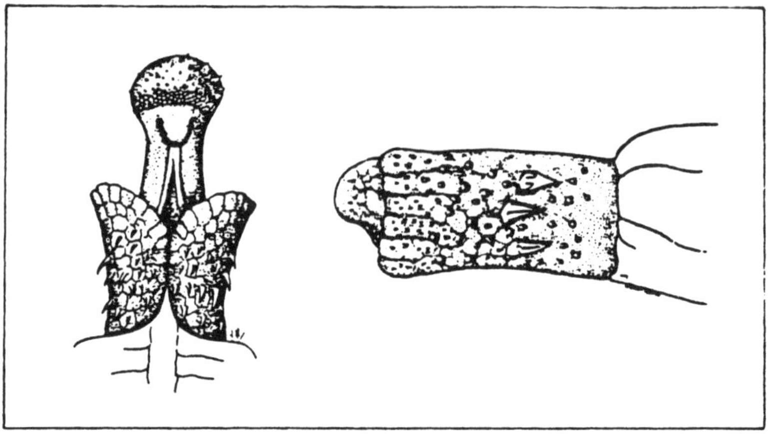

Abb. 151: Penis zweier Halbaffen: Arctocebus calabarensis (links, Ansicht von unten) und Lemur fulvus (rechts, Seitenansicht). Der hochspezialisierte Penis dieser Primaten ist bedeckt mit stachelförmigen Verhärtungen.[324]

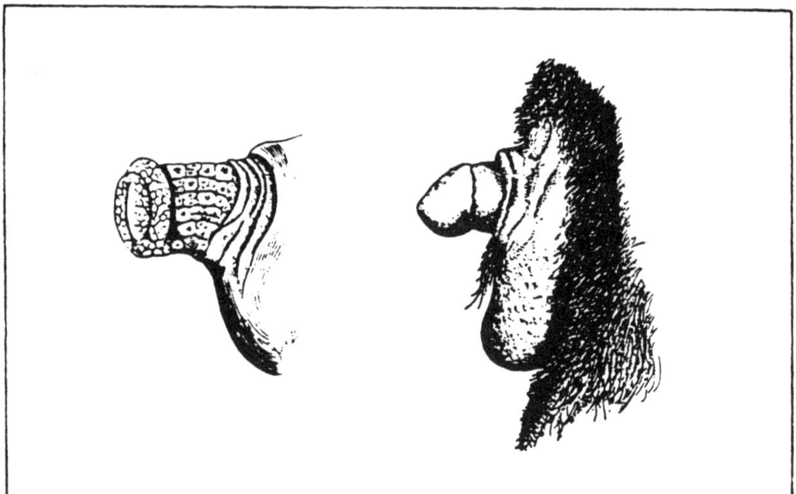

Abb. 152: Penis eines einjährigen (links) und eines erwachsenen Gorillas (rechts). Beim kindlichen Penis tritt als vorübergehendes Merkmal ein Mosaik von hornartigen Plättchen auf.[325, 326]

Der Gorillapenis zeigt ebenfalls eine interessante Entwicklung. W. C. Osman Hill und L. Harrison-Matthews waren erstaunt über den stark retardiert erscheinenden Penis dieses Tieres (Abb. 152).[325] Die männlichen Genitalien bleiben beim Gorilla in allen Entwicklungsstadien besonders klein. Die Vorhaut zieht sich wohl manchmal über das Glied zurück, aber weniger weit als bei jedem anderen nichtmenschlichen Primaten. Das Baculum erscheint beim Gorilla erst in den späteren Jugendjahren, während es bei den übrigen Menschenaffen viel früher auftritt. Die Forscher folgerten hieraus, daß der Penis des Gorillas, genau wie der des Menschen, unspezialisiert geblieben ist.

Kurze Zeit danach hatten die genannten Forscher die Gelegenheit, einen einjährigen männlichen Gorilla zu untersuchen.[326] Der vordere Teil des Penis war mit einem Mosaik schiefergrauer, glatter und harter Hautteilchen bedeckt (siehe Abb. 152). Eine nähere Untersuchung wies hier die große Übereinstimmung mit vergleichbaren Strukturen auf, die es bei erwachsenen Gibbons gibt. Beim Gorilla tauchen diese Strukturen anscheinend vorübergehend auf, um im späteren Alter wieder zu verschwinden. Die Entwicklung des Penis macht beim Gorilla also einen Umweg; eine Spezialisierung entwickelt sich und wird danach größtenteils wieder aufgegeben. Hände und Füße des Gorillas haben einen analogen Entwicklungsgang (siehe z.B. Abb. 94, S. 201). Beim Menschen kann von solchen Umkehrungen keine Rede sein: sowohl Hand wie Fuß wie Penis verfolgen einen direkten Entwicklungsgang von der fötalen zur erwachsenen Form.

Die weiblichen Geschlechtsorgane

Der Schimpansenfötus, den Bolk 1916 zur Untersuchung erhielt, war ein Weibchen. Bolk veröffentlichte schon bald darauf eine kurze Notiz, in der er unter anderem die Geschlechtsorgane dieses Fötus beschrieb.[52] Schon im 19. Jahrhundert wurde auf den Unterschied zwischen den weiblichen Geschlechtsorganen beim Menschen und bei Menschenaffen hingewiesen. Die letzteren hätten keine große Schamlippen. Dieser Unterschied wird von Bischoff, einem Gegner des Darwinismus, hervorgehoben, um die Verwandtschaft zwischen Mensch und Menschenaffen zu bestreiten. Bolk bemerkte aber, daß der von ihm untersuchte

Fötus sehr wohl große Schamlippen besaß. 1917 erblickte er in dieser Feststellung noch kein Argument für die Retardationstheorie, die er erst im Jahr darauf formulierte. In seiner Schrift *Gehirn und Kultur* («Hersenen en Cultuur») stellt er dann den Zusammenhang her: «Obwohl längst nicht so kräftig entwickelt wie beim Menschen, [gibt es] bei diesem fötalen Äffchen sehr wohl die Anlage großer Schamlippen. [...] Beim Fötus des Menschen und des Menschenaffen gibt es bestimmte körperliche Merkmale. [...] Während diese beim Menschenaffen verschwinden, bleiben sie beim Menschen erhalten, um sich sogar ganz dem Wachstum des gesamten Körpers entsprechend weiterzuentwickeln. [...] Auch in dieser Hinsicht wird der Mensch einen fötalen Charakter beibehalten [...] und stellt sich der Fötus des Menschenaffen als dem Menschen näher verwandt heraus als das erwachsene Individuum.»[54] Bolk betont weiterhin, daß Selektionsmechanismen unzureichend sind, um die fötalen Ähnlichkeiten zwischen Mensch und Menschenaffen zu erklären: «Daß weder der Verlust der gesamten Behaarung, außer der des Schädels, noch die Entwicklung großer Schamlippen Folge der Anpassung einer Funktion an die Änderung der äußeren Umstände sein kann, ist klar. Letztgenanntem Merkmal kann man schwer eine Funktion zuschreiben; es kommt als Angriffspunkt für eine Funktionsänderung überhaupt nicht in Betracht. [...] Ich sehe meinerseits [...] in diesen beiden Phänomenen den Ausdruck eines Entwicklungsganges, der von einem inneren Faktor bestimmt ist; Symptome einer determinierten Entwicklungsrichtung, die deshalb schon prinzipiell beim Menschenaffenfötus vorhanden ist.»[54]

A. Schultz bestätigte die Beobachtung Bolks.[384] Er fand, daß die großen Schamlippen bei den großen Menschenaffen in der späteren fötalen Phase und in der früheren Kindheit gut entwickelt sind, dann aber verschwinden. Auch bei den niederen Affen, zum Beispiel den Makaken, findet man große Schamlippen während der fötalen Phase.[324] Außerdem sind die weiblichen Geschlechtsorgane des Gibbons viel menschenähnlicher als die der größeren Menschenaffen:[324] Beim Gibbon gibt es bei erwachsenen Weibchen manchmal noch große Schamlippen, wenn auch bei diesen Tieren der Schwundvorgang klar nachzuweisen ist. Interessant ist weiterhin, daß beim Zwergschimpansen, der als eine neotenische Form des gewöhnlichen Schimpansen gilt, die großen Schamlippen viel besser erhalten bleiben.[108]

Auch das Hymen oder Jungfernhäutchen wird als Beispiel menschlicher Retardation herangezogen.[185] Affen haben kein Jungfernhäutchen. Umstritten war dagegen lange Zeit die Existenz des menschlichen Hymens. Aristoteles war der erste, der die Existenz des Jungfernhäutchens beim Menschen bestätigte. (Es ist übrigens bemerkenswert, daß die griechische Gottheit der Ehe Hymen genannt wurde.) Zwischen dem 16. und dem 18. Jahrhundert gab es immer mehr Autoren, die das Vorhandensein des Jungfernhäutchens als Unsinn beiseite schoben; viele fanden das Häutchen sogar bei jungen Mädchen nicht vor, andere bestritten dessen Existenz, weil seine Struktur gänzlich zwecklos sei (dieser Punkt wird auch bei Gould besprochen[185]). Vesalius bestätigte die Existenz des Hymens, Buffon verneinte sie wieder (für weitere historische Einzelheiten siehe R. W. Gutt[196] und E. Fischer-Homberger[143]). Bis vor wenigen Jahren war es unklar, inwieweit das Jungfernhäutchen tatsächlich ein allgemein menschliches Phänomen ist. Eine Untersuchung von 1131 neugeborenen weiblichen Babys zeigte jedoch, daß sie alle, ohne Ausnahme, ein Hymen hatten.[241]

Die Vagina erscheint im Laufe der fötalen Entwicklung zunächst als ein massives Organ, als «Vaginalplatte». Innerhalb dieses Organs entsteht allmählich dadurch ein Höhle, daß sich die inneren Körperzellen mit Feuchtigkeit füllen und ihre Zellwände verlieren (die sogenannte Vakuolisierung). Das Hymen ist nichts anderes als die dünne Vorderwand, die zurückbleibt, wenn dieser Vorgang der Höhlenbildung abgeschlossen ist. Bei den Affen verschwindet diese Wand im Anschluß daran. Wohl bleiben bei diesen Tieren zwischen Scheidenvorhof und Vagina oft Restgebilde sichtbar, kleine Erhebungen oder mehr oder weniger ringförmige Verdickungen,[324] doch nur beim Menschen bleibt die fötale Vorderwand der vaginalen Höhle als solche bestehen (siehe Abb. 153).

Im übrigen trifft man bei Affen und Halbaffen noch verschiedene Entwicklungen an, die beim Menschen ausbleiben. Der Kitzler wächst zum Beispiel bei manchen Affen und Halbaffen zu einem Organ von ziemlicher Größe heran, gestützt von einem Kitzlerknochen. Eine Merkwürdigkeit, die es bei vielen Schmalnasen gibt, ist auch das Phänomen periodischer Anschwellungen bestimmter Körperteile. Es entsteht beim Affenweibchen eine sehr auffällige, geschwulstartige und grell gefärbte Schwellung, die das Gebiet der Genitalien und des Gesäßes, der Schwanzwurzel oder andere Teile des Rumpfes umfassen kann. Die Schwellung entwickelt sich am Ende einer menstrualen Blutung langsam und erreicht um die Zeit des Eisprunges ein Maximum. Dann verschwindet sie sehr rasch, oft innerhalb eines Tages. Nur während der Schwellungsperiode ist das Weibchen zum Paaren bereit.

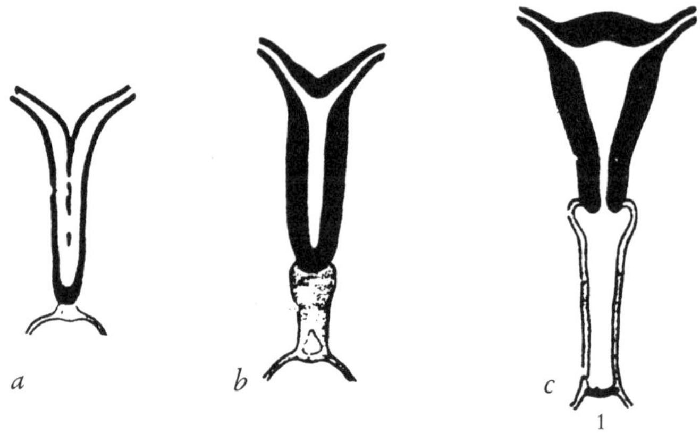

Abb. 153: Die Vaginalplatte (gestrichelt) entwickelt sich in kaudocephaler Richtung unterhalb des Uterus (schwarz). Durch Vakuolisierung wird die Platte allmählich hohl. Dennoch bleibt beim neugeborenen Menschen die vordere Wand der Vaginalplatte als Hymen intakt (1). a: Fötus von 9 Wochen; b: am Ende des dritten Monats; c: Neugeborenes.

Abb. 154: Genitale Anschwellung bei einem weiblichen Schimpansen.[408]

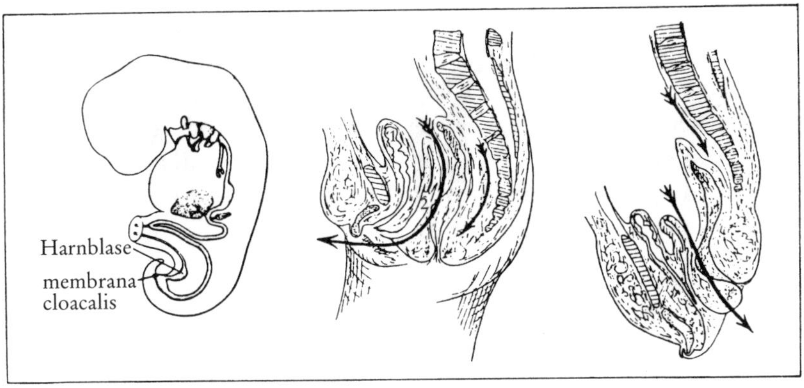

Abb. 155: Beckenkrümmung.
Links: Querschnitt eines fünf Wochen alten menschlichen Embryos (die Lage ist beim Schimpansen im gleichen Entwicklungsstadium ganz analog). Die eindeutig nach vorne orientierte Lage des Hauptes fällt auf. Aber auch der Unterkörper zeigt eine Vorwärtskrümmung.
Mitte: Querschnitt der Beckengegend eines zweijährigen Mädchens. Die gesamte vorwärtsgewandte Krümmung (1: Harnblase und Harnleiter; 2: Vagina) bleibt erkennbar.
Rechts: Querschnitt der Beckengegend eines halberwachsenen weiblichen Schimpansen. Die Abweichung von der embryonalen, vorwärtsgewandten Krümmung ist deutlich erkennbar.[61]

Das Phänomen der genitalen Schwellung läßt sich unter anderem bei vielen Makakenarten beobachten, bei allen Pavianen und – sehr auffällig – bei den Schimpansen (siehe Abb. 154). Beim Gibbon gibt es dieses Phänomen dagegen nicht, beim Gorilla nur in geringem Maße. Beim Orang-Utan tritt die genitale Schwellung bemerkenswerterweise nur während der Schwangerschaft auf.[391] Beim Menschen fehlt der Anschwellungszyklus vollständig. Der Mensch unterscheidet sich von den meisten Primaten und Säugetieren dadurch, daß der Moment des Eisprunges äußerlich gänzlich unsichtbar bleibt; es wurden viele, oft weit hergeholte Versuche unternommen, diese anthropologische Besonderheit zu erklären.[112] Tatsächlich kann dieses Merkmal als das einfache Erhalten von kindlichen Zügen betrachtet werden.

Bolk war ein recht allgemeines embryonales Merkmal wichtig, das beim Menschen erhalten bleibt: Der Embryo von Mensch und Tier ist charakterisiert durch eine gekrümmte Form; Haupt oder Kopf, aber auch das Beckengebiet ist ventral zusammengebogen (siehe Abb. 155);

beim Menschen bleibt diese Orientierung nach vorn auch noch im erwachsenen Alter erhalten. Daraus ergibt sich nach Bolk unter anderem die besondere Lage der Vagina bei der Frau (die zur Folge hat, daß sich der Mensch im Gegensatz zum Tier am besten ab anteriore paart). Beim Schimpansen ereignet sich eine tiefgreifende Änderung der embryonalen Orientierung: Die ursprüngliche Krümmung wird aufgegeben, und es entsteht eine mehr gestreckte, sogar rückwärtsgewandte Orientierung.

Das Rätsel der menschlichen Fortpflanzung

Zoologisch betrachtet, zeigt die menschliche Fortpflanzung eine Reihe von Besonderheiten. Für einige Phänomene wurde nie eine einigermaßen befriedigende Erklärung gefunden. In anderen Fällen sind die wilden Spekulationen nicht zu zählen. Wir schauen uns exemplarisch drei Beispiele an.

Die Senkung der Hoden

Die Säugetiere (einschließlich der Beuteltiere, aber nicht der Monotremen) sind gekennzeichnet durch eine Senkung der Hoden (Descensus testis). Ursprünglich werden sie in der Nähe der Nieren veranlagt. Im Laufe der Entwicklung wandern sie dann in kaudale Richtung, wobei sie oft außerhalb des eigentlichen Rumpfes in einem Hodensack (Skrotum) landen – das ist bei allen Primaten der Fall. Bei einigen Säugetieren bildet sich zwar kein Skrotum, aber es findet eine innere Wanderung der Hoden in kaudaler Richtung statt: bei Walen, Delphinen, den Gürteltieren. Oft fehlt das Skrotum bei Tieren, die sich dem Wasser angepaßt haben: bei Seehunden, Nilpferden, Seekühen; auch bei einigen Insektenfressern, Nagetieren und Beuteltieren und bei Nashorn und Elefant ist das Skrotum nicht vorhanden. Bei Vögeln gibt es keine Spur einer Senkung der Hoden.

Bei den Primaten tritt dieses Merkmal stärker in den Vordergrund als bei den übrigen Säugetieren, und bei den höheren Primaten können wir zusätzlich noch eine Beschleunigung dieser Senkung beobachten. So ereignet sich die Senkung bei den niederen Affen kurz vor oder während der Geschlechtsreife, bei den Menschenaffen aber durchweg schon während der Kindheit und beim Schimpansen sogar kurz nach der Geburt. Beim Menschen schließlich vollzieht sich die Senkung bereits vor der Geburt (während des achten fötalen Monats).

A. Portmann hat diese Betrachtung noch weiter ausgedehnt:[353] Bei den höheren Wirbeltieren gibt es im großen und ganzen eine gesteigerte Tendenz zur kaudalen Verlagerung der Geschlechtsdrüsen (Gonaden). Je mehr sich der Kopf gegenüber dem Rumpf differenziert, um so mehr ist auch eine Veranlagung der Gonaden zum kaudalen Pol hin zu beobachten. «Der seltsame Akt des Heraustretens der Hoden in das Skrotum, wie wir dies bei den höheren Säugern sehen, [erscheint] als unmittelbare Fortsetzung eines Geschehens, das schon auf niederen Stufen der Wirbeltierbildung ein Ziel der allgemeinen Umwandlung gewesen ist.»

Der Mensch bildet hinsichtlich der Senkung der Hoden also den Endpunkt eines Vorgangs, der bis weit ins Tierreich zurückverfolgt werden kann. Die Bedeutung dieses Vorgangs ist aber nicht bekannt.[289, 401]

Die Menstruation

Das Phänomen der Menstruation wird bei den höheren Primaten immer auffälliger. R. D. Martin stellt beispielsweise fest: «Das Auftreten der Menstruation ist unter den Primaten ein veränderliches Merkmal. Es gibt sie gar nicht bei Lemuren und Loris, und sie ist kaum erkennbar beim Gespenstertierchen und bei den Neuweltaffen, bei denen oft eine mikroskopische Untersuchung erforderlich ist, um das Auftreten der Blutung festzustellen. Bei Altweltaffen und Menschenaffen ist die Menstruation ziemlich leicht an äußerlich sichtbaren Zeichen der Blutung zu erkennen; doch bei keiner Art ist die Menstruation so umfangreich und dermaßen leicht erkennbar wie bei der Frau. Diese offensichtliche natürliche Skala im Auftreten der Menstruation läuft einigermaßen parallel mit der Steigerung der Einstülpungsprozesse, die mit der Bildung der Plazenta zusammenhängen; [...] und dieser Parallellismus legt einen funktionalen Zusammenhang zwischen beiden Phänomenen nahe.»[289]

Bei den Primaten steigert sich die Durchdringung der mütterlichen und der fötalen Zirkulation tatsächlich, je mehr wir uns dem Menschen nähern: «Bei den Schweineartigen befinden sich sechs zelluläre Schichten zwischen dem mütterlichen und dem fötalen Blut (sog. epitheliochoriale Plazenta); bei den Katzen- und Hundeartigen gibt es vier zelluläre Schichten (sog. endotheliochoriale Plazenta); bei den Primaten ist die Plazenta hämochorial, das heißt, das mütterliche Blut fließt frei und unter hohem Druck durch die fötalen Gefäße der Plazenta. Bei allen Primaten [außer dem Menschen] gibt es noch zwei zelluläre Schichten, beim Menschen während des dritten Drittels der Schwangerschaft nur eine einzige zelluläre Schicht zwischen mütterlichem und fötalem Blut, und der Austausch von Sauerstoff und Nährstoffen ist sehr hoch.»[7]

Nach M. M. Abitbol hängt die stärkere Durchdringung der mütterlichen und der fötalen Zirkulation beim Menschen mit dem sehr hohen Bedarf an Sauerstoff und Glukose des fötalen Gehirns zusammen (beim ruhenden Menschen verbraucht das Gehirn gut 20 Prozent des Sauerstoffs und 70 Prozent der Glukose, bezogen auf den Gesamtbedarf des Körpers). R. D. Martin bringt die stärkere Durchdringung hingegen mit dem größeren Körperumfang der höheren Primaten in Zusammenhang: Bei verhältnismäßiger Vergrößerung steigert sich das Volumen des Fötus mehr als die Kontaktoberfläche, über die der Stoffwechsel zwischen Mutter und Fötus stattfinden kann, während der Stoffwechsel sich nicht gleichermaßen verringert. Der äußerst effiziente Stoffaustausch zwischen dem Fötus und seiner Mutter bildet den Höhepunkt einer Tendenz zu immer weiterreichender Brutfürsorge, welche wir durch das gesamte Tierreich hindurch beobachten können. Trotzdem bleiben noch viele Fragen ungelöst. Ist die Gestalt der menschlichen Plazenta eine primitive oder eine abgeleitete Form (siehe Literaturhinweise Martin[289])? Sind die starken menstrualen Blutungen beim Menschen und seine Plazentagestalt Folgen eines und desselben zugrundeliegenden Merkmals, wie es Martin vermutet? Die Antworten sind unbekannt; wir wissen nur, daß die stärker retardierten Primaten dem menschlichen Zustand systematisch näherrücken.

Behaarungsmuster und Schweißdrüsen

Die menschliche Behaarung ist, im Ganzen betrachtet, gegenüber der Haartracht der Primaten zurückgeblieben. Doch ist die Behaarung des Kopfes beim Menschen besonders gut entwickelt. Das Haarkleid bildet sich im Laufe der fötalen Entwicklung in cephalokaudaler Richtung. In diesem Zusammenhang ist es bemerkenswert, daß auf den am meisten distalen Oberflächen, den Handflächen und Fußsohlen, kein

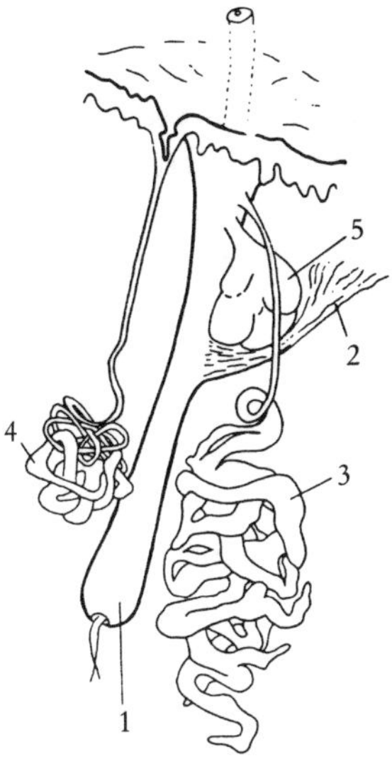

Abb. 156: Struktur der Haut und der Hautdrüsen. 1: Haarwurzel; 2: Haarmuskel; 3: apokrine Drüse; 4: ekkrine Drüse; 5: Talgdrüse.[141a]

Haar entsteht. Die Ausgangspunkte des cephalokaudalen und des kaudocephalen Wachstumsstroms zeichnen sich durch eine maximale bzw. minimale Behaarung aus (vgl. Abb. 38, S. 100). Es ist auffällig, daß um die Pubertät, wenn der cephalokaudale Wachstumsstrom eine Tendenz zur Dominanz in den Gliedmaßen zeigt, im proximalen Bereich derselben auch eine starke Behaarung (Achsel- und Schamhaar) auftritt. Das scheint darauf hinzuweisen, daß die Behaarung eng mit dem cephalokaudalen Wachstumsstrom zusammenhängt.

Der kaudocephale Wachstumsstrom scheint ebenfalls Träger eines begleitenden Organs zu sein: Die ekkrinen (nach außen ein sehr wasserreiches Sekret absondernden) Schweißdrüsen (siehe Abb. 156) entwickeln sich im Laufe der embryonalen Entwicklung zunächst auf den Handflächen und Fußsohlen; am übrigen Körper treten sie erst viel später in Erscheinung. So wie die Haare auf dem Haupt am besten wachsen, sind die ekkrinen Schweißdrüsen an Handfläche und Fußsohle, wo sie pro Oberflächeneinheit fast viermal so häufig auftreten als anderswo, am besten entwickelt.

Bei den niederen Primaten trifft man nur auf Handflächen und Fußsohlen ekkrine Schweißdrüsen an; bei den höheren Primaten dehnen sie sich immer mehr über den gesamten Körper aus, während die Behaarung – vor allem bei den großen Menschenaffen – immer dünner wird. Die Abnahme der Behaarung und die Zunahme der ekkrinen Schweißdrüsen bei den höheren Primaten und vor allem beim Menschen scheinen Symptome des stärker werdenden Einflusses des kaudocephalen Wachstumsstroms im Zusammenhang mit zunehmender Retardation zu sein.

Neben den ekkrinen Schweißdrüsen (die beim Menschen für die Abkühlung von großer Bedeutung sind, siehe oben, S. 260) gibt es auch die sogenannten apokrinen (ein mehr eiweiß- und fettreiches Sekret produzierenden) Schweißdrüsen, die eng mit der Behaarung verbunden sind. «Beim Menschen treten die apokrinen Schweißdrüsen gehäuft im Bereich der Achselhöhlen auf, oberhalb des genitalen und rund um den analen Bereich, am Damm, im Gesicht, auf der Kopfhaut und im Nabelbereich. Es ist bezeichnend, daß das auch diejenigen Teile des Körpers sind, die noch einen starken Haarwuchs behalten haben.»[439] Die apokrinen Schweißdrüsen münden in einen Haarschaft ein (siehe Abb. 156), während die ekkrinen Schweißdrüsen frei in die Epidermis münden.

Die Konzentration und der Umfang der apokrinen Drüsen in der menschlichen Achselhöhle ist außerordentlich; dasselbe Phänomen gibt es nur noch – aber in geringerem Maße – bei den afrikanischen Menschenaffen. Das Vorhandensein von Haar und apokrinen Schweißdrüsen in der Achselhöhle wird durchweg als eine Anpassung an den menschlichen aufrechten Gang erklärt, durch den die apokrinen Drüsen – deren Geruch eine sexuelle Funktion zugeschrieben wird – ihre Aufgabe besser in der Achselhöhlengegend als im Genitalbereich erfüllen können. A. Hagen schreibt: «Das Geruchsorgan ist nur für Gegenstände der direkten Umgebung empfänglich. Die Gerüche der Tiere, die für deren Leben wichtig sind, werden normalerweise auf dem Boden zurückgelassen und können von anderen Tieren aufgespürt werden, wenn diese ihre Nase in der Nähe des Bodens halten. Da das menschliche Geruchsorgan durch den aufrechten Gang in eine Höhe von etwa 1,50 m gehoben wurde, kann es sich nicht mehr voll in seiner Funktion entfalten; es bildete sich daher allmählich zurück. Wenn diese Interpretation richtig ist, mag die folgende Annahme erlaubt sein: Im alltäglichen Leben des zivilisierten Menschen sind Gerüche, die von den Sexualorganen oder sonst vom Unterleib stammen, durchweg nicht wahrnehmbar. Die Achselhöhle aber ist in einer vorteilhaften

Lage, und ihre Gerüche haben mehr Erfolg. Der Achselgeruch hat sich deswegen beim Menschen entwickelt.»[199] Diese darwinistische Erklärung scheint aber schwer mit der Tatsache vereinbar, daß es die axillaren Drüsen auch bei den afrikanischen Affen gibt, sowie mit der Tatsache, daß das Schamhaar beim Menschen so gut entwickelt ist.

Die apokrinen Drüsen beginnen ihre Tätigkeit erst um die Pubertät. Der Sachverhalt, daß das Haar sowie die apokrinen und ekkrinen Schweißdrüsen so eng mit dem cephalokaudalen bzw. kaudocephalen Wachstumsstrom verbunden sind und eine derart einschneidende Änderung beim Erreichen der Pubertät aufweisen, läßt vermuten, daß die gesamte Entwicklung der sexuellen Funktionen mit der *Wechselwirkung* der beiden Wachstumsströme zusammenhängt.

Das Ganze wird noch komplizierter durch das Vorhandensein eines dritten Typus von Drüsen, der Talgdrüsen, deren häufiges Vorkommen beim Menschen genauso rätselhaft ist. Die Talgdrüsen erscheinen oft, aber nicht immer, zusammen mit Haaren. Im allgemeinen gehören zu großen Haaren kleinere Talgdrüsen und umgekehrt; die größten Talgdrüsen (z.B. im Antlitz) sind nicht mit Haar verbunden, sondern münden selbständig in der Hautoberfläche. Zahlreich sind die Talgdrüsen im Antlitz, am Hals und am oberen Teil des Rumpfes, wo sie während der Pubertät aus noch unbekannten Gründen zur Bildung von Akne führen können. Bemerkenswert ist, daß die Talgdrüsen bei Neugeborenen groß sind und auch funktionieren; dann gehen sie in einen Ruhezustand über, um während der Pubertät erneut tätig zu werden. Aus darwinistischer Sicht sind ihre Eigenschaften äußerst schwer zu erklären. Bei Tieren dienen Talgdrüsen oft dazu, die Haare fettig zu halten, aber diese Funktion entfällt beim Menschen; dennoch sind diese Drüsen beim Menschen sehr gut entwickelt. Die Erklärung der Existenz und der Tätigkeit der drei verschiedenen Hautdrüsen ist somit eine der größten Herausforderungen, vor die sich die physische Anthropologie gestellt sieht.

Die Milch

Die menschliche Milch hat im Vergleich zur Milch der Säugetiere in mehrfacher Hinsicht eine extreme Zusammensetzung. Sie weist einen sehr niedrigen Fett- und Eiweißgehalt und einen sehr hohen Gehalt an

Milchzucker (Laktose) auf. Ein niedriger Eiweißgehalt in der Milch geht mit einem langsameren Wachstum des Säuglings einher.[72] Der Energiegehalt der täglichen Milchproduktion ist bei Primaten niedriger als bei anderen Säugetieren.[289] Auch das deutet auf ein verhältnismäßig langsames Wachstum hin.

Die Zusammensetzung der verschiedenen Eiweiße beim Menschen ist für sich genommen schon außerordentlich. Milcheiweiß gibt es in zwei Formen: als lösliches Protein oder Molkeprotein und als Kasein. Letzteres ist nicht in Wasser löslich und tritt in Form kleinster Tröpfchen in der Milch auf, wodurch diese ihre weiße Farbe bekommt. Die menschliche Milch hat ein extremes Übergewicht an Molkeprotein, wie es bei keinem einzigen Tier vorkommt. Experimente zeigen, daß Molkeproteine die Widerstandsfähigkeit gegen Krankheiten steigern.[72] Optimale Verabreichung führt bei Hamstern zu einer Lebensverlängerung von bis zu 50 Prozent.

Es ist nun nicht so, daß die menschliche Milch außerordentlich viel Molkeproteine enthalten würde, sie enthält eher wenig davon; aber der Kaseingehalt ist im Verhältnis dazu noch stärker verringert. Ein hoher Kaseingehalt scheint mit den Voraussetzungen für ein schnelles Wachstum einherzugehen, während die Molkeproteine lebensfördernd und lebensverlängernd sind, aber für sich genommen ein langsames Wachstum ermöglichen. G. Bounos et al. schließen, daß die Zusammensetzung der menschlichen Milch die menschliche Retardation widerspiegelt.[72]

Die menschliche Milch hat weiterhin einen viel höheren Laktosegehalt als Tiermilch. Laktose ist ein spezieller Zucker, den es vorwiegend in der Milch gibt. Es ist ein Disaccharid: eine Verbindung von zwei einfachen Zuckerarten (Monosacchariden), und zwar von Glukose und Galaktose. Das Gehirn verbraucht sehr viel Glukose. Der geringe Eiweiß- und Fettgehalt der menschlichen Milch hängt mit dem verhältnismäßig langsamen globalen Wachstum des Säuglings zusammen, der hohe Zuckergehalt mit dem großen Umfang des Gehirns beim kleinen Kind.

Die Aufnahme von Laktose beginnt mit der Spaltung derselben in die zwei einfachen Zuckerarten. Um diese Umbildung zu ermöglichen, wird ein besonderes Enzym gebraucht: Laktase. Bei den Säugetieren ist Laktase nur während der Zeit des Säugens im Jungtier vorhanden; bei Ratten zum Beispiel gibt es schon nach den ersten zwei Lebenswochen weniger Laktase. Das erwachsene Säugetier kann also keine Laktose mehr aufnehmen. Bei vielen (doch nicht allen) Säugetieren kann der Konsum von laktosehaltigen Milchprodukten zu Übelkeiten führen (Magenkrämpfe, Durchfall usw).

Bolk hat darauf hingewiesen, daß der Fötalisationsvorgang bestimmter Merkmale bei den verschiedenen Menschenrassen ungleich weit vorangeschritten ist.[66] Er meint, daß Unterschiede hinsichtlich des Fötalisationsgrades bestimmter Merkmale die Hauptursache für die Rassenunterschiede sind. Das Vermögen, Laktose abbauen zu können, ist hierfür ein gutes Beispiel. Bei bestimmten Volksgruppen wird dieses Vermögen – das normalerweise ein kindliches Merkmal ist – bis ins Erwachsenenalter beibehalten. Das gilt vor allem für die europäischen Völker (mit den Griechen und Süditalienern, jedoch nicht den Spaniern, als besonderer Ausnahme). Bei den Völkern Ostasiens gibt es dagegen bei nur wenigen Erwachsenen noch das Vermögen, Laktose aufnehmen zu können. In diesen Ländern sind viele Milchprodukte weniger begehrt; in Bali (Indonesien) wird Milch sogar als Abführmittel verwendet. Auch bei bestimmten afrikanischen Völkern (und bei amerikanischen Schwarzen, wo das Phänomen 1963 entdeckt wurde) ist Laktasemangel sehr verbreitet.

Man hat versucht, das Verschwinden des Laktasemangels beim Menschen als ein Phänomen natürlicher Selektion zu deuten. Da seit der Entstehung von Viehzucht die Fähigkeit, Milch verdauen zu können, ein Vorteil wurde, sollte diese Eigenschaft sich rasch verbreitet haben.[198, 294] Diese Erklärung ist aber nicht haltbar angesichts der Tatsache, daß es Laktasemangel bei solchen Völkern gibt, die schon seit langem Viehzucht haben (Inder, Griechen, Ostafrikaner). G. Eichinger Ferro-Luzzi hat außerdem auf die Tatsache hingewiesen, daß die besser ernährte Bevölkerung nicht notwendigerweise auch eine solche ist, die sich mit höherem Tempo fortpflanzt (momentan zeigt sich global genau die entgegengesetzte Situation).[134] Das gesteigerte Vermögen, Laktose abbauen zu können, paßt dagegen viel mehr zum Muster der fortschreitenden Retardation beim Menschen.

Weshalb es Laktose und nicht die allgemein üblicheren Zuckerarten, wie Glukose und Saccharose, in der Milch gibt, ist ein Rätsel. Auch ist nicht bekannt, ob es einen Zusammenhang gibt zwischen dem sehr hohen Laktosegehalt in der menschlichen Milch und – bei einem Teil der Menschheit – dem Beibehalten des kindlichen Vermögens, Laktose verdauen zu können. Die menschliche Milch hat ihre Geheimnisse noch nicht preisgegeben.

10. Das Kompositionsphänomen

Schädelkrümmung und tiefe Retardation

1923 veröffentlichte Bolk seine Anschauung über den ursprünglichen Charakter des orthognathischen (d.h. schnauzenlosen) Schädels.[58] Der Mensch hat im Gegensatz zu den meisten Säugetieren einen Schädel, bei dem sich die Nasenhöhle unterhalb des Gehirnraumes befindet. Bei den meisten Tieren liegt sie davor; solche Schädel, die «prognathisch» genannt werden, zeigen natürlich eine Schnauzenbildung.

Wenn man die Basis des Schädels an der Schädelinnenseite vom Foramen magnum an bis zur Nasenbrücke verfolgt, trifft man auf drei Knochenelemente. Das erste, das sich direkt vor dem Foramen magnum befindet, ist noch ein Teil des Hinterhauptbeins, des «Os occipitale»; beim Menschen verläuft dieses Gebiet ab dem Foramen magnum ziemlich steil nach oben-vorne. Anschließend stößt man auf das Keilbein («Os sphenoidale»), das den vorderen Teil der Schläfe bildet, aber sich zugleich über einen Teil der Schädelbasis erstreckt. An dieses Keilbein schließt dann das Siebbein («Os ethmoidale») an (siehe Abb. 157).

Beim orthognathischen Schädel bildet (grob genommen; zu Kritik an Einzelheiten dieser Behauptung s. z.B. Gould[183]) das Os occipitale einen nach unten offenen, stumpfen Winkel mit den beiden folgenden Knochenteilen, die fast in einer Ebene liegen (Abb. 158). Den nach unten gerichteten Winkel nennt man sphenoidalen Winkel (α in Abb. 158).

Beim prognathischen Schädel ist der sphenoidale Winkel fast gestreckt. Os occipitale und Os sphenoidale befinden sich nun in einer Ebene. Aber jetzt gibt es einen nach oben geöffneten, stumpfen Winkel zwischen Os sphenoidale und Os ethmoidale. Abbildung 158 zeigt als Beispiel den Querschnitt eines Lemurenschädels. Den nach oben gerichteten Winkel nennt man den ethmoidalen Winkel (β in Abb. 158).

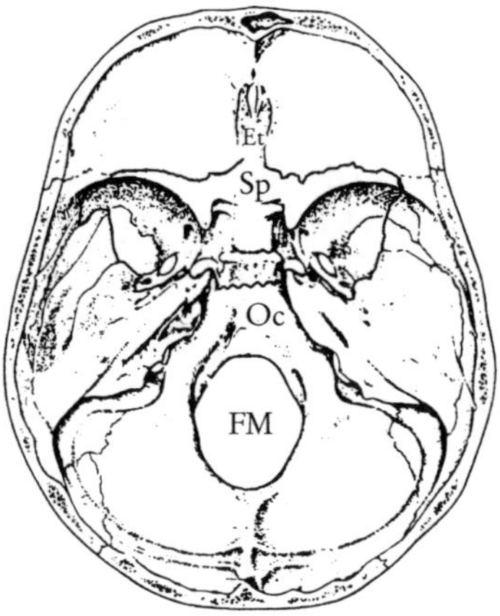

Abb. 157: Innere Schädelbasis, von oben betrachtet (man schaut auf den Grund, auf dem das Gehirn ruht). Antlitzseite oben, Nackenseite unten. FM: Foramen magnum; Oc: vorderer Teil des Hinterhauptsbeines (Os occipitale – Pars basilaris); Sp: Keilbein (Os sphenoidale); Et: Siebbein (Os ethmoidale).[247]

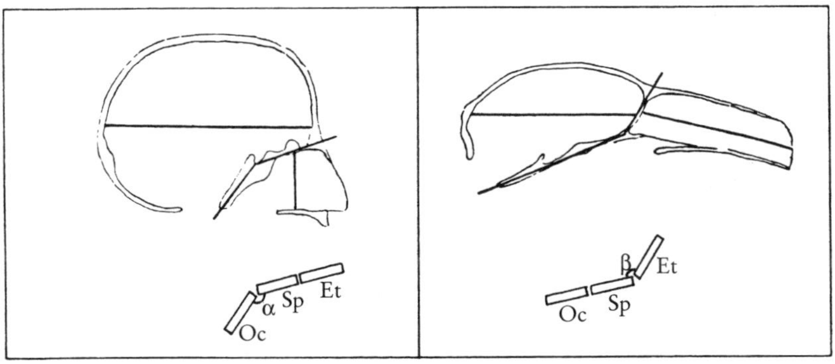

Abb. 158: Oben: schematischer Querschnitt des menschlichen Kopfes (links) und des Kopfes eines Lemuren (rechts). Der sphenoidale Winkel α und der ethmoidale Winkel ß sind angegeben.[58]
Unten: Schematische Darstellung der Orientierung des Os occipitale (Oc), Os sphenoidale (Sp) und Os ethmoidale (Et) beim Menschen und beim Lemuren.

Es ist natürlich klar, daß sich durch diese Ausrichtung die Nasenhöhle vor die Schädelhöhle schiebt: Das Tier hat eine Schnauze.

Wir wissen schon, daß sich das Foramen magnum bei den Primaten im fötalen Stadium unterhalb des sich entwickelnden Schädels befindet und sich im Laufe des Erwachsenwerdens nach hinten verschiebt. Der Mensch behält als einziger die fötale Primatenstellung bei. Bei Nichtprimaten stellte Schultz fest, daß sich das Foramen magnum von Anfang an hinten am Schädel befindet. Bolk entdeckte etwas, was sich hieran unmittelbar anschließt: Nicht nur der Mensch, sondern alle Affen haben – nach Bolk – einen orthognathischen Schädel. Bei vielen Affen ergibt sich durch eine starke Entwicklung des Nasenbodens und der Kiefer nach vorne zwar eine Art Schnauzenbildung, aber diese Schnauze hat nicht den Charakter der übrigen Säugetierschnauzen. Bolk weist darauf hin, daß gerade dadurch die Affen so menschenähnlich aussehen. Ihre Augen stehen oberhalb der Schnauze daher nahe zusammen (Affen blicken stereoskopisch); beim echten prognathischen Schädel stehen die Augen dagegen mehr oder weniger seitlich.

Bolk machte folgende fundamentale Entdeckung: Im Laufe der embryonalen Entwicklung eines Wirbeltieres bildet sich zuerst der sphenoidale Winkel, der typisch ist für den orthognathischen Schädel. Später erst flacht dieser Winkel ab, und es entsteht der ethmoidale Winkel, durch den sich der prognathische Schädel herausformt. Dieses Phänomen (Abb. 159 und 160) fand Bolk nicht nur bei den Säugetieren, sondern auch bei den Reptilien. Er schloß, daß die orthognathische Gestalt des menschlichen Schädels eine bleibende frühfötale Form ist. Der sphenoidale Winkel in der menschlichen Schädelbasis ist ein «wesentliches Merkmal des allgemeinen, primitiven Schädels der Wirbeltiere».

In Abbildung 120 (S. 264) ist Bolks Vergleich zwischen den fötalen und den erwachsenen Formen des Menschen und des Hundes wiedergegeben. Wir sehen, daß die frühfötale Phase in beiden Fällen sehr ähnlich ist. Der erwachsene Mensch behält die fötalen Krümmungen und Winkel des Schädels sehr gut bei, beim Hund tritt jedoch eine doppelte Veränderung auf. Auf der einen Seite streckt sich der Winkel zwischen Wirbelsäule und Schädelbasis. Das ist eine direkte Anpassung an die horizontale Körperhaltung des Hundes. Der Kopf orientiert sich neu, so daß die Sehachse wieder horizontal gerichtet ist. Das bedeutet im allgemeinen für einen Vierfüßer, daß die Sehachse ungefähr parallel zum Rumpfteil der Wirbelsäule zu liegen kommt. Die ursprüngliche Gestalt des Hundeembryos ist in dieser Hinsicht also noch zur aufrechten Körperhaltung

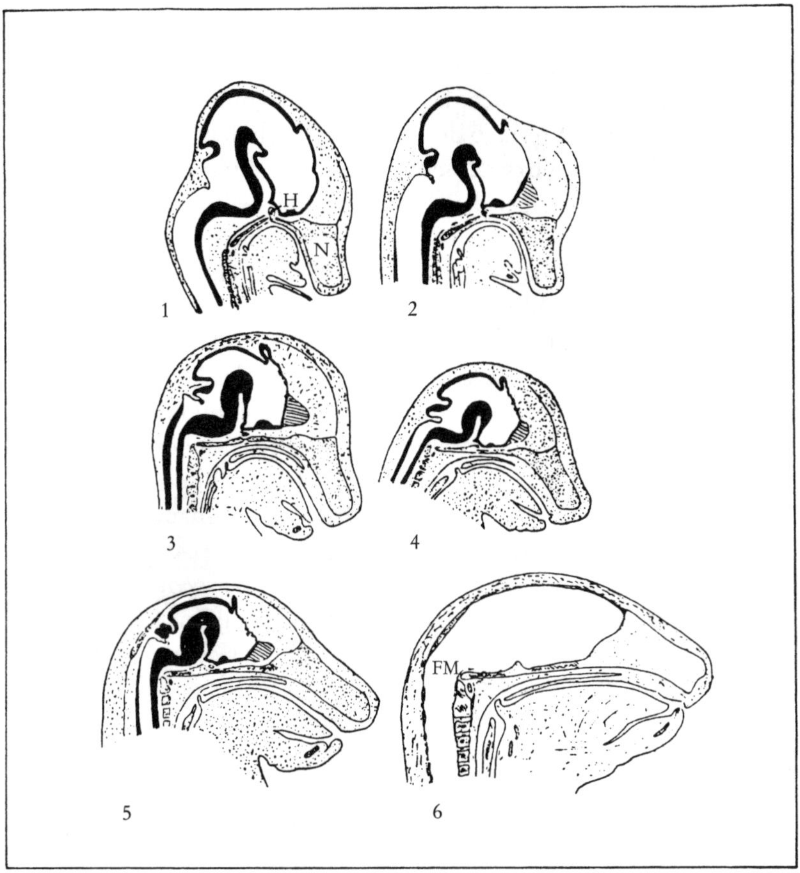

Abb. 159: Entwicklung eines Rattenschädels[58] (vgl. Abb. 120). 1: Embryo von 11,5 mm. Die Hirnanhangdrüse (Hypophyse) H befindet sich in der Nähe der Ecke des sphenoidalen Winkels. Die Nasenhöhle (N) ist nach unten gerichtet. 2: Embryo von 13,5 mm. Der sphenoidale Winkel wird flacher, aber die Nasenhöhle bleibt nach unten hin orientiert. 3: Embryo von 20 mm. Der sphenoidale Winkel ist verschwunden, die Drehung der Nasenhöhle beginnt. 4: Embryo von 25 mm. 5: Embryo von 35 mm. Der ethmoidale Winkel hat sich schon deutlich gebildet. 6: Embryo von 43 mm. Der ethmoidale Winkel hat seine Endgröße erreicht. Die Nasenhöhle befindet sich vor der Gehirnhöhle. Bemerkenswert ist auch die nach hinten verlagerte Position des Foramen magnum und die Verlängerung der Mundhöhle sowie der Zunge.

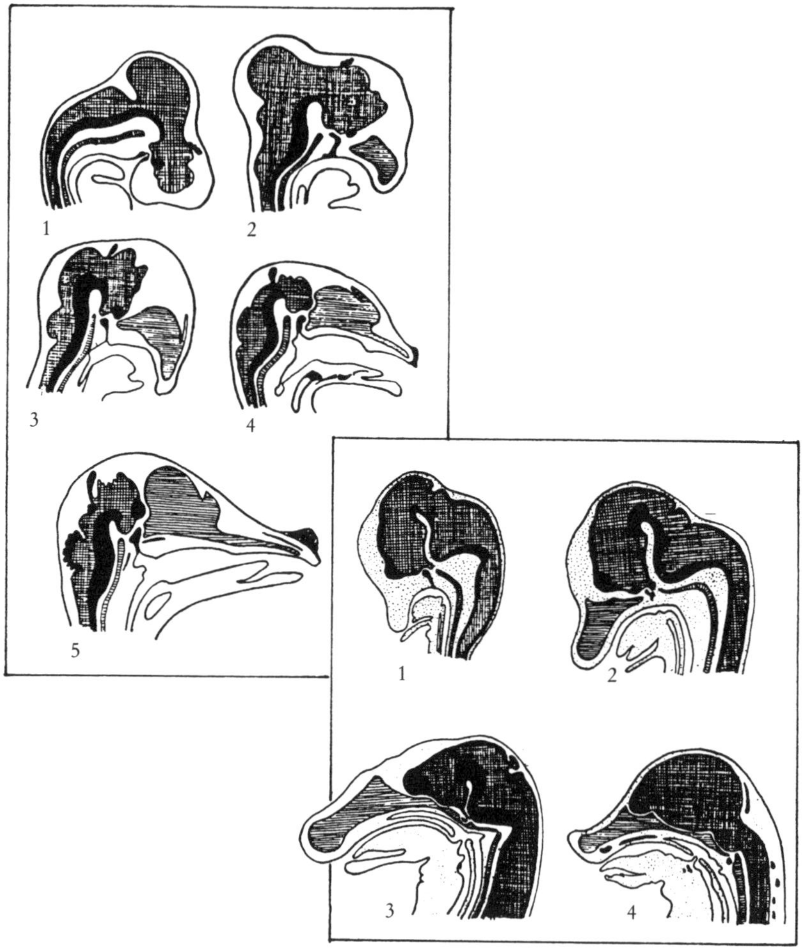

Abb. 160: Links: Entwicklung des Kopfes beim Huhn. 1: Embryo von 4,66 Tagen; 2: von 5,5 Tagen; 3: von 6,83 Tagen; 4: von 9 Tagen; 5: von 10 Tagen. Rechts: Entwicklung des Kopfes beim Maulwurf. 1: Embryo von 8 mm; 2: von 10 mm; 3: von 18 mm; 4: von 24 mm Länge.[107] *Die Lage des Gehirns ist in horizontaler und vertikaler Schraffur wiedergegeben, die der Nasenhöhle in horizontaler Schraffur (vgl. Abb. 159).*

hin orientiert. Auch sehen wir, daß sich die doppelte Nasenhöhle beim Hund vor den Gehirnraum stellt. Die Abbildungen 159 und 160 zeigen dasselbe Phänomen bei der Ratte, dem Maulwurf und dem Huhn.

Die Manteltiere als überspezialisierte Vertebraten

Die phylogenetische Abstammung der Wirbeltiere ist umstritten. Obwohl es alternative Theorien gibt (für eine Übersicht siehe Jefferies[239] oder Gee[163a]), bleibt die Anschauung W. Garstangs doch die am meisten akzeptierte.[159] Nach ihm sind die Vertebraten (die Wirbeltiere, zu denen Fische, Amphibien, Reptilien, Vögel und Säugetiere gehören) den Manteltieren (*Tunicata*) am nächsten verwandt; Vertebraten sind als Nachkommen retardierter Manteltiere zu betrachten.

Die Manteltiere (wir betrachten als Typusbeispiel die Sackscheide) weisen im Larvenstadium eine Anzahl von Merkmalen auf, die eine starke Verwandtschaft mit den Wirbeltieren vermuten läßt (siehe Abb. 161). Die Larve der Sackscheide ist ein frei schwimmendes Tierchen. Es ernährt sich nicht und bleibt in diesem Stadium nur einige Tage, während es seinen Standort aufsucht. Am Kopfende befinden sich einige Zapfen. Sehr auffällig ist das Gehirnbläschen (mit einem lichtempfindlichen Augenfleck), das sich in das Neuralrohr, eine Art Rückenmarksstrang, fortsetzt. Unterhalb dieses Rückenmarkes befindet sich die Chorda dorsalis, eine Bildung, die es auch in der embryonalen Entwicklung der Wirbeltiere gibt und die als eine Art Vorläufer der Wirbelsäule fungiert.

Wenn sich die Larve an ihrem endgültigen Standort festgesaugt hat, verwandelt sich das Tier vollständig: Die Chorda verschwindet, das Nervensystem wird zurückgebildet und durch ein neues System, bei dem die Rückenmarksstruktur gänzlich fehlt, ersetzt. Das Tier hat nicht länger einen eigentlichen Rücken. Was entsteht, ist ein zweigeschlechtlicher, festsitzender Futterfilter. Durch die obensitzende orale Öffnung saugt das Tier Wasser an; frei im Wasser schwebendes, organisches Material wird im Kiemendarm filtriert und direkt als Nahrung verwendet. Eine seitlich plazierte, kleinere Öffnung dient der Ausscheidung. Der Kiemensack, das Filtersystem, nimmt einen beträchtlichen Teil des Körperraumes in Anspruch. Der Magen und das Herz, die bei der Larve eine ziemlich zentrale Lage haben, gelangen in den «Fuß» des Tieres.

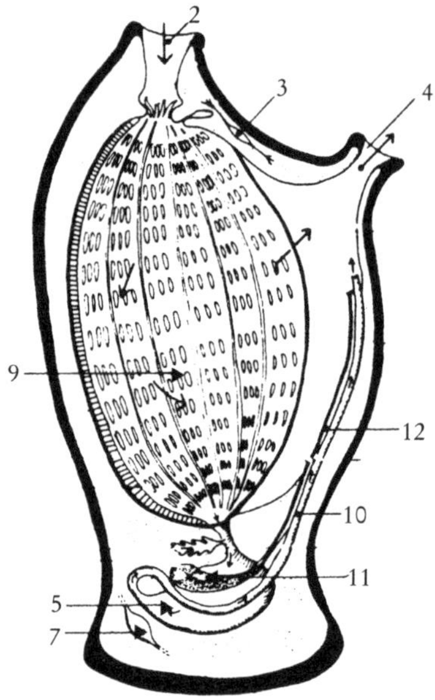

Abb. 161: Erwachsene Form (oben) und Larve (unten) einer Sackscheide (Ascidiacea; schematisierte Darstellung).
1: Saugpapille (larval); 2: Mundöffnung; 3: Gehirnbläschen (Larve)/ Nervenknoten (erwachsenes Tier); 4: Atrialöffnung (für die Ausscheidung); 5: Magen; 6: Neuralrohr (Larve); 7: Herz; 8: Chorda dorsalis; 9: Kiemensack; 10: Enddarm; 11: Fortpflanzungsorgane; 12: Eileiter. Beim erwachsenen Tier befindet sich die «Bauchseite» links, die «Rückenseite» rechts.[84a]

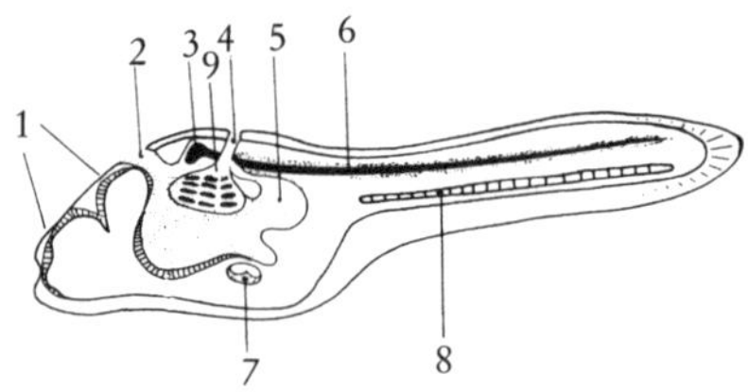

Die Sackscheidenlarve ist in vielerlei Hinsicht schon ein spezialisierter Organismus. Sie ist zwar nicht in der Lage, lange als frei schwimmendes Tier zu leben, doch zeigt sie eine Reihe von Merkmalen, die unwiderstehlich an den globalen Bauplan der Vertebraten erinnern:
- eine längliche Gestalt mit Kopf- und Schwanzende
- eine Chorda dorsalis
- ein Gehirn und ein Rückenmark (in sehr elementarer Form)
- Beweglichkeit
- eine zentrale Lage von Herz und Magen, die zusammen mit der Lage des Nervensystems eine Gliederung in Rücken- und Bauchseite ermöglichen.

Garstang behauptet, daß die Wirbeltiere durch Retardation des vor Hunderten von Millionen Jahren lebenden, primitiven Vorläufers der

Manteltiere entstanden sind. Diese Tiere hätten die erwähnten Jugendmerkmale beibehalten; die sehr extreme Spezialisierung zum festsitzenden Futterfilter sei vermieden worden. Die Vertebraten verhielten sich zu den Manteltieren wie der Mensch zum Affen. Die fötale Ausgangsgestalt ist für die beiden Organismen jeweils sehr ähnlich; aber während die eine Evolutionslinie – zum Menschen oder zum Vertebraten – der Anfangsgestalt näher bleibt, gibt es in der anderen Evolutionslinie – zum Schimpansen und zum Manteltier – mehr ontogenetische Kompression und Spezialisierung.

Gewisse Beobachtungen stützen diese Anschauung besonders. So gibt es eine Gruppe von Manteltieren (die *Larvacea*), die sich auch im erwachsenen Alter frei im Wasser bewegen und weniger von der Larvengestalt abweichen. Die *Larvacea* könnten ein Beispiel für stärker retardiert gebliebene Manteltiere sein.

Gould weist aber darauf hin, daß es keinen Grund gibt, die Urform der Wirbeltiere als Larve eines schon stark spezialisierten Tieres aufzufassen.[183] Es ist nach Ansicht dieses Forschers sehr wohl möglich, daß ein der unspezialisierten Sackscheidenlarve ähnliches Wesen in erwachsener Form Vorfahre der Vertebraten war. Diese unspezialisierte Form würde dann einerseits über extreme evolutive Kompression und Spezialisierung zu angehefteten Sackscheiden führen und andererseits zu Vertebraten, die die fundamentalen Merkmale der ursprünglichen Gestalt beibehalten und weiterentwickelt (expliziert) haben. Bei beiden Hypothesen gilt aber, daß die Vertebraten im Vergleich zu den Manteltieren als retardiertere Organismen zu betrachten sind.

Die Stachelhäuter

1845 entdeckte Johannes Müller, daß sich ein mikroskopisch kleines Meerestierchen, das man «Pluteus» genannt hatte, zu einem Seeigel entwickelt. Andere analoge, glasartige Tierchen entwickelten sich anscheinend zu Seesternen, Seewalzen und anderen Stachelhäutern. Der allgemeine Bauplan dieser Art von Larven ist einfach: Es besteht aus einem länglichen Bläschen, in dem sich ein geknickter Darmkanal befindet (Abb. 162). Es ist interessant, daß dieser Darmkanal an seinen Enden schon Krümmungen aufweist, die Bolk als ein allgemeines Vertebratenmerkmal erkannt hatte; nur beim Menschen in erwachsener

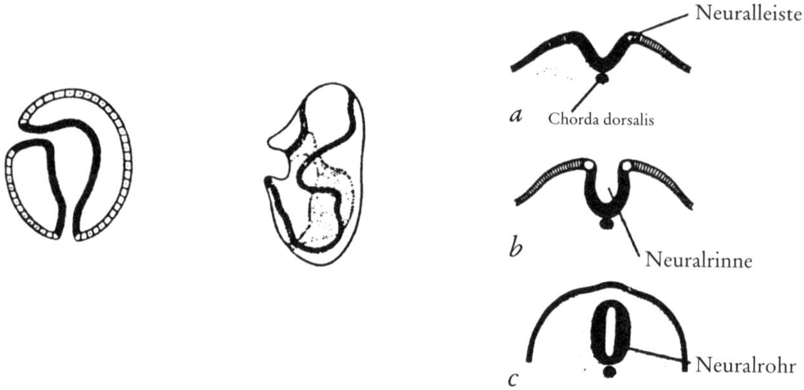

Abb. 162: Links: Schematischer Längsschnitt durch die Wimperlarve eines wirbellosen Meerestieres; Darmwand schwarz. Dieses allgemeine Muster finden wir bei den Larven der Stachelhäuter, der Muscheln, bestimmter Ringelwürmer, aber auch bei denen der Eichelwürmer.[352] – Mitte: Die Larve einer Seewalze (Beispiel eines Stachelhäuters). Der Darmkanal zeigt schon die uralte Orientierung, die auch bei den Wirbeltieren als Schädel- und Beckenkrümmung erscheint. Außer dem Darmkanal ist auch der Wimperstreifen abgebildet, der sich um beide Seiten des Körpers windet. – Rechts: Entwicklung des Rückenmarkstranges beim menschlichen Embryo (schematische Darstellung). a: Oberhalb der Chorda dorsalis bildet sich auf dem Rücken eine Furche, an beiden Seiten die Neuralleisten. b: Die Neuralleisten biegen sich über die Neuralrinne hinweg einander entgegen. c: Fusion der Neuralleisten; die Neuralrinne schließt sich zum Neuralrohr, aus der sich das Rückenmark entwickelt.

Gestalt bleibt das Merkmal erhalten. Die Mundöffnung steht bei den Larven der Stachelhäuter ungefähr senkrecht zur Hauptachse des Körpers – ein Merkmal, das es auch beim erwachsenen Menschen gibt und direkt mit der Erhaltung der fötalen Schädelkrümmung zusammenhängt.

Nach Garstang ist die Larvengestalt der Manteltiere aus derjenigen der Stachelhäuter entstanden. An den Larven der Stachelhäuter findet man Wimperbänder, die die Fortbewegung der winzigen Tierchen ermöglichen. Wenn diese Wimperbänder an der Rückseite nebeneinander zu liegen kommen und oberhalb der dazwischenliegenden Furche fusionieren, kann sich der Nervenkanal in der Weise bilden, wie es in der embryonalen Entwicklung aller Vertebraten stattfindet (siehe Abb. 162). Mehrere detaillierte Argumente stützen diese Theorie.

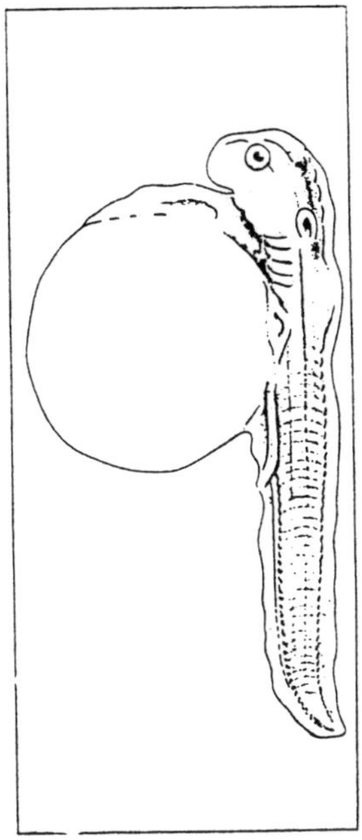

Abb. 163: Embryo eines Katzenfisches.[121] *Auch bei den Fischen ist der Kopf zunächst zum Rumpf hin gebogen, doch der Körper streckt sich bei den Fischen viel früher als bei den höheren Landwirbeltieren.*

Tiefe Retardation

Abbildung 164 zeigt, wie wir die von Bolk und Garstang gesammelten Einsichten zusammenschauen können. Links im Bilde sind die Stadien aus der «Hauptlinie» des Evolutionsprozesses dargestellt. Entlang dieser Hauptlinie findet man ein Minimum an Spezialisierung; die Merkmale aus früheren Phasen bleiben auch später erhalten. Die vertikale Linie sollte dabei nicht als eine Evolutionslinie im eigentlichen Sinne betrachtet werden, denn Embryonen oder Larven stammen natürlich nicht voneinander ab. Man sollte diese Sequenz eher im Sinne von Baer verstehen (S. 49 f.): Die allgemeineren Merkmale entstehen zuerst, die detaillierteren erst später. Das Besondere an der vertikalen, auf den Menschen zulaufenden Linie ist, daß die entlang dieser Linie erscheinenden Merkmale nicht nur für den Mensch von Bedeutung sind, sondern immer wie-

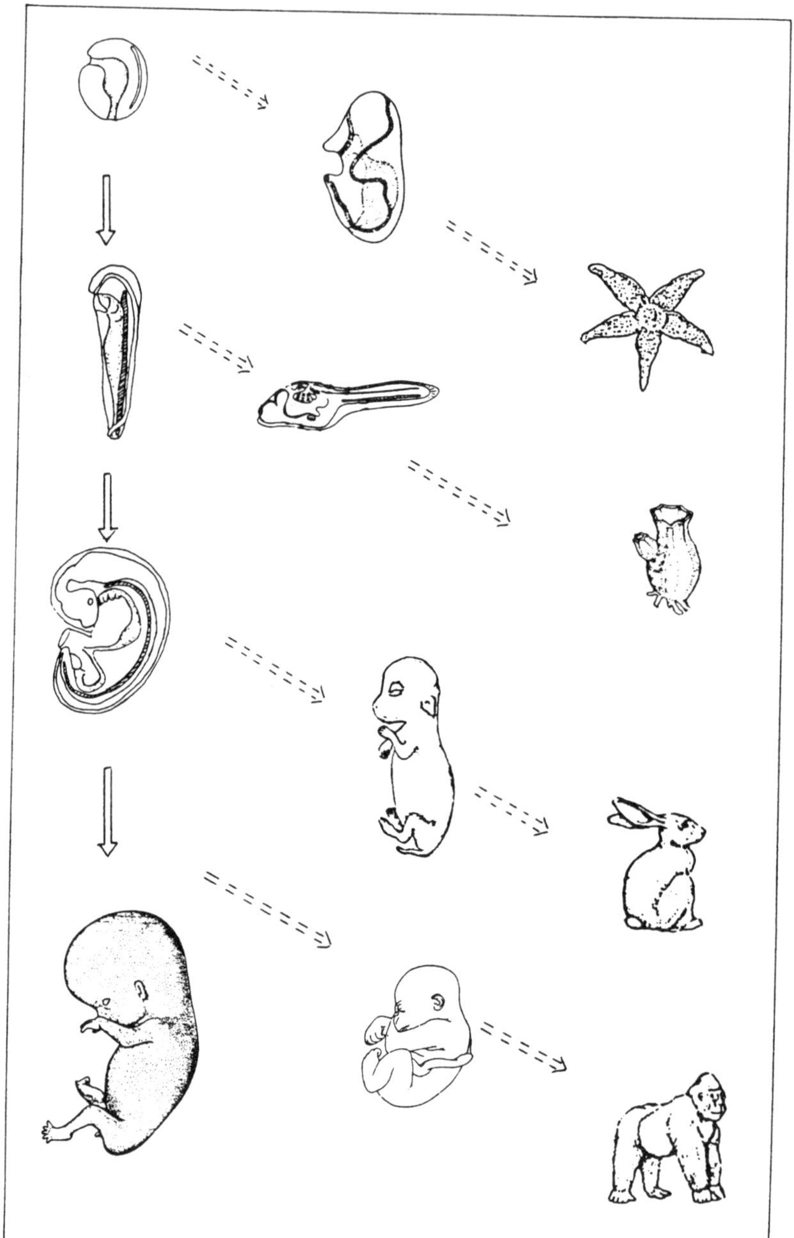

Abb. 164: Schema der Haupt- und Seitenlinien der Evolution, ausgehend von einer Meerestierlarve bis zum Menschen.

der auch in den generalisierten Bauplan auf der betreffenden Evolutionsebene integriert werden. Sie stimmen also überein mit der generalisierten Entwicklungskomponente in Abb. 45 (S. 114). Nach rechts abzweigend sind Linien der tierischen Spezialisierung (Jugendform oder fötale Form und erwachsene Form) dargestellt. Entlang dieser Linien findet man eine Abweichung von der Hauptlinie, die um so folgenreicher ist, je früher sich die Trennung ereignet hat.

Die Hauptlinie entwickelt sich aus einer sehr einfachen Form, die am besten als unspezialisierte Larve eines wirbellosen Meerestieres (generalisierte «Dipleurula»; nach Garstang[159]) charakterisiert werden kann. Diese Gestalt hat als Merkmale:

- durchgehende zweiseitige Symmetrie
- neurale Leisten
- Ernährungskanal mit schon erkennbarer Abwinkelung im Anfangsteil.

Aus dieser Gestalt entwickelt sich eine Spezialisierungslinie, die zum Stachelhäuter führt. Die neuralen Leisten werden Fortbewegungsorgane der Larve. Später macht die Larve eine dramatische Metamorphose durch, zum Beispiel zum Seestern. Alle Merkmale der Ausgangsgestalt gehen verloren, inklusive der Bilateralsymmetrie.

Die nächste Gestalt auf der Hauptlinie kann (nach Garstang[159]) als eine unspezialisierte Manteltierlarve charakterisiert werden. Die Merkmale aus der vorherigen Phase werden beibehalten und weiterentwikkelt. Die neuralen Leisten vereinigen sich zu einem elementaren Neuralrohr. Als neues Element entsteht die Chorda dorsalis. Das Auftreten der Chorda liegt auf einer Linie mit dem globalen Bauplan (ein länglicher, zweiseitig symmetrischer Organismus); ab jetzt gibt es eine ausgesprochene Rückenseite. Die Chorda gibt es nicht nur bei der Sackscheidenlarve, sondern auch im frühen Embryonalstadium aller Vertebraten, wo sie als Vorläufer der Wirbelsäule auftritt.

Die Manteltiere trennen sich in diesem Stadium von der Hauptlinie. Sie behalten im Gegensatz zu den Stachelhäutern wohl die äußere, zweiseitige Körpersymmetrie bei, aber sie verlieren alles, was mit den neugebildeten Rückenorganen und dem länglichen Körperbau zusammenhängt; auch die Kopfbeugung verschwindet.

Die Vertebraten setzen den eingeschlagenen Weg fort. Das Nervensystem entwickelt sich viel kräftiger. Die relative Lage der Chorda, des Rückenmarks und des Verdauungskanals (mit Kopfbeugung) bleibt erhalten. Die zweiseitige Symmetrie und die längliche Körpergestalt (mit eindeutiger Rückenseite) sind endgültige Errungenschaften der erwachsenen Formen. Die tierische Spezialisierung ist weniger ausgeprägt. Die gemeinsame Ausgangsgestalt expliziert sich; neue feste Merkmale, wie zum Beispiel die vier Gliedmaßen der Landwirbeltiere, werden entwickelt. Das Gliedmaßensystem ist in den früheren Formen natürlich noch nicht veranlagt, aber es schließt sich an den schon vorhandenen generalisierten Bauplan an, ohne daß eine Rekonstruktion desselben erforderlich wäre. Das heißt: Eine Potenz dieser generalisierten Form wird expliziert.

Aber auch jetzt gehen noch Merkmale aus dem originalen Bauplan in den von der Hauptlinie abzweigenden, erwachsenen Tierformen verloren. Das Auffälligste ist das Verschwinden der Kopf- und Schädelbeugung. Bei den Embryonen der Vertebraten steht der Schlund noch ungefähr im rechten Winkel zur Wirbelsäule (z.B. beim Kaninchenembryo, nach Haeckel); bei den erwachsenen Vertebraten ist dieses Merkmal verschwunden. Innerhalb der Landwirbeltiere setzt sich die Retardation fort. Wenn hier auch viel mehr Forschung erforderlich ist, gibt es doch Gründe, die Amphibien im Vergleich zu den Fischen und die Säugetiere im Vergleich zu den Amphibien und Reptilien als retardiert anzuschauen (siehe oben z.B. Abb. 101, S. 213, und Abb. 112, S. 238).

Als letzte verlassen die höheren Primaten die evolutionäre Hauptlinie. Diese Tiere sind wenig spezialisiert. In ihren fötalen und jugendlichen Entwicklungsphasen treten Merkmale auf, die erst spät in der evolutionären Hauptlinie hervorgetreten sind. Es sind Merkmale des Typus I, die die menschliche Abstammung der Affen aufweisen und durch Spezialisierungsprozesse beim erwachsenen Tier wieder verlorengehen. Die meisten dieser Merkmale (wie die zentrale Lage des Foramen magnum oder die ausbalancierte Gestalt des Kopfes) sind nur beim Menschen strukturell sinnvoll.

Zuletzt erschienen in der evolutionären Hauptlinie die sogenannten Merkmale des Typus II. Sie sind demzufolge nur bei den höchsten Tieren, und dann nur in schwacher Form, aufzufinden; sie sind viel mehr mit den typisch menschlichen Fähigkeiten (aufrechte Haltung, Gebrauch von Werkzeugen, Sprache usw.) verbunden.

Der Mensch behält konsequent alle Merkmale des ursprünglichen Bauplanes bei, inklusive einer Mundhöhle, die in etwa senkrecht zur Hauptrichtung des Rückens orientiert ist. Er bildet den folgerichtigen Abschluß der evolutionären Hauptlinie. Die menschliche Evolution verläuft in großen Zügen geradlinig und verdeutlichend; sie kennt keine Spezialisierung, sondern Explikation. Entlang der Hauptlinie der Evolution bleiben frühere Merkmale erhalten, und diese werden durch immer feiner werdende Züge, die das schon Vorgegebene folgerichtig fortsetzen, ausgestaltet. So gesehen ist die Evolution von Anfang an menschlich. Die Kopfbeugung deutet schon auf die aufrechte Körperhaltung. Immer feinere Einzelheiten (die zentrale Lage des Foramen magnum, die Gestalt der Hände und Füße usw.) ergänzen die ersten rohen Züge, die beibehalten werden. Die menschliche Gestalt wird beim Durchlaufen der Evolution nicht tatsächlich umgebildet, wohl aber werden ihre Umrisse immer schärfer – wie bei einer Gestalt, die aus dem Nebel hervortritt. Bolk beschränkte seine Studien meist auf die Primaten und die Säuger, also auf die Tiere, die dem Menschen am nächsten stehen. Die Retardationsverhältnisse können aber offenbar weit über die Säuger hinaus verfolgt werden, bis tief in das niedere Tierreich hinein. Diese Ausdehnung kann als «tiefe Retardation» bezeichnet werden.

Die Senkung des Kehlkopfs (Larynx)

Der Larynx hat beim erwachsenen Menschen eine einzigartige Stellung. Beim Säugetier befindet er sich oben im Hals, so daß der Kehlkopfdeckel und das Zäpfchen einander berühren, und auch bei Neugeborenen stößt man auf dasselbe Merkmal. Der Larynx fungiert in dem Fall als eine Art Röhre, die die Luftröhre mit der Nasenhöhle verbindet; dadurch entsteht ein Luftweg, der Nase und Lungen miteinander verbindet, indem er die Verbindung zwischen Mundhöhle und der hinter der Luftröhre liegenden Speiseröhre überbrückt. Sowohl Babys als auch Säugetiere insgesamt sind in der Lage, zu gleicher Zeit zu atmen und zu trinken. Beim erwachsenen Menschen befindet sich der Larynx dagegen in einer viel tieferen Position, so daß zwischen Zäpfchen und Kehlkopfdeckel eine wichtige Trennung entsteht (siehe Abb. 165 und 166). Diese neue Konfiguration macht es möglich, daß der Mensch sowohl durch den Mund wie durch die Nase frei atmen kann. «Durch die Senkung des Larynx [...] werden ganz neue Tätigkeiten möglich. Der Mensch ist das erste Lebewesen, das in der Lage ist, die Nasenhöhle gänzlich, leicht, schnell und gewohnheitsmäßig von den übrigen Luftwegen abzuschlie-

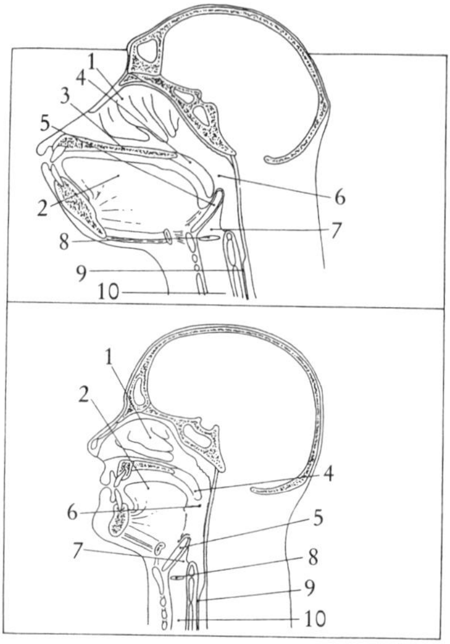

Abb. 165: Nasen-, Mund- und Rachenhöhle bei Schimpanse (oben) und Mensch (unten). 1: Nasenhöhle; 2: Zunge; 3: harter Gaumen; 4: weicher Gaumen; 5: Kehldeckel; 6: Pharynx (Rachenhöhle); 7: Kehlkopf (Larynx); 8: Stimmbänder; 9: Speiseröhre; 10: Luftröhre.[271]

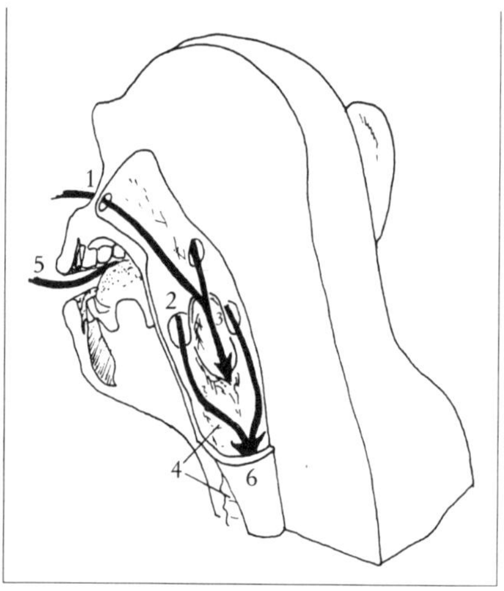

Abb. 166: Gleichzeitiges Atmen und Trinken bei einem Säugetier. Der Luftstrom (1) gelangt über den weichen Gaumen (2) und den darauf befindlichen Kehldeckel (3) zur Luftröhre (4). Die Flüssigkeit (5) fließt an beiden Seiten des Kehldeckels entlang zur Speiseröhre (6).[271]

ßen. Der weiche Gaumen dient dabei als ein Ventil. Er schließt die Nase vom tönenden Luftstrom aus der Larynx ab.»[126]

Die einzigartige Senkung des menschlichen Larynx hat die Bildung eines breiten und kontrollierbaren Sprachorgans zur Folge: des menschlichen Rachens (Pharynx). Scheinbar handelt es sich hier um einen klaren Fall menschlicher Spezialisierung, der auf die Erscheinung der Sprache ausgerichtet ist. P. L. Lieberman beispielsweise hat die Lage des menschlichen Larynx als ein deutliches Gegenbeispiel zur Vorstellung vom Menschen als eines neotenischen Wesens hervorgehoben: «Erwachsene Menschen sind genauso verschieden von neugeborenen Kindern – wenn nicht sogar noch verschiedener –, wie sich die übrigen erwachsenen Primaten von deren Neugeborenen unterscheiden. Menschliche Neugeborene stimmen mit dem allgemeinen, von Darwin festgestellten Prinzip überein: Sie sind den neugeborenen Formen der nichtmenschlichen Primaten ähnlicher; sie enthüllen unsere gemeinsame Abstammung. Menschliche Neugeborene behalten besonders die Struktur des supralaryngealen Luftwege [= Luftwege in Mund- und Nasenhöhlen] und den damit verbundenen Skelettbau bei, der bei den heutigen nichtmenschlichen Primaten vorhanden ist.»[283]

Die Senkung des menschlichen Larynx ist dennoch keine Spezialisierung. Zuerst sei bemerkt, daß die Kehlkopfsenkung schon früh in der embryonalen und fötalen Entwicklung einsetzt und sich während des ganzen Lebens fortzusetzen scheint. «Es gibt einen stufenweisen Abstieg bei Embryo, Fötus und Kind», schreibt Negus.[317] J. Wind stellt dasselbe fest: Die Senkung des Larynx verläuft während der ersten Lebensjahre schnell, um sich dann langsam fortzusetzen.[483] (Es scheint hinsichtlich dieser späteren Senkung eine ziemlich große individuelle Variation zu bestehen.[144])

Die tiefe Lage des menschlichen Larynx ergibt sich durch die folgerichtige Weiterführung einer allgemein vorhandenen Bewegung, die auch in den früheren Phasen der tierischen Entwicklung beobachtet wird. Bei den Affen allgemein senkt sich der Kehlkopf während der ersten Lebensmonate oder Jahre noch ziemlich weit, aber die Senkung hört früher auf.[144] Bei den höheren Primaten im besonderen stellt man eine fortwährende Abnahme der Überlappung des Kehlkopfdeckels mit dem weichen Gaumen fest. E. L. DuBrul entdeckte eine zunehmende Trennung zwischen Kehlkopfdeckel und weichem Gaumen in der Reihe Spitzhörnchen, Lemur, Diana-Meerkatze, Gibbon und Mensch.[126] Beim Lemuren, einem niederen Primaten, war die Überlappung schon weniger als beim Spitzhörnchen, das ebenfalls zu den niederen Primaten gestellt wird. Bei der Meerkatze, einem niederen Schmalnasenaffen, wurde die Überlappung noch dadurch gewährleistet, daß sich der weiche Gaumen in einem Zäpfchen – das bei den niederen Primaten nur sehr schwach entwickelt ist – fortsetzte. Über den Gibbon schreibt DuBrul: «Es ist schwer zu beurteilen, ob sich der Gaumen und die Epiglottis [der Kehlkopfdeckel] während des Lebens normalerweise an ihren Enden berühren. Bei operierten Exemplaren scheinen sie einander nicht zu berühren.» Ähnliche Beobachtungen machte J. Wind am Schimpansen: «Topographisch zeigt der Schimpanse einen Unterschied zu den Affen: Seine laryngeale Öffnung reicht weniger weit in den Rachen, also berührt seine Epiglottis den Gaumen nicht und liegt vor dem Gaumensegel. Folglich gibt es eine kleine Öffnung zwischen den beiden Strukturen, ähnlich wie beim Menschen.»[283] Und V. E. Negus schrieb: «Die höheren Affen, Gorilla, Schimpanse und Orang-Utan, zeigen ebenfalls diese Trennung [der Epiglottis und des weichen Gaumens], aber bei allen ist der Pharynx klein.»[217] Die Senkung des Larynx kann als eine allgemeine Tendenz betrachtet werden, die schon bei den Schmalnasen insgesamt zu erkennen ist und bei ihren höchsten Mitgliedern, den Menschenaffen, deutlich hervortritt.[38] Bei den stärker retardierten Arten senkt sich der Kehlkopf also tiefer. Aber das einmalige *Potential*, das durch diese Senkung geschaffen wird – nämlich die Sprache –, kommt nur beim Menschen zum Tragen. Die tiefe Lage des Larynx beim erwachsenen Menschen ist also ein interessantes Beispiel für Hypermorphose und für ein Merkmal des Typus II.

Der menschliche Kehlkopf ist ein merkwürdig unspezialisiertes Organ. Diese Tatsache zog schon die Aufmerksamkeit früherer Forscher auf sich. «Der menschliche Kehlkopf ist im Aufbau seiner Skeletteile so urtümlich, daß Gegenbaur mit Recht darauf hinweisen konnte, daß seine Entwicklung eine sehr frühzeitige Abstammung des Menschen vom Stamme der Wirbeltiere nahelegt. Diese Primitivität, die ja den Menschen auch in anderen Merkmalen auszeichnet, ist um so bemerkenswerter, als der Kehlkopf andererseits gerade beim Menschen als Stimmorgan eine Vollkommenheit besitzt, welche den Tieren fehlt.»[169] J. Wind bemerkt in diesem Zusammenhang: «Einen neotenischen Charakter des Menschen könnte man möglicherweise an seinem Larynx erkennen. Denn, verglichen mit Laryngen anderer Säugetieren, hat er, morphologisch betrachtet, ein ziemlich allgemeines oder nichtspezialisiertes Aussehen. [...] Ob dieser Umstand als neotenisch oder primitiv betrachtet werden soll, kann [...] erst festgestellt werden, nachdem geeignete, vergleichende anatomische und embryologische Untersuchungen angestellt worden sind.»[483]

F. A. Kipp weist auf zwei wichtige Unterschiede zwischen der Bildung des Larynx beim Menschen und bei den übrigen Primaten hin:[255]

- Die Stimmbänder sind beim Menschen muskelartig, während sie bei den niederen Affen membranartig sind. (Die Menschenaffen nehmen eine mittlere Position ein.)
- Niedere Affen und Menschenaffen haben anschließend an den Larynx mehrere Luftsäcke (sog. Kehlsäcke), die beim Menschen nahezu nicht vorhanden sind.

V. E. Negus betrachtete nur das erste der beiden Merkmale als primitives menschliches Kennzeichen.[317] Die muskelartigen Stimmbänder des Menschen entwickeln sich nach Negus sicher nicht über ein affenartiges Stadium, sind also nicht von den menschenartigen Stimmbändern der Affen ableitbar. Negus vermutete aber, daß die Vorfahren des Menschen größere Kehlsäcke gehabt hatten, die beim heutigen Menschen zurückgebildet sind. Doch später vertrat Wind die Meinung,[483] daß der gemeinsame Vorfahre von Mensch und Affe keine großen pneumatischen Säcke besessen habe, wie Negus sie ihnen zuschrieb. Die Veranlagung zur Bildung von Luftsäckchen, die man beim menschlichen Larynx ahnen kann, wäre in dieser Sicht ein weiteres Beispiel einer tierischen Tendenz, die beim Menschen «in Schatten gestellt» ist (siehe Kapitel 4). In Zusammenhang mit dem ersten der zwei erwähnten Merkmale – den Stimmuskeln des Menschen – spricht Goerttler[172] (siehe auch Schilling[375]) auch von einem fundamental neuen Element, das embryologisch betrachtet vom Herzgewebe abstamme, was beim Säugetier nicht der Fall sei. Menschenaffen sind aber in dieser Hinsicht nicht untersucht worden; weitere Forschung ist hier erforderlich.

Zusammenfassend stellt sich heraus, daß es wenig oder keinen Grund gibt, die Morphologie des menschlichen Larynx als spezialisiert anzuschauen. Sein hervorstechendstes Kennzeichen – die tiefe Lage – ist ein klares Beispiel von Hypermorphose.

Larynxsenkung und Fötalisation des menschlichen Schädels

Die Larynxsenkung beim Menschen hängt direkt mit einigen Retardationsphänomenen des menschlichen Schädels zusammen. Beim Menschen zeigt das vordere Gebiß schon früh einen Wachstumsstop; wichtige Schädelnähte um den Mund verknöchern schnell (Kapitel 8). Die Schnauzenbildung wird zurückgehalten, so daß der Mensch die fö-

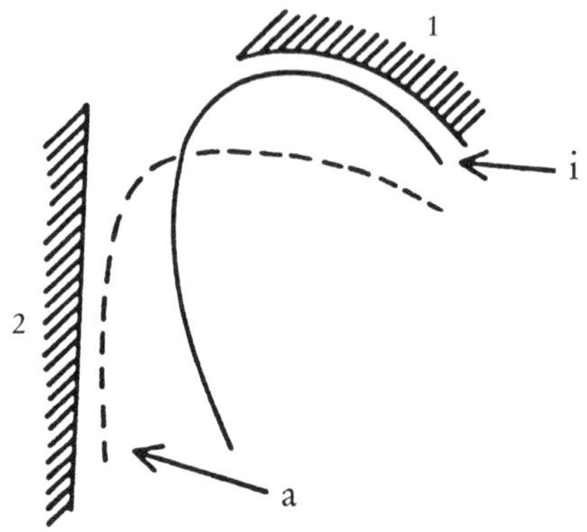

Abb. 167: Schematische Darstellung der Zungenposition im Verhältnis zum Gaumen (1) und zur Rückwand des Pharynx (2) bei der Bildung zweier Vokale («a» und «i»).[283]

tale Form deutlicher beibehält. Die Zunge, die zwar langsamer wächst als bei den Tieren, kommt also zum Teil weiter nach hinten und tiefer zu liegen; beim Menschen bildet sie die bewegliche Vorderwand des Pharynx, was von größter Bedeutung für die Lautbildung ist (siehe Abb. 167). Die rückwärtige Verschiebung der Zunge erfordert unvermeidlich eine Senkung des unmittelbar dahinter gelegenen Larynx. Diese Verschiebung des Kehlkopfs nach unten ereignet sich tatsächlich, und zwar als die konsequente Fortsetzung der vorgeburtlichen Larynxsenkung.

Beim Tier hört diese Senkung des Larynx viel früher auf; gleichzeitig wird die Flachheit des Antlitzes aufgegeben. Die Schnauze vergrößert sich, die Zunge bleibt vollständig in der Mundhöhle, wo sie sich nach vorne ausdehnt. Der Mensch behält also die fötale Gestalt (des flachen Antlitzschädels) und die fötale Tendenz (der Larynxsenkung) bei, während sich beim Tier eine doppelte Umkehrung zeigt: Die Larynxsenkung wird angehalten, und an die Stelle des flachen Antlitzschädels tritt die Schnauze. Das Beibehalten des flachen Antlitzschädels beim Menschen ist ein Merkmal des Typus I, die tiefe Position des menschlichen Kehlkopfs ein Merkmal des Typus II. Beide Merkmale sind aber untrennbar miteinander verbunden; sie bilden ein Ganzes und dienen derselben spezifisch menschlichen Funktion der Sprache. Von der menschlichen Evolutionslinie aus betrachtet, ist der Unterschied zwischen Merkmalen des Typus I und des Typus II nicht fundamental; der Übergang zwischen beiden Typen ist fließend und hängt zum Teil von derjenigen Tiergattung ab, mit der man den Menschen vergleicht. Merkmale des Typus I beziehen sich eher auf die groben, früh veranlagten Tendenzen der menschlichen Gestalt, Merkmale des Typus II auf die späteren, feineren Ausbildungen, durch die die früheren Tendenzen erst ihre sinnvolle Entfaltung erlangen.

Das Gehirn

Der menschliche Kopf ist verhältnismäßig klein; sein Gewicht beträgt ungefähr 5,4 Prozent des gesamten Körpers. A. Schultz stellte einen übereinstimmenden Wert von 5,8 Prozent beim Schimpansen und beim Orang-Utan und einen Wert von 7,25 Prozent beim Gibbon fest.[398] Bei den niederen Schmalnasen liegen die Zahlen höher; hierbei hat man die Tatsache zu berücksichtigen, daß kleinere Tiere im Verhältnis zu ihrem gesamten Körpergewicht ein größeres Gehirn haben, so daß auch der Kopf größer ist. Der Kopf ist in der frühembryonale Phase im Verhältnis sehr groß (siehe Abb. 30, S. 83). Das verhältnismäßig kleine Gewicht des Kopfes bei einem erwachsenen Menschen entsteht durch Retardation des cephalokaudalen Wachstumsmusters (siehe Abb. 26 und 27, S. 79).

Die Verhältnisse innerhalb des Kopfes weisen beim Affen mehrere Spezialisierungen auf, die es beim Menschen nicht gibt. Beim Affen hört das Gehirnwachstum früh auf; beim Menschen setzt es sich länger fort. Der Affe entwickelt, wie erwähnt, eine nach vorne ausgewachsene Schnauze, die beim Menschen vollständig fehlt und die das verhältnismäßig größere Gewicht des Affenkopfes gegenüber dem des Menschen erklärt. Die menschliche Schädelgestalt ist insgesamt retardiert: Die hohe Stirn und das runde Schädeldach, die verhältnismäßig wenig entwickelten Kiefer sind Merkmale, die wir bei allen Säugetieren im fötalen Zustand vorfinden. Diese allgemeine Schädelgestalt deutet auf das Vorhandensein eines verhältnismäßig großen Gehirns beim Säugetierfötus hin. Das Beibehalten dieses relativ großen Gehirnumfangs hängt direkt mit dem Beibehalten verschiedener fötaler Merkmale im menschlichen erwachsenen Schädel zusammen (siehe z.B. Abb. 168).

Das Gehirn wächst bei allen Primaten während der vorgeburtlichen Lebensphase tatsächlich sehr rasch. In dieser Zeit ist kein Unterschied bemerkbar zwischen dem Gehirnvolumen des Menschen und dem des Affen. Schultz gibt folgende Zahlen:[398]

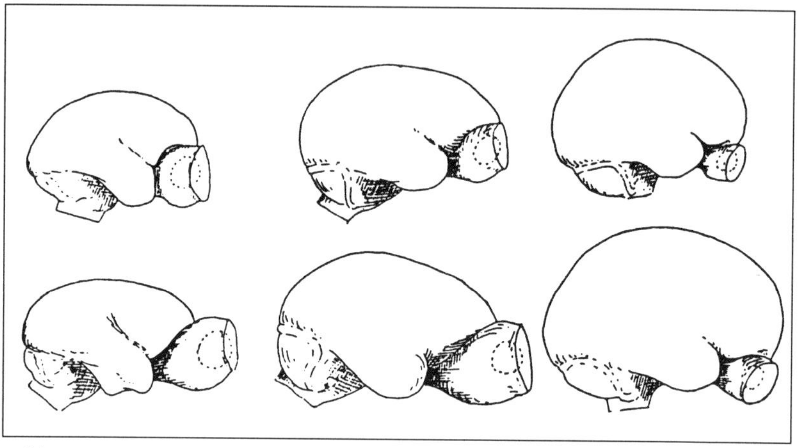

Abb. 168: Relative Lage des Gehirns, der Augenhöhle und des Augapfels (Strichlinie). Junges Exemplar (obere Reihe) und erwachsenes Exemplar (untere Reihe) eines Makaken (links), eines Siamang (Mitte) und des Menschen (rechts). Bei den jungen Exemplaren liegt die Augenhöhle immer unterhalb des Vorderhirns; der erwachsene Mensch behält diese Struktur bei. Beim erwachsenen Makaken befindet sich der Augapfel vor dem Gehirn. Dieselbe Tendenz zeigt sich in schwächerem Maße auch beim Siamang. Dieses Beispiel zeigt, wie der große Umfang des menschlichen Gehirns den Erhalt fötaler Schädelproportionen ermöglicht.[59]

	Körpergewicht	*Gehirnvolumen*
menschlicher Fötus	550 g	12,5 cm^3
neugeborener Klammeraffe	510 g	12,5 cm^3
Schimpansenfötus	570 g	14,4 cm^3
neugeborener Makak	400 g	13,0 cm^3

Beim Menschen setzt sich das fötale Wachstumsmuster, bei dem sich das Gehirn schnell entwickelt, nach der Geburt noch einige Jahre fort, bei den Affen hört dieses Wachstum des Gehirns viel früher auf. Beim erwachsenen Affen ist dann der Unterschied zum Menschen diesbezüglich sehr groß: Das Gehirngewicht des erwachsenen Menschen beträgt 2 Prozent des Körpergewichts, beim Schimpansen ist diese Zahl auf 0,92 Prozent gesunken, beim Orang-Utan auf 0,76 Prozent und beim Gorilla auf 0,40 Prozent. Beim Gibbon, der viel weniger wiegt als der Mensch oder die großen Menschenaffen, sinkt der Gewichtsanteil nur auf 1,94 Prozent.

Bestimmte Organe haben ein Gewicht, das bei allen Säugetieren einen annähernd konstanten Prozentsatz des gesamten Körpergewichts einnimmt.[433] So ist das Relativgewicht des Herzens bei allen Säugetieren dasselbe, und zwar beträgt es 0,5 Prozent. Und Säugetiere haben immer, unabhängig von ihrer Größe, ungefähr 70 ml Blut pro kg Körpergewicht. Für andere Organe ist der Zusammenhang weniger einfach. So besitzen größere Säugetiere verhältnismäßig kleine Nieren. Wenn wir eine Reihe von Säugetieren mit zunehmendem Gewicht durchgehen, wird das Gewicht der Nieren sich weniger steigern als das des gesamten Körpers. Ein zehnmal schwereres Säugetier hat durchschnittlich nur siebenmal so schwere Nieren.

Doch läßt sich sogar für ein Organ wie die Niere bei den meisten Säugetieren ein einfacher exponentieller Zusammenhang zwischen der gesamten Körpermasse und der Masse des Organs angeben. Für die Masse der Niere gilt zum Beispiel die Formel:

$$\text{Masse der Niere} = 0{,}0212 \times (\text{Körpermasse})^{0{,}85}$$

Wenn das gesamte Körpergewicht bekannt ist, kann daraus mit großer Genauigkeit das Gewicht der Niere berechnet werden. Es stellt sich heraus, daß es so etwas wie einen «allgemeinen Säugetierplan» gibt, der auch auf den Menschen zutrifft und die Gewichtsverhältnisse zwischen einer Reihe wichtiger Organe festlegt.

Das Gehirn nimmt, genau wie die Nieren, bei den Säugetieren langsamer an Gewicht zu als der gesamte Körper. Ein dreimal so schweres Tier wird durchschnittlich ein nur zweimal so schweres Gehirn haben; größere Säugetiere haben im allgemeinen ein relativ kleineres Gehirn. Sehr kleine Säugetiere können ein im Verhältnis größeres Gehirn besitzen als der Mensch. Dieselbe Tendenz sehen wir auch in der Ontogenie eines jeden Säugetiers. Das junge Säugetier ist noch klein, hat aber ein verhältnismäßig großes Gehirn oder relativ größere Nieren als das erwachsene Tier.

Um zu erforschen, ob ein bestimmtes Säugetier (oder der Mensch) ungewöhnlich große oder kleine Nieren oder ein in seinem Gewicht abweichendes Gehirn hat, müssen wir also einen Vergleich mit dem mittleren Organgewicht eines Säugetieres gleicher Körpergröße anstellen. Es stellt sich dabei heraus, daß das Gehirn der Primaten systema-

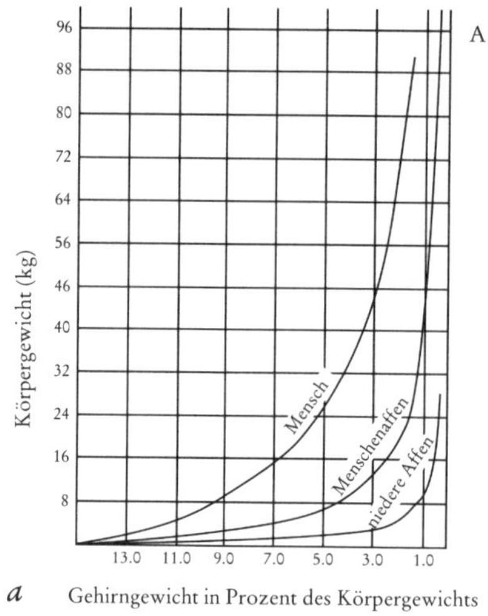

Abb. 169: a: Grafische Darstellung des Zusammenhangs zwischen Körpergewicht und Gehirngewicht (ausgedrückt in Prozent des gesamten Körpergewichts). Die drei Kurven zeigen das Verhältnis bei Mensch, Menschenaffen und niederen Affen.[398]
b: Gehirngewicht beim Menschen und beim Schimpansen, dargestellt als Funktion des Lebensalters. Die hohe vorgeburtliche Wachstumsrate behält der Mensch noch einige Jahre bei, während sie beim Schimpansen kurz nach der Geburt aufgegeben wird.[333]

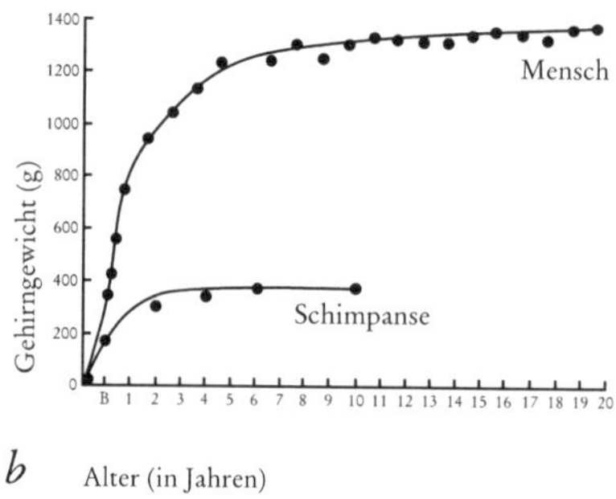

tisch zu große Werte aufweist. Innerhalb der Gruppe der Primaten steigert sich die Tendenz zu zunehmendem Gehirngewicht abermals stufenweise (siehe Abb. 169). Bei niederen Affen ist es zwei- bis dreimal und beim Menschen sogar acht- bis neunmal größer als durchschnittlich bei einem Säugetier gleichen Gewichts.

Das in der aufsteigenden Reihe der Primaten zunehmende relative Gehirngewicht geht mit der zunehmenden Beibehaltung einer Reihe fötaler Schädelmerkmale einher. Das fötale Wachstumsmuster, das gekennzeichnet ist durch ein schnelles Gehirnwachstum, wird bei den niederen Affen schon vor der Geburt, bei den Menschenaffen bei der

Geburt, beim Menschen erst zwischen dem zweiten und dritten Lebensjahr eingestellt. Der neugeborene Makake hat ein Gehirn, dessen Gewicht schon 60 Prozent seines Endwertes erreicht hat. Beim Schimpansen beträgt diese Zahl 46 Prozent, beim Menschen nur 25 Prozent. Nun könnte man zwar, um das große Gehirngewicht beim erwachsenen Menschen zu erklären, mit Bolk behaupten, daß die fötalen Wachstumsverhältnisse beim Menschen länger erhalten bleiben und daß dadurch das endgültige Verhältnis zwischen Gehirn- und Körpergewicht dem fötalen Zustand ähnlicher bleibt. (Ein ähnliches Phänomen zeigt sich möglicherweise bei der Niere. Dieses Organ hat bei den neugeborenen Primaten ein viel höheres Relativgewicht als bei den erwachsenen; der Mensch hat dagegen als Erwachsener wiederum ein höheres Relativgewicht der Nieren als der Affe.[444]) Diese einfache Bolksche Interpretation trifft aber nicht zu. Wir wissen, daß ontogenetische «Spätlinge» dazu tendieren, in einem stärker retardierten Organismus verhältnismäßig größer zu werden. Die Nieren erscheinen in der Tat ziemlich spät, aber das Nervensystem ist im Gegensatz dazu ein ontogenetischer «Frühstarter». Wir brauchen also eine differenziertere Erklärung für die starke Entwicklung des menschlichen Gehirns.

Retardationseffekte innerhalb des Gehirns

Die runde Schädelgestalt des erwachsenen Menschen kann, wie wir gezeigt haben, als Merkmal des Typus I (Fötalisation) betrachtet werden. Doch scheint das Gehirn ein Organ zu sein, das rasch mit dem Wachstum beginnt; es nimmt den größten Teil des Kopfvolumens ein, und der Kopf wird erst später in seiner Proportion zum gesamten Körper zurückbleiben. Zunehmende Retardation führt zu verhältnismäßig kleinen Maßen bei «Frühstartern». Weshalb hat der stärker retardierte Mensch dann ein verhältnismäßig größeres Gehirn als der weniger retardierte Menschenaffe? Es stellt sich heraus, daß die Antwort in den stark unterschiedlichen Wachstumsmustern der verschiedenen Gehirnteile zu suchen ist. Manche Partien des Gehirns sind tatsächlich Frühstarter; sie sind schon in der frühfötalen Phase stark entwickelt. Andere Teile des Gehirns entwickeln sich hingegen viel später und holen dann gewaltig auf; durch Retardation wird diese Entwicklung noch verstärkt.

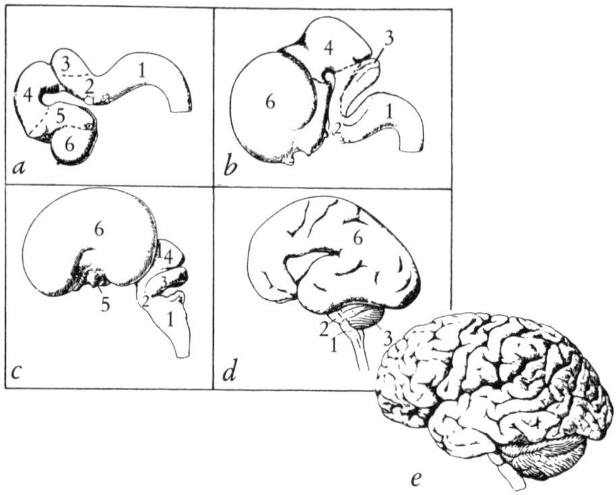

Abb. 170: Entwicklungsstadien des menschlichen Gehirns bei einem Embryo mit 10 mm Sitzhöhe (a); bei einem Embryo mit 27 mm Sitzhöhe (b); einem Fötus mit 53 mm Sitzhöhe (c); einem Fötus mit 33 cm Länge (d); beim Erwachsenen (e).
1: verlängertes Mark; 2: Brücke; 3: Kleinhirn; 4: Mittelhirn; 5: Zwischenhirn; 6: Großhirn.[247]

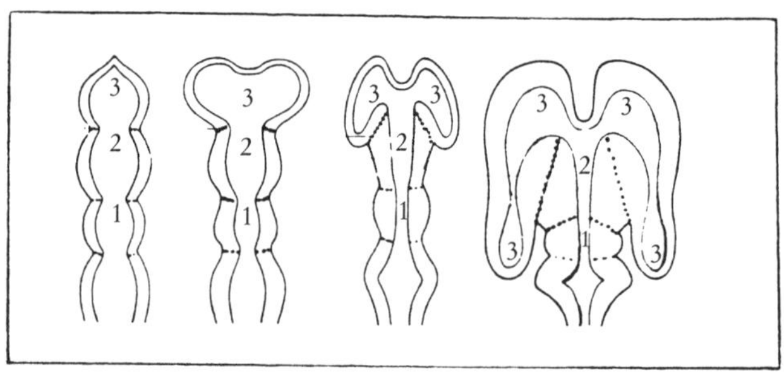

Abb. 171: Entwicklungsstadien des menschlichen Gehirns. Querschnitt des oberen Teiles des Neuralrohrs in vier aufeinanderfolgenden Stadien. 1: mittleres Gehirnbläschen; 2: Zwischenhirnbläschen; 3: Endhirnbläschen. Die Seitenwände der Gehirnbläschen sind zunächst undifferenziert und dünn. Später bilden sie das eigentliche Nervengewebe, wobei sie zugleich dicker werden. Dieser Vorgang der Wandverdickung setzt beim Endhirn später ein. Das Endhirn ist zunächst ziemlich klein, wächst dann aber zu zwei Gehirnlappen aus, die sich nach hinten ausdehnen und andere Gehirnteile überwuchern.[247]

Das Nervensystem bildet sich durch einen Einstülpungsvorgang. Auf der Rückseite der Keimscheibe erheben sich am Anfang der dritten Woche zwei längsverlaufende Neuralfalten, zwischen denen sich eine Furche befindet: die Neuralrinne. Beide Falten wachsen aufeinander zu und verschmelzen; dabei entsteht das Neuralrohr (siehe Abb. 162, S. 346). Der Vorgang des Zusammenwachsens fängt in der Mitte des Embryos an und setzt sich von dort aus in kaudaler und kranialer Richtung fort. Am Ende der fünften Woche ist das Neuralrohr vollständig geschlossen. Jetzt ist ein Kanal mit dünner Wand entstanden, gegliedert in eine Reihe aufeinanderfolgender Bläschen (siehe Abb. 171, schematisch). Vom Rückenmark aufsteigend, finden wir der Reihe nach das verlängerte Rückenmark, die Brücke, das Kleinhirn als Teile des Hinterhirns, das Mittelhirn, das Zwischenhirn und das Endhirn (siehe Abb. 170). Am Zwischenhirn wird schon bald die Veranlagung des Auges sichtbar. Alle diese Bläschen sind mehr oder weniger einzeln erkennbar: kleine Segmente des Neuralrohrs mit ringförmigem Querschnitt, wobei das Endhirn das abgeschlossene Endstück bildet. Alle sind sie miteinander in Verbindung durch denselben mit Flüssigkeit gefüllten Kanal, der durch den Einstülpungsvorgang entstanden ist.

Die verschiedenen Gehirnbläschen entwickeln sich von jetzt ab in sehr unterschiedlicher Weise. Im zweiten fötalen Monat wächst der Bereich vom Mittelhirn bis zum verlängerten Mark schneller als das Vorderhirn. Die Wände der verschiedenen Bläschen bestehen zunächst aus ziemlich allgemeinen «Neuroepithelzellen». Diese Zellen sind in der Lage, sich zu vermehren. Erst später spezialisieren sie sich zu Nervenzellen («Neuronen»), die sich nicht mehr vermehren können. Diese Differenzierung ereignet sich im Hirnstamm viel früher als im Vorderhirn. Im Laufe des zweiten Monats haben sich aus dem Hirnstamm schon Gehirnnerven abgetrennt; das Endhirn ist in dem Augenblick noch nicht viel mehr als ein undifferenziertes Bläschen.

Die Bildung des eigentlichen Nervengewebes geht mit einer Verdikkung der Wand des Neuralrohrs einher. Diese Verdickung fängt in den kaudaleren Teilen des Gehirns an und setzt sich dann der Reihe nach beim Mittelhirn, Zwischen- und Endhirn fort (siehe Abb. 171). Das Endhirnbläschen hat noch eine dünne Wand und ist noch undifferenziert zu dem Zeitpunkt, wo die anderen Hirnteile sich schon durchaus entfaltet haben. Die Entwicklung des Endhirns kommt im Vergleich zu den anderen Hirnteilen langsamer in Gang; es behält länger die ursprüngliche Wachstumsfähigkeit. Bolk erklärte den größeren Umfang,

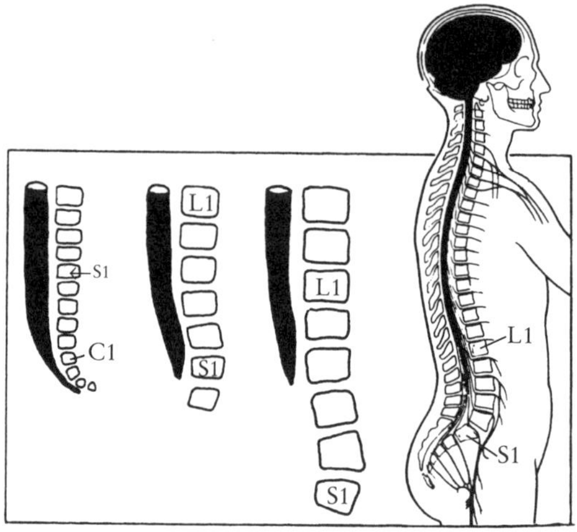

Abb. 172: Gegenüber der Wirbelsäule und dem Unterleib zurückbleibendes Wachstum des Rückenmarks (schwarz). Von links nach rechts: Lage des Rückenmarks bezüglich der Wirbel beim Fötus im dritten bzw. fünften Monat, beim Neugeborenen, beim Erwachsenen. C1: erster Steißwirbel; S1: erster Kreuzbeinwirbel; L1: erster Lumbalwirbel. [247, 274]

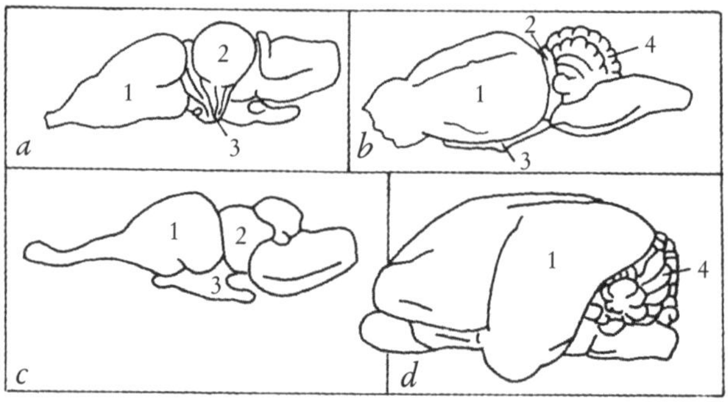

Abb. 173: Telencephalisation bei den Landwirbeltieren. Gehirn von a: Frosch (Amphibie); b: Krokodil (Reptil); c: Igel (primitives Säugetier); d: Galago (ein Prosimier). 1: Endhirn (Telencephalon); 2: Mittelhirn, 3: -Zwischenhirn; 4: Kleinhirn. Das Endhirn wird, je höher ein Wirbeltier entwickelt ist, immer bedeutender und überwuchert zunehmend die übrigen Gehirnteile. Diese Tendenz zur Telencephalisation erreicht beim Menschen ihren Höhepunkt. [247]

den das Endhirn im Vergleich zu den anderen Hirnteilen letzten Endes erreicht, durch Retardation des Endhirns.[60] Im Rückenmark ist die Ausdifferenzierung des endgültigen Nervengewebes schon in vollem Gange, wenn im Endhirnbläschen noch keine einzige differenzierte Nervenzelle zu finden ist. «In der künftigen Gehirnrinde vermehren sich die Zellen dann noch durch schnell wiederholte Teilung, und erst, wenn sich dadurch ein umfassendes Bläschen gebildet hat, sehen wir, daß auch hier die Neuronendifferenzierung einsetzt. Eine rein quantitative Ausdehnung des relativen Volumens ist hier durch Retardation der Neuronendifferenzierung zustande gekommen.»

Ab dem dritten Monat fängt das Vorderhirn tatsächlich an, seinen Rückstand gegenüber den übrigen Hirnteilen aufzuholen. Es entfaltet sich und stülpt sich über die anderen Gebiete.

Das Endhirn verhält sich im Vergleich zu den tiefliegenden Hirnteilen als ein «Spätstarter»; es wächst im Verhältnis zu einem Gehirnteil, das mit dem Wachstum früh begonnen hat, schnell. Retardation der Entwicklung führt dann zu einer verhältnismäßigen Vergrößerung des Spätstarters. Das außerordentliche Vorherrschen des Endhirns beim erwachsenen Menschen ist ein Beispiel von Hypermorphose. Der Mensch hat ein stark entwickeltes Endhirn und stark entwickelte untere Gliedmaßen aus ein und demselben Grund: Seine gesamte Entwicklung ist retardiert, so daß die Spätstarter des Wachstums genügend Gelegenheit bekommen, ihren anfänglichen Rückstand aufzuholen.

Auch Abbildung 172 illustriert solche Verhältnisse. Sie zeigt, wie der Unterkörper im Vergleich zum Rückenmark das Wachstum fortsetzt. Das Rückenmark ist eines der ersten Organe, die im Laufe der embryonalen Entwicklung veranlagt werden; auch das Neuralrohr bildet sich früher als die Wirbelsäule. Es wächst anfänglich schneller als die meisten anderen Organe, so daß die typische Krümmung des Embryos entsteht (siehe Abb. 86, S. 187). Danach holen die anderen Organe ihren Rückstand auf, so daß die extreme Krümmung wieder verschwindet. Gleichzeitig holt der Unterleib seinen Rückstand gegenüber dem Brustkorb auf. Das Rückenmark bleibt dann im Wachstum zurück und reicht immer weniger weit in die Wirbelsäule hinab.

In der aufsteigenden Reihe der Wirbeltiere zeigt sich deutlich eine Tendenz zu immer größerem Übergewicht des Endhirns gegenüber den übrigen Teilen des zentralen Nervensystems (siehe Abb. 173). Bei Amphibien und Reptilien – Tieren, die vor den Säugetieren auf der Erde erschienen – ist das Endhirn nicht besonders groß. Aber schon bei

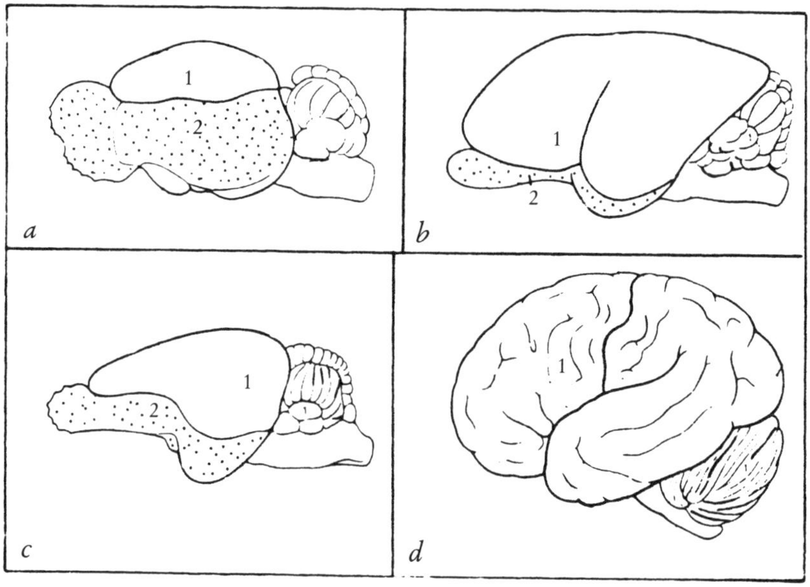

Abb. 174: Telencephalisation bei den Säugetieren. Gehirn von a: Igel; b: Tupaia; c: Lemur; d: Mensch. 1: Neokortex; 2: Paläokortex (punktiert). Der Paläokortex wird bei den höheren Säugetieren mehr und mehr vom Neokortex überwuchert. Beim Menschen ist der Paläokortex von außen nicht mehr sichtbar.[247]

primitiven Säugetieren setzt das Überwuchertwerden des Stammhirns durch das Endhirn ein. Beim Menschen erreicht es seinen Höhepunkt.

Ein analoges Phänomen ereignet sich bei den Säugetieren innerhalb des Endhirns selbst noch einmal. Es erscheint eine neue Organisationsform der Gehirnrinde: der Neokortex. Er umfaßt bei höheren Säugetieren einen immer größeren Teil der Endhirnoberfläche, des sogenannten Palliums; die evolutiv älteren Teile der Gehirnrinde – Paläokortex und Archikortex – werden zurückgedrängt. Bei einem primitiven Insektenfresser wie dem Igel nimmt der Neokortex fast ein Drittel des Endhirns ein, beim Menschen hat er 98 Prozent eingenommen; Paläo- und Archikortex wurden in die Tiefen bestimmter Gehirnfurchen verdrängt und gänzlich marginalisiert (siehe Abb. 174). Der Neokortex erscheint auch in der embryonalen Entwicklung später als die anderen Teile des Endhirns. Er ist der zuletzt hervortretende Teil des Gehirns, der eine – durch Retardation beim Menschen außerordentlich verstärkte – Aufholbewegung gegenüber den evolutiv und embryologisch älteren Gehirnteilen durchführt.

Das Phänomen des zunehmenden Übergewichts des Endhirns – und innerhalb desselben des Neokortex – bezeichnen wir als die *Telencephalisationstendenz*. Diese Tendenz kann bis weit in die evolutionäre Vergangenheit zurückverfolgt werden. Die menschliche vorgeburtliche Entwicklung wiederholt in großen Zügen die evolutionäre Entwicklung; man kann diese Wiederholung als eine Bestätigung des «biogenetischen Grundgesetzes» Haeckels betrachten (siehe oben, S. 49). Aber man kann auch sagen, daß die niederen Vertebraten früher das menschliche Entwicklungsmuster verlassen haben und spezialisierte Wege eingeschlagen haben, während der Mensch konsequent denselben Weg – eine immer differenziertere Entwicklung der zuletzt gebildeten Gehirnteile – verfolgt hat. Das menschliche Gehirn ist unter diesem Gesichtspunkt unverkennbar der Endpunkt eines Vorgangs, der sehr weit ins Tierreich zurückverfolgt werden kann, auch wenn es nicht als eine einfache Vergrößerung beispielsweise des Affengehirns aufgefaßt werden kann. Im allgemeinen scheint bei den Primaten der Anteil des Neokortex am gesamten Gehirnvolumen in dem Maße zuzunehmen, wie dieses Gehirnvolumen selbst größer wird (siehe Abb. 175). Menschen haben zum Beispiel im Verhältnis zum verlängerten Rückenmark (Medulla oblongata) einen größeren Neokortex als die Menschenaffen, beim Menschenaffen ist er verhältnismäßig größer als bei den niederen Schmalnasen und Breitnasen, und bei letzteren ist das Verhältnis wiederum höher als bei den Halbaffen. Diese überproportionale Expansion des zuletzt sich entwickelnden Gehirnteils bei den stärker retardierten Primaten verläuft, grob gesehen, exponentiell[333] (vgl. Abb. 175; siehe auch Finlay und Darlington[142]).

Der expandierte Neokortex ist ein Merkmal, das im Laufe der Evolution immer deutlicher hervortritt, beim Menschen seinen Höhepunkt erreicht und erst dort sein ganzes Potential zeigt (ebenso wie das Sprachvermögen). Telencephalisation (bzw. Neencephalisation) deutet nicht nur auf das Hervortreten qualitativ neuer Merkmale oder Spezialisierungen hin, sondern zuerst auf die Veränderung der gegenseitigen Proportionen der verschiedenen Gehirnteile durch Retardation des gesamten Wachstumsmusters. Wenn neue Strukturen auftauchen, wie z.B. der Neokortex bei Säugern (Abb. 174), geschieht dies am ontogenetisch zuletzt erscheinenden, cephalen Ende des Gehirns. Und es ist genau dieser neue Teil, der danach in stärker retardierten Organismen

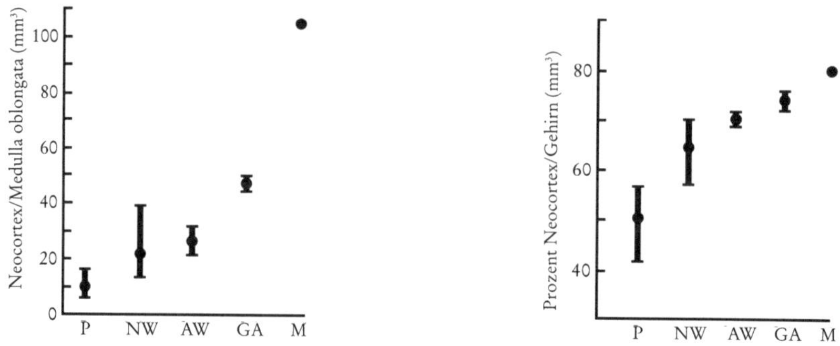

Abb. 175: Links: Volumen des Neokortex im Verhältnis zum Volumen der Medulla oblongata.
Rechts: Volumen des Neokortex in Prozent des Gehirnvolumens.
P: Halbaffen; NW: Breitnasen; AW: niedere Affen; GA: große Menschenaffen; M: Mensch.[333]

am meisten vergrößert ist. Das außerordentlich entwickelte und vollständig vom Neokortex dominierte menschliche Endhirn kann also als ein Merkmal des Typus II und als Beispiel von Hypermorphose betrachtet werden.

Das Endhirn als retardiertes Organ. Boksche Retardation

Wir sahen schon, daß das Endhirn vom frühesten Stadium an einen gewissen Rückstand in der Entwicklung gegenüber den anderen Gehirnteilen zeigt. Dieser Rückstand entsteht bereits beim Schließen des Neuralrohrs, das zuerst in der Mitte beginnt und sich dann nach rostral hin fortsetzt; das Endhirnbläschen wird zuletzt gebildet. Wir haben außerdem gesehen, daß Nervenzellen im Endhirn später erscheinen als in anderen Gehirnteilen.

Das Endhirn bleibt auch als ausgewachsenes Organ in verschiedener Hinsicht stärker fötalisiert als der Rest des zentralen Nervensystems. S. T. Bok zeigte diesbezüglich verschiedene Beispiele.[45, 46] So bleibt der ursprüngliche, mit Flüssigkeit gefüllte zentrale Kanal innerhalb des Neuralrohrs im Gehirn als sogenanntes Ventrikelsystem bestehen, wird aber in das menschliche Rückenmark nach und nach völlig integriert. In demselben Sinne wies Bok auch auf die Verteilung der grauen und weißen Substanz innerhalb des Gehirns und des Rückenmarks hin (siehe Abb. 176). Die graue Substanz ist eine Anhäufung von Nervenzellen. Diese Nervenzellen haben lange Ausläufer (Axone), durch welche sie mit weit abgelegenen Zellen Verbindungen schaffen können. Die weiße Substanz besteht aus Bündelungen von Axonen, enthält aber keine Nervenzellenkörper. Beim Rückenmark liegt die graue Substanz im Zentrum, die weiße ist darum herum angeordnet. Beim Endhirn ist die Lage umgekehrt: Die graue Gehirnrinde umschließt die weiße Substanz. Im Hirnstamm finden wir eine Übergangssituation. Bok machte darauf aufmerksam, daß während der ersten embryonalen Entwicklungsstadien auch im menschlichen Rückenmark die Tendenz vorhanden ist, die graue Substanz an der Außenseite anzuordnen: Die jungen Nervenzellen (Neuroblasten) bilden ihre ersten Ausläufer zum Zentrum des Rückenmarks und nicht zur Außenseite hin; sie verschwinden danach wieder.

Das Gehirn liefert also das Urbeispiel für das Phänomen der Bokschen Retardation. Das Endhirn ist im Vergleich zum Rückenmark ein ontogenetischer Spätling. Für ein retardiertes Wesen wie den Menschen sagt das Boksche Prinzip voraus, daß dieser Spätling einerseits verhältnismäßig groß wird, andererseits aber doch gegenüber dem Vorläufer fötalisiert ist. Genau das ist es, was man beim Menschen auch beobachten kann.

Die äußere Struktur des menschlichen Neokortex zeigt keine großen qualitativen Unterschiede zu der des Affen- oder Kuhgehirns; dessen Bauplan folgt dem allgemeinen Säugetierschema.[365] Ein Beispiel sind die Gehirnwindungen, die ab dem sechsten fötalen Monat auf der Oberfläche des Endhirns erscheinen (siehe Abb. 170). Diese Windungen sind nicht spezifisch menschlich, sondern sind nach einer Gesetzmäßigkeit gebildet, die das Säugetiergehirn im allgemeinen beherrscht. Die Oberfläche des Endhirns zeigt insgesamt die Tendenz, proportional mit dem Gehirnvolumen zuzunehmen. Bei einfacher Vergrößerung – mit Beibehaltung der Form – nimmt die Oberfläche eines Gegenstandes weniger zu als das Volumen. (Wenn man die Kante eines Kubus verdoppelt, wird die Oberfläche viermal so groß und das Volumen achtmal.) Deswegen haben größere Säugetiergehirne immer mehr Windungen, die einfach dadurch entstehen müssen, daß die Gehirnoberfläche immer größer wird. Das Windungsmuster beim Menschen ist in dieser Hinsicht nichts Besonderes; es hat die Komplexität, die man für einen Primaten mit einem Gehirnvolumen von nahezu 1400 cm^3 erwar-

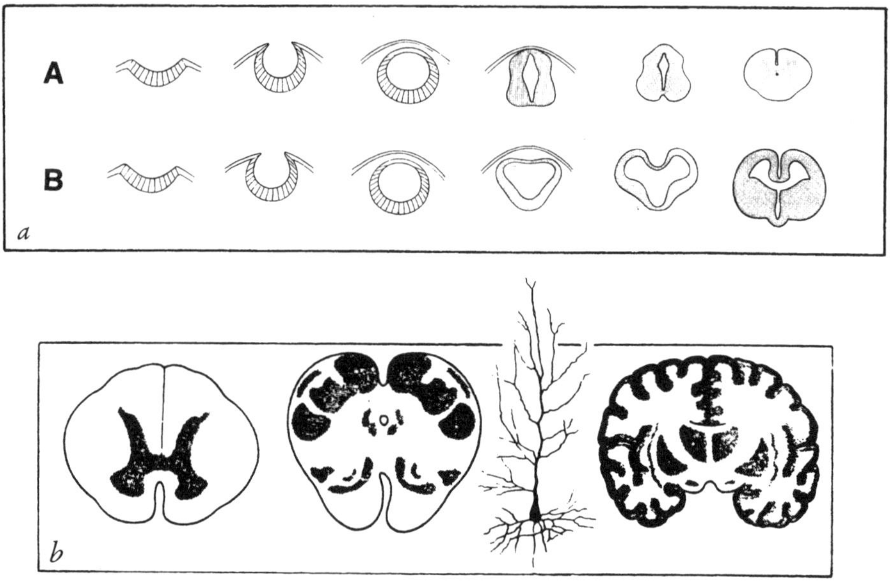

Abb. 176: a: Embryonale Entwicklung (schematisch) des Rückenmarks (A) und des Gehirns (B) des Menschen. Zuerst wird das mit Flüssigkeit gefüllte Neuralrohr abgeschnürt (vgl. Abb. 162). Es bleibt bestehen, wird aber in das Rückenmark integriert. Im Rückenmark bildet sich auch eine äußere Schicht von weißer Substanz. Beide Entwicklungen treten im Gehirn nicht ein.[247]
b: Verteilung der weißen und grauen Substanz, dargestellt in Querschnitten des Rückenmarks, des Gehirnstammes und des Endhirns des Menschen (von links nach rechts). Im Rückenmark befindet sich die graue Masse im Zentrum, im Endhirn an der Außenseite als Gehirnrinde; der Gehirnstamm zeigt eine Übergangsform. Auch eine Nervenzelle aus der Gehirnrinde, mit Zellkörper und langen Ausläufern, ist abgebildet.[247]

ten könnte.[489] Das Elefantengehirn (Volumen: 4150 cm^3) zeigt ein dichteres Muster von Windungen, während wir beim Pferd (Gehirnvolumen: 600 cm^3) weniger durchgestaltete Windungen vorfinden.

Wir stoßen also beim menschlichen Gehirn, genau wie bei dem menschlichen Larynx, auf ein Zusammenspiel oder eine Komposition von Merkmalen des Typus I und des Typus II, die sich gegenseitig bedingen. Einerseits behält der Gehirnraum beim Menschen seine fötalen Verhältnisse; die gesamte Gestalt des menschlichen Schädels ist ein Merkmal des Typus I. Andererseits ist der große Umfang des menschlichen Gehirns als ein Merkmal des Typus II aufzufassen, das durch Hypermorphose zustande kommt, wobei die zuletzt gebildeten Teile des Gehirns den im Verhältnis größten Umfang erreichen. Beide Merkmale bilden ein strukturelles Ganzes. Der große Umfang des menschlichen Gehirns hat das Beibehalten mehrerer fötaler Verhältnisse zur Folge, wie zum Beispiel die Lage des Gehirns oberhalb der Augenhöhle (siehe Abb. 168, S. 358) oder die niedrige Lage des äußeren Gehörausgangs bezüglich des Jochbeins (siehe Abb. 123, S. 268). Die erwähnten fötalen Merkmale antizipieren sozusagen die Durchsetzung der Telencephalisation, sie bilden mit ihr eine Totalität. Wenn die Fortsetzung des Gehirnwachstums vorzeitig abgebrochen wird, werden auch die vorbereitenden Merkmale des Typus I verschwinden.

Das Kompositionsphänomen

Retardation liegt den bedeutendsten Unterschieden zwischen Mensch und Tier zugrunde. Es gibt a priori keinen Grund anzunehmen, daß eine allgemeine Retardation der Chordaten-, Vertebraten- oder Säugetiergestalt zu einem lebensfähigen und sogar überlegenen Organismus führen sollte. Doch verfügt der Mensch unverkennbar über ein Vermögen, das durch seine Allgemeinheit die tierischen Vermögen qualitativ übersteigt. Anscheinend enthüllt der Retardationsvorgang im Menschen eine Veranlagung, die schon in der ursprünglichen Säugetier- und Primatenform schlummerte, ja, schon in der Urform der Vertebraten und Chordaten. Die unterschiedlichen Retardationseffekte bilden kein sinnloses Ganzes. Zusammen erbringen sie einen gewaltigen Überschuß an Möglichkeiten – von einem mechanistischen Standpunkt erscheinen sie wie eine scheinbar willkürliche Anhäufung einzeln konzipierter Bauteile, die aber bei näherem Zusehen auf unerklärliche Weise zusammenzugehören scheinen und gemeinsam einen überlegen funktionierenden Motor bilden. Die unterschiedlichen Retardationseffekte, die Merkmale des Typus I und des Typus II, die Fötalisations- und Hypermorphosephänomene schließen sich in der menschlichen Gestalt harmonisch zusammen und beziehen ihre Bedeutung voneinander. Sie bilden eine *Komposition*; diese Tatsache nennen wir das Kompositionsphänomen.

Darwin kannte diese Metapher «einer Anhäufung einzelner Bausteine, die zusammenzugehören scheinen». Er erklärte dieses unübersehbare Phänomen durch einen bestimmten evolutionären Mechanismus: die *Präadaption*. Der genaue Wortlaut bei Darwin: «Obwohl ein Organ ursprünglich nicht für einen bestimmten Zweck gebildet worden sein dürfte, sind wir, wenn es nun diesem Ziel dient, berechtigt zu sagen, daß es speziell dazu eingerichtet ist. Im Grunde ist es das gleiche, wie wenn ein Mensch eine Maschine für einen bestimmten Zweck bauen, aber alte Räder, Federn und Rollen dazu benutzen muß, die nur leicht verändert wurden: Auch hier kann man sagen, daß die ganze Maschine, mit all ihren Teilen, für diesen Zweck speziell eingerichtet wurde. So haben in der gesamten Natur vermutlich fast alle Teile jedes Lebewesens, in jeweils leicht verändertem Zustand, unterschiedlichen Zwecken gedient und haben im lebendigen Mechanismus vieler ursprünglicher und einzelner spezifischer Formen eine Rolle gespielt.»[115, 185]

Präadaption heißt, daß ein Organ sich zuerst für eine bestimmte Funktion entwickelt und sich danach auch für eine ganz andere Funktion als tauglich erweist. Als Beispiel dafür können wir die Flügel der Insekten betrachten. Zunächst ist deutlich, daß wenig entwickelte, «halbe» Flügel nicht nur zum Fliegen untauglich sind, sondern für das Insekt insgesamt einen Nachteil und eine Last darstellen. Man sieht in der Tat häufig, daß solche überflüssigen Organe, wie zum Beispiel die Augen höhlenbewohnender Tiere, sich sehr rasch zurückbilden und verschwinden. Wir sollten also annehmen, daß die gering entwickelten, nutzlosen Flügel schnell verschwinden; sie haben gar keine Chance, sich zu vollständigen Flügeln auszubilden. Wenn wir aber annehmen, daß diese Vorläufer der eigentlichen Flügel eine andere Funktion hatten, entsteht ein neues Bild. Sie könnten zum Beispiel thermoregulierende Flächen (damit sich das Tier am Morgen schnell im Sonnenlicht aufwärmen kann) oder Organe zum Gleiten auf der Wasseroberfläche gewesen sein – also Vorläufer der eigentlichen Flugorgane mit einer ganz abweichenden Funktion. Diese Vorläufer waren keine Flügel, sondern hatten eine andere Rolle, in der sie auch schon als winzige, «halbe» Flügel eine Aufgabe erfüllen konnten. Erst wenn sie für diese ursprüngliche Funktion schon ausgebildet waren, erwiesen sie sich dann auch als zum Fliegen geeignet und entwikkelten sich danach in die Richtung dieser neuen Funktion weiter. Der Vorläufer des Flügelpaares war also nicht zum Fliegen ausgebildet, aber er war zum Fliegen *präadaptiert*.

Dieses darwinistische Präadaptionskonzept setzt voraus, daß eine ganz konkrete Urfunktion (z.B. Thermoregulation) der späteren, ebenfalls konkreten Funktion (z.B. dem Fliegen) vorhergeht. Deshalb kann das Kompositionsphänomen beim Menschen nicht durch Präadaption erklärt werden. Die menschlichen Merkmale gehen nicht aus einer Menge ganz konkreter, unterschiedlicher Spezialisierungen hervor, sondern sind nur aus ein und demselben ontogenetischen Prinzip (der Retardation) ableitbar. Würde man hier das darwinistische Präadaptionsprinzip zur Erklärung heranziehen, so wäre der Schluß naheliegend, daß das allgemeine Entwicklungsmuster der Vertebraten zur Menschwerdung «präadaptiert» sei. Dann hat man aber wieder – in einer neuen Form – dasselbe Rätsel ausgesprochen: Der Mensch ist kein beliebiges Tier; in ihm erscheint genau dasjenige, was bei den Tieren unspezialisiert und allgemein geblieben ist, und dieser allgemeine, unspezialisierte Kern, der der eigentliche, innere Bauherr des menschlichen Organismus ist, zeigt sich offenbar als Träger außergewöhnlicher Potenzen (dem Vermögen zur aufrechten Haltung, zur Sprache, zur Zivilisation usw.).

Der Larynx und das Gehirn bieten ein interessantes Beispiel zur Illustration dieses Kompositionsphänomens. Der menschliche Kehlkopf senkt sich tief in die Kehle, was ein Merkmal des Typus II ist. Aber diese Senkung ist mit der Beibehaltung des flachen Antlitzschädels eng verbunden – ein Merkmal des Typus I. Der menschliche Gehirnschädel behält auch die jugendliche sphärische Gestalt (Merkmal des Typus I) bei, aber das Wachstum des Gehirns, das mit dem Erhalt dieser Jugendform strukturell verbunden ist, ist ein Merkmal des Typus II (Telencephalisation). Wir können also behaupten, daß die Jugendgestalt des Primatenschädels der natürliche Vorläufer sowohl des gesenkten Kehlkopfs als auch des stark entwickelten Gehirns ist. Und die beiden letzten Merkmale ergänzen sich gegenseitig beim Zustandekommen der Sprache, die nicht nur mit dem spezifischen Bau des Larynx zusammenhängt, sondern auch unmöglich wäre ohne ein hochentwickeltes Nervensystem, das das Instrument des Denkvermögens ist. Die Merkmale des Typus I weisen also auf diejenigen des Typus II hin, die ihrerseits ihren Sinn von den typisch menschlichen Eigenschaften, innerhalb derer die Sprache ein Kernstück bildet, herleiten.

Retardation schenkt uns außerdem die zusätzliche Zeit zum Lernen (durch eine verlängerte Jugendzeit), die notwendig ist, damit wir uns die Sprache auch tatsächlich aneignen können und uns dadurch das gesamte soziokulturelle Erbgut zugänglich wird.

Der Mund muß natürlich einen zum Sprechen geeigneten Bau haben. Auch hier spielt Retardation eine Schlüsselrolle: Die Schnauzenbildung bleibt aus, die Abmessungen des Milchgebisses (geschlossene Zahnreihe mit nahezu konstanter Höhe, Umfang der vorderen Zahnleiste usw.) bleiben erhalten. Der Mund muß seinerseits von der Greiffunktion, die die Hände übernehmen, befreit werden. Unsere Hände sind zum Ausüben der Greiffunktion tatsächlich außerordentlich geeignet, gerade wegen ihres retardierten und unspezialisierten Charakters. Dafür muß die Hand selber, um Greiffunktionen übernehmen zu können, von der Fortbewegungsfunktion befreit sein. Die aufrechte Haltung des menschlichen Körpers ermöglicht diese Befreiung. Diese aufrechte Haltung wird durch die Retardation des Fußes (Beibehalten der Lage des großen Zehs; durch Hypermorphose stark entwickelter großer Zeh und Ferse), durch die große Länge der unteren Gliedmaßen (Hypermorphose) und durch die Beibehaltung fötaler Primatenmerkmale – wie etwa der zentralen Lage des Foramen magnum auf der Schädelunterseite – möglich. Die aufrechte Haltung wird weiterhin durch die abgeflachte Gestalt des menschlichen Brustkorbes (Hypermorphose) ermöglicht, die selbst wieder von der fötalen Struktur der Schlagaderverzweigungen am Aortenbogen angekündigt wird. Zugleich vergrößert sich durch die abgeflachte Gestalt des Thorax der Wirkungsradius der Arme, was die Hände für die Greiffunktion noch geeigneter macht.

Die aufrechte Haltung wird auch durch die Verbindung zwischen Herzbeutel und Zwerchfell, die beim Menschen erhalten bleibt, schon vorher angekündigt. Durch die aufrechte Haltung wird außerdem der Atemrhythmus vom Bewegungsablauf losgelöst; die Lunge wird zum ersten Mal befreit. Die nackte Haut (Merkmal des Typus I) und das stark entwickelte ekkrine Schweißdrüßensystem (Merkmal des Typus II) bilden zusammen ein überlegenes Abkühlungssystem, das nicht länger von der Atmung abhängig ist. Dadurch wird die Lunge zum zweiten Mal befreit. Diese doppelte Befreiung der Lunge schafft Raum dafür, daß sie für das Sprechen in Dienst genommen werden kann.

Auch die in kaudaler Richtung schwerer werdenden Wirbel unterstützen die aufrechte Haltung; dieses Muster kommt durch Hypermorphose zustande (die Wirbelsäule entwickelt sich bis zum Kreuzbein in cephalokaudaler Richtung). Diesem Muster zufolge entsteht ein sehr schweres Kreuzbein, das strukturell nicht nur für den aufrechten Gang (durch seine Tragefunktion), sondern auch für die Verbreiterung des Geburtskanals von Bedeutung ist. Letztere hängt wiederum mit dem großen Umfang des Gehirnschädels des Neugeborenen zusammen und dieser seinerseits mit dem Sprachvermögen.

Die verschiedenen Retardationseffekte beim Menschen ergänzen sich also gegenseitig und ergeben zusammen einen Gewinn an typisch menschlichen Fähigkeiten (Sprache, aufrechter Gang, Werkzeuggebrauch usw.). Das aber ist das eigentlich Wesentliche des Kompositionsphänomens. S. J. Gould hat dieses Kompositionsphänomen folgendermaßen beschrieben: «Wir haben unser enormes Gehirn hauptsächlich dank des evolutionären Vorganges der Neotenie entwickelt: der Verlangsamung der Entwicklungsgeschwindigkeit und des konsequenten Festhaltens an Charakterzügen, die zum Jugendalter unserer Vorfahren gehörten, bis in das Erwachsenenalter. Wir behalten die rasche fötale Wachstumsgeschwindigkeit der Neuronen bis weit nach der Geburt bei – wenn das Gehirn der meisten Säugetiere schon fast fertig ist – und beenden unser Wachstum mit dem Endhirnbläschen und dem verhältnismäßig großen Gehirn, was für den jungen Primaten so charakteristisch ist. Neotenie verlangsamt auch unsere Reifung und ermöglicht uns eine lange Zeit des flexiblen Lernens in der Kindheit. [...] Als Primaten gehören wir zu einer der wenigen Gattungen von Säugetieren, die in ihrer körperlichen Gestalt genügend unspezialisiert sind, um sich die morphologische Fähigkeit zu bewahren, ein weites Spektrum von Umgebungen und Lebensweisen zu nutzen. Eine Fledermaus hat ihre vorderen Gliedmaßen dem Fliegen geopfert, ein Pferd dem Laufen und ein Wal dem Vermögen zu balancieren und zu paddeln. Für die Kultur und die Intelligenz auf einem menschlichen Niveau dürfte die Entwicklung einer freien vorderen Gliedmaße nötig sein sowie einer unspezialisierten Hand, die mit dem Vermögen begabt ist, Werkzeuge herzustellen und zu handhaben. [...] Nur die morphologisch unspezialisierten Arten unter den Säugetieren haben sich einer unflexiblen Festlegung auf gewisse Lebensweisen enthalten, was diese Voraussetzungen für Intelligenz verhindert hätte» (S. 63 f.).[188]

An anderer Stelle legt Gould nahe, daß eine darwinistische Erklärung für die menschliche Retardation doch denkbar sei: «Worin liegt die Bedeutung der retardierten Entwicklung selbst in bezug auf die Anpassungsfähigkeit? Die Antwort auf diese Frage liegt wahrscheinlich in unserer sozialen Evolution. Wir sind vor allem ein lernendes Tier. Wir sind nicht besonders stark, schnell oder gut ausgestattet; wir pflanzen uns nicht schnell fort. Unser Vorteil liegt in unserem Gehirn, mit seiner bemerkenswerten Fähigkeit, durch Erfahrung zu lernen. Um das Ler-

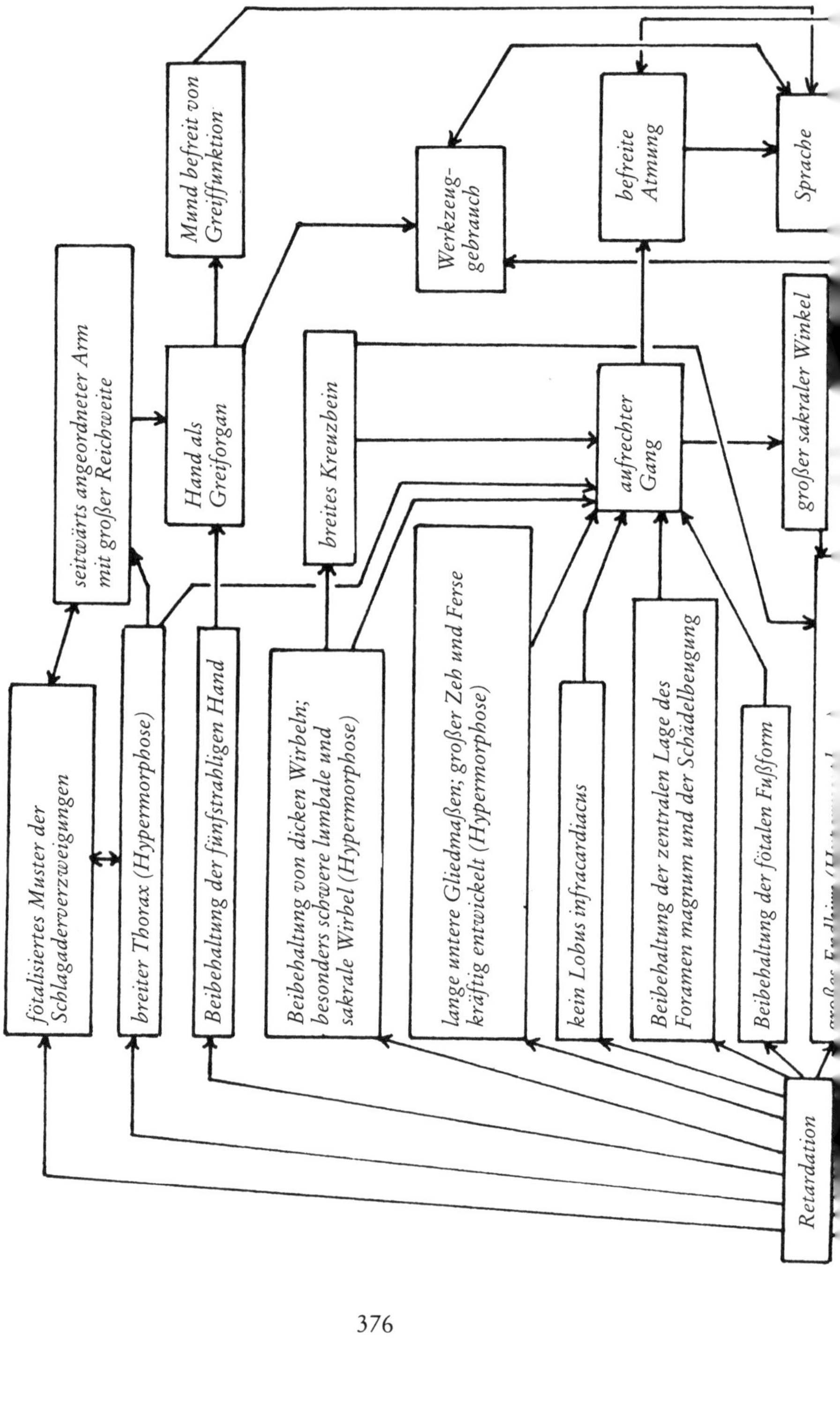
Mund befreit von Greiffunktion
Werkzeuggebrauch
befreite Atmung
Sprache
seitwärts angeordneter Arm mit großer Reichweite
Hand als Greiforgan
breites Kreuzbein
aufrechter Gang
großer sakraler Winkel
fötalisiertes Muster der Schlagaderverzweigungen
breiter Thorax (Hypermorphose)
Beibehaltung der fünfstrahligen Hand
Beibehaltung von dicken Wirbeln; besonders schwere lumbale und sakrale Wirbel (Hypermorphose)
lange untere Gliedmaßen; großer Zeh und Ferse kräftig entwickelt (Hypermorphose)
kein Lobus infracardiacus
Beibehaltung der zentralen Lage des Foramen magnum und der Schädelbeugung
Beibehaltung der fötalen Fußform
Retardation

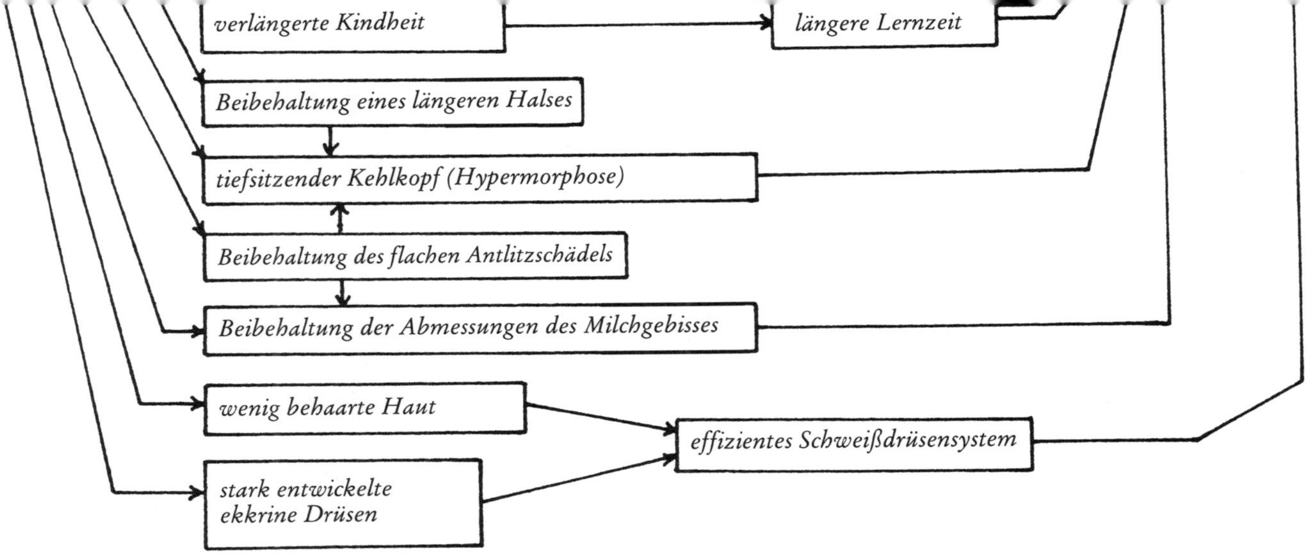

Abb. 177: Die verschiedenen Retardationseffekte beim Menschen in ihrer wechselseitigen Verflechtung (schematisch).

nen ausdehnen zu können, haben wir unsere Kindheit verlängert, indem wir die sexuelle Reifung mit ihrem jugendlichen Verlangen nach Unabhängigkeit hinauszögern. Unsere Kinder sind länger an ihre Eltern gebunden, wodurch sowohl ihre Zeit zum Lernen zunimmt als auch die Familienbande stärker werden» (S. 68).[183]

Diese Art darwinistischer Erklärung bleibt aus zwei Gründen gänzlich unbefriedigend. Erstens hat die Verlängerung unserer kindlichen Lernzeit nur Bedeutung, wenn auch die anderen Bedingungen – größeres Gehirn, vielseitige und unspezialisierte Hände – erfüllt sind, die eine Zunahme der Lernaktivität ermöglichen. Das Kompositionsphänomen, die Tatsache, daß der Retardationsvorgang alle diese Bedingungen *zugleich* erfüllt, bleibt vollständig unerklärt. Das Eintreten *eines* Retardationseffekts zieht einen ganzen Komplex einander überraschenderweise ergänzender Folgen nach sich. Genau dieser ergänzende, kompositorische Charakter der Retardationseffekte weist darauf hin, daß sie im ursprünglichen tierischen Bauplan schon vorgesehen waren. Physisch erscheinen diese Effekte erst am Ende der Primatenevolution, wenn sich die Retardationstendenz vollständig durchgesetzt hat; sie können also nicht durch einen physischen Selektionsvorgang erklärt werden.

Gould selber führt aber noch einen zweiten Grund an, weshalb unsere retardierte Entwicklung nicht durch Selektion im Hinblick auf eine längere Lernzeit erklärbar ist. Er weist darauf hin, daß die menschliche Retardation tief in der Vergangenheit wurzelt. «Primaten sind im allgemeinen im Verhältnis zu den meisten anderen Säugetieren retardiert. Sie leben länger und wachsen viel langsamer als andere Säugetiere vergleichbarer Körpergröße. Diese Tendenz setzt sich über die ganze Evolution der Primaten hin fort. Menschenaffen sind im allgemeinen größer, wachsen langsamer und leben länger als Affen und Halbaffen. Der Verlauf und das Tempo unseres Lebens hat sich sogar noch dramatischer verlangsamt» (S. 67).[183]

Der retardierte und unspezialisierte Charakter der Primaten kam schon am Anfang des Tertiärs zum Vorschein. *Tetonius homunculus,* der damals lebte, besaß im Verhältnis zu heutigen Säugetieren derselben Größe ein eher kleines Gehirn,[242] aber im Vergleich zu damals lebenden Säugern gleichen Gewichts hatte dieser frühe Primat ein Gehirnvolumen, das dem Dreifachen des damaligen Mittelwertes entsprach. Gould notiert dazu: «Primaten waren von Anfang an führend; unser großes Gehirn ist nur die Übertreibung eines Musters, das seit

Beginn des Säugetierzeitalters veranlagt war. Aber weshalb hat sich ein solches großes Gehirn innerhalb einer Gruppe von kleinen, primitiven, baumbewohnenden Säugetieren entwickelt, die eher Ratten und Mardern glichen als den Säugetieren, die man gewöhnlich als fortschrittlich betrachtet? [...] Wir haben einfach keine Antwort auf eine der wichtigsten Fragen, die wir stellen können» (S. 190 f.).[183]

Das große Gehirn und der insgesamt retardierte Charakter der ersten Primaten kann sicherlich nicht durch den von Gould vorgeschlagenen Selektionsmechanismus (Förderung der Lernaktivität durch Verlängerung des Alters) erklärt werden. Denn dann müßte derselbe Mechanismus doch viel deutlicher bei nahezu allen heutigen Säugetieren – die ein viel größeres Gehirn haben als jene frühen, seit langem ausgestorbenen Primaten – in Erscheinung getreten sein. Und die extreme Retardation des Menschen bildet nur den Schlußstein dieses einen, im Laufe der Evolution sich immer kraftvoller durchsetzenden Entwicklungsprinzips der Retardation der Primaten. Im Grunde kann das Retardationsthema noch bis vor die Zeit der Primaten zurückverfolgt werden. Das älteste Merkmal ist wohl die Kopf- und Schädelbeugung (siehe oben, S. 348).

Das Kompositionsphänomen weist zwingend auf die zielgerichtete Wirksamkeit des Bolkschen «inneren Entwicklungsfaktors» hin, der in der tierischen Evolution am Werk ist. Das Ziel der sich durch die Zeitepochen fortsetzenden Retardation der Primaten wird erst am Ende sichtbar, wenn der Mensch erscheint. Dabei erweist sich die menschliche *Sprache* als der Mittelpunkt, um den sich das ganze Spektrum der Retardationseffekte wie ein planvolles Ganzes herumgruppieren läßt. Die Erscheinung der Sprache im Physischen war das Ziel, auf das die Evolution zustrebte. Durch den Menschen erschien das Wort zum ersten Mal unmittelbar im Stofflichen.

Literatur

1 A. Abbie, *Headform and human evolution,* in: J. Anat. London, 81/1947, S. 233-258.
2 –, *«No! No! A thousand times no!»,* in: Austr. J. Sc., 11/1948, S. 39-42.
3 –, *Timing and human evolution,* in: Proc. Linn. Soc. New South Wales, 83/1958, S. 197-213.
4 M.M. Abitbol, *Evolution of the lumbosacral angle,* in: Amer. J. Phys. Anthrop., 72/1987, S. 361-372.
5 –, *Obstetrics and posture in pelvic anatomy,* in: J. Hum. Evol., 16/1987, S. 243-255.
6 –, *Effect of posture and locomotion on energy expenditure,* in: Amer. J. Phys. Anthrop., 77/1988, S. 191-200.
7 –, *The multiple obstacles to encephalization,* in: Behav. Brain Sc., 13/1990, S. 344 f.
8 C. Aeby, *Der Bronchialbaum der Säugethiere und des Menschen,* Verlag W. Engelmann 1880.
9 L. Aiello, *The allometry of primate body proportions,* in: M.H. Day (Hrsg.), Vertebrate Locomotion, Symp. Zool. Soc. London 1981, S. 331-358.
10 L. Aiello / C. Dean, *An introduction to human evolutionary anatomy,* Academic Press 1990.
11 H. Albrecht, *Beitrag zur vergleichenden Anatomie des Säugethier-Kehlkopfs,* in: Sitzungsber. K. Akad. Wiss. Wien, 104/1895, S. 227-322.
12 R.McN. Alexander / A.S. Jayes / G.M.O. Maloiy / E.M. Wahuta, *Allometry of limb bones of mammals from shrews to elephant,* in: J. Zool. (London), 189/1979, S. 305-314.
13 P.L. Altman / D.S. Dittmer, *Biology Data Book,* Vol. III, Federation of American Societies for Experimental Biology 1974.
14 D.W. Amundsen / C.L. Diers, *The age of menarche in classical Greece and Rome,* in: Hum. Biol. 41/1969, S. 125-132.
15 –, *The age of menopauze in medieval Europe,* in: Hum. Biol. 42/1970, S. 79-86.
16 –, *The age of menarche in medieval Europa,* in: Hum. Biol. 45/1973, S. 363-369.
17 –, *The age of menopauze in classical Greece and Rome,* in: Hum. Biol. 45/1973, S. 605-612.
18 M. Anderson / M. Blais / W.T. Green, *Growth of the normal foot during childhood and adolescence,* in: Amer. J. Phys. Anthrop. 14/1956, S. 287-308.
19 F. Antinucci / E. Visalberghi, *Tool use in Cebus apella: a case study,* in: Int. J. Primat. 7/1986, S. 351-363.
20 C.U. Ariëns-Kappers, *Inleiding op de derde druk van L. Bolk «Hersenen en Cultuur»,* Scheltema & Holkema's Amsterdam 1931.
21 –, *Orthogenesis and progressive appearance of early-ontogenetic form relations in the adult stages during human evolution with a possible explanation for them,* in: Acta bioth. 6/1942, S. 165-183.

22 L.B. Arey, *Developmental Anatomy,* Saunders & Co. London 1974.
23 M. Ashley-Montagu, *On the primate thumb,* in: Amer. J. Phys. Anthrop. 15/1931, S. 291-314.
24 –, *The premaxilla in the primates,* in: Quart. Rev. Biol. 10/1935, S. 32-59 und 181-208.
25 –, *The medio-frontal suture and the problem of metopism in primates,* in: J. Roy. Anthrop. Inst. 67/1937, S. 157-201.
26 –, *Time, morphology and neoteny in the evolution of man,* in: Amer. Anthrop. 57/1955, S. 13-27.
27 –, *Growing Young,* McGraw-Hill 1982.
28 F.J. Ayala / T. Dobzhansky, *Studies in the philosophy of biology,* California U.P. 1974.
29 B.I. Balinsky, *An introduction to embryology,* Saunders & Co. 1970.
30 V. Barriel / P. Darlu, *Approche moléculaire de la phylogénie des Hominoidea. L'exemple de la pseudo êta-globine,* in: Bull. Mém. Soc. Anthrop. Paris 2/1990 (NS), S. 3-24.
31 B. Baughan et al., *The pattern of facial growth before and during puberty as shown by French-Canadian girls,* in: Ann. Hum. Biol. 6/1979, S. 59-76.
32 R.M. Beecher, *Function and fusion at the mandibular symphysis,* in: Amer. J. Phys. Anthrop. 47/1977, S. 325-336.
33 –, *Functional significance of the mandibular symphysis,* in: J. Morph. 159/1979, S. 117-130.
34 G. v. Békésy, *Zur Theorie des Hörens bei der Schallaufnahme durch Knochenleitung,* in: Ann. Physik 13/1932, S. 111-136.
35 –, *Über das Hören der eigenen Stimme,* in: Arch. ges. Phonetik, Abt. 2,5/1941, S. 117-140.
36 C.H. Bennett, *Undecidable dynamics,* in: Nature 356/1990, S. 606-607.
36a M.J. Benton, *The Rise of Mammals,* New York: Crescent Books 1991.
36b M.J. Benton, *The Reign of the Reptiles,* New York: Crescent Books 1990.
37 D.B. Bernhardt, *Prenatal and postnatal growth and development of the foot and ankle,* in: Phys. Ther. 68/1988, S. 1831-1839.
38 H. Bernstein, *Über das Stimmorgan der Primaten,* in: Abhandl. Senckenberg. Naturforsch. Gesell. Frankfurt 38/1923, S. 105-128.
39 D.C. Betticher / J. Geiser, *Resistance of mammalian red blood cells of different size to hypertonic milieu,* in: Comp. Biochem. Physiol. 93A/1989, S. 429-432.
40 M.J. Bishop / A.E. Friday, *Tetrapod relationships: the molecular evidence,* in: C. Patterson (Hrsg.), Molecules and morphology in evolution: conflict or compromise?, Cambridge U.P. 1987.
41 D.G. Blackburn, *From whale toes to snake eyes: comments on the reversibility of evolution,* in: Syst. Zool. 33/1984, S. 241-245.
41a E. Blechschmidt, *Die vorgeburtlichen Entwicklungsstadien des Menschen,* Basel: Karger Verlag 1961.
42 J.E.V. Boas, *Zur Morphologie der Wirbeltierkralle,* in: Morphologisches Jahrbuch 21/1894, S. 281-310 + Abb.
43 –, *Ein Beitrag zur Morphologie der Nägel, Krallen, Hufe und Klauen der Säugetiere,* in: Morphologisches Jahrbuch 9/1884, S. 389-400 + Abb.
44 B. Bogin, *Patterns of human growth,* Cambridge studies in biological anthropology 1988.
45 S.T. Bok, *Een functie-uitstellend beginsel in de embryonale ontwikkeling,* in: Nederl. Tijdschr. Geneesk. 68,I/1924, S. 210-225.
46 –, *Assimilatie tegenover additie van vormeigenschappen,* in: Nederl. Tijdschr. Geneesk. 70,I/1926, S. 850-858 und 1045-1052.
47 H. Böker, *Vergleichende biologische Anatomie der Wirbeltiere,* Gustav Fischer, Jena 1935.

48 L. Bolk, *Über die Persistenz fötaler Formerscheinungen bei einem erwachsenen Manne,* in: Morph. Jahrb. 29/1902, S. 79-84.
49 –, *Über die Obliteration der Nähte am Affenschädel, zugleich ein Beitrag zur Kenntnis der Nahtanomalien,* in: Zeitschr. Morph. Anthrop. 15/1912, S. 1-206.
50 –, *Über Lagerung, Verschiebung und Neigung des Foramen Magnum am Schädel der Primaten,* in: Zeitschr. Morph. Anthrop. 17/1915, S. 611-692.
51 –, *Over het voortijdige sluiten der pijlnaad in verband met scaphocephalie,* in: Geneeskundige Bladen 18/1915, S. 27-55.
52 –, *Über das kaudale Rumpfende eines Fetus vom Schimpansen,* in: Anat. Anz. 50/1917, S. 354-358.
53 –, *On metopism,* in: Amer. J. Anat. 22/1917, S. 27-47.
54 –, *Hersenen en Cultuur,* Scheltema en Holkema 1918.
55 –, *Over de grondvorm van de menselijke maag en over megacolon (ziekte van Hirschsprung),* in: Nederl. Tijdschr. Geneesk. 64,II/1920, S. 1073-1080.
56 –, *The part played by the endocrine glands in the evolution of man,* in: The Lancet 10. Sept. 1921, S. 588-592.
57 –, *Aangeboren afwijkingen beschouwd in het licht der foetalisatietheorie,* in: Nederl. Tijdschr. Geneesk. 66,II/1922, S. 1536-1543.
58 –, *The problem of orthognatism,* in: Proc. Koninkl. Akad. Wetensch. A'dam 25/1923, S. 371-380.
59 –, *On the significance of the supra-orbital ridges in the primates,* in: Proc. Koninkl. Akad. Wetensch. A'dam 25/1923, S. 16-20.
60 –, *The chin problem,* in: Proc. Koninkl. Akad. Wetensch. A'dam 27/1924, S. 329-344.
61 –, *Das Problem der Menschwerdung,* Gustav Fischer, Jena 1926.
62 –, *Vergleichende Untersuchungen an einem Fetus eines Gorillas und eines Schimpansen,* in: Zeitschr. Anat. Entw. Gesch. 81/1926, S. 1-89.
63 –, *Over de oorzaak en de betekenis van het niet sluiten der schedelnaden bij de mens,* in: Nederl. Tijdschr. Geneesk. 70,II/1926, S. 2328-2339.
64 –, *Le problème de l'anthropogenèse,* in: Bull. Assoc. Anat. Comp. Rend. 21/1926, S. 80-92.
65 –, *De biologische grondslag der menswording,* in: Nederl. Tijdschr. Geneesk. 71,I/1927, S. 2216-2225.
66 –, *Origin of racial characteristics in man,* in: Amer. J. Phys. Anthrop. 13/1929, S. 1-28.
67 L. Bolk / E. Göppert / E. Kallius / W. Lubosh, *Handbuch der vergleichenden Anatomie der Wirbeltiere,* 1937.
68 T. Bromage, *Faces from the past,* in: New Scientist 1992, S. 38-41.
69 A.R. Burdi, *Morphogenesis of mandibular dental arch shape in human embryos,* in: J. Dent. Res. 47/1968, S. 58-58.
70 M. Born, *Statistical interpretation of quantum mechanics,* in: Science 122/1955, S. 675-679.
71 –, *Physics in my generation* (enthält auch Born 1955), Springer Verlag 1969.
72 G. Bounos / P.A.L. Kongshavn / A. Taveroff / P. Gold, *Evolutionary traits in human milk proteins,* in: Med. Hypoth. 27/1988, S. 133-140.
73 D.M. Bramble / D.R. Carrier, *Running and breathing in mammals,* in: Science 219/1983, S. 251-256.
74 W. Braune / O. Fischer, *Über den Schwerpunkt des menschlichen Körpers mit Rücksicht auf die Ausrüstung des deutschen Infanteristen,* in: Abhandl. Math. Phys. Klasse Königl. Sächs. Gesell. Wiss. 15/1890, S. 561-672 + Abb.
75 H. Braus, *Anatomie des Menschen. Band 1,* Berlin, Verlag J. Springer 1929.
76 R.J. Britten, *Rates of DNA sequence evolution differ between taxonomic groups,* in: Science 231/1986, S. 1393-1398.

77 T.G. Bromage, *The biological and chronological maturation of early hominids,* in: J. Hum. Evol. 16/1987, S. 257-272.
78 T.G. Bromage / M.C. Dean, *Reevaluation of the age at death of immature fossil hominids,* in: Nature 317/1985, S. 525-527.
79 F.M. Brown, *Persistent activity rhythms in the oyster,* in: Amer. J. Phys. 178/1954, S. 510-514.
80 –, *Common 30-day multiple in gestation time of terrestrial placentals,* in: Chronobiol. Intern. 5/1988, S. 195-210.
81 F.M. Brown / Y.H. Park, *A persistent monthly variation in responses of planarians to light, and its annual modulation,* in: Int. J. Chronobio., 3/1975; S. 57-62.
82 J.A. Bruce, *Time and order of appearance of ossification centers and their development in the scull of the rabbit,* in: American Journal of Anatom 68/1941, S. 41-67.
83 G.E. Butler / M. McKie / S.G. Ratcliffe, *The cyclical nature of prepubertial growth,* in: Ann. Hum. Biol. 17/1990, S. 177-198.
84 F. Bruhns, *Der Nagel der Halbaffen und Affen,* in: Gegenbaur's Morph. Jb. 40/1910, S. 501-609.
84a D.A.G. Buizer, *De Nederlandse zakpijpen (manteldieren) en mantelvisjes*, Hoogwoud: Natuurhistorische Koninklijke Nederlandse Vereniging 1983.
85 P.H. Burry, *Postnatal growth and maturation of the lung,* in: Thorax 37/1982, S. 561-563.
86 S.E. Campana, *Lunar cycles of otolith growth in the juvenile starry flounder,* in: Mar. Biol. 80/1984, S. 239-246.
87 B.G. Campbell, *Human evolution,* Aldine Publ. Co., Chicago 1974.
88 S. Carlsoo, *How man moves,* Heinemann, London 1972.
89 T.M. Caro, *Human breasts: unsupported hypotheses reviewed,* in: Hum. Evol. 2/1987, S. 271-282.
90 D.R. Carrier, *The energetic paradox of human running and hominid evolution,* in: Curr. Anthrop. 25/1984, S. 483-495.
91 J. Carter, *Grouper sex in Belize,* in: Nat. hist. 1989, S. 61-68.
92 J. Chaline / D. Marchand / C. Berge, *L'évolution de l'homme: un modèle gradualiste ou ponctualiste?,* in: Bull. Soc. roy. belge Anthrop. Préhist. 97/1986, S. 77-97.
93 A. Charig, *A new look at the dinosaurs,* British Museum, London 1985.
94 K. Christiansen / E.-M. Winkler, *Sexualhormonspiegel und Körperform bei den Kung San. Ein Beitrag zur Erklärung der Pädomorphie sanider Populationen,* in: Anthrop. Anz. 48/1990, S. 267-277.
95 R.L. Ciochon / J.G. Fleagle (Hrsg.), *Primate evolution and human origins,* Aldine de Gruyter 1986.
96 W.E. Clark (Le Gros), *The problem of the claw in primates,* in: Proceedings of the Zoological Society of London 1936, S. 1-24.
97 –, *History of primates,* Chicago U.P. 1965.
98 –, *Man-apes or ape-men? The story of discoveries in Africa,* Holt, Rinehart 1, Winston 1967.
99 G. Clauser, *Die vorgeburtliche Entstehung der Sprache als anthropologisches Problem,* Ferdinand Enke Verlag 1971.
100 J. Cleland, *Terminal forms of life,* in: J. Anat. Physiol. 18/1887, S. 355-362.
101 M.I. Coates / J.A. Clack, *Polydactyly in the earliest known tetrapod limbs,* in: Nature 347/1990, S. 66-69.
102 A.H. Compton, *The freedom of man,* Greenwood Press 1935.
103 E.D. Congdon, *Transformation of the aortic-arch system during the development of the human embryo,* in: Contrib. Embryol. 14/1902, S. 49-109.
104 R. Corruccini / R.L. Ciochon, *Morphometric affinities of the human shoulder,* in: Amer. J. Phys. Anthrop. 45/1976, S. 19-38.

105 W.B. CUTLER, *Lunar and menstrual phase locking*, in: Amer. J. Obstet. Gynec. 137/1980, S. 834-839.

106 W.B. CUTLER / W.M. SCHLEIDT / E. FRIEDMANN / G. PRETI / R. STINE, *Lunar influences on the reproductive cycle in woman*, in: Hum. Biol. 59/1987, S. 959-972.

107 A. DABELOW, *Über Art und Ursachen der Entstehung des Kiefergelenkes der Säugetiere*, in: Gegenbaur's Morph. Jb. 59/1928, S. 493-560.

108 J.F. DAHL, *The external genitalia of female pygmy chimpanzees*, in: Anat. Rec. 211/1985, S. 24-28.

109 A.A. DAHLBERG, *On the teeth of early sapiens*, in: G. Kurth (Hrsg.), Evolution and hominisation, Gustav Fischer Verlag 1962, S. 205-211.

110 A. DAMBRICOURT MALASSÉ, *Hominisation et foetalisation (Bolk, 1926)*, in: C. R. Acad. Sc. Paris 307(II)/1988, S. 199-204.

111 C.H. DANFORTH, *Distribution of hair on the digits in man*, in: Americ. J. Phys. Anthrop. 4/1921, S. 189-204.

112 D. DANIELS, *The evolution of concealed ovulation and self-deception*, in: Eth. Sociob. 4/1983, S. 69-87.

113 A.H. DAO / M.G. NETSKY, *Human tails and pseudotails*, in: Hum. Path. 15/1984, S. 449-453.

114 C. DARWIN, *Die Entstehung der Arten durch natürliche Zuchtwahl*, Reclam.

115 –, *On the various contrivances by which British and foreign orchids are fertilized by insects*, John Murray 1862.

116 –, *Die Abstammung des Menschen*, Fourier 1996.

117 C.B. DAVENPORT, *The thoracic index*, Hum. Biol. 6/1934, S. 1-23.

118 –, *Variation in proportion among mammals, with special reference to man*, in: Journal of Mammalogy 16/1935, S. 291-296.

119 P. DAVIES, *Chaos frees the universe*, in: New Scientist 10/1990, S. 48-51.

120 A. DELMAS / H. PINEAU, *Le poids des vertèbres présacrées; Essai sur la signification des poids absolus et relatifs chez les mammifères*, in: Cahiers d'Anthropologie et Biométrie Humaine (Paris) II(3)/1984, S. 1-122.

121 C. DEVILLERS / J. CHALINE / B. LAURIN, *Plaidoyer pour une embryologie évolutive*, in: La Recherche 21/1990, S. 802-807.

122 L. DOLLO, *Les lois de l'évolution*, in: Bull. Soc. Belg. Géol. 7/1893, S. 164-166.

123 –, *Les dinosauriens adaptés à la vie quadrupède secondaire*, in: Bull. Soc. Belg. Géol. 19/1905, S. 441-448.

124 G.K. DÖRIG, *The incidence of anovular cycles in women*, in: J. Reprod. Fert. Suppl. 6/1969, S. 77-81.

125 F.C.M. DRIESSENS / R.M.H. VERBEECK / J.W. E. VAN DIJK, *Plasma calcium difference between man and vertebrates*, in: Comp. Biochem. Physiol. 93/1989, S. 651-654.

126 E.L. DUBRUL, *Evolution of the speech apparatus*, C.C. Thomas Publ. 1958.

127 –, *Biomechanics of speech sounds*, in: Ann. NY Acad. Sc. 280/1976, S. 631-642.

128 –, *Origin of the speech apparatus and its reconstruction in fossils*, in: Brain & Language 4/1977, S. 365-381.

129 P. DULLEMEIJER, *Bolk's Foetalization theory*, in: Acta Morph. Neerl.- Scand. 13/1975, S. 77-86.

130 M.S. DUNNILL, *The problem of lung growth*, in: Thorax 37/1982, S. 561-563.

131 J. DUCHESNE-GUILLEMIN, *Origines de la nomenclature astrale*, in: Ciel et Terre 102/1986, S. 139-148.

132 J.C. ECCLES, *Brain and free will*, in: G. Globus / G. Maxwell / I. Savodnik (Hrsg.), Consciousness and the brain: a scientific and philosophical inquiry, Plenum Press 1976.

133 H. VON EGGELING, *Inwieweit ist der Wurmfortsatz am menschlichen Blinddarm ein rudimentäres Gebilde?*, in: Anat. Anz. 53/1920, S. 401-428.

134 G. Eichinger Ferro-Luzzi, *On lactose tolerance and the selective paradigm,* in: Curr. Anthrop. 32/1991, S. 447-448.
135 H. Elftman / J. Manter, *Chimpanzee and human feet in bipedal walking,* in: Amer. J. Phys. Anthrop. 20/1935, S. 69-79.
136 P.T. Ellison, *Morbidity, mortality, and menarche,* in: Hum. Biol. 53/1981, S. 635-643.
137 S. Engel, *The lobulation of the mammalian lung,* in: Anat. Anz. 106/1959, S. 86-89.
138 M.A. England, *A colour atlas of life before birth. Normal fetal development,* Wolfe med. publ. 1983, 1990.
138a C.F. Eaton, *Osteology of Pteranodon Memoires of the Connecticut Academy of Arts and Sciences,* 2/1910, S. 1-38.
139 F.G. Evans / V.E. Krahl, *The torsion of the humerus: a phylogenetic study from fish to man,* in: Amer. J. Anat. 76/1945, S. 303-337.
140 F. Falkner / J.M. Tanner, *Human Growth. A comprehensive treatise,* Plenum Press 1986.
141 K.J. Farbridge / J.F. Leatherland, *Lunar cycles of Coho salmon,* in: J. Exp. Biol. 129/1987, S. 165-189.
141a W.N. McFarland / F.H. Pough / T.J. Cade / J.B. Heiser, *Vertebrate Life,* New York: Macmillan 1985.
142 B.L. Finlay / R.B. Darlington, *Linked regularities in the development and evolution of mammalian brains,* in: Science 268/1995, S. 1578-1584.
143 E. Fisher-Homberger, *Hebamen und Hymen,* in: Sudhoffs Archiv 61/1977, S. 75-94.
144 J.G. Fleagle, *Primate adaptation and evolution,* Academic Press, New York 1988.
145 C. Flügel / J.W. Rohen, *The craniofacial proportions and laryngeal position in monkeys and man of different ages (a morphometric study based an CT-scans and radiographs),* in: Mechanisms Ageing Dev. 61/1991, S. 65-83.
146 C. Flügel / K. Schram / J.W. Rohen, *Postnatal development of skull base, neuro- and viscerocranium in man and monkey,* in: Acta Anatomica 146/1983, S. 71-80.
147 J. Ford, *How random is a coin toss?,* in: Physics Today 4/1983, S. 40-47.
148 S. Frechkop, *De la formation sporadique d'un menton de type humain chez le siamang,* in: Bull. Inst. Roy. Sc. Nat. Belge 24/1948, S. 1-8.
149 –, *Le crâne de l'homme en tant que crâne de mammifère,* Bull. Inst. Roy. Sc. Nat. Belge 25/1949, S. 1-12.
150 –, *Le port de la tête et la forme du crâne chez les singes,* Bull. Inst. Roy. Sc. Nat. Belge 30/1954, S. 1-11.
151 H. Frick, *Morphologie des Herzens,* in: Helmcke / von Lengerken (Hrsg.), Handbuch der Zoologie VIII, 5. Teil, De Gruyter 1956.
152 –, *Das Herz der Primaten,* in: Primatologia III,2/1960, S. 163-272.
153 E. Friedmann, *Menstrual and lunar cycles,* in: Amer. J. Obstet. Gynec. 140/1981, S. 350.
154 L.A. Fuiman, *Growth gradients in fish larvae,* in: Journal of Fish Biology 23/1983, S. 117-123.
155 F.K. Fuss, *Kinematik und Dynamik des Kiefergelenks und der Bewegungen der Mandibula,* in: Gegenbaur's Morph. Jb. 136/1990, S. 37-68.
156 K.T. Gallagher, *Natural selection: a tautology?,* in: Inst. Philos. Quart. 29/1989, S. 17-31.
157 A. Gans, *Alte Hinweise auf die Menschenähnlichkeit junger Affen,* in: Anat. Anz. 62/1923, S. 553-555.
158 M. Gardner, *Science: good, bad and bogus,* Oxford UP 1981.
159 W. Garstang, *The morphology of the tunicata, and its bearing on the phylogeny of the chordata,* in: Quart. J. Microsc. Sc. 72/1928, S. 51-187.
160 T. Gasser / A. Kneip / A. Binding / A. Prader / L. Molinari, *The dynamics of linear growth in distance, velocity and acceleration,* in: Ann. Hum. Biol. 18/1991, S. 187-205.

161 T. Gasser / A. Kneip / P. Ziegler / R. Largo / L. Molinari / A. Prader, *The dynamics of growth of width in distance, velocity and acceleration,* in: Ann. Hum. Biol. 18/1991, S. 449-461.
162 M. Gautherie / C. Gros, *Circadian rhythm alternation of skin temperature in breast cancer,* in: Chronobiologia 4/1977, S. 1.
163 H. Gee, *Four legs to stand on,* in: Nature 342/1989, S. 738-739.
164 –, *Before the backbone. Views on the origin of the vertebrates,* Chapman & Hall 1996.
165 A. Gehlen, *Der Mensch. Seine Natur und seine Stellung in der Welt,* Aula-Verlag [13]1986.
166 E. Genet-Varcin, *Platyrrhine contributions to the phylogeny of the primates,* in: J. Hum. Evol. 3/1974, S. 259-263.
167 E. Gilson, *D'Aristote à Darwin et retour,* Ed. Vrin 1971.
168 K. Goerttler, *Die Anordnung, Histologie und Histogenese der quergestreiften Muskulatur im menschlichen Stimmband,* in: Zeitschr. Anat. Entw. Ges. 115/1950, S. 352-401.
169 –, *Die Entwicklung der menschlichen Glottis als deszendenztheoretisches Problem,* in: Homo 5/1954, S. 104-108.
170 J.W. Goethe, *Dem Menschen wie den Tieren ist ein Zwischenknochen der obern Kinnlade zuzuschreiben,* 1786, in: D. Kuhn (Hrsg.), Goethes Werke, Bd. 13, Wegner Verlag Hamburg 1966.
171 –, *Erster Entwurf einer allgemeinen Einleitung in die vergleichende Anatomie, ausgehend von der Osteologie,* 1795, in: H.J. Becker / H. Müller / J. Neubauer (Hrsg.), J.W. Goethe. Sämtliche Werke nach Epochen seines Schaffens, Bd. 12, Hanser Verlag, München 1989.
172 –, *Vorträge über die drei ersten Kapitel des Entwurfs einer allgemeinen Einleitung in die vergleichende Anatomie, ausgehend von der Osteologie,* 1796, in: H.J. Becker / H. Müller / J. Neubauer (Hrsg.), J.W. Goethe. Sämtliche Werke nach Epochen seines Schaffens, Bd. 12, Hanser Verlag, München 1989.
173 I. Golani, *A mobility gradient in the organization of vertebrate movement: the perception of movement through symbolic language,* in: Behaviour and Brain Sciences 15/1992, S. 249-308.
174 A.L. Goldberger / B.J. West / T. Dresselhaus / V. Bhargava, *Bronchial asymmetry and Fibonacci scaling,* in: Experientia 41/1985, S. 1537-1538.
175 D.M. Golub, *Die Entwicklung des Aortenbogens und der von ihm ausgehenden Äste bei Säugetieren. 1. Entwicklung der Kiemenbogen bei Kalb und Menschen,* in: Zeitschr. Anat. Entw. Ges. 95/1931, S. 447-472.
176 J.R. Goodman / R.H. Wolf / J.A. Roberts, *The unique kidney of the spider monkey (Ateles geoffroyi),* in: J. Med. Primat. 6/1977, S. 232-236.
177 M. Goodman, *Biomolecular evidence on human origins from the standpoint of darwinian theory,* in: Human Biology 54/1982, S. 247-264.
178 –, *Rates of molecular evolution: the humanoid slowdown,* in: Bio Essays 3/1985, S. 9-14.
178a M. Goodman, *Epilogue: a personal account of the origins of a new paradigm,* in: Molecular and Phylogenetic Evolution, 5/1996, S. 269-285.
179 M. Goodman / G. Braunitzer / A. Stangl / B. Schrank, *Evidence on human origins from haemoglobins of African apes,* in: Nature 303/1983, S. 546-548.
179a M. Goodman / D.A. Tagle / D.H. Fitch / W. Bailey / J. Czelusniak / B.F. Koop / P. Benson / J.L. Sliztom, *Primate evolution at the DNA level and a classification of hominoids,* in: Journal of Molecular Evolution, 30/1990, S. 260-266.
180 B.C. Goodwin / N. Holder / C.C. Wylie, *Development and evolution,* Cambridge U.P. 1983.
181 S.J. Gould, *Dollo on Dollo's law: irreversibility and the status of evolutionary laws,* in: J. Hist. Biol. 3/1970, S. 189-212.

182 –, *Ontogeny and phylogeny,* Harvard U.P. 1977.
183 –, *Ever since Darwin,* Penguin Books 1977.
184 –, *The panda's thumb,* Penguin Books 1980.
185 –, *Hen's teeth and horse's toes,* Penguin Books 1983.
186 –, *The flamingo's smile,* Penguin Books 1985.
187 –, *Full of hot air,* in: Natural History 10/1989, S. 28-35.
188 –, *An urchin in the storm,* Penguin Books 1990.
189 –, *Eight (or fewer) little piggies,* in: Natural History 1/1990, S. 22-29.
190 P.G. GRANT / C.J. HOFF, *The skin of primates: numerical taxonomy of primate skin,* in: Amer. J. Phys. Anthrop. 42/1975, S. 151-166.
191 E.G. GRAU / W.N. DICKHOFF / R.S. NISHIOKA / H.A. BERN / L.C. FOLMAR, *Lunar phasing of the thyroxine surge preparatory to seaward migration of salmonid fish,* in: Science 211/1981, S. 607-609.
192 L.O. GREENFIELD, *Origin of the human canine: a new solution to an old enigma,* in: Yearbook of Phys. Anthrop. 35/1992, S. 153-185.
193 C. GRIGSON, *Missing links in the Piltdown fraud,* in: New Scientist 125/1990, S. 55-58.
194 C.P. GROVES, *Systematics of the great apes,* in: D.R. Swindler / J. Erwin (Hrsg.), Comparative Primate Biology, Volume 1, S. 187-217, Alan R. Liss. Inc. 1986.
195 B. GRZIMEK, *Grzimeks Tierleben. Enzyklopädie des Tierreiches,* Kindler Verlag AG, Zürich 1970.
196 R.W. GUTT, *Menschlicher Scharfsinn, anatomische Forschung und Sittengeschichte,* in: Med. Klin. 70/1975, S. 1150-1152.
197 E. HAECKEL, *Generelle Morphologie der Organismen,* Berlin: Georg Reimer 1866.
198 S.F. HAEGERMAN / R.A. SCHENCK, *Evolution of lactase persistence,* in: The Lancet 3/1989, S. 493.
199 A. HAGEN, *Die sexuelle Osphresiologie,* H. Barsdorf Verlag 1901.
200 K. HAJNIS / J. BRUZEK / V. BLAZEK, *Wachstum des Rumpfes und seine Proportionsänderungen während des Kindesalters,* in: Anthropologie (Brünn) 23/1985, S. 25-47.
201 B.K. HALL, *Developmental mechanisms underlying the formation of atavisms,* in: Biol. Rev. 59/1984, S. 89-124.
202 E.F. HARRIS / K. AKSHARANUGRAHA / R.G. BEHRENTS, *Metacarpophalangeal length changes in humans during adulthood: a longitudinal study,* in: Amer. J. Phys. Anthrop. 87/1992, S. 263-275.
203 M. HASEGAWA / H. KISHINO / T. YANO, *Dating of the human-ape splitting by a molecular clock of mitochondrial DNA,* in: J. Mol. Evol. 22/1985, S. 160-174.
204 –, *Man's place in Hominoidea as inferred from molecular clocks of DNA,* in: J. Mol. Evol. 26/1987, S. 132-147.
205 –, *Estimation of branching dates among primates by molecular clocks of nuclear DNA which slowed down in Hominoidea,* in: J. Human Evol. 18/1989, S. 461-476.
206 R. HATSCHEK, *Beitrag zur Frage der Menschenähnlichkeit des Ateles-Gehirns,* in: Anat. Anz. 32/1908, S. 389-394.
207 O.A.M. HAWKES, *On the relative length of the first and second toes of the human foot, from the point of view of occurrence, anatomy and heredity,* in: J. Genet. 3/1914, S. 249-274.
208 H. VON HAYEK, *Die Läppchen und Septa interlobularia der menschlichen Lunge,* in: Zeitschr. Anat. Entw. Gesch. 110/1939, S. 405-411.
209 –, *Die Lunge,* in: Kükentals Hdb. Zool. VII (5), 8/1956, S. 1-24.
210 –, *Die Lunge und Pleura der Primaten,* in: H. Hofer / A.H. Schultz / D. Starck (Hrsg.), Primatologia III (2), 1960, S. 588-625.
211 –, *Die menschliche Lunge,* Springer 1970.
212 G. HEBERER, *Evolution der Organismen,* Fischer, Stuttgart 1959.

213 H. HEINE, *Zur Evolution der Beziehungen zwischen Gehirnentfaltung, sekundärem Kiefergelenk und Gesichtsentwicklung bei Säugetieren,* in: Gegenbaur's Morph. Jb. 125/1979, S. 49-53.

214 –, *Gehirnentfaltung, sekundäres Kiefergelenk und Gesichtsentwicklung der Säugetiere: ein synergetisches und synchronistisches Ereignis,* in: Gegenbaur's Morph. Jb. 129/1983, S. 699-706.

215 W. HEISENBERG, *Über den anschaulichen Inhalt der quantentheoretischen Kinematik und Mechanik,* in: Zeitschr. Phys. 43/1927, S. 172-198.

216 H. HELMUTH, *Biomechanics, evolution and upright stature,* in: Anthrop. Anz. 43/1985, S. 1-9.

217 B. HEUVELMANS / B. PORCHNEV, *L'homme de Néanderthal est toujours vivant,* Plon 1974.

218 G. HILDEBRANDT, *Hygiogenese – Grundlinien einer therapeutischen Physiologie,* in: Therapiewoche 27/1977, S. 5384-5397.

219 S.W. HILLSON, *Teeth,* Cambridge U.P. 1986.

220 K. HINRICHSEN, *Morphologische Untersuchungen zur Topogenese der mandibularen Nagezähne der Maus,* in: Anat. Anz. 107/1959, S. 59.

221 –, *Humanembryologie. Lehrbuch und Atlas der vorgeburtlichen Entwicklung des Menschen,* Springer Verlag 1990.

222 R.J. HINTON / D.S. CARLSON, *Histological changes in the articular eminence and mandibular fossa during growth of the rhesus monkey,* in: Amer. J. Anat. 166/1983, S. 99-116.

223 A. HISLOP / L. REID, *Growth and development of the respiratory system: anatomical development,* in: J.A. Davis / J. Dobbing (Hrsg.), Scientific Foundations of Pediatrics, S. 390-432, Saunders & Co. 1974.

224 C.F. HOCKETT, *The foundations of language in man, the smallmouthed animal,* in: Scientific American 11/1967, S. 141-144.

225 D. HODGSON, *The mind matters. Consciousness and choice in a quantum world,* Clarendon Press, Oxford 1991.

226 M.A. HOFMAN, *Size and shape of the cerebral cortex in mammals. The cortical surface,* in: Brain Beh. Evol. 27/1985, S. 28-40.

227 N. HOLDER, *The vertebrate limb: patterns and constraints in development and evolution,* in: Goodwin et al. 1983.

228 E.B. HOLMES, *A reconsideration of the phylogeny of the tetrapod heart,* in: J. Morph. 147/1975, S. 209-228.

229 S.J. HOLMES, *Recapitulation and its supposed causes,* in: Quart. Rev. Biol. 18/1944, S. 319-331.

230 S.-M. HSIAO / A.H. MEIER, *Comparison of semilunar cycles of spawning activity in Fundulus grandis and F. heteroclitus held under constant laboratory conditions,* in: J. Exp. Zool. 252/1989, S. 213-218.

231 J. HUIZINGA / A.D. DE VETTEN, *Preliminary study of the foot of the Dogon,* in: Proc. Kon. Nederl. Acad. Wet. Series C, 70/1967, S. 97-109.

232 B. HULANICKA / K. KOTLARZ, *The final phase of growth in height,* in: Ann. Hum. Biol. 10/1983, S. 429-434.

232a J.E.W. IHLE / P.N. VAN KAMPEN / H.F. NIERSTRASZ / J. VERSLUYS, *Leerboek der vergelijkende ontleedkunde van de Vertebraten,* Utrecht (die Niederlande): Oosthoek 1924.

233 V.T. INMAN / J.B. SAUNDERS / LEROY C. ABBOT, *Observations on the function of the shoulder joint,* in: Journ. Bone Joint Surg. 26/1944, S. 1-30.

234 V.T. INMAN / H.J. RALSTON / F. TODD, *Human walking,* Williams & Wilkins, London 1981.

235 R.J. Izor / S.L. Walchuk / L. Wilkins, *Anatomy and systematic significance of the penis of the pygmee chimpanzee, Pan paniscus,* in: Folia primat. 35/1981, S. 218-224.
236 J. Jaekel, *Die Atemorgane der Wirbeltiere in phylogenetischer Beleuchtung,* in: Zool. Anz. 70/1927, S. 273-303.
237 T.N. James, *Anatomy of the sinus node, AV node and os cordis of the beef heart,* in: Anat. Rec. 153/1968, S. 361-372.
238 E. Jarvik, *Basic structure and evolution of vertebrates,* Academic Press 1980.
239 R.P.S. Jefferies, *The ancestry of the vertebrates,* British Museum, Natural History, London 1986.
240 J.V. Jelley, *The tides, their origins and behaviour,* in: Endeavour 10/1986, S. 184-190.
241 C. Jenny / M.L.D. Kuhns / F. Azakawa, *Hymens in newborn female infants,* in: Pediatrics 80/1987, S. 399-400.
242 H.J. Jerison, *Brain, body and encephalization in early primates,* in: J. Hum. Evol. 8/1979, S. 615-635.
243 P. Jolicæur / G. Baron / T. Cabana, *Cross-sectional growth and decline of human stature and brain weight in 19th-century Germany,* in: Growth, Development & Aging 52/1988, S. 201-206.
244 H.G. Jones, *The primary dentition in homo sapiens and the search for primitive features,* in: Amer. J. Phys. Anthrop. 5/1947, S. 251-274.
245 F.W. Jones, *Man's place among the mammals,* London Edward Arnold 1929.
246 F.K. Jouffroy / M. Godinot / Y. Nakano, *Biometrical characteristics of primate hands,* in: H. Preuschoft / D.J. Chivers (Hrsg.), Hands of Primates, S. 133-171, Springer Verlag 1993.
247 W. Kahle / H. Leonhardt / W. Platzer, *Atlas der Anatomie,* Georg Thieme Verlag 1975.
248 A. Keith, *The modes of origin of the carotid and subclavian arteries from the arch of the aorta in some of the higher primates,* in: J. Anat. Physiol. 29/1895, S. 453-458.
249 –, *Man's posture: its evolution and disorders,* in: Brit. Med. J. 3/1923, S. 451-454, 499-502, 545-548, 624-626, 669-672.
250 –, *A new theory of human evolution,* Watts & Co., London 1949.
251 D.A. Keith, *Development of the human temporomandibular joint,* in: Brit. J. Oral Surg. 20/1982, S. 217-224.
252 B.F. Kingsbury, *The significance of the so-called law of cephalo-caudal differential growth,* in: Anatomical Record 27/1924, S. 305-321.
253 W.G. Kinzey, *Basic rectangle of the mandible,* in: Nature 228/1970, S. 289-290.
254 –, *Evolution of the human canine tooth,* in: Amer. Anthrop. 73/1971, S. 680-694.
255 F.A. Kipp, *Die Entstehung der menschlichen Lautbildungsfähigkeit als Evolutionsproblem,* in: Experientia 11/1955, S. 89-128.
256 –, *Die Evolution des Menschen im Hinblick auf seine lange Jugendzeit,* Verlag Freies Geistesleben 1980.
257 I. Kjær / T.W. Kjær / N. Græm, *Ossification sequence of occipital bone and vertebrae in human fetuses,* in: Journal of Craniofacial Genetic and Developmental Biology, 13/1993, S. 83-88.
258 H. Klaatsch, *Der Werdegang der Menschheit und die Entstehung der Kultur,* 1920.
259 M.R. Kleindienst, *On new perspectives on ape and human evolution,* in: Curr. Anthrop. 16/1975, S. 644-646.
260 R. Knussmann, *Humerus, Ulna und Radius der Simiae,* Bibliotheca Primatologica 5, S. Karger 1967.
261 B.F. Koop / D.A. Tagle / M. Goodman / J.L. Slighton, *A molecular view of primate phylogeny and important systematic and evolutionary questions,* in: Mol. Biol. Evol. 6/1989, S. 580-612.

262 B.F. Koop / M. Goodman / P. Xu / K. Chan / J.L. Slightom, *Primate èta-globin DNA sequences and men's place among the great apes,* in: Nature 319/1986, S. 234ff.
263 A. Kortlandt, *Reply (to Kleindienst),* in: Curr. Anthrop. 16/1975, S. 647-649.
264 A. Kortlandt / M. Kooij, *Protohominid behaviour in primates,* in: Symp. Zool. Soc. London 10/1963, S. 61-88.
265 E.-M. Kranich, *Von der Gewißheit zur Wissenschaft der Evolution,* Verlag Freies Geistesleben 1989.
266 –, *Wesensbilder der Tiere. Einführung in die goetheanistische Zoologie,* Verlag Freies Geistesleben 1995.
267 G.S. Krantz, *The functional significance of the mastoid process in man,* in: Amer. J. Phys. Anthrop. 21/1963, S. 591-593.
268 –, *Evolution of the human hand and the great hand-axe tradition,* in: Kroeber Anthrop. Soc. Papers 23/1965, S. 114-129.
269 –, *Laryngeal descent in 40.000 year old fossils,* in: M.E. Landsberg (Hrsg.), The genesis of language: a different judgement of evidence, Mouton de Gruyter, Berlin / New York / Amsterdam 1988.
270 L.M. Krauss, *Dark matter in the universe,* in: Scient. Amer. 12/1986, S. 50-60.
271 J.T. Laitman, *L'origine du language articulé,* in: La Recherche 17/1986, S. 1164-1173.
272 J.M.F. Landsmeer, *A comparison of fingers and hand in Varanus, Opossum and Primates,* in: Acta Morphol. Neerl.-Scand. 24/1986, S. 193-221.
273 J. Lang / M. Öder, *Über die Biomorphose der Mandibula,* in: Gegenbaur's Morph. Jb. 130/1984, S. 185-234.
274 J. Langman, *Medical Embryology,* Williams & Wilkins, London 1966.
275 J.-M. Latour, *Het paard,* Koninkl. Belg. Instituut voor Natuurwetenschappen 1958.
276 K.V. Laurikainen, *Beyond the atom. The philosophical thought of Wolfgang Pauli,* Springer Verlag 1988.
277 F.D. Ledley, *Evolution and the human tail,* in: New Engl. J. Med. 306/1982, S. 1212-1215 und 307/1982, S. 1089-1090.
278 E.H. Lenneberg, *Biological foundations of language,* Wiley & Sons 1967.
279 J. Lessertisseur / F.K. Jouffroy, *Comparative osteometry of the foot of man and facultatively bipedal primates,* in: R.H. Tuttle 1975, S. 327-340.
280 F. Levi / F. Halberg, *Circaseptan bioperiodicity – spontaneous and reactive – and the search for pacemakers,* in: La Ricerca Clin. Lab. 12/1982, S. 323-370.
281 F.T. Lewis, *A note on symmetry as a factor in the evolution of plants and animals,* in: Amer. Natur. 57/1923, S. 5-41.
282 W.-H. Li / M. Tanimura, *The molecular clock runs more slowly in man than in apes and monkeys,* in: Nature 326/1987, S. 93-96.
283 P. Lieberman, *The biology and evolution of language,* Harvard U.P. 1984.
284 Sir J. Lighthill, *The recently recognized failure of predictability in Newtonian dynamics,* in: Proc. R. Soc. London A407/1986, S. 35-50.
285 J.A. Long, *Heterochrony and the origin of tetrapods,* in: Lethaia 23/1990, S. 157-166.
286 S. Løvtrup, *On von Baerian and Haeckelian recapitulation,* in: Syst. Zool. 27/1978, S. 348-352.
286a S.A. Luboga / B.A. Wood, Position and orientation of the foramen magnum in higher primates, in: American Journal of Physical Anthropology, 81/1990, S. 67-76.
287 H. Marcus, *Vergleichende Untersuchungen über die respiratorische Oberfläche und ihr Verhältnis zum Körpergewicht,* in: Gegenbaur's Morph. Jb. 59/1928, S. 561-566.
288 O.C. Marsh, *Recent polydactyle horses,* in: Amer. J. Sc. 43/1892, S. 339-355.
289 R.D. Martin, *Primate origins and evolution. A phylogenetic reconstruction,* Chapman and Hall 1990.

290 R. Martin / K. Saller, *Lehrbuch der Anthropologie. Band 2,* Gustav Fischer 1957, 1959.
291 A.V. Masters / D. Falk / T.B. Gage, *Effects of age and gender on the location and orientation of the foramen magnum in rhesus macaques (Macaca mulatta),* in: Amer. J. Phys. Anthrop. 86/1991, S. 75-80.
292 E. May / M. Martins, *Zur Differenzierung menschlicher und nichtmenschlicher Primatenrippen,* in: Anat. Anz. 160/1985, S. 179-202.
293 E. Mayr, *The growth of biological thought,* Harvard U.P. 1982.
294 R.D. McCracken, *Lactase deficiency: an example of dietary evolution,* in: Curr. Anthrop. 12/1971, S. 479-517.
295 M.L. McKinney / K.J. McNamara, *Heterochrony: the evolution of ontogeny,* Plenum Press 1991.
296 T. Meinertz, *Weitere Untersuchungen über den Sinus coronarius cordis, die V. cordis media und den Arcus aortae sowie den Ductus (Lig.) Botalli bei einer Anzahl von Säugetierherzen,* in: Gegenbaur's Morph. Jb. 121/1975, S. 139-154.
297 W. Menaker / A. Menaker, *Lunar periodicity in human reproduction: a likely unit of biological time,* in: Amer. J. Obst. Gynec. 77/1959, S. 905-913.
298 M. Michejda / D. Lamey, *Flexion and metric age changes of the cranial base in the Macaca mulatta. Infants and juveniles,* in: Folia primat. 34/1971, S. 133-141.
299 W.A. Mijsberg, *Het ontstaan van de opgerichte gang in de voorgeschiedenis van de mens,* in: Nederl. Tijds. Geneesk. 66/1922, S. 34-41.
300 L.E.M. Miles / D.M. Raynal / M.A. Wilson, *Blind man living in normal society has circadian rhythms of 24,9 hours,* in: Science 198/1977, S. 421-423.
301 M. Milgrom, *La modification de lois de Newton,* in: La Recherche 19/1988, S. 182-190.
302 J.R.E. Mills, *The relationship between tooth patterns and jaw movements in the hominoidea,* in: P.M. Butler / K.A. Joysey (Hrsg.), Development, function and evolution of teeth, S. 341-353, Academic Press 1978.
303 S.G. Mivart, *Man and apes,* R. Hardwicke 1893.
304 M.L. Moerman, *Growth of the birth canal in adolescent girls,* in: Amer. J. Obstet. Gyned. 143/1982, S. 528-532.
305 E.H. Mohssine / M. Bounias / J.-M. Cornuet, *Lunar phase influence on the glycemia of worker honeybees,* in: Chronobiologia 17/1990, S. 201-207.
306 W. Montagna, *The skin,* in: Scientific American 2/1965, S. 56-66.
307 W. Montagna / H. Machida / E. Perkins, *The skin of primates: the stump-tail macaque,* in: Amer. J. Phys. Anthrop. 24/1966, S. 71-86.
308 K.L. Moore, *The developing human,* Saunders & Co. [3]1982.
309 E. Morgan, *The aquatic ape,* Stein and Day 1982.
310 S. Mottershedd, *Sesamoid bones and cartilages: an enquiry into their function,* in: Clinical Anatomy 1/1988, S. 59-62.
311 A. Naef, *Zur Morphologie und Stammesgeschichte des Affenschädels,* in: Naturwiss. 14/1926, S. 89-97.
312 –, *Über die Urformen der Anthropomorphen und die Stammesgeschichte des Menschenschädels,* in: Naturwiss. 14/1926, S. 445-452.
313 J. Napier, *The evolution of the hand,* in: Scient. Amer. 12/1962, S. 56-62.
314 –, *The antiquity of human walking,* in: Scient. Amer. 4/1967, S. 56-66.
315 –, *Hands* (revised by R.H. Tuttle), Princeton University Press 1993.
316 S. Nath / M. Chacko, *Maturational sequence in the arm and the leg segments among the Danig femals of Udaipur, Rajasthan,* in: Anthropologie (Brünn) 26/1988, S. 7-11.
317 V.E. Negus, *The comparative anatomy and physiology of the larynx,* Heinemann 1949.

318 T.R. NELSON / B.J. WEST / A.L. GOLDBERGER, *The fractal lung: universal and species-related scaling patterns,* in: Experientia 46/1990, S. 251-254.
319 H. NEUVILLE, *De certains caractères de la forme humaine et de leurs causes,* in: L'anthropologie 37/1927, S. 305-328 und 491-515.
320 R. O'RAHILLY / F. MULLER / D.B. MEYER, *The human vertebral column at the end of the embryonic period proper. 1. The column as a whole,* in: Journal of Anatomy 131/1980, S. 565-575.
321 R. ORTMANN, *Über die Beziehung der Ellipse zur horizontalen Schädelkontur beim Menschen und einigen Primaten,* in: Gegenbaur's Morph. Jb. 130/1984, S. 111-123.
322 W.C. OSMAN HILL, *Note on the male external genitalia of the chimpanzee,* in: Proc. Zool. Soc. London 116/1946, S. 129-132.
323 –, *Some points in the enteric anatomy of the great apes,* in: Proc. Zool. Soc. London 119/1949, S. 19-32.
324 –, *External genitalia,* in: H. Hofer / A.H. Schultz / D. Starck (Hrsg.), Primatologia III, 1, S. Karger 1958.
325 W.C. OSMAN HILL / L. HARRISON-MATTHEWS, *The male genitalia of the gorilla,* in: Proc. Zool. Soc. London 119/1949, S. 363-377.
326 –, *Supplementary note on the male external genitalia of gorilla,* in: Proc. Zool. Soc. London 120/1950, S. 311-316.
327 –, *Ontogenetic changes in the mesogastric viscera of the Colobidae,* in: Proc. Zool. Soc. London 124/1954-55, S. 163-183.
328 C. OWEN LOVEJOY, *The evolution of human walking,* in: Scient. Amer. 11/1988, S. 82-89.
329 C.E. OXNARD, *Evolution of the human shoulder: some possible pathways,* in: Amer. J. Phys. Anthrop. 30/1969, S. 319-332.
330 G. PANNELLA, *Fish Otoliths: daily growth layers and periodical patterns,* in: Science 173/1971, S. 1124-1127.
331 W. PANZER, *Beiträge zur biologischen Anatomie des Baumkletterns der Säugetiere. 1. Das Nagel-Kralle-Problem,* in: Zeitschrift für Anatomie und Entwicklungsgeschichte 98/1932, S. 147-198.
332 F.G. PARSONS, *The blood-vessels of mammals in relation to those of man,* in: Lancet 3/1902, S. 651-653.
333 R.E. PASSINGHAM, *The human primate,* Freeman & Co. 1982.
334 –, *Rates of brain development in mammals including man,* in: Brain Beh. Evol. 26/1985, S. 167-175.
335 B.M. PATTEN, *Human Embryology,* McGraw-Hill Book Co. 1968.
336 M.S.M. PAVELKA / L.M. FEDIGAN, *Menopauze: a comparative life history perspective,* in: Yearb. Phys. Anthrop. 34/1991, S. 13-38.
337 S.R. PAYNE / D.J. DEARDON / G.F. ABERCROMBIE / G.L. CARLSON, *Urinary retention and the lunisolar cycle: is it a lunatic phenomenon?,* in: Brit. Med. J. 299/1989, S. 1560-1562.
338 H. PETERSEN, *Über die Bedeutung der aufrechten Körperhaltung für die Eigenart des menschlichen Umweltbildes,* in: Naturwiss. 10/1924, S. 186-191.
339 L. PETROVITS, *Die Übereinstimmung des Kiefergelenkes des neugeborenen Kindes mit dem Kiefergelenk der Anthropoiden,* in: Anat. Anz. 69/1930, S. 136-144.
340 R.P. PHALEN / M.J. OLDHAM, *Tracheobronchial airway structure as revealed by casting techniques,* in: Amer. Rev. Resp. Dis. 128/1983, S. S1-S4.
341 H. PINKUS, *Embryology of hair,* in: W. Montagna / R.A. Ellis (Hrsg.), 1963.
342 D. PILBEAM / S.J. GOULD, *Size and scaling in human biology,* in: Science 186/1974, S. 892-901.
343 E. PIPERNO, *Morphogenesis and histogenesis of the cartilaginous tracheal rings in the domestic fowl (Gallus domesticus),* in: Anat. Anz. 143/1978, S. 167-175.

344 C.M. Poissonnet / A.R. Burdi / S.M. Garn, *The chronology of adipose tissue appearance and distribution in the human fetus,* in: Early Hum. Dev. 10/1984, S. 1-11.
345 L. Pöllmann, *Wound healing – a study on circaseptan reactive periodicity,* in: Chronobiology Intern. 1/1984, S. 151-157.
346 C.M. Pond, *Fat and figures,* in: New Scientist 6/1987, S. 62-66.
347 –, *Adipose tissue in human evolution,* in: M. Roede / J. Wind / J. Patrick / V. Reynolds (Hrsg.), The aquatic ape: fact or fiction, Souvenir Press 1991.
348 H. Poppelbaum, *Mens en dier. Vijf gezichtspunten omtrent hun verschil en wezen,* Vrij Geestesleven 1973.
349 K. Popper, *Unended Quest,* Fontana 1976.
350 –, *Is determinism self-refuting?,* in: Mind 92/1983, S. 103-104.
351 K. Popper / J.C. Eccles, *The self and its brain,* Springer Int. 1977.
352 A. Portmann, *Die Tiergestalt. Studien über die Bedeutung der tierischen Erscheinung,* Fr. Reinhardt Verlag 1962.
353 –, *Einführung in die vergleichende Morphologie der Wirbeltiere,* Schwabe & Co. Verlag [5]1976.
354 W.H. Preuss, *Geist und Stoff,* (1882), hrsg. von R. Riemeck und W. Schad, Verlag Freies Geistesleben 1980.
355 H. Preuschoft / S. Hayama / M.M. Günther, *Curvature of the lumbar spine as a consequence of mechanical necessities in japanese macaques trained for bipedalism,* in: Folia primatol. 50/1988, S. 42-58.
356 S.W. Rabkin / F.A.L. Mathewson, *Chronobiology of cardiac sudden death in men,* in: J. Amer. Med. Assoc. 244/1980, S. 1357-1358.
357 Y. Rak / C. Howell, *Cranium of a juvenile Australopithecus boisei from the lower Oma basin, Ethiopia,* in: Amer. J. Phys. Anthrop. 48/1978, S. 345-366.
358 C. Reiche / P. Schwartze, *Makroskopisch-anatomische Veränderungen des Schädels, der Wirbelsäule, des Rückenmarks, der Extremitäten und des Schwanzes von postnatal wachsenden Albinoratten,* in: Gegenbaur's Morph. Jb. 135/1989, S. 479-490.
359 A. Reiter, *Die Frühentwicklung der menschlichen Wirbelsäule. III. Die Entwicklung der Lumbal-, Sacral- und Coccygealwirbelsäule,* in: Zeitschr. Anat. Entw. Gesch. 113/1944, S. 204-227.
360 A.F. Richard, *Primates in nature,* W.H. Freeman & Co. 1985.
361 C.P. Richter, *Periodic phenomena in man and animals: their relation to neuroendocrine mechanisms,* in: R.P. Michael (Hrsg.), Endocrinology and human behaviour, S. 284-309, Oxford U.P. 1968.
362 J. Richter / G. Kern, *Secular changes in the development of children born in Görlitz, German Democratic Republic, 1956 to 1967,* in: Hum. Biol. 59/1987, S. 345-355.
363 A. Riesenfeld, *The adaptive mandible: an experimental study,* in: Acta anat. 72/1969, S. 246-262.
364 J.T. Robinson / L. Freedman / B.A. Sigmon, *Some aspects of Pongid and Hominid Bipedality,* in: J. Hum. Evol. 1/1972, S. 361-369.
365 A.J. Rockel / R.W. Hiorns / T.P.S. Powell, *The basic uniformity in structure of the neocortex,* in: Brain 103/1980, S. 221-224.
366 C.G. Romball / W.C. Weigle, *A cyclical appearance of antibodyproducing cells after a single injection of serum protein antigen,* in: J. Exp. Med. 138/1973, S. 1426-1441.
367 A.S. Romer, *The vertebrate body,* Saunders & Co. 1962.
368 W.E. Roscher, *Die Hebdomadenlehren der griechischen Philosophen und Ärzte.* 24 (Abhandlung 6), in: Abhandl. Phil.-Hist. Klasse König. Sächs. Gesell. Wiss. Leipzig, 1906, S. 1-239.
369 K.R. Rosenberg, *The evolution of modern childbirth,* in: Yearbook of Physical Anthropology 35/1992, S. 89-124.

370 M. Roth / J. Krkoska, *The adaptive mandible: a product of the relative osteo-neural growth,* in: Gegenbaur's Morph. Jb. 124/1978, S. 765-783.
371 G. Ruge, *Die Grenzlinien der Pleurasäcke bei Primaten,* in: Morph. Jb. 19/1893, S. 149-250.
372 S. Sanchez de la Pena / F. Halberg / H.-G. Schweiger / J. Eaton / J. Sheppard, *Circadian temperature rhythm and circadian-circaseptan aspects of murine death from malaria,* in: Proceed. Soc. Exp. Biol. Med. 175/1984, S. 196-204.
373 W. Schad, *Der Heterochronie-Modus in der Evolution der Wirbeltierklassen und Hominiden,* Inaugural-Dissertation, Universität Witten/ Herdecke 1992.
374 –, *Heterochronical patterns of evolution in the transitional stages of vertebrate classes,* in: Acta Biotheoretica 41/1993, S. 383-389.
375 R. Schillling, *Die Umwandlung unserer stimmphysiologischen Vorstellungen aufgrund der Goerttler'schen anatomischen Untersuchungen am menschlichen Stimmband,* in: Z. Phonetik u. allgem. Sprachw. 6/1952, S. 94-105.
376 O.H. Schindewolf, *Das Problem der Menschwerdung, ein paläontologischer Lösungsversuch,* in: Jahrbuch der Preußischen Geologischen Landesanstalt 49/1928, S. 716-766.
377 –, *Phylogenie und Anthropologie in paläontologischer Sicht,* in: Neue Anthropologie Bd. 1, 1972.
378 A. Schultz, *Zygodactylie and its inheritance,* in: J. Hered. 13/1922, S. 113-117.
379 –, *Growth studies on primates bearing upon man's evolution,* in: Amer. J. Phys. Anthrop. 7/1924, S. 149-164.
380 –, *Embryological evidence of the evolution of man,* in: J. Wash. Acad. Sc. 15/1925, S. 247-263.
381 –, *Fetal growth of man and other primates,* in: Quart. Rev. Biol. 1/1926, S. 465-521.
382 –, *Variations in man and their evolutionary significance,* in: Amer. Natur. 60/1926, S. 297-323.
383 –, *Studies on the variability of Platyrrhine monkeys,* in: Journal of Mammalogy 7/1926, S. 286-305.
384 –, *Studies on the growth of gorilla and of other higher primates,* in: Memoirs Carnegie Mus. 11/1927, S. 1-88.
385 –, *The skeleton of the trunk and limbs of higher primates,* in: Hum. Biol. 2/1930, S. 303-409.
386 –, *Man as a primate,* in: Scient. Monthly 33/1931, S. 385-412.
387 –, *Die Körperproportionen der erwachsenen catarrhinen Primaten, mit spezieller Berücksichtigung der Menschenaffen,* in: Anthrop. Anz. 10/1933, S. 154-185.
388 –, *Some distinguishing characters of the mountain gorilla,* in: J. Mammal. 15/1934, S. 51-61.
389 –, *Characters common to higher primates and characters specific for man,* in: Quart. Rev. Biol. 11/1936, S. 259-283 und 425-455.
390 –, *Fetal growth and development of the rhesus monkey,* in: Contr. Embryol. 26/1937, S. 73-97.
391 –, *Genital swelling in the female orang-utan,* in: J. Mammal. 19/1938, S. 363-366.
392 –, *The relative length of the regions of the spinal column in old world primates,* in: Amer. J. Phys. Anthrop. 24/1938, S. 1-22.
393 –, *Growth and development of the chimpanzee,* in: Contr. Embryol. 28/1940, S. 1-63.
394 –, *Growth and development of the orang-utan,* in: Contr. Embryol. 29/1941, S. 57-110.
395 –, *The relation in size between premaxilla, diastema and canine,* in: Amer. J. Phys. Anthrop. 6/1948, S. 163-180.
396 –, *Ontogenetic specializations in man,* in: Archiv Julius Klaus-Stiftung 24/1949, S. 197-216.

397 –, *Sex differences in the pelvis of primates,* in: Amer. J. Phys. Anthrop. 7/1949, S. 401-424.
398 –, *The physical distinctions of man,* in: Proc. Amer. Philos. Society 94/1950, S. 428-449.
399 –, *Morphological observations on gorillas,* in: W.K. Gregory (Hrsg.), The anatomy of the gorilla, Columbia U.P. 1950.
400 –, *The specializations of man and his place among the catarrhine primates,* in: Cold Spring Harbor Symposia on Quantitative Biology XV, 1951, S. 37-53.
401 –, *Über das Wachstum der Warzenfortsätze beim Menschen und den Menschenaffen,* in: Homo 3/1952, S. 105-109.
402 –, *The relative thickness of the long bones and the vertebrae in primates,* in: Amer. J. Phys. Anthrop. 11/1953, S. 277-311.
403 –, *The position of the occipital condyles and of the face relative to the skull base in primates,* in: Amer. J. Phys. Anthrop. 13/1955, S. 97-120.
404 –, *Postembryonic changes,* in: Karger (1956), Primatologia I, S. 887-964
405 –, *Vertebral column and thorax,* in: Primatologia IV, Lief. 5, 1961, S. 1-66.
406 –, *The relative weight of the skeletal parts in adult primates,* in: Amer. J. Phys. Anthrop. 20/1962, S. 1-10.
407 –, *Relations between the length of the main parts of the foot skeleton in primates,* in: Folia primat. 1/1963, S. 150-171.
408 –, *The recent hominoid primates,* in: S.L. Washburn / P.C. Jay (Hrsg.), Perspectives on human evolution 1, S. 122-195, Holt, Rinehart & Winston 1968.
409 –, *The life of primates,* Weidenfeld en Nicholson 1969.
410 –, *The skeleton of the chimpanzee,* in: The chimpanzee 1/1969, S. 50-103.
411 J. SCHULTZ, *Rhythmen der Sterne,* Phil.-Anthropos. Verlag 1977.
412 J.H. SCHWARTZ, *The red ape. Orang-utans and human origins,* Elm Tree Books 1987.
413 H.-G. SCHWEIGER / S. BERGER / H. KRETSCHMER / H. MÖRLER / E. HALBERG / R.B. SOTHERN / F. HALBERG, *Evidence for a circaseptan and a circasemiseptan growth response to light-dark cycle shifts in nucleated and enucleated* Acetabularia *cells, respectively,* in: Proc. Natl. Acad. Sci. USA 83/1986, S. 8619-8623.
414 J.H. SCOTT, *The shape of the dental arches,* in: J. Dent. Res. 36/1957, S. 996-1003.
415 –, *Dento-facial development and growth,* in: Pergamon Series on Dentistry 6/1967.
416 W. SEIDL / G. STEDING, *Contribution to the development of the heart. Part. III: The aortic arch complex. Normal development and morphogenesis of congenital malformation,* in: Thorac. cardiovasc. Surgeon 29/1981, S. 359-368.
417 R. SEILER, *Die Muskeln des äußeren Ohres und ihre Funktion bei Menschen, Schimpansen und Makaken,* in: Gegenbaur's Morph. Jb. 120/1974, S. 78-122.
418 R.F. SHANER, *Comparative development of the bulbus and ventricles of the vertebrate heart with special reference to Spitzer's theory of heart malformations,* in: Anat. Rec. 142/1962, S. 519-529.
419 B.T. SHEA, *Scapula form and locomotation in chimpanzee evolution,* in: Amer. J. Phys. Anthrop. 70/1986, S. 475-488.
420 –, *Heterochrony in human evolution: the case for neoteny reconsidered,* in: Yearb. Phys. Anthrop. 32/1989, S. 69-101.
421 R.V. SHORT, *The evolution of human reproduction,* in: Proc. Roy. Soc. London B 195/1976, S. 3-24.
422 N.H. SHUBIN / P. ALBERCH, *A morphogenetic approach to the origin and basic organization of the tetrapod limb,* in: Evol. Biol. 20/1986, S. 319-387.
423 G. SIMON / L. REID / J.M. TANNER / H. GOLDSTEIN / B. BENJAMIN, *Growth of radiologically determined heart diameter, lung width and lung length from 5 - 19 years, with standards for clinical use,* in: Arch. Dis. Childh. 47/1972, S. 373-381.

424 D. Sinclair, *Human growth after birth,* Oxford U.P. 1973.
425 H.A. Sissons, *Intermittent periosteal activity,* in: Nature 163/1949, S. 1001.
426 E.J. Slijper, *Biologic-anatomical investigations on the bipedal gait and upright posture in mammals, with special reference to a little goat, born without forelegs,* in: Proc. Koninkl. Acad. Wetensch. 45/1942, S. 288-295 und 407-415.
427 B.H. Smith, *Reply to Mann, Lampl and Monge (letter),* in: Nature 328/1987, S. 674-675.
428 K. Snell, *Die Schöpfung des Menschen,* 1863.
429 –, *Vorlesungen über die Abstammung des Menschen (1887),* hrsg. von F.A. Kipp, Verlag Freies Geistesleben 1981.
430 R.L. Snipes / A. Kriete, *Quantitative investigation of the area and volume in different compartiments of the intestine of 18 mammalian species,* in: Z. Säugetierkunde 56/1991, S. 225-244.
431 V.E. Sokolov, *Mammal skin,* University of California Press 1982.
432 W.R. Stahl, *Similarity and dimensional methods in biology,* in: Science 137/1962, S. 205-212.
433 –, *Organ weights in primates and other mammals,* in: Science 150/1965, S. 1039-1042.
434 R. Stanyon / B. Chiarelli / K. Gottlieb / W.H. Patton, *The phylogenetic and taxonomic status of Pan paniscus: a chromosomal perspective,* in: Amer. J. Phys. Anthrop. 69/1986, S. 489-498.
435 D. Starck, *Embryologie,* G. Thieme Verlag 1975.
436 D. Starck / B. Kummer, *Zur Ontogenese des Schimpansenschädels,* in: Anthrop. Anz. 25/1962, S. 204-215.
437 B. Steiner, *Über das biogenetische Grundgesetz (idealistische Morphogenese),* in: Acta Biotheor. 4/1938, S. 65-72.
438 R. Steiner, *Das Ewige in der Menschenseele.* Zehn öffentliche Vorträge, gehalten in Berlin 1918, Rudolf Steiner Verlag, Dornach 1992.
439 D.M. Stoddart, *The scented ape. The biology and culture of human odour,* Cambridge U.P. 1990.
440 C.H. Stratz, *Wachstum und Proportionen des Menschen vor und nach der Geburt,* in: Arch. F. Anthrop. 8/1909, S. 287-297.
441 W.L. Straus, *The posture of the great ape hand in locomotion, and its phylogenetic implications,* in: Amer. J. Phys. Anthrop. 27/1940, S. 199-207.
442 –, *Rudimentary digits in primates,* in: Quart. Rev. Biol. 17/1942, S. 228-243.
443 –, *The riddle of man's ancestry,* in: Quart. Rev. Biol. 24/1949, S. 200-229.
444 W.L. Straus / J.A. Arcadi, *Urinary system,* in: H. Hofer / A.H. Schultz / D. Starck (Hrsg.), Primatologie III, 1958, S. 507-541.
445 P.G. Sullivan, *Skull, jaw and teeth growth patterns,* in: Falkner / Tanner 1986.
446 J.M. Tanner, *Growth at adolescence,* Blackwell Scient. Publ., Oxford 1962.
447 H.R. Tax, *Podopediatrics,* Williams & Wilkins 1980.
448 R. Thom, *Sensorimotor reference frames and physiological attractors,* in: Golani 1992, S. 289.
449 D.W. Thompson, *On growth and form,* McMillan 1942.
450 K.S. Thomson, *Ontogeny and phylogeny recapitulated,* in: Amer. Scient. 76/1988, S. 273-275.
451 A.F. Tredgold, *Variations of ribs in the primates, with special reference to the number of sternal ribs in man,* in: J. Anat. Physiol. 31/1897, S. 288-302.
452 A.E. Treolar et al., *Human menstrual cycle variation,* in: Int. J. Fert. 12/1967, S. 77-125.
453 R.H. Tuttle, *Knuckle-walking and the evolution of hominoid hands,* in: Amer. J. Phys. Anthrop. 26/1969, S. 171-206.

454 –, *Darwin's apes, dental apes, and the descent of man: normal science in evolutionary anthropology,* in: Curr. Anthrop. 15/1974, S. 389-398.
455 –, *Primate functional morphology and evolution,* Mouton Publ. 1975.
456 H. Uno / A. Cappas / C. Schlagel, *Cyclic dynamics of hair follicles and the effect of minoxidil on the bald scalp of stumptailed macaques,* in: Amer. J. Dermatopath. 7/1985, S. 283-297.
457 G. Vandebroek, *Beginselen van de vergelijkende anatomie der chordata,* 1961.
458 A.J.P. van den Broek, *Über einige anatomische Merkmale von Ateles, in Zusammenhang mit der Anatomie der Platyrrhinen,* in: Anat. Anz. 33/1908, S. 111-124.
459 M.J.B. Verhaegen, *The aquatic ape theory: evidence and a possible scenario,* in: Med. Hypoth. 16/1985, S. 17-32.
460 –, *Human regulation of body temperature and water balance,* in: M. Roede / J. Wind / J. Patrick / V. Reynolds, The aquatic ape: fact or fiction?, S. 182-192, Souvenir Press (E & A) Ltd. 1991.
461 J. Verhulst, *Louis Bolk revisited: I. Is the human lung a retarded organ?,* in: Med. Hypoth. 40/1993, S. 311-320.
462 –, *Louis Bolk revisited: II. Retardation, hypermorphosis and body proportions in humans,* in: Med. Hypoth. 41/1993, S. 100-114.
463 –, *Der Glanz von Kopenhagen,* Verlag Freies Geistesleben, Stuttgart 1994.
464 –, *Speech and the retardation of the human mandible: a Bolkian view,* in: Journal of Social and Evolutionary Systems, 17/1994, S. 307-337.
465 –, *Atavisms in Homo Sapiens: a Bolkian heterodoxy revisited,* in: Acta Biotheoretica 44/1996, S. 59-73.
466 J. Verhulst / N. Jaspers, *Does human retardation occur at the molecular level?,* J. Wirz und E. Lammerts van Bueren (Hrsg.), The future of DNA, in: Kluwers Academic Publishers 1997, S. 218-228.
466a J. Verhulst, *Bolkian and Bokian retardation in Homo sapiens.* in: Acta Biotheoretica, 47/1999, S. 7-28.
466b J. Verhulst / P. Onghena, *Circaseptennian (about 7 year) periodicity in the birth year distribution of Nobel laureates for physics,* in: Psychological Reports 82/1998, S. 127-130.
466c J. Verhulst / P. Onghena, *CPeriodic birth year pattern of the founders of statistical sciences,* in: Psychological Reports 83/1998, S. 235-242.
466d J. Verhulst, *Nonunifom distribution of the ecliptical longitudes of sun and moon at the birthdays of top scientists,* in: Psychological Reports 85/1999, S. 35-40.
467 J. Verhulst / P. Onghena, *Periodic birth-year pattern of the founders of quantum physics,* in: Psychological Reports 78/1996, S. 19-25.
468 –, *Cranial suture closing in Homo Sapiens: evidence for circaseptennian periodicity,* in: Annals of Human Biology, 24/1997, S. 141-156.
469 J. Vigener, *Ein Beitrag zur Morphologie des Nagels,* in: Morphologische Arbeiten (= Zeitschrift für Morphologie und Anthropologie) 6/1896, S. 555-604.
470 L. Vogel, *Der dreigliedrige Mensch,* Philos.-Anthropos. Verlag 1979.
471 M. Voit, *Der Mensch als primitive Tierform,* in: Die Naturwiss. 8/1921, S. 140-144.
472 Vollmer, *Natur und Sittengemälde der Tropenländer,* 1828, zitiert nach Heuvelmans/Porchnev (Anm. 217).
473 L. Vollrath / A. Kantarjian / C. Howe, *Mammalian pineal gland: 7-day rhythmic activity?,* in: Experientia 31/1975, S. 458-460.
474 A. Walker / M. Teaford, *The hunt of proconsul,* in: Scient. Amer. 1/1986, S. 58-64.
474a R. Walmsley / W.S. Monkhouse, *The heart of the newborn child: an anatomical study based upon transverse serial sections,* in: J. of Anatomy, 159/1988, S. 93-111.

475 S.L. Washburn, *Classification and human evolution,* Aldina 1963.
476 –, *The evolution of man,* in: Scient. Amer. 9/1978, S. 146-154.
477 J.H.D. Webster, *The periodicity of the «sevens» in mind, man and nature: a neo-hippocratic study,* in: British Journal of Medical Psychology 24/1951, S. 277-282.
478 F. Weidenreich, *Die Bildung des Kinnes und seine angebliche Beziehung zur Sprache,* in: Anat. Anz. 24/1904, S. 545-555.
479 J.S. Weiner, *The Piltdown forgery,* Dover Publ. 1980, Oxford U.P. 1955.
480 G.A. Wells, *Goethe and evolution,* in: J. Hist. Ideas 28/1967, S. 537-550.
481 B.J. West / A.L. Goldberger, *Physiology in fractal dimensions,* in: Americ. Scient. 75/1987, S. 354-365.
482 E.P. Wigner, *Remarks on the mind-body question,* in: J.A. Wheeler / W.H. Zurek (Hrsg.), Quantum theory and measurement, S. 168-181, Princeton U.P. 1983.
483 J. Wind, *On the phylogeny and the ontogeny of the human larynx,* Wolters-Noordhoff Publ. Co. 1970.
484 N.K. Wood / L.E. Wragg / O.H. Stuteville, *The premaxilla: embryological evidence that it does not exist in man,* in: Anat. Rec. 158/1968, S. 485-490.
485 A.M. Woodhull / K. Maltrud / B.L. Mello, *Alignment of the human body in standing,* in: Eur. J. Appl. Physiol. 54/1985, S. 109-115.
486 J. Wu / G. Cornelissen / B. Tarquini / G. Mainardi / M. Cagnoni / J.R. Gernandez / R.C. Hermida / K. Tamura / J. Kato / K. Kato / F. Halberg, *Circaseptan and circannual modulation of circadian rhythms in neonatal blood pressure and heart rate,* in: Chronobiology: its role in clinical medicine, general biology and agriculture. Part A, S. 643-652, Wiley-Liss. Inc. 1990.
487 R.B. Zajonc / P.K. Adelmann / S.T. Murphy / P.M. Niedenthal, *Convergence in the physical appearance of spouses,* in: Motiv. Emot. 11/1987, S. 335-346.
488 T.B. Zeltner / P.H. Burri, *The postnatal development and growth of the human lung. II. Morphologie,* in: Respiration Physiology 67/1987, S. 269-282.
489 K. Zilles / E. Armstrong / K.H. Moser / A. Schleicher / H. Stephan, *Gyrification in the cerebral cortex of primates,* in: Brain Beh. Evol. 34/1989, S. 143-150.

Register